中华会计网校
www.chinaacc.com

梦想成真®
辅导丛书

U0808021

2022年度

全国会计专业技术资格考试

高级会计实务

经典案例分析

■ 中华会计网校 编

感恩22年相伴 助你梦想成真

上海交通大学出版社
SHANGHAI JIAO TONG UNIVERSITY PRESS

内容提要

本书属于高级会计职称“梦想成真”辅导丛书，是高级会计职称考试“高级会计实务”科目辅导用书，内容包括高级会计实务考情分析及应试技巧、本章考点汇总、高频考点讲解及应用分析和本章经典案例等版块，帮助学员快速理解掌握案例题的解题方法与技巧。本书适合备考高级会计职称“高级会计实务”学科的考生阅读。

图书在版编目(CIP)数据

高级会计实务经典案例分析 / 中华会计网校编. —上海：上海交通大学出版社，2020（2021重印）

ISBN 978-7-313-24170-2

Ⅰ.①高… Ⅱ.①中… Ⅲ.①会计实务-资格考试-自学参考资料 Ⅳ.①F233

中国版本图书馆CIP数据核字(2020)第228886号

高级会计实务经典案例分析

GAOJI KUAIJI SHIWU JINGDIAN ANLI FENXI

编　　者：中华会计网校

出版发行：上海交通大学出版社　　地　　址：上海市番禺路951号

邮政编码：200030　　电　　话：021-64071208

印　　刷：定州启航印刷有限公司　　经　　销：全国新华书店

开　　本：787mm×1092mm 1/16　　印　　张：24

字　　数：568千字

版　　次：2020年11月第1版　　印　　次：2021年12月第2次印刷

书　　号：ISBN 978-7-313-24170-2

定　　价：75.00元

前言

全国会计专业技术资格考试是我国评价选拔会计人才、促进会计人员成长的重要渠道，也是会计人员增强专业知识、提高业务水平的有效途径。高级会计师是会计行业的高级专业技术职称。高级会计师考试在浙江、湖北两省考评结合的基础上，在全国范围内持续推行高级会计资格考评结合的模式。高级会计师考试采用的是无纸化考试方式，主要考核应试者运用会计、财务、税收等相关的理论知识、政策法规，分析、判断、处理会计业务的能力和解决会计工作实际问题的综合能力。考试通过后，接下来就是评审工作，申请参加高级会计师资格评审的人员，须持有全国高级会计师资格考试成绩合格证（全国线在三年内有效）或本地区、本部门当年参评使用标准的成绩证明。

从考试范围来看，高级会计职称考试涵盖企业战略与财务战略，企业全面预算管理，企业风险管理与内部控制，企业投资、融资决策与集团资金管理，企业成本管理，企业并购，企业绩效评价，企业财务共享服务，政府会计与预算管理，金融工具会计等相关知识。高级会计职称考试题型为案例分析题，主要考核应试者会计业务能力和解决实际问题综合能力。即使是专业知识较为扎实的考生，面对这样的考试，也会感到困惑，无所适从。

为此，中华会计网校（www.chinaacc.com）的资深辅导专家潜心研究考试大纲和命题规律，全面分析和总结近年来高级会计职称考试的特点和方向，精心策划编写了“梦想成真”辅导丛书，包括有《高级会计实务应试指南》《高级会计实务经典案例分析》《高级会计实务全真模拟试卷》。

《高级会计实务经典案例分析》内容包含高级会计实务考情分析及应试技巧解读、本章考点汇总、高频考点讲解及应用分析和本章经典案例等部分，帮助学员快速理解掌握案例题的解题方法与技巧。

由于时间仓促，加之作者水平有限，编写过程中难免有不足之处，还请广大考生批评指正。

编　　者

图书特色

本章考点汇总

序号	考点内容	重要程度
1	战略管理概述	★
2	企业总体战略的类型	★★★
3	企业总体战略选择	★★
4	经营战略的内涵与类型	★★
5	经营战略选择	★★
6	职能战略的内涵与类型	★
7	业务组合管理模型	★★
8	财务战略概述	★★

整理各考点的考试频次，明确考核重点

全方位透析考试，钻研考点

详解高频考点，夯实基础

将试题拆分到每个考点，把握命题方向

高频考点讲解及应用分析

考点1　战略管理概述★

考点讲解

(一)战略与企业战略管理的内涵

1. 战略的内涵

一般而言，战略具有以下特征：全局性、长远性、指导性、应变性、竞争性、风险性。

2. 企业战略管理原则

企业进行战略管理时，一般应遵循以下原则：目标可行原则、资源匹配原则、责任落

热题解析

(必答题1)甲公司是一家以视频技术为核心的安防系列产品制造及智能物联网服务的境内上市公司。2020年4月，公司管理层对经营情况进行分析判断，拟采取一系列应对措施，强化公司的市场竞争优势。部分有关资料如下：

产品与技术。甲公司传统视频监控产品的全球市场占有率连续多年保持在15%左右。2017年以来，在视频监控主业之外，甲公司持续加大以视频技术为基础的智慧存储、机器人、汽车电子等新产品开发和销售力度，与传统主业形成有效协同，在业内建立了新的技

本章经典案例

案例1·中安公司经营战略案例

【案例背景与要求】

中安公司是一家汽车生产企业，历史上先后采取了若干影响巨大的决策，为企业的发展提供了足够的动力。

2017年，中安公司利用自身的技术优势，吹响了进军农村市场的号角，因地制宜地开发了一系列现代化的新农村车。其中专门服务于新农村建设的轻型商用车，对改善农村生活环境、提高农民生活质量起到了推动作用。

巩固核心考点，快速掌握答题技巧

CONTENTS 目录

考情分析及应试技巧

方向比努力更重要。不可否认，在“高级会计实务”的备考过程中，辛勤的付出和不懈的努力至关重要，但是，如果没有找到正确的方向，而是南辕北辙(方向错误)、舍本逐末(偏离重点)，再多的努力也不会带来成功，反而会打击我们的信心、消磨我们的斗志。因此，在开始学习前，我们有必要对本科目考试特点、命题规律和应试技巧进行了解。

一、“高级会计实务”考试的考情分析

(一)“高级会计实务”的考试内容

“高级会计实务”考试内容来源于《高级会计专业技术资格考试大纲》(以下简称《大纲》)，涵盖企业战略与财务战略，企业全面预算管理，企业风险管理与内部控制，企业投资、融资决策与集团资金管理，企业成本管理，企业并购，企业绩效评价，企业财务共享服务，政府会计与预算管理，金融工具会计等相关知识。整套内容体系以管理会计的思维为主线，突出重要性和实用性，强调对经济活动中较为复杂的会计业务及相关问题进行分析、判断，提出可行的解决方案，为加强经济和财务会计管理、提高经济效益服务。

(二)“高级会计实务”的考试形式

2022 年“高级会计实务”实行无纸化考试，考试时考生可以携带《高级会计专业技术资格考试大纲》“高级会计实务”科目考试辅导教材，以及计算器等工具。

“高级会计实务”试卷总分 100 分，考试总时长 210 分钟。按照以往惯例，试卷总分为 120 分，包括必答题和选答题两种题型，共 9 道案例分析题，其中选答题案例分析题分别是企业和行政事业单位财务与会计内容，每题 20 分，考生可根据自己的专长选做其中的 1 道题，即需要考生在 210 分钟内完成 8 道案例分析题。因此，“九选八”后，要求考生完成的题目总分值是 100 分。

(三)“高级会计实务”的考试特点分析

2022 年《高级会计专业技术资格考试大纲》是财政部会计资格评价中心根据最新考试政策、人才培养方向而重新编写的，加入了部分财政部新颁布的相关财经法规。近三年考题的各章考核内容如下：

(1)企业战略与财务战略：考核了企业总体战略分类、经营战略的内涵与类型——差异化战略、经营战略选择——差异化战略选择的适用条件、财务战略分类——稳健型财务

战略、业务组合管理模型和融资战略；

(2)企业全面预算管理：考核了预算目标的确定方法、全面预算的编制方式、全面预算的编制流程、全面预算的编制方法、全面预算分析、全面预算控制的方式、全面预算调整的原则；

(3)企业风险管理与内部控制：考核了内部控制要素、风险分析、风险应对；

(4)企业投资、融资决策与集团资金管理：考核了投资决策方法的计算及分析、现金流量估计、境外直接投资的动机、融资规划与企业增长率预测、企业可持续增长与增长管理策略、企业融资方式决策、企业资本结构决策与管理、企业集团财务公司；

(5)企业成本管理：考核了价值链分析、作业成本信息与作业基础管理、目标成本法的应用环境、目标成本的设定、目标成本的计算；

(6)企业并购：考核了企业并购动因、企业并购类型的判断、并购净收益的计算、并购决策、企业并购价值评估方法、并购融资方式、并购后整合；

(7)企业绩效评价：考核了绩效评价的指标体系、经济增加值、平衡计分卡；

(8)政府会计与预算管理：考核了政府收支分类、中央部门支出预算编制、部门预算执行及调整、中央部门结转和结余资金管理、政府采购制度、国有资产管理、预算绩效管理、内部控制及相关具体会计处理等；

(9)金融工具会计：考核了金融工具的分类、金融负债和权益工具的区分、套期保值的方式和分类及其会计处理、股份支付的会计处理等。

综观近年“高级会计实务”试题，有四个显著特点：

(1)综合性强，侧重考查考生的管理思维。

2013年以来的“高级会计实务”考试新增了企业战略与财务战略以及管理会计方面的相关知识。随着近年管理会计的蓬勃发展，“高级会计实务”考试也顺应时代要求，不断增加管理会计考核内容，体现了新形势下高级会计师的考试目的——培养具有较高政策水平和丰富财务会计工作经验，并且具有相当管理水平的高级会计人才。

(2)实务性强，要求考生具备较强的职业判断能力和业务知识应用能力。

高级会计师作为企业的高层次管理人才，在当前形势下，不仅要具备财务工作的职业判断能力、本单位组织实施内部控制的能力，还要具备项目甚至战略决策能力和一定的政策分析及应用水平。因此，对这些能力的考查将是高级会计师考试的主要侧重点。为达到考核上述能力、引导高级人才发展方向的目的，在考题的设计上除了提高难度外，还必须具备一定的灵活性和实务性，考生只有能够融会贯通地掌握相关的综合专业知识，不断提高自身分析问题、解决问题的能力，真正做到能够将复杂现实业务问题抽丝剥茧、灵活应对，才能顺利通过考试。

另外，一些题目干扰条件非常多，也契合目前形势下复杂的实务环境，如果学不扎实、模棱两可，就会很容易掉进出题者设计的“陷阱”中。

(3)侧重考查最新复杂业务、热点问题的会计政策领悟和实际操作能力，充分体现新环境下的最新成果。

高级会计师从事高端会计实务工作的职业特点，决定了“高级会计实务”科目的考试命题必然注重考查考生最新复杂业务、热点问题的会计政策领悟和实际操作能力，而直接考查基础知识以及死记硬背的题目正在逐渐消失。

(4)信息量大、小题目较多。

近年考题的另一个重要特点是所提供的背景资料信息量比较多，每道题目需完成的小题目比以前年份增多。另外，有的题目即使只有一问，但也往往需要从多个方面进行回答。

(四)“高级会计实务”的重要出题点

考题阅读量大、实操要求高、题目灵活性强、干扰条件多，并且侧重考核考生对内部控制、财务风险管理、最新会计政策等综合性内容全面、透彻理解，灵活、熟练运用，这些命题特点让很多考生感到压力倍增，并且随着题目综合性、开放性的不断加强和新业务、新政策的不断涌现，这种趋势必将得以延续。不过，作为全国高级会计人才选拔的重要规范性考试，规律还是有章可循的。从考试大纲和历年试题情况来看，重要出题点主要有以下几个方面：

(1)企业总体战略类型与选择、经营战略的内涵与类型、**经营战略选择财务战略分类**与选择、融资战略的类型选择；

(2)全面预算编制方法及方式、预算目标的确定方法、**全面预算分析方法**、全面预算控制的原则；

(3)风险分类、**风险分析**、风险应对、企业内部控制要素；

(4)现金流量的估计、投资决策方法、境外直接投资决策、融资规划与企业增长管理、企业融资方式决策、企业资本结构决策与管理、企业集团财务公司；

(5)变动成本法、目标成本的设定、**价值链分析**、作业成本信息与作业基础管理、目标成本法；

(6)企业并购动因、企业并购的类型、并购后整合、**企业并购价值评估方法**、并购融资方式、并购决策的并购净收益法和托宾 Q 值法；

(7)绩效计划的制定、内部转移定价、关键绩效指标法、经济增加值、平衡计分卡；

(8)企业财务共享服务的概念和特点、**财务共享服务的分类**、**传统财务共享服务建设的核心因素**、虚拟财务共享服务中心的含义等；

(9)部门预算编制的原则、方法及要求，**部门预算执行及调整的要求**，中央部门结转和结余资金管理要求，政府收支分类科目的内容及运用，国库集中收付制度和预算管理一体化的相关政策要求，**政府会计中财务会计与预算会计的会计处理**，政府财务报告的内容以及编制要求，政府采购制度的内容以及政府采购相关管理要求，**行政事业单位国有资产的内容以及管理要求**，行政事业单位内部控制的目标和原则，行政事业单位内部控制的组织实施、风险评估和控制方法，行政事业单位的单位层面和业务层面主要风险和关键控制措施，行政事业单位内部控制评价与监督，内部控制报告等；

(10)**金融资产转移是否终止确认的分析和判断**，金融资产转移的会计处理，**金融负债与权益工具区分**，套期保值的原则、方式和分类，各类套期保值的会计处理，股权激励的方式和实施条件，股权激励计划的拟定和实施，股份支付的会计处理。

虽然我们一再强调方向的重要性，但并不是说知道了重点内容就能顺利通过考试。“抬头看路”固然重要，但“低头拉车”才是到达成功的必要保证。具体复习时，应当如何进行呢？我们认为，最好的方法就是“多看书、多做题”。“多看书”是为了掌握大纲中的财务管理、内部控制和会计核算的框架，熟练掌握基本政策和基本原理；“多做题”是为了培养考生的动手能力、掌握应试技巧、提高应试能力。

二、“高级会计实务”考试的应试技巧

(一)复习方法

1. 调整心态、坚定信念、快乐学习

高级会计师考试虽然不像注册会计师考试那样难度大、科目多，但是对于已经多年没有参加考试、因承担单位重要业务而遭受较大压力、日常工作繁忙的高会考生来说，要想在考试中取得好成绩也不是一件容易的事情。此时，坚定的信念、必胜的信心、持之以恒的努力就显得尤为重要。

拥有坚定的信念、必胜的信心要求我们必须正确面对考试和学习。我们在工作中已经成为业务骨干，即将进一步成为独当一面的高级财务人员，经历新的考验自然在所难免。既然繁杂的工作压不倒我们，从中提炼出来的考试当然也难不倒我们。有了这样的信心，我们就可以心无旁骛地投入学习。考试从来都不是一蹴而就的事情，它需要我们认真对待、积累点滴。压力之下，每个人难免都会有紧张焦虑的时候，这个时候一定要学会放松情绪，只有这样，才能提高效率，最终到达圆满的效果。

2. 制订计划、设定目标、严格执行

对于承担工作和家庭双重责任的高会考生来说，学习时间都非常宝贵。因此，合理安排时间、制订学习计划、设定阶段性目标、要求自己严格执行就显得尤为重要。如果有条件，我们应该从报名前就开始复习，每天学习 2 个小时，既能提前进入学习状态，又能多学些东西、拓宽知识面。一般而言，充分的复习应至少包括下面三个环节：

(1)基础学习阶段。这个阶段是深刻理解所学知识、夯实基础的阶段，一般需要 3 个

月左右的时间。由于高会考试侧重于考查复杂经济业务和行业内热点问题，难度和复杂程度都较高，而很多考生的实际工作很难接触到类似项目，所以要想深入理解这些内容，必须保证足够时间的学习。另外，高会大纲对这些业务的基础理论知识铺垫较少，要想熟练掌握这些内容，学习的范围就不能仅仅局限于大纲要求的内容，而补充这些基础知识，也会耗费我们较多的时间。

这个阶段的学习目标是能够理清大纲框架、深刻理解大纲规定的所有重要知识点，并关注和阅读一些与大纲内容相对应的资讯，在学习到专业理论知识的同时能接触一些实务案例，以保证自己思路的开放性。

学习方式上，对自己接触较少的业务，建议大家利用中华会计网校的基础学习辅导课程来进行学习和把握，这样不仅会更容易地把握问题角度、理解专业疑难问题，从而顺利地把计划执行下去，而且有利于增强信心和成就感，使自己整个学习过程变得轻松愉悦。

(2)强化提高阶段。这个阶段是对所学知识加以灵活应用、提高熟练程度的阶段，需要 1 个月左右的时间。由于高会考试题目具有灵活性强、侧重考查实务应用能力的特点，我们学习的时候不能死记硬背，而是对每一个知识点都要想到企业实务中会出现什么状况，我们该怎么应对。

这个阶段的学习目标是对大纲中每件业务每个环节的处理能够清晰理解，通过针对性的习题演练对知识点的把握做到融会贯通，对重要业务的处理做到举一反三，对近几年常考的知识点做到信手拈来。同时需要注意的是，这个阶段需要对大纲内容进一步熟悉，遇到某个知识点能迅速地在大纲上找到相应的位置。

学习方式上，建议大家在温习前一阶段学习内容的基础上，利用中华会计网校的案例分析辅导课程来进行学习。需要注意的是，案例分析课程中的题目建议大家先自己做一遍，再有针对性地去听老师的讲解，这样更容易形成正确的解题思路或纠正错误的观点。

(3)冲刺复习阶段。这个阶段是前两个阶段学习的总结和查漏补缺阶段，需要 2 周左右的时间。

这个阶段有两个重要任务：一是进一步掌握知识点、纠正偏差、查漏补缺，从知识上不断完善提高；二是通过做模拟题熟悉考试形式、做题节奏，尤其是在实施无纸化考试的情况下，大家一定要提前熟悉机考答题模式，找到适合自己的答题技巧和查阅资料的方法，甚至需要通过全真模拟来进行考试预演，以培养考场感觉。

学习方式上，建议大家利用中华会计网校的冲刺串讲辅导课程来进行学习，跟着老师的思路再温习一遍重要知识点。此时，考试中心的模拟试题和机考系统已经开通，利用模拟题进行全真模拟演练，同时熟悉机考环境，非常必要。

学习计划的拟定固然重要，执行却更加关键。有了计划但没有很好地执行与没有计划是一样的。所以，建议大家将上述学习目标进行分解，形成自己每周甚至每天的小目标，时刻督促自己完成，然后每周或每月总结，从而更有力地保证整个计划的严格执行。

（二）应试技巧

“高级会计实务”试题全部为主观题，灵活性程度高，不仅考核答题人的专业水平，同时也考核答题人的分析判断、归纳总结能力。在题目解答时，我们需要把握以下关键点：

1. 掌握做题程序

一是整个卷子的做题顺序。高会考试题目的综合性越来越强，不同考生对不同章节知识的熟悉和掌握的程度不同，因此会感觉到题目有难有易。建议大家从自己熟悉的题目做起，不必拘泥于题目顺序，否则容易出现在不会做的题目上耗费了太多时间而导致会做的题目没有时间解答的情况。除了根据自己的掌握程度选择做题顺序外，还可以根据自己的擅长或不足来安排，有的考生文字表达能力较强，容易出错的计算性题目就可以先放一下。

二是对于阅读量较大的题目，可以先看题目要求，再阅读题目内容，带着问题去阅读，将关键性信息标识出来，这样会更利于后续答题。

2. 看清题目要求

答题要求包括两部分：一是试卷中的答题要求；二是每道题的答题要求。

试卷答题需要注意的内容包括：计算出现小数时，保留两位小数。

每道题的答题要求应当重点关注：题目的要求包括几项，具体是什么；计算是否要求列示计算过程；逐项解答还是统一解答；判断之后是否要求说明理由等。

高级会计师考试已全面实行机考答题，考生一定要在考前熟悉机考环境，熟悉机考系统中的各种操作。因为考题均是案例题需要考生提高打字速度，所以对于打字速度慢的考生需要在平时就锻炼。另外机考系统有复制功能，答题过程中案例资料引用时，可以直接复制，节省打字时间。网校会提供机考模拟系统，大家一定要注意提前熟悉。

虽然力求完美，但由于时间有限，书中可能存在不足和遗憾，希望广大学员多提宝贵意见，我们将不胜感激！

预祝广大考生顺利通过考试，**梦想成真**！

编　者

第一章　企业战略与财务战略

本章考点汇总

序号	考点内容	重要程度
1	战略管理概述	★
2	企业总体战略的类型	★★★
3	企业总体战略选择	★★
4	经营战略的内涵与类型	★★
5	经营战略选择	★★
6	职能战略的内涵与类型	★
7	业务组合管理模型	★★
8	财务战略概述	★★
9	投资战略	★
10	融资战略	★★★
11	分配战略	★

高频考点讲解及应用分析

考点1　战略管理概述★*

【考点讲解】

（一）战略与企业战略管理的内涵

1. 战略的内涵

一般而言，战略具有以下特征：全局性、长远性、指导性、应变性、竞争性、风险性。

2. 企业战略管理原则

企业进行战略管理时，一般应遵循以下原则：目标可行原则、资源匹配原则、责任落

* 本书采用★级进行标注。★表示了解，★★表示熟悉，★★★表示掌握。

实原则、协同管理原则。

3. 企业战略管理的要素、体系与过程

(1)企业战略管理的要素包括产品与市场、成长方向、竞争优势、协同效应。

(2)企业战略管理体系是由企业总体战略、经营战略和职能战略三个层次构成的。

(3)企业战略管理程序由战略分析、战略制定、战略实施、战略评价和战略调整等各环节组成。

4. 企业愿景、使命与战略目标

企业愿景是指为企业所描述的关于未来发展的理想化定位和生动性蓝图。企业使命是指一个企业区别于类似企业的持久性目的。它反映了一个组织之所以存在的理由或价值。战略目标是企业愿景与使命的具体化。战略目标反映了企业在一定时期内经营活动的方向和所要达到的水平，如业绩水平、发展速度等。

企业战略目标体系主要有以下内容：①盈利目标(利润额、销售净利率、每股收益等)；②产品目标(品种、质量、新产品研发周期等)；③市场竞争目标(销售总额、市场占有率、产品形象和企业形象等)；④发展目标(企业规模、知名度、资产总额等)；⑤职工发展目标(职工学习与成长、薪酬福利等)；⑥社会责任目标(合理利用资源、保护生态环境等)。

【应试技巧】本知识点在考试中，可能会结合案例出题，根据资料描述具体考查企业战略管理的特点；战略管理的要素、体系与过程；企业愿景、使命与目标。

(二)战略分析

战略分析包括外部环境分析和内部环境分析。

1. 外部环境分析

外部环境分析是战略管理的基础，其任务是确定未来应当达到的市场地位。外部环境分析包括宏观环境分析、行业环境分析和经营环境分析。

(1)宏观环境分析中的关键要素包括政治环境因素、经济环境因素、社会环境因素、技术环境因素、生态环境因素和法律环境因素(宏观环境的六因素分析法即PESTEL分析法)。

(2)行业环境分析的目的在于分析行业的盈利能力。影响行业盈利能力的因素有许多，归纳起来主要分为两类：一是行业的竞争程度，二是市场议价能力。

(3)经营环境分析包括竞争对手、竞争性定位、消费者、融资者、劳动力市场状况等分析。

2. 内部环境分析

内部环境分析包括企业资源分析、企业能力分析、企业核心竞争力分析、价值链分析和战略地图分析。

(1)企业的资源主要分为三种：有形资源、无形资源和人力资源。在企业资源分析中，

企业应当全面分析和评估内部资源的构成、数量和特点，识别企业在资源禀赋方面的优势和劣势。

(2)企业能力是指企业配置资源并发挥其生产和竞争作用的能力。能力来源于企业有形资源、无形资源和人力资源的整合，是企业各种资源有机组合的结果。企业能力主要由研发能力、生产管理能力、营销能力、财务能力和组织管理能力等组成。

(3)企业核心竞争力是指能为企业带来相对于竞争对手的竞争优势的资源和能力，是企业所特有的、能够经得起时间考验的、具有延展性的，并且是竞争对手难以模仿的技术或能力。核心竞争力的三个要素是：对顾客有价值、与企业的竞争对手相比有优势、很难被模仿或复制。

(4)价值链是企业产品设计、生产、销售、交货以及对产品起辅助作用的各种活动的集合。价值链理论把企业的价值创造活动分为基本活动(内部后勤；生产运营；外部后勤；市场营销；服务)和辅助活动(采购；技术开发；人力资源管理；企业基础设施)。

(5)战略地图是基于平衡计分卡的四个层面目标为核心，通过分析这四个层面目标的相互关系而绘制的企业战略因果关系图。战略地图的核心内容包括：企业通过运用人力资本、信息资本和组织资本等无形资产(学习与成长)，才能创新和建立战略优势和效率(内部流程)，使公司把特定的价值带给市场(客户)，从而实现股东价值(财务)。

(三)战略制定

战略制定包括战略制定的程序和战略制定的类型两部分内容。

(1)战略制定的一般程序包括战略适宜性分析、战略筛选、战略的可行性分析、战略的可接受性分析、选择与制定行动计划。

(2)企业战略制定从不同角度看可分为不同的类型，如按战略层级可分为企业总体战略制定、经营战略制定、职能战略制定；按战略发展的思路可分为内部发展战略制定、并购战略制定、联合发展与战略联盟制定和国际化战略制定等。

(四)战略实施

战略实施是指如何确保将战略转化为实践。战略实施需要实现从高层战略管理者到各事业部及职能部门管理者的责任转移。战略实施包括战略实施模式和战略实施支持系统两部分内容。

(1)根据战略制定与战略实施主体的责任与权力转移程度不同，产生的战略实施模式有五种：指挥型模式、变革型模式、合作型模式、文化型模式和增长型模式。

(2)战略实施过程中受许多因素影响，如组织结构、企业文化、领导者风格、信息沟通等，这些因素构成了战略实施支持系统。战略实施支持系统进一步归类主要形成三个方面的支持系统：组织支持系统、资源支持系统和管理支持系统。

（五）战略控制

战略控制是指将预定的战略目标与实际效果进行比较，检测偏差程度，评价其是否符合预期目标要求，发现问题并及时采取措施，借以实现企业战略目标的动态调节过程。战略控制主要包括管理控制的程序和管理控制模式两部分内容。

（1）管理控制的程序通常包括战略目标分解、控制标准制定、内部控制报告、经营业绩评价、管理者报酬五个步骤。

（2）管理控制的模式包括制度控制模式、预算控制模式、评价控制模式和激励控制模式。

【应试技巧】本知识点需要掌握战略分析和战略控制，考试中可能要求对具体公司进行战略分析，或者给出一定分析，要求判断分析的角度是否合理，范围是否准确。本知识点中宏观环境分析的PESTEL分析、行业环境中五力模型分析、战略实施模式以及管理控制模式都是应该重点掌握的知识点。

考点2　企业总体战略的类型★★★

【考点讲解】

为了实现企业战略的目标，企业总体战略通常可以划分为三种类型：成长型战略、稳定型战略和收缩型战略。

（1）成长型战略是以发展壮大企业为基本导向，致力于使企业在产销规模、资产、利润或新产品开发等某一方面或几方面获得**成长**的战略。成长型战略是最普遍采用的公司总体战略。成长型战略主要包括三种基本类型：密集型战略、一体化战略和多元化战略。密集型成长战略主要包括市场渗透战略、市场开发战略和新产品开发战略；一体化战略按照业务拓展的方向可以分为横向一体化战略和纵向一体化战略；多元化战略分为相关多元化战略和非相关多元化战略两类。

（2）稳定型战略，又称为防御型战略。即企业在战略方向上没有重大改变，在业务领域、市场地位和产销规模等方面基本**保持现有状况**，以**安全经营**为宗旨的战略。稳定型战略主要有四种：无增战略、维持利润战略、暂停战略和谨慎实施战略。

（3）收缩型战略，也称为紧缩型战略，是指企业从目前的战略经营领域和基础水平**收缩和撤退**，在一定时期内缩小生产规模或取消某些产品生产的一种战略。采取收缩型战略可能出于多种原因和目的，但基本的原因是企业现有的经营状况、资源条件以及发展前景不能应付外部环境的变化，难以为企业带来满意的收益，以致威胁企业的生存，阻碍企业的发展。收缩型战略是一种以退为进的战略。按照实现收缩目标的途径，收缩型战略主要有转向战略、放弃战略、归核化战略、解散与破产战略。

【典型案例分析 1】20 世纪 90 年代末，以干红为代表的葡萄酒热迅速“红”遍全国，冷寂多年的葡萄酒市场启动了，但是突然升温的葡萄酒热令许多葡萄酒生产企业措手不及，造成了原料供给短缺的局面。造成原料供给短缺的原因主要有四个：一是依赖进口原料，运输周期长，对市场消费需求的变化反应慢，一时之间远水解不了近渴；二是种植葡萄的周期长，大约需要 3 年以上的时间，有劲使不上，见效慢；三是建葡萄酒厂与建原料基地不同步，靠收购葡萄酿酒，原料供应自然不稳定，短缺局面时有发生；四是市场需求膨胀迅速，令许多企业毫无思想准备，原料供应滞后。

“吃一堑，长一智”，许多葡萄酒生产企业深刻地意识到这个问题的严重性。要保持健康持续发展，提高质量，必须把建设原料基地作为基础，实现自采自酿，自给自足的目标。许多有远见的企业纷纷致力于原料基地建设。

假定不考虑其他因素。

要求：

指出有远见的葡萄酒生产企业所采取的企业总体战略类型。

【参考答案】

有远见的葡萄酒生产企业致力于原料基地建设，采用的是成长型战略。

【应试技巧】关于战略类型应该写到哪一个层级，主要看题目的要求。本题要求指出企业总体战略类型，所以应该从成长型战略、稳定型战略和收缩型战略这一层级来作答，写出细分类型也是可以的，比如本题可以回答为“采用的是成长型战略中的后向一体化战略”。

热题解析

（必答题 1）甲公司是一家以视频技术为核心的安防系列产品制造及智能物联网服务的境内上市公司。2020 年 4 月，公司管理层对经营情况进行分析判断，拟采取一系列应对措施，强化公司的市场竞争优势。部分有关资料如下：

产品与技术。甲公司传统视频监控产品的全球市场占有率连续多年保持在 15% 左右。2017 年以来，在视频监控主业之外，甲公司持续加大以视频技术为基础的智慧存储、机器人、汽车电子等新产品开发和销售力度，与传统主业形成有效协同，在业内建立了新的技术高地。新产品通过引领更为丰富的应用场景，为公司发展持续注入新动力。

要求：

根据资料，判断甲公司实施的企业成长型战略的具体类型。

【参考答案】

战略类型：密集型战略——新产品开发战略。

【解析】本题考核“成长型战略的类型”的知识点。新产品开发战略是企业在现有市场上通过改进或改变产品或服务以增加产品销售量的战略。产品开发战略的实施途径包括开发新的产品性能、型号、规格和改进质量。本题中，“在视频监控主业之外，甲公司持续加大以视频技术为基础的智慧存储、机器人、汽车电子等新产品开发和销售力度”采用的是密集型战略中的新产品开发战略。

(必答题2) 甲公司是一家集成电路制造类的国有控股集团公司，在上海证券交易所上市。公司产品连续3年取得了同行业省内市场占有率第一的成绩。集成电路产业作为国家鼓励的战略性新兴技术产业，有着良好的发展前景，并将持续成为社会资本竞相追逐的投资“风口”，公司具有较强的外部资源获取能力，可以抓住难得的发展机遇。当前，公司正在拟定未来发展规划，总体目标是力争今后3年实现公司销售收入每年递增30%，市场占有率进入国内行业前五名，公司秉承“从管理效率提升中求生存，从产品研发和创新中谋发展”的企业文化，不断巩固和强化公司产品的竞争优势，实现公司快速增长。

要求：

根据资料，判断公司总体战略的具体类型，并指出甲公司是否符合该战略的适用条件。

【参考答案】

成长型战略中的密集型战略。

甲公司符合该战略的适用条件。

【解析】 本题考核“企业总体战略的类型”的知识点。成长型战略是以发展壮大企业为基本导向，致力于使企业在产销规模、资产、利润或新产品开发等某一方面或几方面获得成长的战略。成长型战略是最普遍采用的公司总体战略。密集型战略，是指企业在原有的业务领域里，通过加强对原有产品和市场的开发渗透来寻求企业未来发展机会的一种发展战略。本题中，“公司秉承‘从管理效率提升中求生存，从产品研发和创新中谋发展’的企业文化，不断巩固和强化公司产品的竞争优势，实现公司快速增长”采用的成长型战略中的密集型战略。成长型战略的适用条件：①成长型战略必须与宏观经济景气度和产业经济状况相适应；②成长型战略必须符合政府管制机构的政策法规和条例等的约束；③成长型战略与公司可获得的资源相适应；④成长型战略与企业文化的适合性。甲公司符合所有的适用条件。

(必答题3) 甲公司为一家中国企业，乙公司、丙公司为欧洲企业，丙公司为乙公司的全资子公司。甲公司计划向乙公司收购丙公司100%的股权，并购项目建议书关于并购背景的部分要点如下：

甲公司为一家建筑企业，在电力建设的全产业链(规划设计、工程施工与装备制造)中，甲公司的规划设计和工程施工能力处于行业领先水平，但尚未涉入装备制造领域。在甲公司承揽的EPC(设计-采购-施工)总承包合同中，电力工程设备均向外部供应商采购。为形成全产业链优势，甲公司拟通过并购方式快速提升电站风机等电力工程设备的技术水平和制造能力。

乙公司为一家大型多元化集团企业，涉及电气工程、信息与通讯、家电、风机、照明等多个经营领域。近年来，受外部经济环境，尤其是欧洲经济状况影响，乙公司经营出现困难。为集中资源，巩固其在信息与通讯、电气工程等多个业务领域的领先地位，乙公司决定对风机、照明等业务予以剥离出售，降低营运的复杂性；丙公司就在本次的剥离出售计划范围内。

假定不考虑其他因素。

要求：

根据材料的描述，指出乙公司所采取的总体战略类型。

【参考答案】

乙公司的总体战略类型为收缩型战略中的放弃战略。

【解析】本题考核“企业总体战略的类型”的知识点。放弃战略，或称适应性收缩战略，是指企业卖掉其下属的某个战略经营单位(如子公司或某一部门)，或将企业的一个主要部门转让、出卖或停止经营。乙公司对风机、照明等业务予以剥离出售，降低营运的复杂性；丙公司就在本次剥离出售计划范围内，从这里可以分析出乙公司采取的是放弃战略。

【应试技巧】本知识点是非常重要且极其易考的，考试中非常容易设计题目考核公司的总体战略类型，一般情况是给出一定的表述或者观点，要求判断体现该公司采用的是什么战略。在回答这类题目时一定注意审题，看题目要求写到哪个层次，按照要求回答才能得到全部分数。没有要求的情况下尽量写全面。

考点3 企业总体战略选择★★

考点讲解

企业总体战略选择包括影响因素、成长型战略选择、稳定型战略选择和收缩型战略选择四部分内容。

(1)企业总体战略选择的影响因素有：企业过去的战略、战略选择决策者对风险的态度、企业环境应变性、企业文化与管理者风格、竞争者的行为与反应、战略目标实现的时限。

(2)成长型战略的特征有：实施成长型战略企业的发展不一定比整个经济增长速度快，但它们往往比其产品所在的市场增长得快；实施成长型战略的企业往往能取得大大超过社会平均利润率水平的利润；实施成长型战略的企业倾向于采用非价格的手段同竞争对手抗衡；实施成长型战略的企业倾向于通过创造本身并不存在的产品或服务的需求来改变外部环境并使之适合自身。

(3)稳定型战略的特征有：企业对过去的经营业绩表示满意，决定追求既定的或与过去相似的经营目标；企业战略规划期内所追求的绩效按大体的比例递增。

(4)收缩型战略的特征有：对企业现有的产品的市场份额实行收缩、调整和撤退的措施，削减某些产品的市场规模，放弃某些产品系列，甚至完全退出目前的经营领域；逐步缩小企业的产销规模，降低市场占有率，同时相应地降低某些经济效益指标；目标重点是改善企业的现金流量，争取较大收益和资金价值；具有过渡的性质。

【应试技巧】 本知识点需要从两方面掌握：第一，掌握战略选择的影响因素，考试的时候可能会直接考查对知识的理解；第二，掌握成长型战略选择、稳定型战略选择和收缩型战略选择三者的特征及适用条件。考试的时候，有可能直接考查，也有可能结合具体的案例资料，要求考生分析判断企业属于哪种战略选择。

考点 4　经营战略的内涵与类型★★

【考点讲解】

经营战略有三种最基本的战略，即成本领先战略、差异化战略和集中化战略。

1. 成本领先战略

成本领先战略强调“低成本”，即企业通过有效的途径不断降低成本，使得企业的成本低于竞争对手，甚至是同行业最低，从而获取竞争优势。

成本领先战略包括五种主要类型：简化产品型、改进设计型、材料节约型、人工费用降低型、生产创新及自动化型。

2. 差异化战略

差异化战略强调“差异”，差异性来自设计、品牌形象、技术、产品性能、组织人事、营销渠道、客户服务、盈利模式等各个方面。

差异化战略包括产品差异化战略、服务差异化战略、人才差异化战略和形象差异化战略等。

3. 集中化战略

集中化战略强调“某一特定市场”，即针对某一特定购买群、市场，实施成本领先战略或差异化战略。

集中化战略与成本领先战略和差异化战略不同的是，企业不是围绕整个行业，而是面向某一特定目标市场开展生产经营和服务活动，以期能更有效地为特定目标顾客群服务。

集中化战略可根据集中化的内容分为产品集中化战略、顾客集中化战略、地区集中化战略、低占有率集中化战略。集中化战略根据实施方法可分为单纯集中化、成本集中化、差别集中化和业务集中化等。

【应试技巧】经营战略包括成本领先战略、差异化战略和集中化战略，在备考过程中，需要掌握好三种战略的含义、类型；考试的时候可能要求根据给出的案例资料判断案例中企业选择了哪种经营战略，该种经营战略包括哪些细分类型。

考点5　经营战略选择★★

考点讲解

（一）经营战略选择的影响因素

企业经营战略选择涉及的因素较多，重要的影响因素来自企业面临的市场竞争范围和企业的竞争优势来源。

（二）成本领先战略选择

1. 成本领先战略的特征

（1）在这种战略的指导下企业在生产经营中通过低成本优势取得行业领先地位。

（2）成本领先并不等同于价格最低。

（3）成本领先企业能赚取高于平均水平的收益。

（4）成本领先战略一般必然地要求一个企业就是成本领先者，而不只是争夺这个位置的若干厂商中的一员。

（5）成本领先战略的成功取决于企业日复一日地实施该战略的技能。

2. 成本领先战略的适用条件

（1）大批量生产的企业。产量要达到经济规模，才会有较低的成本。

（2）企业有较高的市场占有率。

（3）企业必须采用先进的生产设备，先进的设备使生产效率提高，使产品成本进一步降低。

（4）要严格控制一切费用开支，全力以赴地降低成本，最大限度地减少研发、服务、摊销、广告及其他一切费用。

（三）差异化战略选择

1. 差异化战略的特征

（1）差异化战略并不意味着公司可以忽略成本，只是此时低成本不是公司的首要战略目标。

（2）如果差异化战略实施成功，它就成为在一个产业中赢得高水平收益的积极战略。

（3）推行差异化战略通常要求公司对于这一战略的排他性有思想准备。这一战略与提高市场份额两者不可兼顾。

（4）在建立公司的差异化战略的活动中总是伴随着很高的成本代价，有时即便全行业范围的顾客都了解公司的独特优点，也并不是所有顾客都愿意或有能力支付公司要求的高价格。

2. 差异化战略的适用条件

(1)具有很强的研究开发能力，研究人员要有创造性的眼光；

(2)企业具有以其产品质量或技术领先的声望；

(3)企业在这一行业有悠久的历史或吸取其他企业的技能并自成一体；

(4)有很强的市场营销能力；

(5)研究与开发、产品开发以及市场营销等职能部门之间要具有很强的协调性。

(四)集中化战略选择

1. 集中化战略的特征

集中化战略整体是围绕着为某一特殊目标服务，通过满足特殊对象的需要而实现差别化或低成本。集中化战略是以高效率、更好的效果为某一特殊对象服务，从而超过面对广泛市场的竞争对手，或实现差别化，或实现低成本，或二者兼得。

集中化战略是围绕一个特定的目标进行密集型的生产经营活动，要求能够比竞争对手提供更为有效的服务。

实施集中化战略的企业由于其市场面狭小，可以更好地了解市场和顾客，提供更好的产品与服务。集中化战略一般有两种变化形式：一种是低成本集中化，另一种是差异化集中化。

2. 集中化战略的适用条件

(1)企业具有完全不同的市场顾客群。

(2)没有其他竞争对手试图在目标细分市场实施集中化战略。

(3)由于地理位置、收入水平、消费习惯、社会习俗等因素的不同，将形成专门化市场，这些市场之间的隔离性越强，越有利于集中化战略的实施。

(4)行业中各细分部分在规模、成长率、获利能力方面存在很大的差异。

【应试技巧】本知识点包括两部分内容：第一部分是影响因素。考试的时候有可能给出具体的案例资料，要求分析案例中企业选择经营战略需要考虑的影响因素有哪些；第二部分是三种战略的选择。考试的时候也可能给出具体的案例资料，要求根据资料分析判断该企业采用的是哪种经营战略选择。

【典型案例分析 2】甲汽车公司曾经通过限制车型及种类、采用高度自动化的设备、积极实行后向一体化以及通过严格推行低成本化措施等取得过所向无敌的成本领先地位。然而，不久之后市场开始更偏爱具有风格的、车型有变化的、舒适的和封闭型的汽车，而非敞篷型的 T 型车。乙汽车公司看到了这种趋势，因而对开发一套完整的车型进行资本投资准备。甲汽车公司却为把被淘汰车型的生产成本降至最低而付出了巨额投资，这些投资成了一种顽固障碍，成为甲公司为战略调整付出的巨大代价。

假定不考虑其他因素。

要求：

分析甲汽车公司采用成本领先战略遭遇失败的原因。

【参考答案】

因为甲公司的产品与竞争对手的产品产生了较大差异，竞争对手适应市场需求，用差异化占领了市场。

热题解析

（必答题部分）甲公司是一家在上海证券交易所上市的大型国有集团公司，主要从事M产品的生产与销售，系国内同行业中的龙头企业。2019年初，甲公司召开经营与财务工作专题会议。总经理发言要点摘录如下：

近年来，国内其他企业新建了多个与本公司产品同类的生产线，对公司产品原有的市场份额形成一定冲击。不过，公司与国内同行企业相比，在产品质量、技术水平、研发和营销能力、管理协同和人才竞争力等方面依然具有领先优势。面对M产品技术变革步伐加快、客户需求多样化的市场形势，2019年，公司应继续坚持“需求引导、创新驱动、特色突出”的经营战略，大力开展技术创新，为客户提供优质独特的产品和服务体验，持续保持公司在全行业中的竞争优势。

假定不考虑其他因索。

要求：

根据资料指出甲公司采取的经营战略具体类型及甲公司实施该战略所具有的内部条件。

【参考答案】

差异化战略。

内部条件：在产品质量、技术水平、研发和营销能力、管理协同和人才竞争力等方面具有领先优势。

【解析】本题考核“经营战略的内涵与类型——差异化战略”“经营战略选择——差异化战略选择的适用条件”的知识点。差异化战略是指企业通过提供与竞争者存在差异的产品或服务以获取竞争优势的战略。这种差异性可以来自设计、品牌形象、技术、产品性能、组织人事、营销渠道、客户服务、盈利模式等各个方面。通过资料中“公司应继续坚持‘需求引导、创新驱动、特色突出’的经营战略，大力开展技术创新，为客户提供优质独特的产品和服务体验，持续保持公司在全行业中的竞争优势。”可以看出甲公司采取的是差异化战略。通过资料中“公司与国内同行企业相比，在产品质量、技术水平、研发和营销能力、管理协同和人才竞争力等方面依然具有领先优势”可以得出甲公司实施差异化战略的内部条件。

【应试技巧】本知识点以往考试虽涉及不多，但也属于非常重要的考点，且考试中非常容易设计题目考核公司的经营战略类型，一般情况是给出一定的表述或者观点，要求判断该公司采用的是什么经营战略类型，然后考核该战略类型的适用条件，或者案例中给出相应条件要求判断是否适用某种具体的经营战略。

考点6 职能战略的内涵与类型★

【考点讲解】

(一)职能战略的内涵

职能战略的重点是提高企业各种资源的利用效率，使企业各种资源的利用效率最大化。

企业职能战略作为对公司战略和经营战略进行落实和具体化的战略，具有以下特点：从属性、单一性或专业性、针对性。

企业职能战略的作用是使公司战略与经营战略的内容得到具体落实，并使各项职能之间协调一致。具体表述如下：

(1)职能战略是具体的，在企业战略和经营战略中增加了实际的内容，明确了企业内部职能部门必须完成的工作，从而丰富、完善了公司战略和经营战略。

(2)职能战略向企业高层管理人员阐明各职能部门如何实施公司战略和经营战略，可以增加高层管理人员实施与控制公司战略和经营战略的信心。

(3)职能战略可以说明职能部门间相互依赖的战略关系以及潜在的矛盾，既有利于促进各职能部门间的协调，也有利于企业战略和经营战略的实现。

(二)职能战略的类型

职能战略根据企业的业务职能部门及作用可分为研发战略、生产战略、营销战略、财务战略、人力资源战略等。

【提示】企业研发战略四种具体类型的区别：

(1)进攻型战略。开发或引入新产品，追求技术上的先进性，抢占市场。比如苹果公司。

(2)防御型战略。市场上出现成功的新产品时进行模仿或者改进，占领市场。

(3)技术引进型战略。购买高校、科研机构的专利或科研成果来开发新产品。

(4)部分市场战略。用自己的技术满足特定的大型企业或母公司的技术创新或产品研发要求。

【应试技巧】本知识点内容较多，但是以往考试中涉及不多，考核时一定是相对细致的考核，建议复习时将各种职能战略类型的具体类型和内容认真通读，预防考试中出现对于这些细节的考核。

考点7　业务组合管理模型★★

【考点讲解】

1. 波士顿矩阵

波士顿矩阵如图1-1所示。横轴表示企业业务的市场份额，一般用市场占有率表示，反映了企业在市场上的竞争地位。纵轴一般用业务增长率表示，反映了企业经营业务在市场上的相对吸引力。

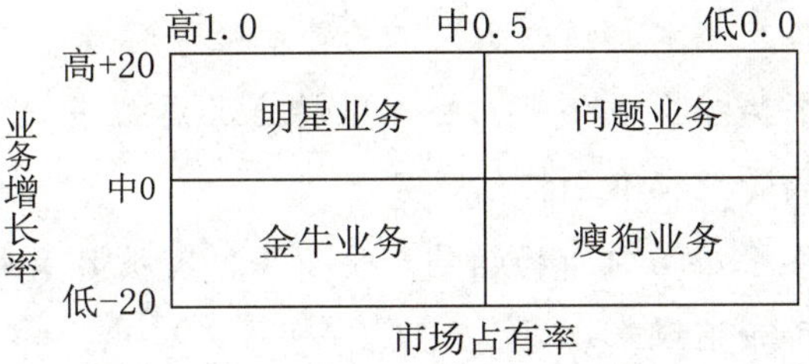

图1-1　波士顿矩阵

根据有关业务或产品业务增长率和市场占有率，可以把企业的全部业务定位于四个区域，如表1-1所示。

表1-1　波士顿矩阵各业务介绍

业务类型	特　点
明星业务	是企业资源的主要消耗者，需要大量投资。企业应对之进行资源倾斜
问题业务	处于最差的现金流量状态。企业对于问题业务的进一步投资需要分析，判断使其向明星业务转化所需要的投资额，分析其未来的盈利能力，作出投资决策
金牛业务	处于成熟的低速增长市场，市场地位有利，盈利率高，本身不需要投资，为企业带来的大量现金用以支持其他业务发展
瘦狗业务	处于饱和衰退的市场之中，竞争激烈、盈利率低，不能成为现金来源。若能自我维持，则应收缩经营范围；若是难以为继，则应果断清理

2. SWOT模型

SWOT模型的核心是分析评价企业的优势（strengths）和劣势（weakness），并判断企业的机会（opportunities）和威胁（threats），作出战略决策，以实现企业资源配置的最优化。SWOT模型的应用可以用图1-2的十字结构表示。

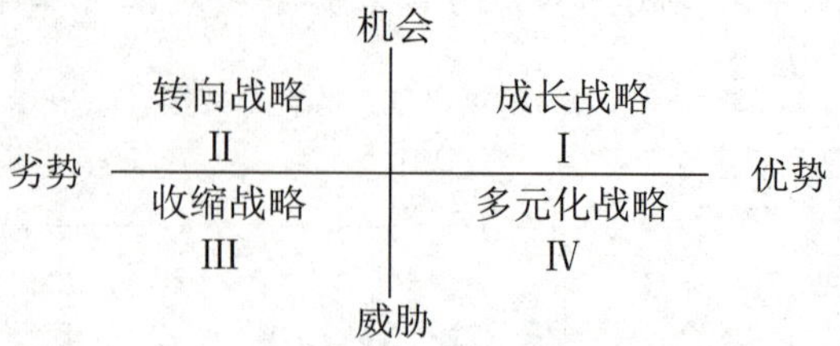

图 1-2 SWOT 模型

第Ⅰ象限，应当采取成长战略，增加投资；第Ⅱ象限，应当采取转向战略，充分利用外部机会，设法消除内部劣势；第Ⅲ象限，应当采取收缩战略，撤出资本；第Ⅳ象限，应在多元化经营方面寻求长期发展机会。

【典型案例分析 3】甲公司是一家大型首饰企业集团。目前，公司拥有职工 800 多名，其中有 100 多位获中国工艺美术大师、高级工艺美术师等称号。在国际、国内首饰设计制作大赛中荣获了 130 多个奖项。多年来，公司坚持走品牌经营之路，不断创新经营理念，严格质量管理，完善银楼管理标准和特色服务。

近年来，甲公司的 A 品牌首饰市场销售严重下降，有被 B 品牌首饰替代的趋势，处于弱竞争地位，并且出现了滞销现象。

假定不考虑其他因素。

要求：

根据波士顿矩阵模型，指出 A 品牌所属的类型，并简要分析应采取的对策。

【参考答案】

A 品牌首饰属于瘦狗业务。

A 品牌首饰市场销售严重下降，有被替代的趋势，处于弱竞争地位，并且出现了滞销现象，已经难以为继，应该果断清理，不再投入资金，尽快回收所占用的资金。

【热题解析】

（必答题 1）甲公司是一家以视频技术为核心的安防系列产品制造及智能物联网服务的境内上市公司。2020 年 4 月，公司管理层对经营情况进行分析研判，拟采取一系列应对措施，强化公司的市场竞争优势。有关资料如下：

（1）产品与技术。甲公司传统视频监控产品的全球市场占有率连续多年保持在 15% 左右。2017 年以来，在视频监控主业之外，甲公司持续加大以视频技术为基础的智慧存储、机器人、汽车电子等新产品开发和销售力度，与传统主业形成有效协同，在业内建立了新的技术高地。新产品通过引领更为丰富的应用场景，为公司发展持续注入新动力。

（2）形势与挑战。近年来，政府、企业和家庭持续加大对安防的消费支出。甲公司传统视频监控产品的国内需求保持稳定增长。在传统产品的国内地域覆盖率方面，甲公司一直注重在一二线城市的深耕细作，市场占有率较高；尚未涉足三四线城市，权威报告指出三四线城市未来5年市场空间较大。在新产品研发投入方面，2017～2019年，甲公司新产品研发支出占营业收入的比重逐年增长，且远高于行业平均水平，从而保持行业内的技术领先地位。

2019年10月，H国将甲公司列入出口管制企业名单，限制其进口H国原产的商品、技术或服务，甲公司核心产品的主要原材料(M零部件)供应链受限，相关产品的营业收入明显下降。2019年12月，媒体曝光甲公司两名高管人员利用公司制度瑕疵涉嫌与某重要供应商合谋操纵产品价格，谋取私利。甲公司对曝光问题核实后，迅速对相关人员做出了严肃处理并及时予以公告。2020年3月，新冠疫情蔓延，宏观经济下行，国际市场需求不足，甲公司出口业绩下滑，营运资金占用持续增加。截至2020年第一季度末，甲公司存货高达153.5亿元，同比增长123%；应收账款余额为285.4亿元，同比增长39.88%。2020年第一季度经营活动、投资活动和筹资活动的现金流量净额分别为-49.87亿元、-5.27亿元和51.65亿元。

要求：

根据资料(1)和(2)，运用SWOT模型，分别指出甲公司的优势、劣势、机会和威胁。

【参考答案】

优势：①公司传统视频监控产品的全球市场占有率连续多年保持在15%左右。②2017年以来，公司持续加大以视频技术为基础的新产品开发和销售力度，与传统主业形成有效协同，在业内建立了新的技术高地。新产品通过引领更为丰富的应用场景，为公司发展持续注入新动力。③在传统产品的国内地域覆盖率方面，公司在一二线城市市场占有率较高。④2017～2019年，甲公司新产品研发支出占营业收入的比重逐年增长，且远高于行业平均水平，从而保持行业内的技术领先地位。

劣势：①在传统产品的国内地域覆盖率方面，尚未涉足三四线城市。②甲公司核心产品的主要原材料(M零部件)供应链受限，相关产品的营业收入明显下降。③公司两名高管人员利用公司制度瑕疵涉嫌与某重要供应商合谋操纵产品价格，谋取私利。④2020年3月，公司出口业绩下滑，营运资金占用持续增加。⑤截至2020年第一季度末，公司存货和应收账款余额高企。2020年第一季度经营活动、投资活动的现金流量净额均为负值。

机会：①近年来，政府、企业和家庭持续加大对安防的消费支出；公司传统视频监控产品的国内需求保持稳定增长；②三四线城市未来5年市场空间较大。

威胁：①2019年10月，H国将甲公司列入出口管制企业名单，限制其进口H国原产的商品、技术或服务；②2020年3月，新冠疫情蔓延，宏观经济下行，国际市场需求不足。

【解析】本题考核“SWOT模型”的知识点。判断企业内部优势与劣势的标准有两项：一是单项的优势与劣势，如资金、技术、产品、市场、管理等；二是综合的优势和劣势，如运营效率、组织机构、企业文化等。

（必答题2）甲公司为一家中国企业，乙公司、丙公司为欧洲企业，丙公司为乙公司的全资子公司。甲公司计划向乙公司收购丙公司100%的股权，并购项目建议书关于并购背景的部分要点如下：

丙公司为一家装备制造企业，以自主研发为基础，在电站风机领域拥有世界领先的研发能力和技术水平。丙公司风机业务90%的客户来自欧美，在欧美市场享有较高的品牌知名度和市场占有率，销售一直保持着较高增长水平。虽然丙公司拥有领先的技术和良好的业绩，但是风机业务并非丙公司所属集团的核心业务。

假定不考虑其他因素。

要求：

根据材料的描述，运用波士顿矩阵模型，指出丙公司风机业务在市场中所属的业务类型，并说明理由。

【参考答案】

丙公司风机业务在市场中所属的业务类型属于明星业务。

理由：丙公司风机业务在欧美市场享有较高的品牌知名度和市场占有率，属于高市场占有率。销售一直保持着较高增长水平，属于高销售增长率。所以属于明星业务。

【解析】本题考核“波士顿矩阵”的知识点。根据有关业务或产品销售增长率和市场增长率，可以把企业的全部业务定位于四个区域：明星业务、问题业务、金牛业务、瘦狗业务。其中明星业务具有高增长、强竞争地位，处于迅速增长的市场，享有较大的市场份额，其增长和获利有着长期机会。根据案例的描述可以看出丙公司风机业务属于明星业务。

（必答题3）甲公司为一家境内上市的集团企业，主要从事基础设施建设、设计及装备制造等业务，正实施从承包商、建筑商向投资商、运营商的战略转型。2017年一季度末，甲公司召开由中高层管理人员参加的公司战略规划研讨会。有关人员发言要点如下：

(1)投资部经理：近年来，公司积极谋求业务转型，由单一的基础设施工程建设向包括基础设施工程、生态环保和旅游开发建设等在内的相关多元化投资领域扩展。在投资业务推动下，公司经营规模逐年攀升，2014年至2016年年均营业收入增长率为10.91%，而同期同行业年均营业收入增长率为7%。预计未来五年内，我国基础设施工程和生态环保类投资规模仍将保持较高的增速，公司处于重要发展机遇期。在此形势下，公司应继续扩大投资规模。建议2017年营业收入增长率调高至12%。

(2)运营部经理：考虑到当前全球经济增长乏力，海外建筑市场面临诸多不确定因素，加之公司国际承包项目管理相对粗放，且已相继出现多个亏损项目，公司应在合理控制海外项目投标节奏的同时，果断采取措施强化海外项目的风险管理，建议2017年营业收入增长率调低至8%。

要求：

根据资料(1)和(2)，结合SWOT模型，指出甲公司的优势、劣势、机会和威胁。

【参考答案】

优势：公司积极谋求业务转型，由单一基础设施工程建设向多元化投资领域扩展。经营规模逐年攀升，近三年年均营业收入增长率高于同期同行业。

劣势：公司国际承包项目管理相对粗放，且已相继出现多个亏损项目。

机会：未来五年内，我国基础设施工程和生态环保类投资规模仍将保持较高的增速。

威胁：当前全球经济增长乏力，海外建筑市场面临诸多不确定因素。

【解析】本题考核“SWOT模型”的知识点。优势与劣势分析主要着眼于企业自身实力及其与竞争对手的比较。机会与威胁分析将注意力放在外部环境的变化对企业可能的影响上。机会是指随着外部环境变化而产生的有利于企业的时机；威胁是指随着企业外部环境的改变而不利于企业的时机。

【应试技巧】本知识点是考试常考的知识点。不管是波士顿矩阵还是SWOT分析，都是重点考核的内容，需要考生能够根据案例资料中给出的条件，判断属于何种业务类型；或者判断属于优势还是劣势，机会还是威胁。要做到能够快速判断，需要掌握各个业务类型的特征，以及各个分析要素的特征。

考点8 财务战略概述★★

考点讲解

(一)财务战略的内涵与特征

1. 财务战略的本质

财务战略是企业战略的一个子系统。财务战略关注的焦点是企业资本资源的合理配置与有效使用，这是财务战略不同于其他各种战略的质的规定性。

2. 财务战略的特征

(1)从属性；

(2)系统性；

(3)指导性；

(4)复杂性。

(二)财务战略目标

财务战略目标是公司战略目标中的核心目标。财务战略目标的根本是通过资本的配置与使用实现企业价值最大化。

(三)财务战略分类

财务战略按财务活动内容划分，可分为融资战略、投资战略、分配战略等。从资本筹措与使用特征的角度，财务战略可划分为扩张型、稳健型和防御型三种类型。

1. 扩张型财务战略

扩张型财务战略，又称为进攻型财务战略，是为了配合公司的**一体化战略**和**多元化战略**而展开的。这种财务战略是以实现公司资产规模的扩张为目的的。该种战略的优点是通过新的产品或市场发展空间，可能会给公司未来带来新的利润增长点和现金净流量；它的缺点是一旦投资失误，公司财务状况可能恶化，甚至导致公司破产。

2. 稳健型财务战略

稳健型财务战略，又称为稳健发展型或加强型、平衡型财务战略。它是为配合公司实施对现有产品或服务的**市场开发**或**市场渗透**战略而展开的。该种战略的特点是充分利用现有资源，对外集中竞争优势，兼有战略防御和战略进攻的双重特点，通常是一种过渡性战略。但是，当公司现有产品或服务本身已属夕阳产业，发展前景暗淡，如果仍然实行这种财务战略，则可能给公司带来财务危机，影响公司未来盈利能力和现金流量。

3. 防御型财务战略

防御型财务战略，又称为收缩型的财务战略，主要是为配合公司的收缩、剥离、清算等活动展开的。这种财务战略是以预防出现财务危机和求得生存及新的发展为目的的。该种战略的优点是公司财务状况稳健，为将来选择其他财务战略积聚了大量现金资源；它的缺点是公司会因此而失去一部分产品领域和市场空间，若不能及时创造机会调整战略则会影响公司未来的盈利增长和现金流量。

（四）财务战略选择

财务战略的选择必须与经济周期相适应。经济周期通常要经历经济复苏期、经济繁荣期和经济衰退期，企业在不同的经济周期应选择不同的财务战略。

财务战略选择必须与企业发展阶段相适应。典型的企业一般要经过初创期、成长期、成熟期和衰退期四个阶段。不同的发展阶段应该选择不同的财务战略与之相适应。

1. 基于经济周期的财务战略选择

在经济复苏阶段应采取扩张型财务战略，增加厂房设备，采用融资租赁，建立存货，开发新产品，招募新员工。在经济繁荣阶段应采取扩张型财务战略和稳健型财务战略相结合。繁荣初期继续扩充厂房设备，采用融资租赁，继续建立存货，提高产品价格，开展营销筹划，增加雇员。繁荣后期采取稳健型财务战略。在经济衰退阶段应采取防御型和扩张型承接的财务战略。在初期，特别在经济处于低谷时期，继续采取防御型财务战略，建立投资标准，保持市场份额，压缩管理费用，放弃次要的财务利益，削减存货，减少临时性雇员。后期为转向扩张型财务战略做准备，迎接新一轮经济周期的到来。

2. 基于企业发展阶段的财务战略选择

企业在初创期面临的经营风险最高。由于企业在初创期有大量现金流出和少量现金流入，因此适合采用零股利分配战略。企业在初创期一般采用扩张型财务战略。

企业进入成长期后，随着新产品或服务的销售收入高速增长，经营风险开始下降，财务战略面临调整。企业在成长期一般采用扩张型财务战略。

企业成长阶段的结束和成熟阶段的开始标志是产品竞争者之间价格竞争的加剧，其经营风险会再次降低。

企业在成熟期阶段现金需求量有所减少，一些企业可能有现金结余，财务风险降低，一般采用现金股利政策。企业在成熟期一般采用稳健型财务战略。

企业在衰退期的现金流入量和需求量持续减少，最后经受亏损，一般采用股票股利或高股利分配政策。企业在衰退期一般采用防御型财务战略。

【应试技巧】 本知识点属于重要考点，考生在学习过程中，需要掌握财务战略的分类以及处于不同阶段时应该采取什么类型的财务战略。考试的时候，可能会给出一份案例资料，让我们分析企业目前所采用的财务战略是否符合企业当前发展阶段的要求，针对目前的情况选择合适的财务战略。

【典型案例分析 4】 M集团是一家财产保险公司，现在的销售收入处于高速增长的水平，其销售收入能够带来很高的现金流入量，同时资金需求很大，自身产生的现金流入量不能完全满足资金的需要，因此M集团很少进行股利分配。

假定不考虑其他因素。

要求：

分析M集团处于企业发展的哪个阶段，适合采取哪种财务战略。

【参考答案】

M集团处于成长期。

理由：销售收入高速增长，资金需求很大，股利分配很低。

企业处于成长期时应当采取扩张型财务战略。

【解析】 通常企业在成长期时，竞争对手增多，销售收入高速增长，资金需求较大，股利分配率低。处于成长期的企业应当采取扩张型的财务战略，采取相对积极的筹资战略，实施适度分权投资战略，实行低股利、股票股利或者剩余股利政策。

热题解析

（必答题部分） 甲公司是一家在上海证券交易所上市的大型国有集团公司，主要从事M产品的生产与销售，系国内同行业中的龙头企业。2019年初，甲公司召开经营与财务工作专题会议。财务部经理发言要点摘录如下：

公司业务在2017年经历了快速发展，营业收入同比增长38%。但是债务规模也随之大幅攀升，2017年末资产负债率高达85%，显示出财务风险重大。2018年，公司努力优化资本结构，主要做了以下工作：①适度压缩债务规模，提高留存收益比例；②综合采用吸收直接投资、引入战略投资者和非公开定向增发等方式进行权益融资（增发定价基准日前20个交易日公司股票均价为每股17元；增发前公司总股本数量为25亿股）；③严格控制赊销条件，强化应收账款催收力度，大幅度改善应收账款周转率；④严格控制并购事项，慎重进入核心能力之外的业务领域。2018年末，公司资产负债率同比下降了10个百分点，为充分利用现有资源、实现财务业绩和资产规模稳定增长奠定了基础。2019年，公司应当根据自身经营状况确定与之匹配的发展速度。

假定不考虑其他因素。

要求：根据资料，从资本筹措与使用特征的角度，判断财务经理发言所体现的公司财务战略具体类型，并说明理由。

【参考答案】

稳健型财务战略。

理由：适度压缩了债务融资规模，提高留存收益比例；严格控制并购事项及慎重进入核心能力之外的业务；充分利用现有资源，实现财务业绩和资产规模稳定增长。

【解析】本题考核“财务战略分类——稳健型财务战略”的知识点。实施稳健型财务战略的公司，根据公司自身经营状况确定与之匹配的发展速度，不急于冒进，慎重从事企业并购或进入与公司核心能力并不相关的领域。该种战略的特点是充分利用现有资源，对外集中竞争优势，兼有战略预防和战略进攻的双重特点。本题中甲公司优化资本结构的具体措施中体现出稳健型财务战略的特点。

【应试技巧】本知识点是考试常考的知识点。财务战略的分类以及财务战略选择中基于企业发展阶段的财务战略选择考核到的概率比较大，在学习时要掌握各个财务战略的特征，达到可以根据案例资料的表述快速判断出是何种类型；或者能够根据案例资料的表述判断企业处于哪个发展阶段，进而做出财务战略选择。

考点9 投资战略★

考点讲解

（一）投资战略的概述

1. 投资战略的内涵

从财务战略目标出发，收益性目标是投资战略最直接与重要的目标，即投资效率和资本增值。

2. 投资战略的原则

投资战略的原则包括集中性原则、适度性原则、权变性原则和协同性原则等。

3. 投资战略的地位与作用

投资战略的地位与作用体现在导向性、保证性、超前性和风险性四个方面。

（二）投资战略选择

投资战略选择根据投资方式、投资时机、投资目标等不同可产生不同的战略选择。

1. 直接投资战略选择

直接投资是指企业为直接进行生产或者其他经营活动而在土地、固定资产等方面进行的投资。直接投资战略根据目标可分为提高规模效益的投资战略、提高技术进步效益的投资战略、提高资源配置效率的投资战略、盘活资产存量的投资战略。

2. 间接投资战略选择

间接投资是指企业通过购买证券、融出资金或者发放贷款等方式将资本投入到其他企业，其他企业进而再将资本投入到生产经营中去的投资。间接投资通常为证券投资，其主要目的是为了获取股利或者利息，实现资本增值和股东价值最大化。

3. 投资时机战略选择

经营成功的企业投资一般是将多种产品分布在企业发展时期的不同阶段进行组合，主要有如下四种模式：

（1）投资侧重于初创期产品，兼顾成长期和成熟期。这是一种颇具开发实力且创新意识很强的企业通常选择的模式，是一种为获得领先地位而勇于承担风险的投资策略。

（2）投资侧重于成长期和成熟期，几乎放弃初创期和衰退期。这是一种实力不足而力求稳妥快速盈利的企业通常选择的模式，是一种重视盈利而回避风险的投资策略。

（3）投资均衡分布于企业发展的四个阶段。这是一种综合实力极强而且跨行业生产多种产品的企业通常选择的模式，是一种选择多元化经营战略谋求企业总体利益最大的策略。

（4）投资侧重于初创期和成长期而放弃成熟期、衰退期。这种模式多见于开发能力强而生产能力弱的企业。

4. 投资期限战略选择

投资期限战略可分为长期投资战略、短期投资战略及投资组合战略。

（1）长期投资战略是对企业的资本在长期投入上规定其合理、有利和有效运用的战略。

（2）短期投资战略是对企业的资本在短期投入上规定其合理、有利和有效运用的战略。

（3）投资组合战略是指长期投资与短期投资结构优化战略。

【应试技巧】本知识点属于重要考点，在准备考试的过程中，需要掌握好投资战略的原则、地位与作用以及投资战略选择，尤其是根据投资方式、投资时机、投资期限不同而产生的不同战略选择。考试的时候，可能要求根据案例资料提供的信息为企业选择最合适的投资战略，并说明投资战略的内涵、原则、地位与作用。也可能要求根据给定的具体案例资料，分析企业目前财务战略方面存在的问题，该选择哪种最合适的战略。

考点 10　融资战略★★★

【考点讲解】

(一)融资战略的概述

1. 融资战略的内涵

融资战略是根据企业内外环境的现状与发展趋势，适应企业整体发展战略(包括投资战略)的要求，对企业的融资目标、原则、结构、渠道与方式等重大问题进行长期的、系统的谋划。

2. 融资战略的作用

融资战略的作用体现在以下三个方面：①融资战略可有效地支持企业投资战略目标的实现；②融资战略选择可直接影响企业的获利能力；③融资战略还会影响企业的偿债能力和财务风险。

(二)融资战略选择

企业在进行融资战略选择时，要根据最优资本结构的要求，合理权衡负债融资比率和权益融资比率，权衡融资收益与融资风险的关系。

1. 融资战略选择的原则

企业应当根据战略需求不断拓宽融资渠道，对融资进行合理配置，采用不同的融资方式进行最佳组合，以构筑既体现战略要求又适应外部环境变化的融资战略。融资战略选择应遵循的原则包括融资低成本原则、融资规模适度原则、融资结构优化原则、融资时机最佳原则、融资风险可控原则。

2. 融资战略的类型选择

(1)基于融资方式的战略选择。

基于融资方式的融资战略有四种，即内部融资战略、债务融资战略、股权融资战略和销售资产融资战略，具体内容如表 1-2 所示。

表 1-2　四种融资战略概念和优缺点

融资战略	概　念	优　点	缺　点
内部融资战略	企业可以选择使用内部留存利润进行再投资。留存利润是指企业分配给股东红利后剩余的利润	管理层在做此融资决策时不需要向外部披露公司的信息，比如不需要像债务融资那样向银行披露自身的战略计划，或者像股权融资那样向资本市场披露相关信息，从而可以有效保护企业的商业秘密	股东根据企业的留存利润会预期下一期或将来的红利，这就要求企业有足够的盈利能力，而对于那些陷入财务危机的企业来说压力是很大的，因而这些企业就没有太大内部融资的空间

续表

融资战略	概　念	优　点	缺　点
股权融资战略	企业为了新的项目而向原股东和新股东**发行股票**来筹集资金，也可称为权益融资	当企业需要的资金量比较大时(比如并购)，股权融资就占很大优势，因为它不像债权融资那样需要定期支付利息和本金，而仅仅需要在企业盈利的时候支付给股东股利	股份容易被恶意收购从而引起控制权的变更，并且股权融资方式的成本也比较高
债务融资战略	贷款	与股权融资相比，债务融资成本较低、融资的速度也较快，并且方式也较为隐蔽	当企业陷入财务危机或者企业的战略不具备竞争优势时，还款的压力增加了企业的经营风险
	债券	债券融资优于向银行贷款，有利于提高发行企业知名度； 债券条款有利于信息标准化，增强市场有效性；利息支出冲减税基，有利于降低筹资成本和发挥财务杠杆作用，且不会削弱原有股东的控制权	—
	租赁	企业可以无需为购买运输工具进行融资，缓解资金压力，并可在一定程度上避免长期资产的无形损耗，租赁期满时，承租方可以用极低的、象征性的价格购买该项资产； 租赁很有可能使企业享有更多的税收优惠	企业使用租赁资产的权利是有限的
销售资产融资战略	企业可以选择**销售**其部分有价值的**资产**进行融资	简单易行，并且不用稀释股东权益	这种融资方式比较激进，一旦操作了就无回旋余地，而且如果销售的时机选择的不准，销售的价值就会低于资产本身的价值

(2)基于资本结构优化的战略选择。

资本结构优化从狭义上讲是指债务融资与股权融资的结构优化。从广义上讲，资本结构优化除包括债务融资与股权融资结构的优化外，还包括内部融资与外部融资结构的优化；短期融资与长期融资结构的优化等。

(3)基于生命周期和投资战略的融资战略选择。

由于融资战略应适应投资战略的要求，根据投资战略中的快速增长型投资和低增长型投资的特点，相应的融资战略选择有两种类型：①快速增长和保守融资战略；②低增长和积极融资战略。

【应试技巧】本知识点属于重要考点，在准备考试的过程中，需要掌握融资战略的作用、选择原则、类型，能够区分不同的融资战略。考试的时候，可能会给出一份案例资料，要求根据资料分析企业采用的是何种融资战略，选择该种融资战略的原则是什么，融资战略按照内外部考虑都有哪些类型。或者给出一份案例材料，分析企业目前采用融资战略的弊端，并根据实际情况，为企业选择最合适的融资战略，同时说明融资战略选择都有哪些原则，不同融资战略的类型及特点。

热题解析

（必答题部分）甲公司为一家境内上市的集团企业，主要从事能源电力及基础设施建设与投资。2016年年初，甲公司召开X、Y两个项目的投融资评审会，有关人员发言要点如下：

财务部经理：随着公司投资项目的不断增加，债务融资压力越来越大。建议今年加快实施定向增发普通股方案，如果公司决定投资X项目和Y项目，可将这两个项目纳入募集资金使用范围；同时，有选择地出售部分非主业资产，以便有充裕的资金支持今年的投资计划。

要求：

根据资料，指出财务部经理的建议体现了哪些融资战略（基于融资方式），并说明这些融资战略存在的不足。

【参考答案】

融资战略类型：股权融资战略和销售资产融资战略。

股权融资战略存在的不足：股份容易被恶意收购从而引起控制权的变更，并且股权融资方式的成本也比较高。

销售资产融资战略存在的不足：比较激进，一旦操作就无回旋余地，而且如果销售时机选择不准，销售价格会低于资产本身价值。

【解析】本题考核“融资战略的类型选择”的知识点。需要掌握融资战略的类型、具体表现和优缺点。本题就是通过“实施定向增发普通股方案”体现股权融资战略；通过“有选择地出售部分非主业资产”体现销售资产融资战略，进而考核它们各自的缺点。

考点11　分配战略★

考点讲解

（一）分配战略的概述

1. 分配战略的内涵

分配战略，或收益分配战略，从广义上来讲，是指以战略眼光确定企业收益留存与分配的比例，以保证企业债权人、员工、国家和股东的长远利益。狭义的分配战略是指股利分配战略。收益分配战略主要包括企业收益分配战略和股利分配战略等。

2. 股利分配战略的目标

股利分配战略的目标为：促进公司长远发展，保障股东权益，稳定股价、保证公司股价在较长时期内基本稳定。

3. 股利分配战略的原则

股利分配战略的制定必须以投资战略和筹资战略为依据，必须为企业整体战略服务。股利分配战略的原则主要体现在以下方面：

(1)股利分配战略应优先满足企业战略实施所需的资金，并与企业战略预期的现金流量状况保持协调一致。

(2)股利分配战略应能传达管理部门想要传达的信息，尽力创造并维持一个企业战略所需的良好环境。

(3)股利分配战略必须把股东们的短期利益——支付股利与长期利益——增加内部积累很好地结合起来。

(二)股利分配战略选择

1. 股利分配战略选择的影响因素

选择股利分配战略必须首先分析股利分配的制约和影响因素。影响股利分配战略的因素主要有以下几个：

(1)法律因素。具体包括资本限制、偿债能力的限制、内部积累的限制。

(2)债务(合同)条款因素。

债务特别是长期债务合同通常包括限制企业现金股利支付权力的一些条款，限制内容通常包括：①营运资金(流动资产减流动负债)低于某一水平，企业不得支付股利；②企业只有在新增利润的条件下才可进行股利分配；③企业只有先满足累计优先股股利后才可进行普通股股利分配。

(3)股东类型因素。

企业的股利分配最终要由董事会来确定。限制/要求股利支付原因大致可分为以下几种：①为保证控制权而限制股利支付；②为避税的目的而限制股利支付；③为取得收益而要求支付股利；④为回避风险而要求支付股利；⑤由于不同的心理偏好和金融传统而要求支付股利。

(4)经济因素。

影响股利分配的具体经济因素有：①现金流量因素；②筹资能力因素；③投资机会因素；④公司加权资金成本；⑤股利分配的惯性。

2. 股利分配战略选择的类型

(1)剩余股利战略。

(2)稳定或持续增长的股利战略。

(3)固定股利支付率战略。

(4)低正常股利加额外股利战略。

(5)零股利战略。

【应试技巧】本知识点属于重要考点，在准备考试的过程中，需要掌握股利分配战略的目标、原则、影响因素和类型。考试时候有可能给出一份案例资料，要求分析该公司采用的股利分配属于哪种类型；也可能给出案例资料，要求考生分析目前公司所采用的股利分配战略是否合适，或者让我们帮助公司选择一个合适的股利分配战略。

本章经典案例

案例1·中安公司经营战略案例

【案例背景与要求】

中安公司是一家汽车生产企业，历史上先后采取了若干影响巨大的决策，为企业的发展提供了足够的动力。

2017年，中安公司利用自身的技术优势，吹响了进军农村市场的号角，因地制宜地开发了一系列现代化的新农村车。其中专门服务于新农村建设的轻型商用车，对改善农村生活环境、提高农民生活质量起到了推动作用。

目前，中安公司汽车所用关键零部件，只能全部依靠外资汽车零部件企业供应，价格一直处于较高水平。为了改善这一状况，中安公司于2018年在底特律与美国最大的零部件企业鑫福公司签署协议，收购其全球汽车悬架和制动器的研发、生产系统。此次收购耗资1亿美元，涉及技术、知识产权、专利以及市场和成熟的订单。

2019年，中安公司又迈出了一大步，以8亿美元的价格高调收购了金兴汽车生产公司49.20%的股权，成为其第一大股东。根据双方协议，中安公司将保留和改善金兴现有的设备，引进技术，并在未来对金兴进行必要的投资。

2021年，中安公司启动了“P2+2”降成本计划，推行全员、全过程、全价值链的成本管理模式。将总目标分解细化为成本费用占营业收入比重目标、销售净利率目标等4个具体目标。在此基础上进一步确定每个指标降低的目标，有力促进了公司两大品牌产品成本的改善。

面对旗下双品牌，中安确定了“两条腿走路”的策略。针对X品牌，全面推行网上销售，在业内首家提出顾客定制的举措，即顾客可以根据自己的喜好在公司网站上进行产品的选装。同时延长整车的保修时间和里程。同时，将现有渠道及4S店全部用于Y品牌的销售。

假定不考虑其他因素。

要求：

(1)根据以上资料，分析中安公司采取的成长型战略类型(写出细分类型)。

(2)根据以上资料，分析中安公司采取的经营战略类型，并说明采用该战略的适用条件。

【参考答案】

(1)①相关多元化战略。2017年，中安公司进军农村市场，开发了现代化的新农村车，属于相关多元化战略。

②后向一体化战略。2018年中安公司收购鑫福公司零部件生产企业，属于后向一体化战略。

③横向一体化战略。2019年，中安公司以8亿美元的价格高调收购了金兴汽车生产公司，属于对同行业竞争对手的并购，属于横向一体化战略。

(2)①成本领先战略。2021年，中安公司推行全员、全过程、全价值链的成本管理模式，有力促进公司两大品牌产品成本的改善，属于成本领先战略。

成本领先战略的适用条件：a. 大批量生产的企业。产量要达到经济规模，才会有较低的成本。b. 企业有较高的市场占有率。c. 企业必须采用先进的生产设备，先进的设备使生产效率提高，使产品成本进一步降低。d. 要严格控制一切费用开支，全力以赴地降低成本，最大限度地减少研发、服务、摊销、广告及其他一切费用。

②差异化战略。中安公司针对X品牌，全面推行网上销售，在业内首家提出顾客定制的举措，延长整车的保修时间和里程，属于差异化战略。

差异化战略的适用条件：a. 具有很强的研究开发能力，研究人员要有创造性的眼光；b. 企业具有以其产品质量或技术领先的声望；c. 企业在这一行业有悠久的历史或吸取其他企业的技能并自成一体；d. 有很强的市场营销能力；e. 研究与开发、产品开发以及市场营销等职能部门之间要具有很强的协调性。

案例2·明亮眼镜公司战略类型及战略分析案例

【案例背景与要求】

明亮眼镜有限公司(以下简称明亮眼镜)成立于20世纪70年代。明亮眼镜从20世纪90年代末开始拓展眼镜零售连锁网络，2005年末，明亮眼镜在全国拥有超过100家连锁店。2021年初，明亮眼镜公司召开战略、经营与财务工作专题会议。部分参会人员发言要点摘录如下：

(1)总经理王辉：我们企业是国内较早从事眼镜连锁专卖的企业，并且我们也具有自己的优势产品，明亮眼镜的“A类眼镜”在全国具有较高的市场占有率，销售也一直保持较高的增长水平。并且我们公司的核心管理团队在连锁经营领域具有丰富的经验，尤其在店铺选址方面。公司在甲省各大核心商业区的黄金地段都拥有位置优越的店铺。由于其较长的经营历史和严格的质量控制，明亮眼镜店在消费者心目中享有良好的声誉。目前我们处于一个好的大环境下，中国零售产业已连续十年保持高速增长，随着人们生活水平的提高和消费能力的增强，我们要一方面提高现有产品与服务在现有市场的占有率，另一方面要通过开发新的产品型号、规格、款式和质量来满足更多的市场需求。

(2)财务总监刘岩：我们的业务确实取得了不少的成绩，但是我们还应意识到目前市场形势的严峻性，我公司全国拥有超过100家连锁店，但是其中80%在甲省及周边地区，区域太集中，尚未形成全国网络。各大零售企业出于对产业前景的良好预期，普遍迅速扩张，形成了活跃的竞争态势。并且现在的消费者除了重视眼镜的基本功能外，还越来越重视美观时尚。尤其是年轻人，不再等眼镜坏了才购买新的，而会频繁地更换新的款式。并且通过财务部针对年轻客户群的销售情况分析发现，虽然明亮眼镜整体销售收入在过去三年以平均每年10%左右的速度增长，但从20～30岁客户群所得的销售收入呈每年3%～5%左右的速度下降。另外，市场部从最近的一次品牌形象问卷调查中获悉，受访者普遍认为明亮的品牌给人以高质量和传统沉稳的形象，但与年轻消费者追求美观时尚的消费需求有较大的差距，这一点竞争对手比我们强很多。并且我公司的财务系统只能按照镜片、镜框、隐形眼镜、太阳镜等产品类别分析销售数据，不能按照客户群类别进行分析；而业务系统虽然拥有每一单销售的详细产品信息和客户信息，却无法将销售单中的信息按照特定产品类别或客户群直接进行数据汇总。此外，经多方了解，我发现公司财务和业务系统的功能都落后于竞争对手。建议改进公司的管理信息系统。

要求：

(1)根据资料(1)，对总经理王辉的发言中涉及的SWOT因素进行分析，并具体说明。

(2)根据资料(1)，判断总经理王辉的发言中涉及的密集型战略的具体类型，并说明理由。

(3)根据资料(2)，判断财务总监刘岩的发言中涉及的SWOT因素进行分析，并具体说明。

(4)根据波士顿矩阵模型，指出“A类眼镜”所属的业务类型，并简要分析应采取的对策。

【参考答案】

(1)总经理王辉的发言涉及SWOT分析的优势和机会。

优势：进入行业早，是国内较早从事眼镜连锁专卖的企业；有优势产品“A类眼镜”市场占有率高，销售增长水平也较高；拥有专业人才，管理团队行业经验丰富，尤其在店铺选址方面；在甲省核心商业区的黄金地段有地理位置优越的店铺；消费者认知度高，尤其是对质量的认可。

机会：国内零售行业总体保持高增长；消费者的消费行为发生了变化，消费需求有增长潜力。

(2)总经理王辉的发言涉及的密集型战略的类型：市场渗透战略和新产品开发战略。

理由：提高现有产品与服务的市场占有率属于市场渗透战略；通过开发新的产品型号、规格、款式和质量来满足更多的市场需求属于新产品开发战略。

(3)财务总监刘岩的发言涉及SWOT分析的劣势和威胁。

劣势：对于年轻客户群这一细分市场，可能缺乏相关经验；80%的门店在甲省及周边地区，区域集中度高，尚未形成全国网络；内部管理信息系统落后于竞争对手，尚待改进；在年轻客户群中缺乏品牌竞争力，与年轻消费者的需求有较大差距。

威胁：各大零售企业普遍迅速扩张，行业内竞争日趋激烈；年轻客户群这一细分市场的份额在丢失，面对来自竞争对手的威胁。

(4)明星业务。对于“A类眼镜”应该大量投资，保护和扩展它的市场主导地位。

案例3·Q公司战略分析案例

【案例背景与要求】

Q公司是一汽大众在西南地区第一家主流品牌专营4S店。一直以来，Q公司希望成为最具有盈利能力、最优秀、最受欢迎的4S店，肩负着创造价值、助力经济的使命，努力开拓创新。2019年年初，Q公司制定了未来10年的发展战略，10年间每年销售额保持5%的速度增长，利润率保持在25%左右。该店被评为成都最值得信赖的4S店之一，拥有很好的企业形象。

据国家市场监督管理总局统计，到2018年，全国4S店已经达到29 664家，同质化比较严重。同一城市，同一品牌的汽车会出现2～3家的经销商，各经销商对消费者的争夺十分明显。降价促销、购车赠送礼品、维修获代金券的现象非常普遍。

在汽车销售模式中，汽车的销售价格主要由供应商确定，销售商销售整车只能通过供应商的销售返利获取微额利润，毛利率为4%～5%。一般而言，建设一家4S店的成本在1 500万～2 500万元，产品采购时一般要提前付款，不允许赊销，此外还要向厂家缴纳300万～500万元的保证金。在渠道建设方面，销售商需要招募有经验的销售人员进行渠道渗透，也需要投入大量的广告促销宣传费(每月为2万～5万元)。汽车购买者分为个人消费者、政府和公司集体采购者两类。个人消费者购买量小，购买频率低。而政府和公司的集体采购，一般量比较大，会通过招投标或者协商的形式进行。

汽车作为一种交通工具，其替代产品主要有摩托车、电动车和自行车。许多地区已经禁止在市区内驾驶摩托车。随着全球绿色环保运动的兴起以及石油价格的日益上涨，城市交通状况、居住环境的恶化，越来越多的消费者选择乘坐公共交通和其他环保出行方式。

假定不考虑其他因素。

要求：

(1)分析Q公司的愿景、使命与战略目标。

(2)利用波特的“五力模型”对Q公司的行业环境进行分析。

【参考答案】

(1)愿景是指一个组织或个人希望达到或创造的理想图景。Q公司的愿景是：成为最具有盈利能力、最优秀、最受欢迎的4S店。

使命反映了企业之所以存在的理由或价值。Q公司的使命是：创造价值、助力经济。

战略目标是企业愿景与使命的具体化。Q公司的战略目标是：10年间每年销售额保持5%的速度增长，利润率保持在25%左右。

(2)①企业与供应商的议价能力分析：

汽车的销售价格主要由供应商确定，销售商(包括4S店)只能获得微额返利，供应商的议价能力比较高。

②企业与客户的议价能力分析：

汽车购买者分为个人消费者、政府和公司集体采购者两类。个人消费者购买量小，购买频率低，议价能力比较弱。政府和公司采购量比较大，一般会通过招投标或者协商的形式进行，它们的议价能力比较强。

③新加入企业竞争威胁分析：

汽车销售业的前期投资比较大，总体而言，汽车销售4S店启动资金在2 000万元左右，对于进入者的资金实力要求很高，进入壁垒比较明显。

④替代产品或服务威胁分析：

汽车的替代产品主要有摩托车、电动车和自行车。但由于许多地区已经禁止在市区内驾驶摩托车，因此摩托车不构成汽车消费的替代品；随着越来越多的消费者选择乘坐公共交通和其他环保出行方式，公共交通及环保的交通工具已经开始成为汽车消费的替代产品。

⑤现有企业间竞争程度分析：

目前国内汽车销售行业的竞争比较激烈，同质化比较严重，同业竞争程度较高。

案例4·华阳集团战略选择案例

【案例背景与要求】

华阳集团有限责任公司(以下简称“华阳集团”)为国有控股公司，下辖宏远科技等数十家子公司及中科电子研究中心等多个研发单位。2006年，经证监会发审委审批，宏远科技股份有限公司(以下简称“宏远公司”)在上交所上市成功。

华阳集团多年来一直以家用电子产品为发展方向，始终坚持“品牌第一”的方针，并坚持自主创新的理念。2018年8月，集团推出了拥有完全自主知识产权的“V版芯片”。“V版芯片”是集团在适当的时机和适当的市场中推出的“金牌”芯片，主要满足的是中国高端机的市场需求。不适用于华阳集团电子产品。集团强大的开发新产品的能力、自主的研发技术，更为该公司新产品的推出提供了可能。

2020年7月，集团拟以8.63元/股的价格，向W公司全体股东发行普通股4.63亿股，并支付现金12亿元，合计作价52亿元收购W公司100%股权。通过本次交易，华阳集团将成功进入动力锂电池以及新能源汽车租赁、销售、运营、维护等新领域，这些新兴项目将成为华阳集团新的盈利增长点。

2020年，华阳集团投入巨资进行3D视频产品的研发工作，力求率先实现将3D技术在数字电视、掌上视频产品、数码摄像机、数码相机中的应用。由于起步较晚，且国内相关的技术人才比较稀缺，华阳集团并未取得领先的地位。然而华阳集团的管理层信心坚定，坚持加大研发的投入力度，力求成为新技术产品的“领头羊”。

2020年，华阳集团的战略部提出，目前我国的广告增长速度在世界依然名列前茅，但是在欧美非常流行的楼宇大屏幕广告却比较少，主要的原因在于LED电子大屏幕的技术相对落后，产品质量缺乏必要的保证，或者价格过高，各写字楼不愿意引入LED电子大屏幕来做户外广告。而华阳集团管理层认为，这是一个可供发展的好机会，虽然还缺乏经验，但可以充分利用以往在电子产品方面的技术经验及研发能力，并积极引进国外先进技术来转向LED电子大屏幕的研发和生产。于是在当年8月，按照华阳集团的要求，宏远公司和美国ABSN公司共同投资，设立了华恩高科有限责任公司，由宏远集团控股并投入资金和厂房，ABSN公司投入技术、设备，共同研发生产LED电子大屏幕。

假定不考虑其他因素。

要求：

(1)判断华阳集团2018年8月推出“V版芯片”采用的总体战略类型(要求写出细分类型)，并简要说明理由。

(2)判断华阳集团2020年7月收购行为采用的总体战略类型，说明理由并指出该总体战略类型的适用条件。

(3)指出宏远公司投资设立华恩高科有限公司研发生产LED大屏幕属于哪种企业总体战略类型(写出细分类型)。

(4)简述研发战略的类型,并分析华阳集团进行3D视频产品研发工作所属的研发战略类型。

【参考答案】

(1)2018年8月华阳集团采用的是成长型战略——密集型战略——新产品开发战略。

理由:2018年8月,华阳集团推出了拥有完全自主知识产权的“V版芯片”。“V版芯片”是集团在适当的时机和适当的市场中推出的“金牌”芯片,主要满足的是中国的高端机的市场需求,采用的是新产品开发战略。

(2)2020年7月华阳集团采用的是成长型战略。

理由:华阳集团是电子产品生产的公司,进入动力锂电池以及新能源汽车租赁、销售、运营、维护等新领域,属于开发新产品并且进入新市场,以发展壮大企业为目标,所以属于成长型战略。

成长型战略的适用条件:

①成长型战略必须与宏观经济景气度和产业经济状况相适应。

②成长型战略必须符合政府管制机构的政策法规和条例等的约束。

③成长型战略与公司可获得的资源相适应。

④成长型战略与企业文化的适合性。

(3)宏远公司投资设立华恩高科有限公司研发生产LED大屏幕属于多元化战略中的相关多元化战略。

(4)企业的研发战略可分为四种类型:进攻型战略、防御型战略、技术引进型战略及部分市场战略。

进攻型战略的目的是要通过开发或引入新产品,全力以赴地追求企业产品技术水平的先进性,抢占市场,在竞争中保持技术与市场的强有力的竞争地位。2020年,华阳集团投入巨资进行3D视频产品的研发工作,力求率先实现将3D技术在数字电视、掌上视频产品、数码摄像机、数码相机中的应用,属于进攻型战略。

案例5·嘉明公司财务战略案例

【案例背景与要求】

嘉明科技股份有限公司是一家高新技术企业。公司秉承“发展经济、壮大自我”的发展方针,依托科研单位的强大技术力量和科研平台,大力开展高新技术在工程、机械等领域的产品研制和开发工作。

近年来公司战略出现了重大调整,由以前的关注市场和市场份额转移到关注盈利能力和获取利润上来。2021 年 10 月召开财务战略务虚会，会议上出现了三种观点，分别如下：

(1)认为此时的经营风险控制比财务风险控制更为重要，可以通过发售股票方式吸引风险投资者进行投资，股利政策基本偏向于低股利甚至是零股利政策。

(2)认为企业可以大量利用负债进行筹资，提高股利支付率。

(3)认为公司的财务战略应当转向考虑使用短期资金上来，产生的利润基本上都通过股利的形式分配给股东。

假定不考虑其他因素。

要求：

(1)根据资料(1)，判断适用于企业发展的哪个阶段，指出相应的财务战略，并说明理由。

(2)根据资料(2)，判断适用于企业发展的哪个阶段，指出相应的财务战略，并说明理由。

(3)根据资料(3)，判断适用于企业发展的哪个阶段，指出相应的财务战略，并说明理由。

(4)判断嘉明公司应该采纳哪个观点。

【参考答案】

(1)适用于企业发展的初创期，适合采用稳健型或扩张型的财务战略。

理由：初创期时企业未来的经营情况具有极大的不确定性，经营风险很高。对大多数企业来说，此时的经营风险控制比财务风险控制更为重要。股份制企业可以通过发售股票方式吸引风险投资者进行投资。由于此时资金需求很大，所以股利政策基本偏向于低股利甚至是零股利政策。

(2)适用于企业发展的成熟期，适合采用稳健型财务战略。

理由：成熟期时企业的经营风险很小，能够产生大量的现金流，同时企业的再投资机会变得狭窄，资金需求降低，企业开始大量利用负债进行筹资。

(3)适用于企业发展的衰退期，适合采取防御型财务战略。

理由：衰退期时企业逐渐从行业中退出，销售业绩开始下滑，高额的固定成本使得企业很快陷入亏损的境地，因而公司的财务战略应当转向考虑使用短期资金上来。在衰退期，企业濒临倒闭，所产生的利润基本上都会通过股利的形式分配给股东。

(4)近年来，公司开始关注盈利能力和获取利润，处于成熟期，应该采纳第二种观点。

案例 6 · 中星公司的业务组合分析和融资战略

【案例背景与要求】

中星公司是国内一家知名的家用厨房电器制造商，主要生产三大类厨房用电器，分别是电烤箱、洗碗机和消毒柜，全部供应国内市场。假设市场增长率以 10% 为分界线，10% 以上为高增长率，10% 以下为低增长率。以企业某项业务的市场份额与这个市场上最大的竞争对手的市场份额之比衡量企业的市场占有率高低，某项业务的市场份额与这个市场上最大的竞争对手的市场份额之比大于1表明市场占有率高。

为进一步开拓新市场，应对各种潜在的风险，公司对企业的各项业务都进行了具体的市场调研：中星公司的三种产品市场增长率分别为：电烤箱的市场增长率为4%，洗碗机的市场增长率为9%，消毒柜的市场增长率为25%。电烤箱的市场占有率为8%，洗碗机的市场占有率为40%，消毒柜的市场占有率为40%。中星公司三种产品最大竞争对手的市场占有率分别为：电烤箱市场的最大竞争对手是华夏公司，其市场占有率为40%；洗碗机市场的最大竞争对手是海蓝公司，其市场占有率为20%；消毒柜市场的最大竞争对手是达能公司，其市场占有率为20%。

公司于2021年1月召开了由总经理、各职能部门经理等参加的“公司业务发展及融资战略专题会”。部分人员的发言要点如下：

(1)销售部经理：消毒柜的销售额已经非常大，所以可以适当地节约企业的资源，减少对它的投入，而适当接济电烤箱业务。

(2)市场部经理：洗碗机的业务可以为企业带来大量的现金流，为了加强企业的现金流量的集聚，应该对它投入更多的资金。

(3)财务部经理：面对开拓新市场的压力以及大额研发费用，公司在发放股利时，应该优先考虑投资的需要，若投资过后还有剩余则发放股利。使用内部留存利润进行再投资，既不会导致股权稀释，也可以减轻公司的融资压力。

(4)总经理：仅靠内部融资是远远不够的，公司应该实施多元化融资战略。目前新能源汽车项目一期需要投资2.5亿元，建议公司发行普通股进行融资，可以适当吸收战略投资者入股，这样不会使企业陷入财务危机，也可以降低债务融资的还款压力。

假定不考虑其他因素。

要求：

(1)根据资料(1)，判断销售部经理的观点是否正确，并说明理由。

(2)根据资料(2)，判断市场部经理的观点是否正确，并说明理由。

(3)根据资料(3)，指出财务部经理建议采取的股利分配战略类型，并说明理由。

(4)根据资料(4)，指出总经理提出的融资战略类型，并简述其优缺点。

【参考答案】

(1)销售部经理的观点不正确。

理由：①消毒柜的市场增长率为25%，大于10%，属于高速增长，相对市场占有率为40%÷20%=2，大于1，因此可以判断消毒柜属于明星业务。该类业务具有高增长、强竞争地位，是企业资源的主要消耗者，需要大量投资。企业应对之进行资源倾斜。

②电烤箱的市场增长率为4%，小于10%，属于低速增长。相对市场占有率为8%÷40%=0.2，小于1，因此可以判断电烤箱属于瘦狗业务。该类业务具有低增长、弱竞争地

位，处于饱和的市场之中，竞争激烈、盈利率低，不能成为现金来源。若能自我维持，则应收缩经营范围；若是难以为继，则应果断清理。

(2) 市场部经理的观点不正确。

理由：洗碗机的市场增长率为9%，小于10%，属于低速增长。相对市场占有率为40%÷20%＝2，大于1。因此可以判断洗碗机属于金牛业务。该类业务具有低增长、强竞争地位，处于成熟的低速增长市场，市场地位有利，盈利率高，不仅本身不需要投资，而且能为企业带来大量现金，用以支持其他业务发展。

(3) 财务部经理建议采取的股利分配战略类型是剩余股利战略。

理由：剩余股利战略在发放股利时，优先考虑投资的需要，如果投资过后还有剩余则发放股利，如果没有剩余则不发放。这种战略的核心思想是以公司的投资为先、发展为重。

(4) 总经理提出的融资战略类型是股权融资战略。

理由：股权融资是企业为了新的项目而向现在的股东和新股东发行股票来筹集资金。

优点：当企业需要的资金量比较大时，股权融资占有很大的优势。

缺点：股份容易被恶意收购从而引起控制权的变更；股权融资方式的成本比较高。

案例7 · 黄海公司的投资战略、融资战略与分配战略案例

【案例背景与要求】

黄海公司为一家境内上市的集团企业。2020年年底，黄海公司召开总结会，重点对企业的投资战略、融资战略和分配战略进行总结评价，相关人员发言要点如下：

(1) 投资部经理：本年的投资战略有所失误，我们作为一家实力不足力求稳妥快速盈利的企业，投资侧重于初创期和成长期的产品，这使得我们的盈利不足，也没有回避风险。

(2) 战略部经理：本年的融资战略也存在一定的差池，我们销售了一部分有价值的资产来进行融资，但这使得在销售旺季我们的生产力不足，影响了现有股东对企业前景的良好预期。

(3) 财务部经理：本年采取的股利政策，优先考虑了投资的需要，还是非常符合企业本年的具体情况，也是由宏观经济的状况与趋势对企业财务状况的影响而决定的。

假定不考虑其他因素。

要求：

(1) 根据投资部经理的观点，判断企业应当如何进行投资时机战略选择，并说明企业今年采取的投资战略更适合哪类企业。

(2) 根据战略部经理的观点，判断企业采用了哪种融资战略，说明该种融资战略的优

点和不足。

(3)根据资料(2)，判断企业应该采用哪种融资战略，并说明理由，并指出该种融资战略的优点。

(4)根据财务部经理的观点，判断企业采用了哪种分配战略，并说明该种分配战略的核心思想。

【参考答案】

(1)根据投资部经理的观点，企业作为实力不足力求稳妥快速盈利的企业，投资时应该侧重于成长期和成熟期的产品。因为这是一种重视盈利而回避风险的投资策略。

企业今年选择投资于初创期和成长期的模式，是适合研发能力强而生产能力弱的企业。

(2)企业采用的是销售资产融资方式。

销售资产融资战略优点：简单易行，且不用稀释股东权益。

不足之处：比较激进，一旦操作就无回旋余地，而且如果销售时机选择不准，销售价格会低于资产本身价值。

(3)企业应该采用股权融资战略。

理由：因为企业的现有股东对企业前景具有较好的预期，这是发行新股成功的关键。

股权融资战略的优点：不需要支付利息和本金，而仅仅需要在企业盈利时向股东支付股利。

(4)企业采用的是剩余股利分配战略。

剩余股利战略的核心思想是以公司的投资为先、发展为重。

第二章　企业全面预算管理

本章考点汇总

序号	考点内容	重要程度
1	全面预算管理概述	★★
2	全面预算目标的确定	★★
3	全面预算的编制方式、流程	★★
4	全面预算的编制方法	★★★
5	全面预算执行概述、全面预算分析	★★
6	全面预算控制	★★
7	全面预算调整	★★
8	全面预算考核	★

高频考点讲解及应用分析

考点1　全面预算管理概述★★

考点讲解

(一)全面预算管理的内涵与内容

1. 全面预算管理的内涵

预算管理，是指企业以战略目标为导向，通过对未来一定期间内的经营活动和相应的财务结果进行全面预测和筹划，科学、合理配置企业各项财务和非财务资源，并对执行过程进行监督和分析，对执行结果进行评价和反馈，指导经营活动的改善和调整，进而推动实现企业战略目标的管理活动。

在预算管理前冠以“全面”二字，主要有以下三层含义：①预算理念全员参与；②业务范围全面覆盖；③管理流程全程跟踪。

2. 全面预算管理的内容

全面预算管理的内容主要包括经营预算、专门决策预算和财务预算。

（二）全面预算管理的功能、原则与流程

1. 全面预算管理的功能

全面预算管理主要包括以下几方面功能：①规划与计划；②沟通与协调；③控制与监督；④考核与评价。

2. 全面预算管理的原则

企业进行预算管理，一般应遵循以下原则：①战略导向原则；②过程控制原则；③融合性原则；④平衡管理原则；⑤权变性原则。

3. 全面预算管理的流程

全面预算管理的流程可分为预算编制、预算执行（预算控制、预算调整等）和预算考核三个阶段。

（三）全面预算管理的应用环境

企业实施预算管理的基础环境包括战略目标、业务计划、组织架构、内部管理制度、信息系统等。

1. 战略目标

企业应按照战略目标，确立预算管理的方向、重点和目标。

2. 业务计划

业务计划，是指按照战略目标对业务活动的具体描述和详细计划。企业应将战略目标和业务计划具体化、数量化作为预算目标，促进战略目标落地。

3. 组织架构

（1）全面预算管理决策机构。

全面预算管理决策机构主要包括股东（大）会、董事会、预算管理委员会和经理层。

a. 股东（大）会。股东（大）会是全面预算管理的法定权力机构，负责审议批准公司的年度财务预算方案、决算方案。

b. 董事会。董事会是全面预算管理的法定决策机构，负责制订公司的年度财务预算方案、决算方案。

c. 预算管理委员会。预算管理委员会是全面预算管理的专门机构，是非常设机构。

d. 经理层。经理层是全面预算管理的日常运行决策机构，负责组织执行全面预算，决定和处理全面预算管理的日常运行事项。

（2）全面预算管理工作机构。

一般来说，预算管理委员会办公室是全面预算管理的日常工作机构，具体负责全面预算管理的编制、审核、控制、调整、分析、考评等工作。

（3）全面预算管理执行机构。

预算执行单位在预算管理部门（指预算管理委员会及其工作机构）的指导下，组织开展本部门或本企业全面预算的编制工作，严格执行批准下达的预算。

(4)内部管理制度。

全面预算管理制度体系一般应涵盖全面预算管理的组织体系、编制制度、执行与控制制度、调整制度、分析与报告制度、考评制度等方面。

(5)信息系统。

企业应充分利用现代信息技术，规范预算管理流程，提高预算管理效率。从功能的角度出发，全面预算信息系统通常分为以下四个模块：预算编制、预算执行控制、预算分析、预算预警监控。全面预算信息系统应与会计核算系统、财务报销系统、人力资源等业务系统或ERP系统对接，避免预算成为“信息孤岛”。

(四)全面预算管理的层级

一般情况下，企业的全面预算管理层级与企业内部层级是一致的。企业内部层级不同，那么全面预算管理的内容与特点也不同。

对于一个集团企业而言，集团层面的全面预算管理具有全局性、宏观性等特点，最末级组织单位的全面预算管理具有局部性、微观性等特点，而分、子公司全面预算管理的特点则居于上述两者之间。

(五)全面预算管理中的主要风险

不编制预算或预算不健全，可能导致企业经营缺乏约束或盲目经营；预算目标不合理、编制不科学可能导致企业资源浪费或发展战略难以实现；预算缺乏刚性、执行不力、考核不严，可能导致预算管理流于形式。

1. 全面预算编制环节的主要风险

(1)预算编制以财务部门为主，业务部门参与度较低，可能导致预算编制不合理，预算管理责、权、利不匹配；预算编制范围和项目不全面，各个预算之间缺乏整合，可能导致全面预算难以形成。

(2)预算编制所依据的相关信息不足，可能导致预算目标与战略规划、经营计划、市场环境、企业实际等相脱离；预算编制基础数据不足，可能导致预算编制准确率降低。

(3)预算编制程序不规范，横向、纵向信息沟通不畅，可能导致预算目标缺乏准确性、合理性和可行性。

(4)预算编制方法选择不当，或强调采用单一的方法，可能导致预算目标缺乏科学性和可行性。

(5)预算目标及指标体系设计不完整、不合理、不科学，可能导致预算管理在实现发展战略和经营目标、促进绩效考评等方面的功能难以有效发挥。

(6)编制预算的时间太早或太晚，可能导致预算准确性不高，或影响预算的执行。

(7)全面预算未经适当审批或超越授权审批，可能导致预算权威性不够、执行不力，或可能因重大差错、舞弊而导致损失。

2. 全面预算执行中的主要风险

（1）全面预算下达不力，可能导致预算执行或考核无据可查。

（2）预算指标分解不够详细、具体，可能导致企业的某些岗位和环节缺乏预算执行和控制依据；预算指标分解与业绩考核体系不匹配，可能导致预算执行不力；预算责任体系缺失或不健全，可能导致预算责任无法落实，预算缺乏强制性与严肃性；预算责任与执行单位或个人的控制能力不匹配，可能导致预算目标难以实现。

（3）缺乏严格的预算执行授权审批制度，可能导致预算执行随意；预算审批权限及程序混乱，可能导致越权审批、重复审批，降低预算执行效率和严肃性；预算执行过程中缺乏有效监控，可能导致预算执行不力，预算目标难以实现；缺乏健全有效的预算反馈和报告体系，可能导致预算执行情况不能及时反馈和沟通，预算差异得不到及时分析，预算监控难以发挥作用。

（4）预算分析不正确、不科学、不及时，可能削弱预算执行控制的效果，或可能导致预算考核不客观、不公平；对预算差异原因的解决措施不得力，可能导致预算分析形同虚设。

（5）预算调整依据不充分、方案不合理、审批程序不严格，可能导致预算调整随意、频繁，预算失去严肃性和"硬约束"。

3. 全面预算考核中的主要风险

预算考核不严格、不合理、不到位，可能导致预算目标难以实现、预算管理流于形式。其中，预算考核是否合理受到考核主体和对象的界定是否合理、考核指标是否科学、考核过程是否公开透明、考核结果是否客观公正、奖惩措施是否公平合理且能够落实等因素的影响。

【应试技巧】本知识点考核角度相对比较多。全面预算的功能、原则、流程、应用环境以及管理中的主要风险都可以在案例中体现，所以掌握本知识点时一定要对相应的内容理解，可以根据案例表述判断出具体对象。

考点2 全面预算目标的确定★★

【考点讲解】

全面预算编制是企业实施全面预算管理的起点。

（一）全面预算目标的确定原则与应考虑的重要因素

1. 预算目标的确定原则

预算目标的确定原则，见表2-1所示。

表 2-1 预算目标的确定原则

原则	相关说明
先进性原则	通过努力才能实现的目标。不具有先进性或挑战性，不利于挖掘企业潜力，无法起到引导和激励作用
可行性原则	不能脱离企业内外部环境的实际情况
适应性原则	与企业外部环境和内部环境相适应
导向性原则	以战略规划和经营目标为导向
系统性原则	一是横向系统性；二是纵向系统性

2. 预算目标确定应考虑的重要因素

确定预算目标时，除了应当考虑确定预算目标的一般原则外，通常还应考虑以下因素：

(1)出资人对预算目标的预期；

(2)以前年度实际经营情况；

(3)预算期内重大事项的影响；

(4)企业所处发展阶段的特点。

(二)预算目标的确定方法

常见的利润预算目标的确定方法有：利润增长率法、比例预算法、上加法、标杆法和本量利分析法。具体内容如表 2-2 所示。

表 2-2 预算目标的确定方法

方法		计算
利润增长率法		利润总额增长率 = $\sqrt[\text{报告期}]{\dfrac{\text{上期利润总额}}{\text{基期利润总额}}}-1$ 目标利润 = 上期利润总额×(1+利润总额增长率)
比例预算法	营业收入利润率	目标利润 = 预计营业收入×测算的营业收入利润率 其中，测算的营业收入利润率可选取以前几个会计期间的平均营业收入利润率
	成本利润率	目标利润 = 预计营业成本费用×核定的成本费用利润率 其中，核定的成本费用利润率可以选取同行业平均或先进水平来确定
	投资报酬率	目标利润 = 预计投资资本平均总额×核定的投资资本回报率
上加法		(1)企业留存收益 = 盈余公积+未分配利润 (2)净利润 = 本年新增留存收益/(1-股利分配比率) = 本年新增留存收益+股利分配额 (3)目标利润 = 净利润/(1-所得税税率)
标杆法		实务中，通常存在企业内部基准和外部基准两种标杆
本量利分析法		目标利润 = 边际贡献-固定成本 = 预计销售收入-变动成本-固定成本 = 预计产品销售量×(单位产品售价-单位产品变动成本)-固定成本

【应试技巧】针对本考点考生应该重点关注上加法和本量利分析法，同时熟练掌握比例预算法和利润增长率法的计算公式。同时，注意上述计算方法中的“目标利润”指的是会计上的“利润总额”。

【典型案例分析】东方公司只生产一种产品，年产销量为5万件，单位产品售价为20元。为了降低成本，计划购置新生产线。买价为200万元，预计使用寿命10年，到期收回残值2万元。据预测可使变动成本降低20%，产销量不变。现有生产线的年折旧额为6万元，购置新生产线后现有的生产线不再计提折旧。其他的固定成本不变。目前生产条件下的变动成本为40万元，固定成本为24万元。

假定不考虑其他因素。

要求：

(1)计算东方公司目前的利润。

(2)计算东方公司购置新生产线之后的利润。

(3)判断东方公司购置新生产线是否经济。

【参考答案】

(1)目前的单位产品变动成本=40/5=8(元)

单位产品边际贡献=20-8=12(元)

利润=5×12-24=36(万元)

(2)购置新生产线之后的单位产品变动成本=8×(1-20%)=6.4(元)

单位产品边际贡献=20-6.4=13.6(元)

固定成本=24-6+(200-2)/10=37.8(万元)

【提示】目前生产条件下的固定成本中包含了现有生产线的折旧费用，但是未包含新生产线的折旧费，所以在计算购置新生产线后的固定成本时，应该先减去原有的折旧费用，再加上新生产线的折旧费用。

利润=5×13.6-37.8=30.2(万元)

(3)由于利润下降，所以购置新生产线不经济。

考点3 全面预算的编制方式、流程★★

【考点讲解】

(一)全面预算的编制方式

企业全面预算的编制方式可以分为权威式预算(自上而下)、参与式预算(自下而上)、混合式预算(上下结合)。

1. 权威式预算

预算由企业的最高管理层决定，较低层级执行预算。

缺点：①主观性太强，下级缺乏责任感和动力，预算目标的实现会大打折扣；②产生“用完预算”问题，不利于节约预算。

2. 参与式预算

各个层级共同制定预算，最高管理层和董事会只保留批准权。

缺点：①预算执行者为了逃避最终责任，可能造成预算松弛问题，编制低标准预算，制定容易实现的目标；②当上下级的信息不对称时，会出现预算松弛或预算操纵等问题。

3. 混合式预算

混合式预算，也称上下结合式预算，综合了权威式预算和参与式预算的优点。

（二）全面预算的编制流程

一般集团层面编制全面预算，通常采取“上下结合、分级编制、逐级汇总”的混合式预算方法，具体包括下达预算编制指导意见、上报预算草案、审查平衡、审议批准、下达执行等流程。

1. 下达预算编制指导意见

集团层面向各层级预算机构下达年度预算编制的总体性要求，一般包括预算总体目标、预算编制要点、预算表格填制说明、预算管理要求等。

2. 上报预算草案

下一级预算执行机构编制年度预算草案，并上报集团层面。应在预算年度开始前完成全面预算草案的编制工作。

3. 审查平衡

预算管理委员会办公室对预算草案进行初步审查、汇总，并根据预算管理委员会的要求对汇总后的预算草案进行审查和平衡。发现问题，经协商后，预算执行单位予以修正。

4. 审议批准

审查平衡后，预算管理委员会办公室编制集团层面年度预算方案，报预算管理委员会审议。预算管理委员会审议后，提交董事会。董事会审议通过后，报经股东（大）会最终审议批准。

5. 下达执行

集团层面的年度预算草案审议通过后，应该及时以**正式文件形式**下达执行。

热题解析

（**必答题**）甲公司为一家在上海证券交易所上市的汽车零部件生产企业。近年来，由于内部管理粗放和外部环境变化，公司经营业绩持续下滑。为实现提质增效目标，甲公司决定从2016年起全面深化预算管理，优化业绩评价体系。有关全面预算管理的资料如下：

(1)在预算编制方式上，2016年之前，甲公司直接向各预算单位下达年度预算指标并要求严格执行；2016年，甲公司制定了“三下两上”的新预算编制流程，各预算单位主要预算指标经上下沟通后形成。

(2)在预算审批程序上，2016年12月，甲公司预算管理委员会办公室编制完成2017年度全面预算草案；2017年1月，甲公司董事会对经预算管理委员会审核通过的全面预算草案进行了审议；该草案经董事会审议通过后，预算管理委员会以正式文件形式向各预算单位下达执行。

假定不考虑其他因素。

要求：

(1)根据材料中的第(1)项，指出甲公司2016年之前及2016年分别采取的预算编制方式类型。

(2)根据资料中的第(2)项，指出甲公司全面预算草案的审议程序是否恰当；如不恰当，说明理由。

【参考答案】

(1)甲公司2016年之前的预算编制方式是权威式预算。

甲公司2016年采取的预算编制方式是混合式预算。

【解析】本题考核“全面预算的编制方式”知识点。权威式预算是自上而下编制，预算由企业的最高管理层决定，较低层级只是按照预算原则执行预算。混合式预算是上下结合的方式。

(2)不恰当。

理由：各层级预算执行机构结合本单位的实际情况编制年度预算草案，预算管理委员会办公室对各预算执行单位上报的预算草案进行审查和平衡，然后报预算管理委员会审议。预算管理委员会召开专门会议审议全面预算方案，形成全面预算草案，提交董事会，董事会审议通过后，报经股东大会最终审议批准，然后以正式文件形式下达执行。

【解析】本题考核“全面预算的编制流程”知识点。本题考核流程中“审议批准”的相关内容，其中全面预算草案经董事会审议通过后，应报经股东(大)会最终审议批准，而不能直接以文件形式下达执行。

考点4　全面预算的编制方法★★★

【考点讲解】

全面预算编制方法及其特点如下：

(一)定期预算法

适用情况：内外部环境相对稳定的企业。

优点：能够使预算期间与会计期间相对应，有利于将实际数和预算数比较，有利于对各预算执行单位的预算执行情况进行分析和评价。

缺点：①不能使预算的编制常态化，不能使企业的管理人员始终有一个长期的计划和打算，从而导致一些短期行为的出现；②不利于前后各个时期的预算衔接，不能适应连续不断的业务活动过程的预算管理。

(二)滚动预算法

适用情况：运营环境变化较大、最高管理者希望从更长远视角来进行决策的企业。

优点：通过持续滚动预算编制、逐期滚动管理，实现动态反映市场、建立跨期综合平衡，从而有效指导企业营运，强化预算的决策与控制职能。

缺点：①预算滚动的频率越高，对预算沟通的要求越高，预算编制的工作量越大；②过高的滚动频率容易增加管理层的不稳定感，导致预算执行者无所适从。

(三)增量预算法

优点：编制简单，省时省力。

缺点：预算规模会逐步增大，可能会造成预算松弛及资源浪费。

(四)零基预算法

优点：①以零为起点编制预算，不受历史期经济活动中的不合理因素影响，能够灵活应对内外部环境的变化，预算编制更贴近预算期企业经济活动需要；②有助于增加预算编制透明度，有利于进行预算控制。

缺点：①预算编制工作量较大、成本较高；②预算编制的准确性受企业管理水平和相关数据标准准确性影响较大。

(五)固定预算法

适用情况：业务量水平较为稳定的生产和销售业务的成本费用预算。

优点：编制相对简单，也容易使管理者理解。

缺点：不能适应运营环境的变化，容易造成资源错配和重大浪费。

(六)弹性预算法

适用情况：适用于企业各项预算的编制，特别是市场、产能等存在较大不确定性，且其预算项目与业务量之间存在明显的数量依存关系的预算项目。

优点：考虑了预算期可能的不同业务量水平，更贴近企业经营管理实际情况。

缺点：①编制工作量大；②市场及其变动趋势预测的准确性、预算项目与业务量之间依存关系的判断水平等会对弹性预算的合理性造成较大影响。

（七）项目预算法

适用情况：从事轮船、飞机、公路等工程建设，以及一些提供长期服务的企业。

特点：①项目预算的时间框架就是项目的期限；②间接费用预算比较简化。

优点：能够包含所有与项目有关的成本，容易度量单个项目的收入、费用和利润。

（八）作业预算法

适用情况：具有作业类型较多且作业链较长、管理层对预算编制的准确性要求较高、生产过程多样化程度较高，以及间接或辅助资源费用所占比重较大等特点的企业。

优点：①基于作业需求量配置资源，避免了资源配置的盲目性；②通过总体作业优化实现最低的资源费用耗费，创造最大的产出成果；③可以促进员工对业务和预算的支持，有利于预算的执行。

缺点：①预算的建立过程复杂，需要详细地估算生产和销售对作业和资源费用的需求量；②测定作业消耗率和资源消耗率，数据收集成本较高。

【应试技巧】本知识点的考核主要是通过案例资料的描述判断企业采用的哪种预算编制方法，并进一步考核该方法的优缺点，所以对于本知识点的掌握须重点理解各种编制方法的做法，并记忆各个方法的优缺点。

【热题解析】

（必答题1）甲公司是一家从事电子设备制造的国有控股上市公司，拥有A、B两家子公司。为提高管理水平和战略执行效果，甲公司管理层决定加强全面预算管理，调整绩效评价体系，提高预算编制质量。2018年10月，甲公司向各子公司下发2019年度全面预算编制指导方案。有关资料如下：

(1)2018年3月，为探索产业转型和多元化经营，甲公司并购了A公司。A公司是一家从事生命技术服务业务的企业，并购前A公司的业务与甲公司的电子设备制造业务彼此没有关联。鉴于A公司以前年度经济活动中存在较多的不合理费用开支项目，指导方案要求A公司以零为起点，从实际需要出发分析预算期内各项经济活动的合理性，经综合平衡后形成年度预算方案。

(2)因B公司的产品年度产销量存在较大不确定性，指导方案要求B公司采用弹性预算公式法编制年度预算。B公司编制X产品生产成本年度预算的相关资料为：年度固定成本为0.65亿元，弹性定额为每件0.25万元，弹性定额适用的产量为30～35万件。

假定不考虑其他因素。

要求：

（1）根据资料中的第（1）项，指出甲公司要求A公司2019年采用哪种预算编制方法；判断采用该方法是否恰当，并说明理由。

（2）根据资料中的第（2）项，如果预计X产品2019年度产量为32万件，计算确定X产品2019年度生产成本的预算目标；如果预计X产品2019年度产量为29万件，采用弹性预算法编制预算时应如何进行处理。

【参考答案】

（1）预算编制方法：零基预算法。

恰当。

理由：A公司以前年度经济活动存在较多的不合理性。

【解析】本题考核"全面预算的编制方法——零基预算法"的知识点。零基预算是指企业不以历史期经营活动及其预算为基础，以零为起点，从实际需要出发分析预算期经济活动的合理性，经综合平衡，形成预算的预算编制方法。本题中A公司编制预算的方法符合零基预算的定义。

（2）如果预计X产品2019年度产量为32万件，则生产成本预算目标$=0.65+0.25\times32=8.65$（亿元）

如果预计X产品2019年度产量为29万件，采用弹性预算法编制预算时应该采用的处理措施：修正、更新弹性定额【或：改为列表法编制】。

【解析】本题考核"全面预算的编制方法——弹性预算法"的知识点。公式法下弹性预算的基本公式为：预算总额=固定基数+Σ（与业务量相关的弹性定额×预计业务量），应用公式法编制预算时，相关弹性定额可能仅适用于一定业务量范围内。当业务量变动超出该适用范围时，应及时修正、更新弹性定额，或改为列表法编制。

（**必答题2**）甲公司是一家智能家用设备制造企业，自2015年起实施全面预算管理，并以此为平台逐步嵌入关键绩效指标法、经济增加值法等绩效管理工具，形成了完整的预算绩效管控体系。2017年10月，甲公司召开预算管理专题会议，研究分析2017年前三季度预算执行情况并安排部署2018年度预算编制工作。有关资料如下：

安排部署2018年度预算编制工作。会议要求：①预算编制方法的选择要适应公司所面临的内外部环境。公司所处行业的运营环境瞬息万变，应高度重视自主创新，各项决策要强调价值创造长远视角，预算要动态反映市场变化，有效指导公司营运。②预算目标值要保持先进性与可行性。预计公司2017年实现营业收入68亿元、营业收入净利率为10.5%。基于内外部环境的综合判断，2018年预算的营业收入增长率初步定为25%，营业收入净利率为10.8%。③为确保预算目标的实现及预算的严肃性，2018年主要预算项目的目标值在执行过程中不得进行任何调整。

假定不考虑其他因素。

要求：

根据资料中的第①项，指出最能体现甲公司内外部环境及相关要求的预算编制方法，并说明理由。

【参考答案】

滚动预算法。

理由：滚动预算法主要适用于运营环境变化比较大、最高管理者希望从更长远视角来进行决策的企业，能够动态反映市场变化，有效指导企业营运。

【解析】本题考核“全面预算的编制方法——滚动预算法”的知识点。本题表述“预算要动态反映市场变化，有效指导公司营运”表明企业采用的是滚动预算法。

（必答题 3）甲公司为一家在上海证券交易所上市的汽车零部件生产企业。近年来，由于内部管理粗放和外部环境变化，公司经营业绩持续下滑。为实现提质增效目标，甲公司决定从 2016 年起全面深化预算管理，优化业绩评价体系。全面预算管理的有关资料如下：

在预算编制方法上，要求各预算单位以 2016 年度预算为起点，根据市场环境等因素的变化。在 2016 年度预算的基础上经合理调整形成 2017 年度预算。

假定不考虑其他因素。

要求：

根据材料，指出甲公司预算编制指导意见所体现的预算编制方法类型，并说明该种预算编制方法类型的优缺点。

【参考答案】

增量预算法。

增量预算的优点是编制简单，省时省力。主要缺点是预算规模会逐步增大，可能会造成预算松弛及资源浪费。

【解析】本题考核“增量预算法”的知识点。增量预算法是指以历史期实际经济活动及其预算为基础，结合预算期经济活动及相关影响因素的变动情况，通过调整历史期经济活动项目及金额形成预算的预算编制方法。增量预算的主要优点是编制简单，省时省力。主要缺点是预算规模会逐步增大，可能会造成预算松弛及资源浪费。

（必答题 4）甲公司为一家国有大型企业 M 公司的全资子公司，主要从事水利电力工程及基础设施工程承包业务，涵盖境内、境外两个区域市场。近年来，甲公司积极推进全面预算管理，不断强化绩效考核，以促进公司战略目标的实现。相关资料如下：

甲公司的组织架构为“公司总部—分公司—项目部”，拥有 6 家分公司、100 余个项目部。预算编制时，甲公司要求各分公司对每个项目部均单独编制项目收入、成本费用、利润等预算，再逐级汇总至公司总部。

要求：

根据资料，指出甲公司采用了哪种预算编制方法，并说明该种方法的主要适用条件。

【参考答案】

编制方法：项目预算法。

适用条件：从事工程建设的企业以及一些提供长期服务的企业。

【解析】本题考核“全面预算编制方法”的知识点。在从事轮船、飞机、公路等工程建设及一些提供长期服务的企业中，需要编制项目预算。

考点5 全面预算执行概述、全面预算分析★★

考点讲解

(一) 全面预算执行概述

预算执行是把预算目标变成行动的一种方式，预算执行一般按照预算控制、预算调整等程序进行。

预算控制，是指企业以预算为标准，通过预算分解、过程监督、差异分析等促使日常经营不偏离预算标准的管理活动。

预算调整是指当企业的内外部环境或者企业的经营策略发生重大变化，致使预算的编制基础不成立，或者将导致企业的预算执行结果产生重要偏差，原有预算已不再适宜时而进行的预算修改。

(二) 全面预算分析的流程

预算分析流程一般包括确定分析对象、确定重要性标准、收集数据、计算差异并分析引起差异的原因、撰写并上报分析报告等环节。

(三) 全面预算分析方法

预算分析的方法包括：①差异分析；②对比分析；③对标分析；④结构分析；⑤趋势分析；⑥因素分析；⑦排名分析；⑧多维分析。

热题解析

(必答题1) 甲公司系一家集规划设计、装备制造、工程施工为一体的国有大型综合性建设集团公司。2015年年初，甲公司召开总经理办公会，提出要进一步提升“战略规划——年度计划——预算管理——绩效评价”全过程的管理水平。会议主要内容如下：

会议听取了公司2014年度预算执行情况的报告。财务部就2014年的预算执行情况进行了全面分析，并选取行业内标杆企业M公司作为对标对象，从盈利水平、资产质量、债务风险和经营增长4个方面各选取一个关键指标进行对标分析(相关对标数据见下表),重点就本公司与M公司在某些方面存在的差距向会议作了说明。

企业名称	营业收入净利率/%	总资产周转率/%	资产负债率/%	营业收入增长率/%
甲公司	3.93	68.36	82.79	16.23
M公司	3.92	75.88	78.53	22.84

假定不考虑其他因素。

要求:

根据资料,针对4个关键指标,指出甲公司与M公司存在的差距,并提出相应的改进措施。

【参考答案】

甲公司与M公司的差距:甲公司的资产周转率及营业收入增长率低于M公司、资产负债率高于M公司。

改进措施:加快资产周转速度,提高资产质量;提高营业收入水平,加快经营增长;合理控制资产负债率,防范债务风险。

【解析】 本题考核"全面预算分析方法"知识点。对标分析指选取行业内标杆企业作为比较标准,通过对标分析,可以了解企业在行业竞争中的地位,明确差距,提出相应的改进措施。通过表格中相关数据的对比,可以分析出甲公司与标杆公司的差距。有了差距,对症下药,采取相应的改进措施即可。

(**必答题2**)甲公司为一家国有大型企业M公司的全资子公司,主要从事水利电力工程及基础设施工程承包业务,涵盖境内、境外两个区域市场。近年来,甲公司积极推进全面预算管理,不断强化绩效考核,以促进公司战略目标的实现。相关资料如下:

2016年年初,甲公司对2015年的预算执行情况进行了全面分析,其中2015年度营业收入预算执行情况如下表所示:

单位:亿元

业务(产品)类型	境内业务		境外业务		合计	
	预算金额	实际金额	预算金额	实际金额	预算金额	实际金额
水利电力工程业务	85	79	50	51	135	130
基础设施工程业务	45	52	20	16	65	68
合计	130	131	70	67	200	198

假定不考虑其他因素。

要求:

根据资料,采用多维分析法,以区域和产品两个维度相结合的方式,分析指出甲公司

2015 年度营业收入预算执行中存在的主要问题，并说明多维分析法的主要优点。

【参考答案】

主要问题：境内水利电力工程业务及境外基础设施工程业务未完成年度预算目标。

主要优点：分析者可以从多个角度、多个侧面观察相关数据，从而更深入地了解数据中的信息与内涵。

【解析】 本题考核“全面预算分析方法”的知识点。本题在进行分析时需要结合给出的表格中的数据来判断预算的完成情况。多维分析，使分析者能从多个角度、多个侧面观察数据库中的数据，从而更深入地了解数据中的信息与内涵。

考点 6 全面预算控制★★

【考点讲解】

（一）全面预算控制的内涵

企业的预算经批准下达后，各预算执行单位开始组织实施。为了更好地执行预算，提高资源使用的效率与效果，为企业预算目标提供合理的保证，企业需要加强预算控制。

预算控制可分为事前、事中和事后控制。预算编制、预算调整就是事前控制。对费用、采购和资本性支出等涉及现金支出的预算，由预算执行审批相关人员按照企业内部控制流程而进行的逐级审批控制的过程是事中控制。对验收入库的固定资产做好维护保养，提高使用的效率与效果等措施则属于事后控制。

（二）全面预算控制的原则

1. 加强过程控制

企业应当以预算作为预算期内组织协调各项经营活动的基本依据，严格执行销售预算、生产预算、费用预算和其他预算，将年度预算细分为月度和季度预算，通过分期预算控制，确保年度预算目标的实现。

2. 突出管理重点

不同行业、不同经营策略、处于不同发展阶段的企业，预算管理的重点不尽相同。企业的预算控制必须抓住重点，对重点预算项目严格管理；对于非重点项目应尽量简化审批流程。对于关键性指标的实现情况，应按月、按周，甚至进行实时跟踪，并对其发展趋势作出科学合理的预测，提高事前控制的能力。

3. 刚性控制与柔性控制相结合

对于一些不易区分的项目，可以通过柔性控制（总额控制）；对于一些重大项目的支出，则需要仔细审核其支出的合理性，实行刚性控制。

4. 业务控制与财务控制相结合

企业的总预算包括运营预算和财务预算，业务活动与财务活动往往是不可分的。预算控制应通过对各项业务活动及相关财务活动的审批或确认，实现业务、财务一体化的控制。预算控制正是通过对各种单据的审核及其他相关信息的比较来作出经营决策，并实施相关的业务与财务控制。

(三)全面预算控制的方式

全面预算控制的方式，见表2-3所示。

表2-3 全面预算控制的方式

控制方式	具体内容
当期预算控制和累进预算控制	(1)当期预算控制是指用当期的预算总额控制当期的预算执行数； (2)累进预算控制是指以从预算期间的始点到当期时点的累计预算数控制累计预算执行数
总额控制和单项控制	(1)总额控制是对总量的控制(管理费用)； (2)单项控制是对每个预算项都分别加以控制(如管理费用可以细分为差旅费、招待费、办公费等)
绝对数控制和相对数控制	(1)绝对数控制是指用预算项的预算数控制预算执行数； (2)相对数控制是指用预算值的百分比来控制预算执行数
刚性控制和柔性控制	(1)刚性控制是指以预算值为约束指标，任何超出预算值的支出都需要通过特定的审批流程审批后才能使用； (2)柔性控制是指超出预算的执行申请可以在企业的预算管理系统中提交，各级审批者根据授权，进行成本效益权衡后决策是否可以批准执行
预算内审批控制、超预算审批控制和预算外审批控制	预算内审批事项，应当执行正常的流程控制，简化流程，提高效率。超预算审批事项，应当执行额外的审批流程，根据事先规定的额度分级审核。预算外审批事项，应当严格控制，防范风险
系统在线控制和手工控制	(1)系统在线控制是指依靠ERP系统或专门的预算控制系统实现的对预算事项的事中和在线控制。优点是控制严格、数据准确；缺点是缺乏灵活性，会因某些例外情况出现而导致业务停滞； (2)手工控制是指按照企业内部控制流程和相应的审批权限，对相关资金支出的单据进行手工流转并签字的过程。优点是比较灵活，易于接受与实施；缺点是准确性、严格性较差

【应试技巧】本考点主要是给出文字性资料，根据题目给出的案例条件判断企业在具体活动过程中所遵循的全面预算控制的原则，或者直接考查全面预算控制的方式或原则的知识点内容。

热题解析

(必答题1)甲公司是一家从事电子设备制造的国有控股上市公司，拥有A、B两家子公司。为提高管理水平和战略执行效果，甲公司管理层决定加强全面预算管理，调整绩效评价体系。有关资料如下：

加强预算过程管控。为强化预算责任、加强预算控制，甲公司决定从 2019 年开始对预算内、预算外和超预算审批事项均严格按同一审批流程进行控制。

假定不考虑其他因素。

要求：

根据资料，指出甲公司的做法是否恰当，并说明理由。

【参考答案】

不恰当。

理由：预算内审批事项，应简化流程，提高效率；预算外审批事项，应严格控制，防范风险；超预算审批事项，应执行额外的审批流程。

或：

对于预算内非常规或金额重大事项，应经过较高的授权批准层审批。

对于超预算或预算外事项，应当实行严格特殊的审批程序，金额重大的还应报经预算管理委员会或董事会审批。

或：

预算管理应遵循权变性原则，刚性与柔性相结合。

【解析】 本题考核“全面预算控制的方式”的知识点。预算内审批事项，应简化流程，提高效率；超预算审批事项，应执行额外的审批流程，根据事先规定的额度分级审核；预算外审批事项，应严格控制，防范风险。

（必答题 2）甲公司为一家国有大型企业 M 公司的全资子公司，主要从事水利电力工程及基础设施工程承包业务，涵盖境内、境外两个区域市场。近年来，甲公司积极推进全面预算管理，不断强化绩效考核，以促进公司战略目标的实现。相关资料如下：

2016 年 7 月，M 公司对甲公司 2016 年上半年预算管控情况进行了检查，发现以下主要问题：①对年度营业收入、管理费用、利润总额等重点预算指标，未按季度或月度进行分解、控制，出现“时间过半，收入、利润指标只实现年度预算的 40%，而管理费用却达到年度预算的 63%”等问题，公司“保增长”压力大、提质增效工作成效不明显；②对应收款项、存货、现金流量等关键性监控指标，未进行分析预测且未采取适当控制措施，导致应收款项及存货占用资金高，事前控制能力有待提高。

假定不考虑其他因素。

要求：

根据资料，指出甲公司未遵循哪些预算控制原则，并据此提出预算控制的改进措施。

【参考答案】

未遵循的预算控制原则：加强过程控制和突出重点管理。

改进措施：严格执行销售预算、生产预算、费用预算和其他预算，将年度预算细分为月度和季度预算。

抓住预算控制重点，对重点预算项目严格管理；对关键性预算指标的实现情况按月、按周，甚至进行实时跟踪，对其发展趋势做出科学合理的预测，提高事前控制能力。

【解析】 本题考核“全面预算控制的原则”的知识点。本题分析时紧密结合案例，题目中“对年度营业收入、管理费用、利润总额等重点预算指标，未按季度或月度进行分解、控制”以及“对应收款项、存货、现金流量等关键性监控指标，未进行分析预测且未采取适当控制措施”说明没有突出管理重点；出现“时间过半，收入、利润指标只实现年度预算的40%，而管理费用却达到年度预算的63%”和“导致应收款项及存货占用资金上涨，事前控制能力有待提高”说明没有进行加强过程控制；并给出这两种控制原则的改进建议。

考点7　全面预算调整★★

【考点讲解】

年度预算经批准后，原则上不作调整。企业应在制度中严格明确预算调整的条件、主体、权限和程序等事宜，当内外部战略环境发生重大变化或突发重大事件等，导致预算编制的基本假设发生重大变化时，可进行预算调整。

（一）全面预算调整的原则

（1）预算调整应当符合企业发展战略、年度经营目标和现实状况，重点放在预算执行中出现的重要的、非正常的、不符合常规的关键性差异方面。

（2）预算调整方案应当客观、合理、可行，在经济上能够实现最优化。

（3）预算调整应当谨慎，调整频率应予以严格控制，年度调整次数应尽量少。

（二）全面预算调整程序

预算调整主要包括分析、申请、审议、批准等主要程序，具体如下：

（1）预算执行单位逐级向预算管理委员会提出书面申请，详细说明预算调整理由、调整建议方案、调整前后预算指标的比较、调整后预算指标可能对企业预算总目标的影响等内容。

（2）预算管理工作机构应当对预算执行单位提交的预算调整报告进行审核分析，集中编制企业年度预算调整方案，提交预算管理委员会。

（3）预算管理委员会应当对年度预算调整方案进行审议，根据预算调整事项性质或预算调整金额的不同，根据授权进行审批，或提交原预算审批机构审议批准，然后下达执行。

【热题解析】

（必答题）甲公司是一家智能家用设备制造企业，自2015年起实施全面预算管理，并以此为平台逐步嵌入关键绩效指标法、经济增加值法等绩效管理工具，形成了完整的预算绩效管控体系。2017年10月，甲公司召开预算管理专题会议，研究分析2017年前三季度预算执行情况并安排部署2018年度预算编制工作。有关资料如下：

安排部署2018年度预算编制工作。会议要求：①预算编制方法的选择要适应公司所面临的内外部环境。公司所处行业的运营环境瞬息万变，应高度重视自主创新，各项决策要强调价值创造长远视角，预算要动态反映市场变化，有效指导公司营运。②预算目标值要保持先进性与可行性。预计公司2017年实现营业收入68亿元、营业收入净利率为10.5%。基于内外部环境的综合判断，2018年预算的营业收入增长率初步定为25%，营业收入净利率为10.8%。③为确保预算目标的实现及预算的严肃性，2018年主要预算项目的目标值在执行过程中不得进行任何调整。

假定不考虑其他因素。

要求：

根据资料中的第③项，指出是否存在不当之处，并说明理由。

【参考答案】

存在不当之处。

理由：当内外部战略环境发生重大变化或突发重大事件等，导致预算编制的基本假设发生重大变化时，可进行预算调整。

或：

当出现下列事项时，可进行预算调整：

a. 由于国家政策法规发生重大变化，导致预算的编制基础不成立，或导致预算与执行结果产生重大偏差；

b. 由于市场环境、经营条件、经营方针发生重大变化，导致预算对实际经营不再适用；

c. 内部组织结构出现重大调整，导致原预算不适用；

d. 发生企业合并、分立等行为；

e. 出现不可抗力事件，导致预算的执行成为不可能；

f. 预算管理委员会认为应该调整的其他事项。

或：

违反了权变性原则，预算管理应刚性和柔性相结合，可根据内外部环境的重大变化调整预算，并针对例外事项进行特殊处理。

【解析】本题考核“全面预算调整”的知识点。年度预算经批准后，原则上不做调整。企业应在制度中严格明确预算调整的条件、主体、权限和程序等事宜，当内外部战

略环境发生重大变化或突发重大事件等，导致预算编制的基本假设发生重大变化时，可进行预算调整。本题也可以根据“刚性控制与柔性控制相结合”的全面预算控制原则来回答。

考点8 全面预算考核★

【考点讲解】

(一)全面预算考核的原则

全面预算考核指通过对各预算执行单位的预算完成结果进行检查、考核与评价，为企业实施奖惩和激励提供依据，为改进预算管理提供建议和意见，是企业进行有效激励与约束、提高企业绩效的重要内容。

全面预算考核是整个企业预算管理中的重要一环，具有承上启下的作用。全面预算考核是一种动态考核和综合考核，企业在特定预算期间的预算执行过程中和完成后都要适时进行考核，以便更好地实现企业战略和预算管理目标。全面预算考核应遵循以下的原则：

1. 目标性原则
2. 可控性原则
3. 动态性原则
4. 例外性原则
5. 公平公开公正原则
6. 总体优化原则

(二)全面预算考核的内容

全面预算考核的内容主要有对全面预算目标完成情况的考核以及对全面预算组织工作的考核。

(三)全面预算考核的程序

预算考核主体和考核对象的界定应坚持上级考核下级、逐级考核、预算执行与预算考核职务相分离的原则。

全面预算考核的程序包括：制定预算考核管理办法；确认各预算执行单位的预算执行情况；编制预算执行情况的分析报告；对各预算执行单位的预算执行情况进行考核评价、撰写考核报告、发布考核结果。

本章经典案例

案例1·飞腾公司全面预算分析案例

【案例背景与要求】

飞腾公司系一家以网络游戏为发展起点，集研发、运营、销售为一体的综合性互动娱乐企业。面对变幻莫测的市场需求，飞腾公司始终坚持“一切以玩家为中心”的宗旨，不断为玩家提供高品质的游戏产品。随着国内游戏市场日趋成熟，竞争过于激烈，2021 年 1 月飞腾公司召开了高层会议。发展战略委员会主任对此发表了意见，他建议公司应该将目光转向海外，即将现有的网游产品推向邻国市场。

2021 年年初，飞腾公司对 2020 年的预算执行情况进行了全面分析。

(1)飞腾公司 2020 年预算分析情况如下表所示：

单位：亿元

项目	2019 年度实际数	2020 年预算目标		2020 年预计实际可完成值	
		金额或比率	较上年实际增减	金额或比率	较上年实际增减
营业收入	800	860	7.5%	880	10%
利润总额	80	85	6.25%	86	7.5%
营业利润率	10.00%	9.88%	——	9.77%	——
项目	2020 年年初实际数	2020 年末预算数		2020 年末预计数	
		金额或比率	较年初增减	金额或比率	较年初增减
资产总额	3 000	3 400	13.33%	3 600	20.00%
负债总额	1 800	2 350	30.56%	2 550	41.67%
资产负债率	60.00%	69.12%	——	70.83%	——

(2)项目 A 部主要包含了 X、Y 两项业务，这两项业务 2020 年的营业收入预算执行情况如下表所示：

单位：亿元

业务(产品)类型	境内业务		境外业务		合计	
	预算金额	实际金额	预算金额	实际金额	预算金额	实际金额
X 业务	102	94.8	60	61.2	162	156
Y 业务	54	62.4	24	19.2	78	81.6
合计	156	157.2	84	80.4	240	237.6

(3)财务部主任就2020年的预算执行情况进行了全面分析，并选取行业内的标杆企业W公司作为对标对象，从营业收入、营业成本和净利润三个方面进行了对标分析，相关数据见下表：

单位：亿元

企业名称	营业收入	营业成本	净利润
飞腾公司	280	180	100
W公司	320	160	160

假定不考虑其他因素。

要求：

(1)根据发展战略委员会主任的建议，指出飞腾公司应该采取的总体战略类型，并说明理由。

(2)根据资料(1)，指出飞腾公司在经营成果及财务状况两方面分别存在的主要问题，并指出改进建议。

(3)根据资料(2)，采用多维分析法，以区域和产品两个维度相结合的方式，分析指出飞腾公司项目A部2020年度营业收入预算执行中存在的主要问题，并说明多维分析法的主要优点。

(4)根据资料(3)，针对飞腾公司存在的问题，提出相应的改进措施。

(5)简述企业全面预算执行中可能存在的主要风险。

【参考答案】

(1)根据发展战略委员会主任的建议，飞腾公司应该采取市场开发战略。

理由：市场开发战略是将现有产品或服务打入新市场的战略，将现有的网游产品推向邻国市场，属于市场开发战略。

(2)飞腾公司存在的主要问题：

经营成果方面：收入增长快于利润增长，增收不增利[或：营业利润率下降]。

财务状况方面：资产、负债规模快速增长，财务风险加大[或：资产负债率提高]。

改进建议：降本增效，提高盈利能力；控制资产负债率，防范财务风险。

(3)主要问题：境内X业务及境外Y业务未完成年度预算目标。

主要优点：分析者可以从多个角度、多个侧面观察相关数据，从而更深入地了解数据中的信息与内涵。

(4)飞腾公司的营业收入低于W公司，营业成本高于W公司，最终导致净利润较低。

改进措施：飞腾公司应该扩大市场，增强宣传力度，提高销售收入。在提高销售收入的同时还应该降低营业成本，以提高净利润。

(5)①全面预算下达不力，可能导致预算执行或考核无据可查。

②预算指标分解不够详细、具体，可能导致企业的某些岗位和环节缺乏预算执行和控制依据；预算指标分解与业绩考核体系不匹配，可能导致预算执行不力；预算责任体系缺失或不健全，可能导致预算责任无法落实，预算缺乏强制性与严肃性；预算责任与执行单位或个人的控制能力不匹配，可能导致预算目标难以实现。

③缺乏严格的预算执行授权审批制度，可能导致预算执行随意；预算审批权限及程序混乱，可能导致越权审批、重复审批，降低预算执行效率和严肃性；预算执行过程中缺乏有效监控，可能导致预算执行不力，预算目标难以实现；缺乏健全有效的预算反馈和报告体系，可能导致预算执行情况不能及时反馈和沟通，预算差异得不到及时分析，预算监控难以发挥作用。

④预算分析不正确、不科学、不及时，可能削弱预算执行控制的效果，或可能导致预算考核不客观、不公平；对预算差异原因的解决措施不得力，可能导致预算分析形同虚设。

⑤预算调整依据不充分、方案不合理、审批程序不严格，可能导致预算调整随意、频繁，预算失去严肃性和"硬约束"。

案例2·甲公司全面预算管理工作的案例

【案例背景与要求】

甲公司是我国一家大型国有上市公司，主要从事金融保险、电子设备制造等业务。2021年12月5日，甲公司召开2022年度全面预算工作会议，就明年的全面预算管理工作事宜进行讨论，主要针对全面预算管理组织分工、预算控制和目标利润等问题进行了专题研究。会议要点如下：

(1)全面预算管理组织分工方面。预算管理委员会负责制订公司的年度财务预算方案、决算方案，由总经理、总会计师、各职能部门负责人等共同组成，负责公司预算管理的所有工作。

(2)预期目标确定方面。甲公司2021年实际投资资本平均总额为30 000万元，为扩大产品销售规模，计划2022年年初追加10 000万元营运资本，公司核定的投资资本回报率为20%。

(3)全面预算执行方面。全面预算编制完成并批准下达后，各预算执行单位需要组织实施。预算执行是把预算目标变成行动的一种方式，预算控制是通过过程监督、信息反馈、预算调整等方法促进预算执行不偏离预算目标的一种行为。预算执行需要及时地分析预算执行情况，并根据差异大小和性质采取相应的控制策略和控制措施。

假定不考虑其他因素。

要求：

(1)根据资料(1)，指出甲公司的全面预算管理组织体系构成。

(2)根据资料(1)，指出甲公司全面预算管理分工中存在的不当之处，并简要说明理由。

(3)根据资料(2)，依据目标利润规划方法，计算2022年甲公司的预计目标利润。

(4)根据资料(3)，指出全面预算控制过程中应遵循的原则。

【参考答案】

(1)甲公司是大型国有上市公司，其全面预算管理组织体系由三部分组成：全面预算管理决策机构、全面预算管理工作机构和全面预算管理执行机构等。

(2)不当之处：预算管理委员会负责制订公司的年度财务预算方案、决策方案，负责公司预算管理的所有工作。

理由：董事会负责制订公司的年度财务预算方案、决算方案，而不是预算管理委员会。除预算管理委员会外，股东(大)会、董事会、经理层等也负责预算管理的相关工作。

(3)目标利润=预计投资资本平均总额×核定的投资资本回报率=(30 000+10 000)×20%=8 000(万元)

(4)全面预算控制应遵循的原则包括：

①加强过程控制；②突出管理重点；③刚性控制与柔性控制相结合；④业务控制与财务控制相结合。

案例3·泰和公司全面预算编制工作的案例

【案例背景与要求】

泰和公司是一家大型服装制造企业，实施了全面预算管理。2020年年末召开了预算管理工作会议，主要对2020年的全面预算执行等方面进行了总结，并制定了2021年的预算目标。会议要点如下：

(1)全面预算编制方面。在预算编制方法上，泰和公司向各预算单位下达了2020年度全面预算编制指导意见，要求各预算单位以2019年度预算为起点，根据市场环境等因素的变化，在2019年度预算的基础上经合理调整形成2020年度预算。

(2)全面预算目标方面。企业计划2021年的营业收入要在2020年1 000万元的基础上增长20%。在制定2021年的目标利润时采用上加法。2021年度计划以股本的5%向投资者分配利润，并新增留存收益25万元，公司股本为1 000万元，适用的所得税税率为25%。

(3)全面预算执行方面。公司年中时财务部汇报了1月份至6月份的预算执行情况。

集团公司2020年全年营业收入、营业成本、利润总额的预算指标分别为1 000万元、400万元、200万元；上半年实际营业收入400万元、营业成本280万元、利润总额80万元。财务部认为，要完成全年预算指标，压力较大。

(4)全面预算调整方面。泰和公司全面预算管理委员会认为，努力完成全年预算目标仍是本年度的主要任务；在落实任务过程中，既要强化预算的刚性，又要切合实际对预算进行必要的调整。严格进行预算调整，使得2020年完成了全年的计划。

假定不考虑其他因素。

要求：

(1)根据资料(1)，判断泰和公司2020年全面预算编制的方法，并说明其优缺点。

(2)根据资料(2)，计算泰和公司2021年的营业收入、目标利润。

(3)根据资料(3)，计算泰和公司2020年1至6月份有关全面预算指标的执行进度，并指出存在的主要问题及应采取的措施。

(4)根据资料(4)，指出企业全面预算调整应坚持的原则。

【参考答案】

(1)预算编制方法：增量预算法。

优点：编制简单，省时省力。

缺点：预算规模会逐步增大，可能会造成预算松弛及资源浪费。

(2)营业收入＝1 000×(1+20%)＝1 200(万元)

目标股利分红额＝1 000×5%＝50(万元)

净利润＝50+25＝75(万元)

目标利润＝75/(1−25%)＝100(万元)

(3)①营业收入预算执行率：400/1 000＝40%

②营业成本预算执行率：280/400＝70%

③利润总额预算执行率：80/200＝40%

存在的主要问题是：营业收入和利润总额预算执行率较低，营业成本预算执行率较高。

应采取的措施：泰和公司应进一步增加销售收入，加强成本管理，提高盈利能力。

(4)企业预算调整应坚持以下原则：

①预算调整应当符合企业发展战略、年度经营目标和现实状况，重点放在预算执行中出现的重要的、非正常的、不符合常规的关键性差异方面；

②预算调整方案应当客观、合理、可行，在经济上能够实现最优化；

③预算调整应当谨慎，调整频率应予以严格控制，年度调整次数应尽量少。

案例4·安化公司全面预算编制案例

【案例背景与要求】

安化公司是一家上海证券交易所上市的家用电器生产集团企业，业务遍布全国。为强化内部控制、整合管理，安化公司从2022年起在整个集团推行全面预算管理，并制定了相关的预算管理制度，有关规定如下所示：

(1)全面预算管理组织体系。预算管理委员会负责制订公司的年度财务预算方案和决算方案，各职能部门负责编制本部门涉及的业务预算，各个子公司负责编制本单位预算，财务部汇总编制公司的全面预算草案并提交预算管理委员会审查，经董事会审议批准后，下达各部门和各子公司执行。

(2)全面预算编制内容。编制内容包括经营预算、投融资预算和财务预算，这三项预算共同构成安化公司的全面预算体系。

(3)全面预算编制方式。从2022年起采取“两下两上、先下后上”的预算编制流程，各预算单位的预算指标通过上下结合双向沟通后下达执行，既保持了集团高层对预算编制的宏观掌控，保证了精度，又从企业实际出发，考虑内外部环境，保留了宽度，最终保证预算草案的实用性和可实现性。

(4)全面预算控制方式。2022年，受益于公司产品销售收入与毛利率上升，公司经营业绩持续增长，1～9月份，累计实现营业收入10.98亿元，超额完成阶段性预算目标(全年预算目标为14亿元)；前三季度公司不断加大研发投入，累计投入研发费用占销售收入的比重达到了10%(全年预算目标为营业收入的10.5%)。第四季度公司应该对客户进行细分，深入了解每一类客户的需求特点和偏好特征，有的放矢的开展营销活动，确保营业收入完成年度预算目标；另外，由于前三季度研发支出投入过多，所以第四季度的研发投入尽量控制在营业收入的0.5%之内。

(5)全面预算调整流程。预算一经正式批复下达，没有特殊情况不予调整。如果在执行过程中出现不可抗力事件，导致预算不可能执行，或者截止第三季度预计无法完成预算目标时，可以调整预算数据。安化公司接到子公司的预算调整报告后，应进行审核分析，预算管理委员会集中编制年度预算调整方案，经相应的预算审批机构审议批准后下达执行。

假定不考虑其他因素。

要求：

(1)根据资料(1)，指出安化公司的全面预算管理组织体系是否合理，并简要说明理由。

(2)根据资料(2)，判断安化公司的全面预算编制内容是否完善，并说明理由。

(3)根据资料(3)，判断安化公司的全面预算编制方式，并指出除这种方式外还存在哪些预算编制方式类型。

(4)根据资料(4)，体现的安化公司全面预算控制方式是什么，并说明理由。

(5)根据资料(5)，分析安化公司的全面预算调整流程是否存在不当之处，并说明理由。

【参考答案】

(1)不合理。

理由：董事会负责制订公司的年度财务预算方案和决算方案。全面预算草案经董事会审议、股东大会批准后下达执行。

(2)完善。

理由：企业的全面预算通常由经营预算(即业务预算)、专门决策预算(即投融资决策预算)和财务预算三部分组成，安化公司的全面预算编制内容合理。

(3)混合式预算。

企业全面预算的编制方式除混合式外，还包括权威式和参与式。

(4)绝对数控制和相对数控制。

理由：2022年前三季度累计实现营业收入10.98亿元，体现了绝对数控制。

前三季度公司累计投入研发费用占销售收入的比重达到了10%，体现了相对数控制。

(5)存在不当之处。

理由：截止第三季度预计无法完成预算目标时，不可以调整预算数据，因为预计无法完成预算目标不是全面预算调整的条件之一。预算管理工作机构集中编制年度预算调整方案，而不是预算管理委员会。

第三章　企业风险管理与内部控制

本章考点汇总

序号	考点内容	重要程度
1	风险的内涵、构成要素及其分类	★★★
2	风险管理的作用和原则	★
3	目标设定与风险识别	★★
4	风险分析	★★
5	风险应对	★★★
6	风险监控、信息沟通和报告	★
7	风险管理考核和评价	★
8	风险管理体系	★★
9	内部控制目标与要素	★★★
10	内部控制应用指引、评价指引和审计指引	★
11	公司治理	★★
12	内部控制、公司治理与风险管理的关系	★

高频考点讲解及应用分析

考点 1　风险的内涵、构成要素及其分类★★★

【考点讲解】

(一)企业风险的内涵

企业风险是指对企业的战略与经营目标实现产生影响的不确定性。一般用事件后果和发生可能性的组合来表达。

(二)企业风险的构成要素

企业风险构成基本要素包括风险因素、风险事件(事故)和损失。

(三)企业风险的类别

(1)按照风险的内容可以分为**战略风险、财务风险、市场风险、运营风险和法律与合**

规风险等，具体内容如表 3-1 所示。

表 3-1　风险的分类(按照风险的内容)

类型	主要考虑的内容
战略风险	国内外宏观经济政策以及经济运行情况、本行业状况、国家产业政策；科技进步、技术创新的有关内容；市场对本企业产品或服务的需求；与企业战略合作伙伴的关系，未来寻求战略合作伙伴的可能性；本企业主要客户、供应商及竞争对手的有关情况；与主要竞争对手相比，本企业实力与差距；本企业发展战略和规划、投融资计划、年度经营目标、经营战略，以及编制这些战略、规划、计划、目标的有关依据；本企业对外投融资流程中曾发生或易发生错误的业务流程或环节
财务风险	负债、或有负债、负债率、偿债能力；现金流量、应收账款及其占销售收入的比重、资金周转率；产品存货及其占销售成本的比重、应付账款及其占购货额的比重；制造成本和管理费用、财务费用、销售费用；盈利能力；成本核算、资金结算和现金管理业务中曾发生或易发生错误的业务流程或环节；与本企业相关的会计政策、会计估算、与国际财务报告准则的差异与调节(如退休金、递延税项等)等信息
市场风险	产品或服务的价格及供需变化；能源、原材料、配件等物资供应的充足性、稳定性和价格变化；主要客户、主要供应商的信用情况；税收政策和利率、汇率、股票价格指数的变化；潜在竞争者、竞争者及其主要产品、替代品情况
运营风险	产品结构、新产品研发；新市场开发，市场营销策略，包括产品或服务定价与销售渠道，市场营销环境状况等；企业组织效能、管理现状、企业文化，中高层管理人员和重要业务流程中专业人员的知识结构、专业经验；期货等衍生产品业务中曾发生或易发生失误的流程和环节；质量、安全、环保、信息安全等管理中曾发生或易发生失误的业务流程或环节；因企业内外部人员的道德风险致使企业遭受损失或业务控制系统失灵；给企业造成损失的自然灾害以及除上述有关情形之外的其他纯粹风险；对现有业务流程和信息系统操作运行情况的监管、运行评价及持续改进能力；企业风险管理的现状和能力
法律与合规风险	国内外与本企业相关的政治、法律环境；影响企业的新法律法规和政策；员工道德操守的遵从性；签订的重大协议和有关贸易合同中本企业发生重大法律纠纷案件的情况；企业和竞争对手的知识产权情况

(2)按照来源和范围可以分为外部风险和内部风险。①**外部风险**，主要包括政治风险、社会文化风险、法律与合规风险、技术风险和市场风险等。②**内部风险**，主要包括战略风险、财务风险和经营风险。相比外部风险，内部风险一般更容易识别、管理和控制。

【典型案例分析】甲公司通过其在中国的 30 家店铺销售多种高质量的运动服和运动鞋。在国家经济不断增长的情况下，该公司的利润空间却一直在减少，公司尚未对此查明原因。每家店铺均采用电子系统记录库存。所有商品都由各店铺提供详细的产品要求，然后由驻孟加拉国的总部集中订购。订单通过邮寄方式发给供应商，并用塔卡(孟加拉国货币单位)结算。最近有新闻报道称，甲公司在中国独家代理的防辐射服装存在安全问题，其生产中使用的一种化学药品，在阳光下暴晒时间过长会释放毒烟。公司管理层正对此事进行调查。

2008 年，中国承办了奥运会，引发体育消费热情。甲公司借助全民参与奥运的热情，通过向银行借款等方式筹集大笔资金，借助一系列的商业赞助和营销，实现高速增长，店铺数量激增至 1 500 家。扩张速度加快，管理水平却没有得到相应提高，同时赶上消费人群骤降带来的行业低谷，抗风险能力明显下降。库存居高不下，银行还款压力剧增，不得不进行清仓甩卖，大规模关店。

假定不考虑其他因素。

要求：

指出甲公司可能面临的风险类型(按照风险的内容分类)。

【参考答案】

根据上述信息，甲公司面临的风险包括：

(1)市场风险。公司因用塔卡进行采购结算而面临外汇风险，从而导致采购成本上涨。

(2)运营风险。公司在中国独家代理的防辐射服装存在的安全问题，可能损害公司声誉，影响其产品的销售。扩张速度加快，管理水平却没有得到相应提高。

(3)战略风险。2008 年，借助全民参与奥运的热情，通过一系列的商业赞助和营销，实现高速增长，店铺数量激增至 1 500 家，没有明确的发展战略规划。

(4)财务风险。向银行借入大笔资金，还款压力剧增。

【热题解析】

(必答题 1) 甲公司是一家领先的智能终端和信息基础设施提供商，在通信网络、信息技术和智能终端等领域为客户提供产品、解决方案和运维服务。2019 年 4 月初，甲公司召开了中高层管理人员参加的风险管理专题研讨会。有关人员发言要点如下：

(1)市场部经理：国际电信联盟提供的数据显示，截至 2018 年末，全球仍有 66.3%的家庭未能连接网络，约一半人口无法接入互联网，20 多亿人口没有享受良好的移动宽带服务。这说明公司的产品市场仍有很大的拓展空间，公司应当加大销售力度，增加销售费用预算，将其占销售收入的比例，由 2018 年的 10%提高到 15%。销售费用占销售收入比例的行业平均水平为 8%。

(2)财务部经理：与 2018 年同期相比，2019 年第一季度公司销售收入增长了 30 亿元，经营活动现金净流量下降了 5 亿元；应收商业承兑汇票增加了 5 000 万元，应收银行承兑汇票下降了 2 000 万元。此外，2019 年 6 月底前，公司陆续到期的短期借款近 20 亿元，一季度又有多个投资项目陆续开工，资金周转开始紧张，必须提前做好偿债资金准备。

假定不考虑其他因素。

要求：

根据资料(1)和(2)，逐项说明甲公司可能面临的财务风险。

【参考答案】

(1)销售费用高于行业平均水平，继续大幅增加销售费用，可能导致公司利润减少［或：销售费用过高或过大］；

(2)销售收入上升，经营活动现金净流量下降，说明资金流转速度放缓，收入质量(盈利质量)下降，存在流动性风险和可持续性发展风险；

(3)应收银行承兑汇票下降，应收商业承兑汇票上升，应收票据质量变差，可能导致坏账增加，公司利润减少；

(4)上半年大额银行借款集中到期，一季度多个投资项目开工，可能导致资金短缺或资金周转困难。

【解析】本题考核“企业风险的分类”的知识点。题目中明确要求分析可能面临的财务风险，我们首先定位考核点是财务风险主要考虑的内容，然后将资料的信息去与其对应，一一总结出来即可。

(必答题2)甲公司是一家境内上市公司，主要从事农药研发、生产、销售业务，拥有合成原药、加工、复配制剂的生产能力。甲公司2018年发生的与环境污染事件相关的部分资料如下：

2018年3月13日至23日，国家环境保护督察部门对甲公司进行专项督查，发现甲公司存在违规处置复配制剂产生的危险废物等行为，对当地环境造成了严重污染。甲公司根据国家环境保护法规相关条款并结合以前发生的类似案例，初步判断政府环境保护部门可能对公司给予3至5个月的停产整治处罚；公司一旦停产，大量客户订单将无法正常交付，合同纠纷难以避免；竞争对手可能趁机抢占市场份额，导致本公司市场占有率下降。

假定不考虑其他因素。

要求：

根据资料，从企业风险内容分类的角度，指出甲公司将面临哪些类别的风险，并分别说明理由。

【参考答案】

(1)运营风险。

理由：公司可能停产整治。

(2)法律与合规风险。

理由：订单无法正常交付导致合同纠纷［或：违规处置危险废物，可能被政府部门处罚］。

(3)市场风险。

理由：竞争对手趁机抢占市场份额，导致市场占有率下降。

【解析】本题考核"企业风险的分类"的知识点。题目明确要求从企业风险内容分类的角度分析，我们需要知道有哪些风险类别，包括战略风险、财务风险、市场风险、运营风险和法律与合规风险，另外最为关键的一步是结合案例表述一一对应，一定要找出资料支持答案的观点。如果不加分析只将所有分类列举是不得分的。

考点2 风险管理的作用和原则★

【考点讲解】

(一)风险管理的作用

企业风险管理的主要作用如下：

(1)协调企业可承受的风险容忍度与战略。

(2)增进风险应对决策，促使企业在识别和选择风险应对策略时更具有严密性。

(3)减少经营意外和损失。

(4)识别和管理贯穿于企业的风险。

(5)提供对多重风险的整体应对。

(6)抓住机会。

(7)改善资本调配。

(二)风险管理的原则

企业进行风险管理，应遵循以下原则：融合性原则、全面性原则、重要性原则、平衡性原则。

考点3 目标设定与风险识别★★

【考点讲解】

风险管理的基本流程包括目标设定，风险识别，风险分析，风险应对，风险监控、信息沟通和报告，风险管理考核和评价。

(一)目标设定

企业应通过制定程序使各项目标与企业的使命相协调，并且目标设定环节应确定企业的风险偏好和风险容忍度。

风险偏好是指企业愿意承担的风险及相应的风险水平，可以分为高、中、低三种，由董事会确定，一般用定性表示。风险容忍度尽可能用定量表示，最大可能损失、期望值、波动性以及其他类似的风险度量可以用于风险容忍度衡量。风险容忍度主要决定因素包括：企业财务实力是否雄厚、运营能力是否高效、企业及品牌声誉是否坚不可摧、企业营运市场的竞争能力等。

（二）风险识别

风险识别是识别可能会对企业产生影响的潜在事件，并分别确定是否是机会或者可能影响风险管理目标实现的内外部风险因素和风险事项。风险识别要针对目标进行，充分考虑可能给企业带来有利或不利影响的内部因素和外部因素，再在此基础上考虑各项因素的重要性，从而进一步分析相关事件。涉及的外部因素主要有：经济、自然环境、政治、社会、技术、市场、产业、法律、竞争对手等；涉及的内部因素主要有：基础结构、人员、流程、信息系统技术能力、研发能力、财务状况、企业声誉、市场地位等。

风险识别建立在广泛的信息搜集基础上，既要考虑已经发生的数据，还要着眼未来做一定的预判。风险识别的应用技术包括调查问卷、风险组合清单、职能部门风险汇总、SWOT 分析、高级研讨会及头脑风暴、损失事件数据追踪、内部审计、流程图、内部风险管理会议、每月管理和分析报告、金融市场活动的实时反馈、主要的外部指数和内部指数、政策变化追踪及相关性分析、决策树分析、事件树分析等。另外，企业处于不同时期所进行的风险识别的重点或关键因素是不同的。

考点 4　风险分析★★

考点讲解

风险分析是在风险识别的基础上，对风险成因和特征、风险之间的相互关系，以及风险发生的可能性、对企业目标影响程度进行分析，为风险应对策略提供支持。

（一）风险分析描述

（1）分析风险可能性。风险发生可能性的纵坐标等级可定性描述为“很少”“不太可能”“可能”“很可能”“几乎确定”等几种情况。

（2）分析风险影响程度。可定性描述为“微小”“较小”“中等”“较大”“重大”等几个级别。

（3）确定风险重要性水平。

（4）从企业整体角度进行风险分析描述。风险分析不仅要分析单一风险的可能性和影响程度，同时也要关注风险之间的关系，考虑整个企业层面的组合风险，特别是各单元均未超过风险容忍度，但组合在一起超出整体风险容忍度的情况。

（二）风险定量分析简介

风险矩阵中的可能性和影响程度可以在条件具备的情况下，采用定量或定性与定量相结合的技术进行。常用的定量技术包括概率技术和非概率技术。**概率技术**包括风险模型(风险价值、风险现金流量和风险收益)、损失分布、事后检验、蒙特卡洛模拟等;**非概率技术**包括敏感性分析、情景分析、压力测试、设定基准等。

风险分析方法包括:①风险价值(VAR);②损失分布;③事后检验;④蒙特卡洛模拟;⑤敏感性分析;⑥情景分析;⑦压力测试;⑧设定基准。

【提示】设定基准也称标杆比较法,通过将本企业与同行业或同类型企业的某些领域的做法、指标结果等做定量的比较,来确定风险的重要性水平,包括内部基准、行业基准和最佳实践。

热题解析

(必答题 1)甲公司是一家境内上市公司,主要从事农药研发、生产、销售业务,拥有合成原药、加工、复配制剂的生产能力。甲公司 2018 年发生的与环境污染事件相关的部分资料如下:

2018 年 3 月 24 日,甲公司启动应急管理机制,针对该事件成立环境污染事件处理领导小组,由分管相关工作的领导牵头,公司环境保护、财务、计划、生产、宣传、法律等部门参与,负责此次环境污染事件相关处理工作,抓紧清除违规处置的危险废物,避免继续污染环境。为防范发生次生风险,甲公司责成该领导小组全面评估环境污染事件对公司发展规划、生产经营、股价及声誉等方面的影响,预估潜在损失,形成综合应对方案。2018 年 3 月末,甲公司在收到政府环境保护部门停产整治通知后,立即实施拟定的应对方案。

假定不考虑其他因素。

要求:

结合资料,提出企业从整体角度进行风险分析的建议。

【参考答案】

企业整体风险分析:一是要分析单一风险的可能性和影响程度,二是要关注风险之间的关系,考虑整个企业层面的组合风险。

【解析】本题考核"风险分析——风险分析描述"的知识点。从企业整体角度风险分析描述。风险分析不仅要分析单一风险的可能性和影响程度,而且也要关注风险之间的关系,考虑整个企业层面的组合风险。本题是细节知识点的考核,所以一定要对教材非常熟悉。

(必答题 2)甲公司主要从事境内外炼化工程设计、总承包和项目管理等业务。2017 年 1 月,甲公司准备作为 EPC(设计-采购-施工)总承包商竞标 Q 国炼化一体化 R 项目,一同竞标的预计还有 2 家国际工程知名企业。R 项目业主在招标文件中要求。EPC 总承包商须建立全面的风险管理体系，并针对R项目制定专门的风险管理流程。为此，2017年4月末，甲公司召开R项目风险管理专题会议。项目管理部经理发言要点如下：

项目管理部将发挥公司合同工期管理的优势，运用风险分析定量技术，进行项目进度风险量化管理，力争项目按期完工。具体运用时，将各种不确定性换算为影响R项目进度目标的潜在因素，再运用风险模型模拟测算，进行敏感性排序，计算不同置信度下项目完工日期。

假定不考虑其他因素。

要求：

结合资料，指出风险分析定量技术的分类及具体方法。

【参考答案】

风险分析定量技术包括概率技术和非概率技术。概率技术包括风险模型（风险价值、风险现金流量和风险收益）、损失分布、事后检验、蒙特卡洛模拟等；非概率技术包括敏感性分析、情景分析、压力测试、设定基准等。

【解析】本题考核“风险定量分析简介”的知识点。风险分析需要定量或定性与定量相结合的技术。风险分析定量技术包括概率技术和非概率技术。概率技术包括风险模型（风险价值、风险现金流量和风险收益）、损失分布、事后检验、蒙特卡洛模拟等；非概率技术包括敏感性分析、情景分析、压力测试、设定基准等。

考点5　风险应对★★★

【考点讲解】

（一）风险应对过程中管理层需考虑的因素

在确定风险应对的过程中，管理层应该考虑：①不同的拟应对方案对风险应对的可能性和影响程度（可用利润、每股收益等表示），以及哪个应对方案对主体的风险容限相协调；②不同拟应对方案的成本和效益；③实现企业目标可能的机会。

（二）风险应对策略

风险应对策略包括风险承受、风险规避、风险分担和风险降低。

1. 风险承受

风险承受是指企业对所面临的风险采取接受的态度，从而承担风险带来的后果。

采取风险承受策略的情形：①因风险管理能力不足未能辨认出的风险；②缺乏能力进行主动管理；③没有其他备选方案；④对成本效益的考虑。

【提示】重大风险，不应采取风险承受。

2. 风险规避

风险规避是指企业主动回避、停止或退出某一风险的商业活动或商业环境，避免成为风险的承受者。

3. 风险分担

风险分担是指企业为避免承担风险损失，有意识地将可能产生损失的活动或与损失有关的财务后果转移给其他方的一种风险应对策略，包括风险转移和风险对冲。风险分担常用的方法如表 3–2 所示。

表 3–2 风险分担常用的方法

风险分担方法	说明	
风险转移（将风险转移给第三方）	保险	保险公司为预定的损失支付补偿，投保人在合同开始时向保险公司支付保险费
	风险证券化	通过证券化保险风险构造的保险连结型证券，发行巨灾保险连结证券可以将巨灾保险市场的承保风险向资本市场转移
	合同约定风险转移	在国际贸易中采用合同约定，卖方承担的货物的风险在某个时候改归买方承担
风险对冲（多个风险之间互相抵消）	采取各种手段，引入多个风险因素或承担多个风险，使得这些风险能够互相对冲。如资产组合使用、多种外币结算的使用、多种经营战略、金融衍生品等；其中金融衍生品的形式主要有远期合约、互换交易、期货、期权、套期保值	

4. 风险降低

风险降低是指企业在权衡成本效益之后，采取适当的控制措施降低风险或者减轻损失，将风险控制在风险承受度之内的策略。风险降低的具体内容如表 3–3 所示。

表 3–3 风险降低常用的方法

风险降低方法	说明
风险转换（将厌恶的风险转换为可以接受的风险）	企业通过战略调整等手段将企业面临的风险转换成另一种风险，从而在一定程度上降低总体风险。其简单形式就是在减少某一风险的同时，增加另一风险
风险补偿（提前采取措施）	企业对风险可能造成的损失采取适当的措施进行补偿，以期降低风险。比如建立风险准备金或应急资本，以应对临时突发事件
风险控制（降低发生概率或发生后的损失）	控制风险事件发生的动因、环境、条件等，来达到减轻风险事件发生时的损失或降低风险事件发生的概率的目的。比如厂房生产车间内禁烟、合同签订符合法律要求等

【**提示**】7 种风险应对策略的区分：

风险承担：不采取任何措施，损失发生时直接承担。

风险规避：不做某事就不会产生做某事的风险。

风险转移：转移给第三方，风险没有变化，承担对象发生了改变。

风险转换：通过一些手段，将不愿意面临的风险转换成另外一种风险。

风险对冲：通过一些手段，引入多个风险，使得风险之间互相抵消。

风险补偿：提前采取一些措施，主动承担风险。

风险控制：控制风险发生的动因、环境、条件等，减轻风险发生时的损失或者降低发生概率。

【应试技巧】本考点在近几年都有考核，题目难度不大，最主要的考核方式是分析判断企业所采取的风险应对策略类型，所以要求考生掌握四种应对策略的特征，考试时能够结合案例进行分析。

热题解析

（必答题 1）甲公司是一家领先的智能终端和信息基础设施提供商，在通信网络、信息技术和智能终端等领域为客户提供产品、解决方案和运维服务。2019 年 4 月初，甲公司召开了中高层管理人员参加的风险管理专题研讨会。总经理发言要点如下：

总经理：当前面临的形势异常严峻，要增强忧患意识，坚持底线思维，对风险应对方案进行持续优化，杜绝各类风险的发生。

假定不考虑其他因素。

要求：

根据资料指出总经理的发言是否存在不当之处；对存在不当之处的，说明理由。

【参考答案】

存在不当之处。

理由：风险应对就是要保证通过对不利事件、有利事件的分析，选择实施方案将剩余风险控制在可承受度以内。因此没有必要杜绝所有风险。

或：企业制定风险应对方案，应权衡风险与回报、成本与收益之间的关系，杜绝各类风险，不符合平衡性原则。

或：有些风险可能给企业带来盈利机会。

或：风险管理使不利因素控制在该企业的可承受范围内。

或：风险管理是为企业目标的实现提供合理保证。

【解析】本题考核“风险应对”的知识点。从答案中可以看出，只要是回答出“杜绝各类风险的发生”存在不当的都是对的，理由可以从风险应对的角度去分析。

（必答题 2）甲公司是一家境内上市公司，主要从事农药研发、生产、销售业务，拥有合成原药、加工、复配制剂的生产能力。甲公司 2018 年发生的与环境污染事件相关的部分资料如下：

2018年4月，甲公司召开董事会会议，决定设立风险管理委员会，负责督导公司风险管理体系建设和实施，完善风险管理组织架构，规范风险管理流程，提升防范风险能力。2018年5月，为吸取本次环境污染事件教训，甲公司风险管理委员会向董事会提议：

(1)建立风险准备金，应对突发风险；

(2)引进国际领先的环境保护技术，合资建立危险废物资源化处置中心；

(3)加大原药研发投入，以期实现技术突破，增加高附加值原药产量，减少复配制剂产量。

假定不考虑其他因素。

要求：

根据资料中的(1)至(3)，逐项指出甲公司采取风险降低策略的具体类型，并分别说明理由。

【参考答案】

(1)风险补偿。

理由：企业对风险可能造成的损失采取适当的措施进行补偿，以期降低风险。

或：

建立风险准备金。

(2)风险控制。

理由：控制风险事件发生的动因、环境、条件等，来达到减轻风险事件发生时的损失或降低风险事件发生的概率。

或：

引进国际领先的环境保护技术。

(3)风险转换。

理由：通过战略调整等手段将企业面临的风险转换成另一种风险，从而在一定程度上降低总体风险。

或：

加大原药研发投入，以期实现技术突破。

【解析】 本题考核“风险应对”的知识点。风险应对策略包括风险承受、风险规避、风险分担和风险降低。然后结合案例的表述分别确定企业具体采用的风险应对策略。

(必答题3) 甲公司主要从事境内外炼化工程设计、总承包和项目管理等业务。2017年1月，甲公司准备作为EPC(设计-采购-施工)总承包商竞标Q国炼化一体化R项目，一同竞标的预计还有2家国际工程知名企业。R项目业主在招标文件中要求。EPC总承包商须建立全面的风险管理体系，并针对R项目制定专门的风险管理流程。为此，2017年4

月末，甲公司召开R项目风险管理专题会议。投标报价部经理发言要点如下：

2017年2月，投标报价部组织设计、采购、施工等部门对R项目风险进行了细化识别，共识别主要风险64项；同时，针对每项主要风险，制定了风险管理策略和应对措施，以及责任落实到人的具体实施方案。预计实施应对措施后，还存在32项剩余风险。投标报价部以基准成本17.8亿美元为基础，就剩余的32项风险对项目费用目标的影响进行了量化评估；运用量化分析模型，测算出风险储备金0.43亿美元。建议在报价估算的基础上追加报价0.43亿美元。

假定不考虑其他因素。

要求：

结合资料，指出管理层基于投标报价部风险分析结果，在确定风险应对过程中应考虑的主要因素。

【参考答案】

在确定风险应对的过程中，管理层应该考虑：一是不同的拟应对方案对风险应对的可能性和影响程度（可用利润、每股收益等表示），以及哪个应对方案对主体的风险容限相协调；二是不同拟应对方案的成本和效益；三是实现企业目标可能的机会。

【解析】本题考核“风险应对”的知识点。确定风险应对的过程中，管理层应该考虑：一是不同的拟应对方案对风险应对的可能性和影响程度（可用利润、每股收益等表示），以及哪个应对方案对主体的风险容限相协调；二是不同拟应对方案的成本和效益；三是实现企业目标可能的机会。

（必答题4）甲公司为一家在上海证券交易所上市的国有大型集团企业，其所属产业是国家“去产能”的重点行业之一。2016年年初，甲公司风险管理与内部控制部门根据董事会要求，围绕国家提出的“三去一降一补”重点任务，牵头研究起草了《2016年度风险管理与内部控制工作服务“三去一降一补”建议书》。该建议书内容摘要如下：

（1）关注产业政策，化解过剩产能。为有效应对产能过剩风险，建议采取下列策略“去产能”：①对本年度拟上马的所有固定资产投资项目进行严格的节能环保等事前评估，严禁开工建设不符合国家产业政策的项目；②对市场较为成熟、利润较为稳定的业务单元，继续保持现有的业务规模和生产能力。

（2）创新营销模式，缓解库存压力。为有效应对公司产品大量积压的风险，建议采取下列策略“去库存”：①通过“前向一体化”的方式并购营销渠道较广、竞争实力较强的零售商，并将其整合为公司的销售分部；②积极探索线上营销模式，通过“协议买断”的方式将积压产品出售给某电子商务平台公司。

假定不考虑其他因素。

要求：

根据《企业内部控制基本规范》及其配套指引的要求，逐项指出资料(1)中①和②项、资料(2)中①和②项的建议所采取的风险应对策略类型。

【参考答案】

资料(1)中事项①采用的风险应对策略为风险规避。

资料(1)中事项②采用的风险应对策略为风险承受。

资料(2)中事项①采用的风险应对策略为风险降低。

资料(2)中事项②采用的风险应对策略为风险分担。

【解析】 本题考核“风险应对”的知识点。资料(1)中事项①“严禁开工建设不符合国家产业政策的项目”这属于风险规避；事项②“继续保持现有的业务规模和生产能力”表示企业会继续承担现有业务规模和生产能力产生的风险，所以是风险承担。资料(2)中事项①并购影响渠道较广、竞争实力较强的零售商，则说明进行风险降低策略；事项②“将积压产品出售”属于风险分担。

考点6 风险监控、信息沟通和报告★

【考点讲解】

(一)风险监控

风险监控中发现的已经形成较大损失的重要事件应向上一级部门报告，重大事件应向公司管理层或董事会报告。

对特别重要的重大事件预警应建立应急处置机制。

(二)信息沟通和报告

企业应建立风险管理良好的信息沟通机制和报告制度，明确报告的内容、对象、频率和路径，确保信息沟通的及时、准确和完整。

风险报告按照报送内容、频次、对象，可分为综合报告和专项报告、定期报告和不定期报告(重大重要事件报告)等。

考点7 风险管理考核和评价★

【考点讲解】

企业应根据风险管理职责设置风险管理考核指标，并纳入企业绩效管理，建立明确的、权责利相结合的奖惩制度，以确保风险管理活动的持续性和有效性。

企业应定期对风险管理制度、工具方法和风险管理目标的实现情况进行评价，识别是否存在内部控制重大缺陷，评价风险管理是否有效，形成评价结论并出具评价报告。同时，企业应建立整改和改进机制。

考点8 风险管理体系★★

【考点讲解】

企业建立风险管理体系，应至少包括以下方面：①风险管理理念；②风险管理组织职能体系；③风险管理制度体系；④风险管理信息系统。

（一）风险管理理念

企业应建立统一的风险管理理念—如何识别风险、承担哪些风险，以及如何管理这些风险，形成对风险统一的信念、态度，从而决定在从战略制定和执行的日常活动中如何考虑风险。

（二）风险管理组织职能体系

风险管理的组织机构主要包括规范的公司法人治理结构，风险管理职能部门、内部审计部门和法律事务部门以及其他有关职能部门、业务单位的组织领导机构及其职责。

（三）风险管理制度体系

企业应建立健全能够涵盖风险管理主要环节的风险管理制度体系，包括风险管理决策制度、风险识别与评估制度、风险监测预警制度、应急处理制度、风险管理评价制度、风险管理报告制度和风险管理考核制度等。

（四）风险管理信息系统

企业应用的风险管理信息系统的主要功能有实现风险信息的共享、风险预测和评估与开展风险监控。

考点9 内部控制目标与要素★★★

【考点讲解】

（一）内部控制目标

内部控制目标是合理保证企业经营管理合法合规、资产安全、财务报告及相关信息真实完整，提高经营效率和效果，促进企业实现发展战略。

（二）内部控制要素

内部控制的要素归纳为内部环境、风险评估、控制活动、信息与沟通、内部监督五大方面。

1. 内部环境

内部环境规定企业的纪律与架构，影响经营管理目标的制定，塑造企业文化氛围并影响员工的控制意识，是企业建立与实施内部控制的基础。内部环境主要包括治理结构、机构设置及权责分配、内部审计机制、人力资源政策、企业文化等。

2. 风险评估

风险评估是企业及时识别和科学分析经营活动中与实现控制目标相关的风险（内部和外部风险），合理确定风险应对策略，是实施内部控制的重要环节。

3. 控制活动

控制活动是指企业根据风险应对策略，采用相应的控制措施，将风险控制在可承受度之内，是实施内部控制的具体方式。常见的控制措施有不相容职务分离控制、授权审批控制、会计系统控制、财产保护控制、预算控制、运营分析控制和绩效考评控制等。企业应当根据内部控制目标，结合风险应对策略，综合运用控制措施，对各种业务和事项实施有效控制。

4. 信息与沟通

信息与沟通是企业及时、准确地收集、传递与内部控制相关的信息，确保信息在企业内部、企业与外部之间进行有效沟通，是实施内部控制的重要条件。信息与沟通的要件包括信息质量、沟通制度、信息系统、反舞弊机制。

5. 内部监督

内部监督是企业对内部控制建立与实施情况进行监督检查，评价内部控制的有效性，对于发现的内部控制缺陷，及时加以改进，是实施内部控制的重要保证。内部监督包括日常监督和专项监督。

热题解析

（必答题）甲公司为一家非国有控股主板上市公司，自2013年1月1日起实施《企业内部控制基本规范》及其配套指引。甲公司就此制定了内部控制规范体系实施工作方案。该方案要点如下：

工作安排。内部控制规范体系建设工作分阶段进行：……第二阶段，开展风险评估。公司根据战略规划和发展目标，组织开展风险评估工作，识别和分析经营管理过程中的各种内部风险，制定风险应对策略并实施相应的控制活动。第三阶段，组织内部控制试运行。公司通过深入宣传和加强培训等手段，在全公司范围内组织开展内部控制试运行工作。第四阶段，在内部控制正式运行的基础上，开展内部控制自我评价。

要求：

根据《企业内部控制基本规范》及其配套指引的要求，判断甲公司该项内容是否存在不当之处；对存在不当之处的，指出不当之处，并说明理由。

【参考答案】

存在不当之处。

不当之处：识别和分析经营管理过程中的各种内部风险的表述不当。

理由：公司不仅要识别内部风险，还要识别与控制目标相关的各类外部风险。

【解析】本题考核“内部控制要素”知识点。在风险评估的风险识别这一环节中，企业要识别与控制目标相关的各类内部风险和外部风险。因此，题中仅识别内部风险的说法是不全面的。

考点10 内部控制应用指引、评价指引和审计指引★

【考点讲解】

（一）内部控制应用指引

我国内部控制应用指引包括企业层面组织架构、发展战略、人力资源、社会责任、企业文化等对实现控制目标有重大影响，且与内部环境、风险评估、信息与沟通、内部监督直接相关的控制，以及业务层面资金、采购、资产、销售、研发、工程、担保、业务外包、财务报告、全面预算、合同、内部信息传递、信息系统等具体业务和事项的控制。

（二）内部控制评价指引

内部控制评价指引是用于指导企业评价内部控制有效性。内部控制有效性是指企业建立与实施内部控制对实现控制目标提供合理保证的程度，包括内部控制设计的有效性和内部控制运行的有效性。

（三）内部控制审计指引

内部控制审计指引用来指导会计师事务所受托实施企业内部控制审计，是内部控制外部评价的重要形式之一，包括目标、计划审计工作、实施审计工作、评价控制缺陷、完成审计工作、出具审计报告和记录审计工作，对内部控制审计报告作出规范。

内部控制审计由注册会计师进行，侧重于对财务报告内部控制目标实施的审计评价，仅对财务报告内部控制的有效性发表意见。内部控制评价由企业董事会实施，对内部控制整体有效性发表意见并出具结论。

考点11 公司治理★★

【考点讲解】

公司治理是指通过一套包括正式或非正式的、内部或外部的制度或机制来协调公司与所有利益相关者之间的利益关系，以保证公司决策的科学性与公正性，最终维护各方面的利益。公司治理的目标不仅是股东利益的最大化，而且也是保证所有利益相关者的利益最大化。

公司治理的主要问题包括公司所有者与经营者的代理问题(即经理人对于股东的内部人控制)和大股东与中小股东之间的代理问题，还包括企业与其他利益相关者之间的关系问题。

考点 12 内部控制、公司治理与风险管理的关系★

【考点讲解】

内部控制由传统的内部牵制制度逐渐发展为以风险为导向的内部控制整合框架，风险管理也由分散的财务、经营和战略风险管理逐渐发展为整合风险管理。

风险管理相对于内部控制，在保证公司目标的实现方面，具有动态性、灵活性的特点，通过对外部经济、技术等方面的风险分析，及时调整应对策略，可以更好地应对企业所面临的不确定性。而将内部控制内嵌于企业流程之中，能够更好地帮助企业防范已知的风险。两者在业务实践中均不可或缺。

内部控制有效实施是风险管理“落地”的有力支撑，而风险管理的技术方法也拓展了内部控制的外延和内涵，促进企业管理水平的提高和目标的实现。

公司治理结构作为企业的内部环境，必然会对企业风险管理和内部控制产生影响，薄弱的治理结构将直接导致风险管理和内部控制减弱。反过来，内部控制和风险管理的加强也有利于公司治理结构及内部环境的优化。

本章经典案例

案例 1 · 甲公司内部控制要素案例

【案例背景与要求】

甲公司为一家以饮品生产和销售为主业的上市公司。2018 年，甲公司根据财政部等五部委联合发布的《企业内部控制基本规范》及其配套指引，结合自身经营管理实际，制订了《企业内部控制手册》(以下简称《手册》)，自 2019 年 1 月 1 日起实施。为了检验实施效果，甲公司于 2019 年 7 月成立内部控制评价工作组，对内部控制设计与运行情况进行检查评价。内部控制评价工作组接受审计委员会的直接领导，组长由董事会指定，组员由公司各职能部门业务骨干组成。2019 年 9 月，甲公司审计委员会召集公司内部相关部门对检查情况进行讨论，要点如下：

(1)关于内部环境，内部控制评价工作组在对内部环境要素进行测试时，发现缺乏足够的证据说明企业文化建设和实施取得较好实效，人事部门负责人表示，公司领导对企业文化建设的重视是无形的，难以量化，且人事部门已制定并计划宣传贯彻《员工行为守则》，可以说明企业文化建设和实施有效。

(2)关于风险评估，甲公司于2019年1月支付2 000万元，成为伦敦奥运会的赞助商；于2019年7月支付500万元，捐助西北某受灾地区。内部控制评价工作组在对公司风险评估机制进行评价时，发现上述事项均未履行相应的风险评估程序，建议予以整改。风险管理部门负责人表示，赞助伦敦奥运会对提升企业形象有利而无害，不存在风险；财务部门负责人认为，对外捐助属于履行社会责任，不需要评估风险。

(3)关于信息与沟通，内部控制评价工作组检查发现，所有风险信息均经由总经理向董事会报告。建议确认为控制缺陷并加以整改，风险管理部门负责人表示，风险管理部门对总经理负责，符合公司组织结构、岗位职责与授权分工的规定，不应认定为控制缺陷。

(4)关于内部监督，内部审计部门负责人表示，年度内部控制评价工作组是由公司各部门抽调人员组成的临时工作团队，缺乏独立性，建议由内部审计部门承担相应的职责。内部控制评价工作组负责人认为，工作组成员均接受过专业培训，接受审计委员会领导，有足够的专业胜任能力和权威性来承担内部控制评价工作，而审计部门人手少、力量弱，现阶段无法有效承担年度评价职责。

假定不考虑其他因素。

要求：

根据资料，针对内部环境、风险评估、信息与沟通、内部监督要素评价过程中的各种意见分歧，假如你是公司审计委员会主席，逐项说明是否赞同内部控制评价工作组的意见，并逐项说明理由。

【参考答案】

(1)资料(1)关于内部环境。

赞同内部控制评价工作组对没有足够的证据说明企业文化得以有效贯彻落实的判断。

理由：企业文化贯彻落实的有效性应当获取充分的证据支持。

[或：企业应当保留相关的文档记录以证明企业文化得以有效贯彻落实(如领导在董事会议上所做的内部控制工作报告和对内部控制工作的批示、《员工行为守则》的宣传贯彻工作等)。]

(2)资料(2)关于风险评估。

赞同内部控制评价工作组对公司风险评估机制存在缺陷的认定。

理由：公司应当对赞助和捐赠事项履行风险评估程序。

[或：公司没有对赞助和捐赠事项进行风险识别、风险分析和风险应对。]

(3)资料(3)关于信息与沟通。

赞同内部控制评价工作组将所有风险信息均经由总经理向董事会报告认定为控制

缺陷。

理由：重大信息应及时传递给董事会、监事会和管理层。

［或：对于重大风险信息，风险管理部门应向总经理报告同时及时向董事会及其审计委员会报告。］

(4)资料(4)关于内部监督。

赞同内部控制评价工作组对内控评价机构选择的判断。

理由：内部控制评价机构的选择不仅要考虑独立性，还要综合考虑其胜任能力和权威性，以及是否得到公司领导层的支持等。

案例2·甲企业风险应对案例

【案例背景与要求】

资料一

甲企业是一家国内汽车制造企业，主要生产纯电动汽车，包括电动轿车、电动货车和电动客车。甲企业的纯电动车制造技术和部件一部分从国外引进，一部分由企业的内部技术人员自行研究开发。汽车电池是依靠国外进口的，与甲企业合作的电池提供商突然提出加价20%的要求，如果甲企业不同意加价则拒绝发货并且不愿意退还甲企业预交的货款，面对这种情况，甲企业与供应商进行了艰难的谈判磋商，最终供应商同意发货，但是前提是甲企业要在发货后补交10%的货款。

资料二

甲企业在生产经营过程中，为了保证每一个制造环节的正常运行，防范不必要的风险发生，企业内部禁止吸烟，而且设立专门的质检部门，对生产出的零件成品进行检查，减少次品率。市场中仍然是传统的汽油车占主导，纯电动汽车起步较晚，市场份额较少。为了促进销售，甲企业建立了自己的营销渠道。传统的汽车厂商注重经销商和4S店相结合的渠道策略，而甲企业的销售渠道只采取自营4S店的策略。在甲企业自己的4S店内，客户可以实现与汽车直接的对话，亲自体验纯电动汽车的不同魅力。甲企业在对外出售纯电动汽车时，为了减少企业的坏账损失，对客户的信用标准设置的较高，同时为了让客户尽早提交货款，甲企业也提出了一定的优惠措施。企业承诺，如果汽车出现技术问题，甲企业会负责召回，赔偿客户相应的损失。

假定不考虑其他因素。

要求：

(1)根据资料一，按照风险的内容分类，判断甲企业面对的风险种类，并说明理由。

(2)根据资料二，指出甲企业采取的风险应对策略，并说明理由。

【参考答案】

(1)按照风险的内容分类，甲企业面对的风险种类是市场风险。

理由：甲企业的供应商突然提出加价20%的要求，如果甲企业不同意加价则拒绝发货并且不愿意退还甲企业预交的货款。这体现的是供应商带来的市场风险。

(2)甲企业采取的风险应对策略包括风险降低和风险承受。

理由："为了保证每一个制造环节的正常运行，防范不必要的风险发生，企业内部禁止吸烟，而且设立专门的质检部门，对生产出的零件成品进行检查，减少次品率"，属于风险降低中的风险控制。

"甲企业在对外出售纯电动汽车时，为了减少企业的坏账损失，对客户的信用标准设置的较高，同时为了让客户尽早提交货款，甲企业也提出了一定的优惠措施"，属于风险降低中的风险转换。

"企业承诺，如果汽车出现技术问题，甲企业会负责召回，赔偿客户相应的损失"，属于风险承受。

案例3·荣发公司风险管理案例

【案例背景与要求】

荣发公司主要致力于品牌女装的设计、生产与销售，主攻中高端女装市场，总部位于我国北京市。2019年11月，荣发公司召开风险管理座谈会，有关人员发言要点如下：

(1)人力资源部经理：2019年7月，北京市人力资源和社会保障局发布了《关于调整北京市2019年最低工资标准的通知》，将北京市最低工资标准由2 120元/月调增至2 200元/月，增长比例为3.77%。近年来公司生产、销售模式不断变革和完善，对生产组织、内部管理、设计研发、售后服务等各方面都提出了更高要求，需要更多高级管理人员及生产人员来满足公司快速发展的需求。人力成本的上升必然在一定程度上推动制造成本、期间费用等的增加。

(2)市场部经理：随着高端女装市场流行趋势变化速度的加快，公司开始出现不能全面、及时、准确把握女装流行趋势的不良现象，导致消费者对公司品牌认可度降低，市场需求下降，对公司经营业务产生了不利影响。

(3)财务部经理：近年来，公司通过设立境外子公司的方式大力发展国外业务，同时加大对国外优质资产的投资力度。由于跨境采购和境外投资通常采用外币结算，因此汇率的波动会对公司的经营和收益带来一定风险。

假定不考虑其他因素。

要求：

(1)根据资料(1)，从风险的内容角度，指出荣发公司面临的风险类别，并说明理由。

(2)根据资料(2)，从风险的内容角度，指出荣发公司面临的风险类别，并说明理由。

(3)根据资料(3)，从风险的内容角度，指出荣发公司面临的风险类别，并说明理由。

【参考答案】

(1)财务风险。

理由：制造成本、期间费用等提高所引发的风险属于财务风险。

(2)①战略风险。

理由：市场对本企业的产品需求下降所引发的风险属于战略风险。

②运营风险。

理由：公司开始出现不能全面、及时、准确把握女装流行趋势的不良现象，属于运营风险。

(3)市场风险。

理由：汇率波动所引发的风险属于市场风险。

案例4·J有限责任公司风险应对分析案例

【案例背景与要求】

J有限责任公司是一家成立时间较长的大型建筑工程公司，有在海外承揽大型工程的丰富经验。目前，该公司打算开拓南美市场，但经过分析后发现，拟进入的国家政局不稳，并且国内经济恶化，通货膨胀十分严重，而且政变后新上台的政府不承认前任政府签署的所有相关协议，另外，外汇管制十分严格。因此，该公司决定放弃此地区市场，转而进军中东市场。由于公司资质很好，很顺利地承揽到了为中东某国修建高速公路这一工程。由于工期长，且有“尾款”，并以当地货币结算，在汇出时再按当时牌价折算成美元，该公司为防止业主拖欠工程款，向中信保投保了信用险，为防止汇率波动影响公司最后利润，公司财务部使用相关衍生产品进行对冲，锁定大部分工程款汇率。

根据以往同业经验，当工程结束时，工程指挥部使用的奔驰车，工程中使用的日本施工机械等，该国海关会以各种借口扣留在本国，但公司认为几年工程下来，这些设备已大幅度减值，不能因小失大，因此，不再为此进行其他运作。

假定不考虑其他因素。

要求：

请根据上述材料，指出J公司面临的主要风险及相应的风险应对策略(写出细分应对策略)。

【参考答案】

(1)南美目标国存在较大政治风险，因此，该公司放弃开拓该国市场，采用的是风险规避的应对策略。

(2)承揽中东某国工程后，该公司为防止业主拖欠工程款，蒙受市场风险(信用风险)，其向中信保投保，采用的是风险转移的应对策略。

(3)该公司为防止工程款遭受汇率不利变动而蒙受市场风险，其使用衍生品部分锁定汇率，采用的是风险对冲的应对策略。

(4)该公司针对该国海关的特有做法，这种政治风险对公司影响不大，在该公司风险承受度范围内，因此，采用的是风险承受的应对策略。

第四章　企业投资、融资决策与集团资金管理

本章考点汇总

序号	考点内容	重要程度
1	投资决策方法	★★★
2	投资决策方法的特殊应用	★
3	现金流量的估计	★★
4	投资项目的风险调整	★
5	私募股权投资决策	★
6	境外直接投资决策	★
7	融资规划与企业增长管理	★★★
8	企业融资方式决策	★★★
9	企业资本结构决策与管理	★★
10	企业集团资金集中管理	★
11	企业集团财务公司	★★★
12	企业集团财务风险控制	★★

高频考点讲解及应用分析

考点1　投资决策方法★★★

【考点讲解】

常用的投资项目评价决策方法主要有：回收期法、净现值法、内含报酬率法、现值指数法和会计收益率法。

1. 回收期法

(1)非折现的回收期法。

投资回收期指项目投产后带来的现金净流量累计至与原始投资额相等时所需要的时

间。回收年限越短，方案越有利。

(2)折现的回收期法。

折现的回收期法是由传统回收期法演变而来的，即通过计算每期的现金流量的折现值来明确投资回报期。

(3)优缺点。

优点：通过计算资金占用在某项目中所需的时间，可在一定程度上反映出项目的流动性和风险。在其他条件相同的情况下，回收期越短，项目的流动性越好，方案越优。并且，一般来说，长期性的预期现金流量比短期性的预期现金流量更具风险。

缺点：未考虑回收期后的现金流量。并且传统的回收期法还未考虑资本的成本，即在计算回收期时未使用债务或权益资金的成本进行折现计算。

2. 净现值法

(1)净现值指项目投产后未来现金净流量现值与原始投资额现值之间的差额。若净现值大于零，则项目可以接受；若净现值小于零，则项目应放弃；若净现值等于零，表明项目没有剩余收益，则没有必要采纳。若两个项目为互斥项目，则取正的净现值数额较大者。

(2)净现值法的优缺点包括：①净现值法使用现金流量而非利润，主要是因为现金流量相对客观；②净现值法考虑的是投资项目整体，在这一方面优于回收期法。回收期法忽略了回收期之后的现金流量，如果使用回收期法，很可能造成那些回收期长但回收期后有较高收益的项目被决策者错误地否决；③净现值法考虑了货币的时间价值，尽管折现回收期法也可以被用于评估项目，但该方法与非折现回收期法一样忽略了回收期之后的现金流量；④净现值法与财务管理的最高目标股东财富最大化紧密联结，投资项目的净现值代表的是投资项目被接受后公司价值的变化，而其他投资分析方法与财务管理的最高目标没有直接的联系；⑤净现值法允许折现率的变化，而其他方法没有考虑该问题，项目风险不同，则相应的折现率不同。

3. 内含报酬率法

(1)传统的内含报酬率法。

内含报酬率指使未来现金净流量的现值恰好与原始投资额现值相等的折现率。即现值(现金净流量)= 现值(原始投资额)。

当项目的 IRR 超过资本成本，则项目可以接受。相反，如果 IRR 低于资本成本，则项目不能接受。

(2)修正的内含报酬率法。

修正的内含报酬率法克服了内含报酬率再投资的假设以及没有考虑整个项目周期中资本成本率变动的问题。修正的内含报酬率法认为项目收益被再投资时不是按照内含报酬率来折现的，而是按照实际的资本成本来折现的。

(3)优缺点。

优点：内含报酬率作为一种折现现金流量法，既考虑了货币的时间价值，也考虑了整个项目周期的现金流量。此外，内含报酬率法作为一种相对数指标除了可以和资本成本率比较之外，还可以与通货膨胀率以及利率等一系列经济指标进行比较。

缺点：内含报酬率是评估投资决策的相对数指标，无法衡量出公司价值(即股东财富)的绝对增长。在衡量非常规项目时(即项目现金流量在项目周期中发生正负变动时)，内含报酬率法可能产生多个 IRR，造成项目评估的困难。此外，在衡量互斥项目时，传统的内含报酬率法和净现值法可能会给出矛盾的意见，在这种情况下，净现值法往往会给出正确的决策判断。

4. 现值指数法

现值指数是项目投产后未来现金净流量现值与原始投资额现值之比。现值指数表示 1 元初始投资取得的现值毛收益。

现值指数法的决策规则是：如果 PI 值大于 1，则项目可接受；如果 PI 值小于 1，则项目应放弃。PI 值越高越好。

5. 会计收益率法

会计收益率法是项目寿命期的预计年均收益额与项目原始投资额的百分比。

会计收益率法的决策原则是指标数值越高越好。会计收益率计算简便、应用范围广，在计算时可以直接使用会计报表数据。缺点是未考虑货币时间价值。

【应试技巧】投资决策方法是比较基础的内容，该考点也是非常重要的，考生要掌握各个指标的计算及优缺点，能够进行指标的比较运用。

【典型案例分析 1】公司拟投资一个项目，需要一次性投入 400 000 元，预计有效期是 10 年，各年产生的净收益为 110 000 元。公司适用的所得税税率为 25%，资本成本率为 10%。

部分现值系数如下表所示：

折现率/%	10	24	28
10 年期年金现值系数	6. 144 6	3. 681 9	3. 268 9

假定不考虑其他因素。

要求：

(1)计算该项目的非折现回收期。

(2)计算该项目的会计收益率。

(3)计算该项目的传统内含报酬率，并判断该项目是否可行。

【参考答案】

(1)非折现回收期=400 000÷110 000=3.64(年)

(2)会计收益率=110 000÷400 000×100%=27.5%

(3)设内含报酬率为IRR，列式为110 000×(*P/A*，*IRR*，10)-400 000=0

则有(*P/A*，*IRR*，10)=3.636 4

利用插值法我们可以计算出*IRR*的近似值：

IRR=24%	3.681 9
IRR	3.636 4
IRR=28%	3.268 9

列式为：(*IRR*-24%)/(28%-24%)=(3.636 4-3.681 9)/(3.268 9-3.681 9)

解得：*IRR*=24.44%

由于内含报酬率24.44%高于资本成本率10%，所以该项目具有可行性。

热题解析

(必答题1)甲公司是一家集成电路制造类的国有控股集团公司，在上海证券交易所上市。未来3年为了实现年销售收入增长30%，需要对现有加工车间进行扩建，以扩充生产能力。车间扩建项目有A、B两个风险相当的备选扩建方案；投资均为1亿元，建设期均为半年，当年均可以投产，运营期均为10年；A、B两方案年度平均收益额分别为0.25亿元和0.31亿元，回收期分别为2.5年和3.5年。

要求：

根据资料，分别计算A、B两方案的投资收益率，指出甲公司采用投资收益率法和回收期法的决策结论是否一致，并说明理由。

【参考答案】

A方案会计收益率=0.25÷1×100%=25%

B方案会计收益率=0.31÷1×100%=31%

采用两种方法决策结论不一致。

理由：

采用回收期法，A方案回收期短，优于B方案；

采用会计收益率法，B方案会计收益率较大，优于A方案。

【解析】本题考核“投资决策方法”知识点。考核会计收益率的计算，它是项目寿命期的预计年均收益额与项目原始投资额的百分比。计算公式为会计收益率=年均收益额/原始投资额×100%。该指标的决策原则是比率越高越好，根据题目给出的回收期的结论比较，可以做出本题的答案。

（必答题 2）甲公司是一家在上海证券交易所上市的大型国有集团公司，主要从事 M 产品的生产与销售，系国内同行业中的龙头企业。2019 年初，甲公司召开经营与财务工作专题会议。投资部经理发言要点摘录如下：

投资部经理：公司 2018 年完成增资发行后，资金充裕，可以同时投资多个项目。为保持公司技术领先优势，需加大技术项目投资。现有 A、B 两个投资项目可供选择，加权平均资本成本均为 9%。经测算，A、B 两个项目的内含报酬率分别为 17.87%和 15.04%，净现值分别为 0.37 亿元和 0.68 亿元。

假定不考虑其他因素。

要求：根据资料结合企业投资项目的一般分类方法，对甲公司面临 A、B 两个投资项目进行决策，并说明理由。

【参考答案】

若 A、B 两个项目为独立项目，则均可采纳；

理由：A、B 两个项目内含报酬率 IRR 均大于加权平均成本 9%【或：A、B 两个项目净现值 NPV 均大于 0】。

若 A、B 两个项目为互斥项目，则选择 B 项目。

理由：净现值法将项目的收益与股东财富直接关联。当 NPV 法与 IRR 法出现矛盾时，以 NPV 法为准。

【解析】本题考核“投资决策方法——净现值法与内含报酬率法的比较”的知识点。净现值法的决策原则是净现值大于零，项目可以接受，内含报酬率法的决策原则是 IRR 超过资本成本，项目可以接受，根据这个原则，本题中 A、B 两个项目若为独立项目，则均可采纳。A、B 若为互斥项目，当 NPV 法与 IRR 法出现矛盾时，以 NPV 法为准。

考点 2 投资决策方法的特殊应用★

【考点讲解】

1. 重置现金流量法

重置现金流量法亦称相同期限法，运用这一方法的关键是假设两个项目的寿命期相同。在存在通货膨胀的情况下，需要对各年的净现金流量进行调整；如果预测项目执行过程中可能遇到重大技术变革或其他重大事件，也需要对项目各年的现金流量进行调整。

2. 等额年金法

等额年金法，又称年度化资本成本法，它基于两个假设：①资本成本率既定；②项目可以无限重置。在这两个假设基础上，通过净现值和年金现值系数计算出项目净现值的等额年金，等额年金较高的方案则为较优方案。

【提示】规模不同、寿命周期不同项目的比较：

(1)规模不同、寿命期相同。

运用扩大规模法，将不同项目的投资额调整为相同的投资额，然后比较扩大规模后各个项目的净现值，选择净现值大的项目。

(2)规模不同、寿命期不同。

a. 重置现金流量法。

重置后，项目的寿命期和规模相同，直接比较净现值。

重置后，项目的寿命期相同，但规模不同，继续采用扩大规模法，然后再比较净现值。

b. 等额年金法。

先计算不同项目的净现值，然后分别除以对应的年金现值系数，求出等额年金，选择等额年金高的项目。

【典型案例分析2】甲公司为一投资项目拟定了A、B两个方案，相关资料如下：

(1)A方案原始投资额在建设期起点一次性投入，原始投资120万元，项目寿命期为6年，净现值为25万元；

(2)B方案原始投资额为105万元，在建设期起点一次性投入，运营期为3年，建设期为1年，运营期每年的净现金流量均为50万元；

(3)该项目的折现率为10%。

假定不考虑其他因素。

要求：

(1)计算B方案的净现值。

(2)用等额年金法做出投资决策。

【参考答案】

(1)B方案的净现值$=50\times(P/A, 10\%, 3)\times(P/F, 10\%, 1)-105=8.04$(万元)

(2)A方案净现值的等额年金$=25/(P/A, 10\%, 6)=5.74$(万元)

B方案净现值的等额年金$=8.04/(P/A, 10\%, 4)=2.54$(万元)

结论：应该选择A方案。

考点3 现金流量的估计★★

【考点讲解】

1. 现金流量的相关性(增量基础)

现金流量的相关性是指与特定项目有关的，在分析评估时必须考虑的现金流量。在确定投资方案相关的现金流量时，应遵循最基本的原则是：只有**增量**的现金流量才是与项目相关的现金流量。增量现金流量指接受或放弃某个投资方案时，企业总的现金流量的变动数。在考虑增量现金流量时，需要区别以下几个概念：

(1)沉没成本；

(2)机会成本；

(3)关联影响。

2. 项目税后现金流量的计算

(1)营业现金流量=营业收入-付现成本-所得税；

(2)**营业现金流量=税后净利+折旧；**

(3)**营业现金流量=(收入-付现成本)×(1-税率)+折旧×税率。**

【应试技巧】(1)公式推导。

营业现金流量=营业收入-付现成本-所得税

=营业收入-(营业成本-折旧)-所得税

=营业收入-营业成本-所得税+折旧

=税后净利+折旧

=(收入-付现成本-折旧)×(1-所得税税率)+折旧

=收入×(1-所得税税率)-付现成本×(1-所得税税率)+折旧×税率

计算营业现金流量的三个公式之间可以互相推导。

(2)这里所说的"税后净利"就是会计利润表中的净利润。

(3)利息费用是筹资活动产生的，在用间接法公式计算营业现金流量时，净利润中扣除了税后利息费用，所以应该加回。折旧费用属于非付现成本，具有抵税效应，在用分算法公式计算营业现金流量时，应该单独加上折旧抵税(即折旧×税率)。

(4)估算项目的相关现金流量时，应该忽略筹资成本，并把它们留到项目的资本成本中考虑。

项目在第 n 年产生的相关现金流量 NCF 就等于第 n 年项目给企业带来的全部现金流量变化量。公式为 $NCF=EBIT(1-T)+D-\Delta W-\Delta C$，其中，EBIT 为项目产生的年息税前利润；$T$ 为企业所得税税率；D 为年折旧费；ΔW 为年营运资本需求增量；ΔC 为年投资增量。

【应试技巧】该考点非常重要，考生要能够判断哪些是相关现金流量，哪些是非相关现金流量；掌握营业现金流量的计算方法，能够独立处理综合性题目。该考点和投资决策方法结合出综合性题目的可能性极大。

【典型案例分析 3】甲公司在投资项目分析中，现金流量如下：

(1)3 年前考察该项目时发生的咨询费 10 万元。

(2)该项目需要动用公司目前拥有的一块土地，该土地目前售价为200万元。

(3)该项目上线后，会导致公司现有项目净收益减少10万元。

(4)投资该项目需要营运资本100万元，先动用现有项目营运资本解决。

假定不考虑其他因素。

要求：

请分析哪些属于相关现金流量，哪些属于非相关现金流量。

【参考答案】

(1)属于无关现金流量。不管目前是否投资该项目，3年前考察该项目时发生的咨询费10万元都已经发生，属于决策无关成本。(2)(3)(4)属于相关现金流量：(2)属于机会成本；(3)属于关联影响，是相关现金流量；(4)投资该项目需要营运资本100万元，即使先从目前项目营运资本中动用，企业依然需要筹集100万元补充目前项目需要的营运资本，因此依然是相关现金流量。

热题解析

(必答题)甲公司是一家从事汽车零配件生产、销售的公司，在创业板上市。2014年年报及相关资料显示，公司资产、负债总额分别为10亿元、6亿元，负债的平均年利率6%，发行在外普通股股数为5 000万股；公司适用的所得税税率为25%。

2015年3月，公司召开了由中、高层人员参加的“线上营销渠道项目与投融资”专题论证会。经营部经理的发言要点如下：

在项目财务决策中，为完整反映项目运营的预期效益，应将项目预期带来的销售收入全部作为增量收入处理。

假定不考虑其他因素。

要求：

根据资料判断经营部经理的观点是否存在不当之处；对存在不当之处的，说明理由。

【参考答案】

经营部经理的观点存在不当之处。

理由：公司在预测新项目的预期销售收入时，必须考虑新项目对现有业务潜在产生的有利或不利影响。因此，不能将其销售收入全部作为增量收入处理。

【解析】本题考核“现金流量的估计”知识点。在确定投资方案相关的现金流量时，应遵循的最基本的原则是：只有增量的现金流量才是与项目相关的现金流量。增量现金流量是项目总现金流量的变动数，也就是说要减去原来的销售收入才是增量收入。

考点 4 投资项目的风险调整★

【考点讲解】

1. 项目风险的衡量

(1)敏感性分析。

敏感性分析就是在假定其他各项数据不变的情况下，各输入数据的变动对整个项目净现值的影响程度，是项目风险分析中使用最为普遍的方法。敏感性分析的缺点在于分别孤立考虑每个变量，而没有考虑变量间的相互关系。

(2)情景分析。

情景分析是用来分析项目在最好、最可能发生和最差三种情况下的净现值之间的差异，与敏感性分析不同的是，情景分析可以同时分析一组变量对项目净现值的影响。

情景分析的主要优点是注重情景发展的多种可能性，降低决策失误对企业造成的影响，对决策事项的可参考性更强。主要缺点在于主观性较强，对于情景数据的准确性、逻辑性及因果关系的建立要求较高。

(3)蒙特卡洛模拟。

蒙特卡洛模拟是将敏感性与概率分布结合在一起进行项目风险分析的一种方法。

(4)决策树法。

决策树是一种展现一连串相关决策及其期望结果的图像方法。决策树在考虑预期结果的概率和价值的基础上，辅助企业作出决策。

2. 项目风险的处置

(1)确定当量法。

把不确定的现金流量折算成确定的现金流量，然后用无风险报酬率作为折现率计算净现值。

(2)风险调整折现率法。

风险调整折现率法是对折现率进行调整，对高风险的项目按高于平均的折现率计算净现值。确定当量法是对现金流量进行风险调整，而风险调整折现率法是对折现率进行调整。

考点 5 私募股权投资决策★

【考点讲解】

1. 私募股权投资步骤

私募股权投资一般须经过以下程序：①投资立项；②投资决策；③投资实施。

2. 私募股权投资的类别

按照投资战略方向，可以将私募股权投资分为创业投资、成长资本、并购基金、房地产基金、夹层基金、母基金和产业投资基金，具体情况如表 4-1 所示。

表 4-1　私募股权投资的种类

种类	相关说明
创业投资(风险投资)	将资金投入具有创新性的初创型企业，比如集成电路芯片设计、新能源、新材料和生物科技企业等
成长资本(扩张资本)	将资金投入已经具备成熟的商业模式、较好的顾客群并且具有正现金流量的企业
并购基金	将资金投入成熟且有稳定现金流量、呈现出稳定增长趋势的企业
房地产基金	主要投资于房地产开发项目的股权、债权或者二者的混合
夹层基金	主要投资于可转换债券或者可转换优先股
母基金	向机构和个人投资者募集资金，投资于私募股权、对冲基金和共同基金等
产业投资基金	经政府核准，向国企或金融机构募集资金投资于特定产业或地区

3. 私募股权投资基金的组织形式

目前，我国私募股权投资基金的组织形式主要采取有限合伙制、公司制和信托制三种组织形式。

4. 私募股权投资退出方式的选择

私募股权投资主要退出机制是首次上市公开发行、二次出售、股权回购、清算退出。具体如表 4-2 所示。

表 4-2　私募股权投资的退出机制

退出机制	相关说明
首次上市公开发行	首次上市公开发行(IPO)是指企业在资本市场上第一次向社会公众发行股票，私募股权投资通过被投资企业股份的上市，将拥有的私人权益转化为公共股权，公开交易，套现退出。一般认为，上市退出是私募股权投资的最佳退出方式。 优点：可以保持企业的独立性，获得持续融资的机会，实现资本增值。 缺点：公开上市所需周期较长，退出过程较为漫长
二次出售	二次出售是指私募股权投资基金将其持有的项目在私募股权二级市场出售的行为。出售退出在欧美成熟市场占据重要地位
股权回购	股权回购是指标的公司通过一定的途径购回股权投资机构所持有的本公司股份。特点：简便易行、成本和收益较低、风险可控等特点
清算退出	清算退出主要是针对投资失败项目的一种退出方式，是**最不理想**的退出方式。清算退出时主要权衡投资风险和投资损失的孰低问题

考点6 境外直接投资决策★

【考点讲解】

（一）境外直接投资概述

境外直接投资是指投资者在境外经营公司，并通过直接控制或参与其生产经营管理以获取投资利润的投资行为。境外直接投资的动机与方式如表4-3所示。

表4-3 境外直接投资的动机与方式

项　目	内　容
境外直接投资的**动机**	包括：①获取原材料；②降低成本；③分散和降低经营风险；④发挥自身优势，提高竞争力；⑤获取先进技术和管理经验；⑥实现规模经济。开辟海外市场成为企业境外直接投资的内在动机
境外直接投资的**方式**	主要有：①合资经营；②合作经营；③独资经营；④新设企业；⑤并购

（二）境外直接投资的决策分析

1. 境外直接投资决策步骤

首先，业务部门根据公司战略目标对拟投资项目进行严格审查和初步筛选，从中选出最有价值的项目召开投资立项会进行立项审批。

其次，组织中介专业机构和公司专业团队对立项项目进行市场、财务、税务和法律等尽职调查，评估项目的投资价值（技术分析、竞争分析、财务指标、风险分析和项目估值等）与投资风险，出具尽职调查报告。并据此召开公司总经理办公会和公司高管人员和外部专家组成的投资决策会，分别进行投资论证和项目决策。

最后，召开董事会，对投资决策会通过的投资项目进行表决，对表决通过的项目授权公司经营管理团队签订投资协议，办理相关的政府审批或备案手续，根据协议实施投资并进行投后管理。

2. 境外直接投资的评价指标

境外直接投资决策的财务评价使用与境内建设项目相同的评价指标，如会计收益率、回收期、净现值、现值指数、内部报酬率等。

境外直接投资面临着更为复杂的特定环境，在分析时，应当注意以下几个问题：

（1）投资项目的**评价主体**问题。母公司的现金流量与境外投资项目本身的现金流量就可能存在差异。两种不同的现金流量因其国别不同，性质也不同，因此投放在项目上的现金流量与流向母公司的现金流量必须严加区分。

（2）**汇回母公司现金流量问题**。关于汇回母公司的现金流量，有以下几点需要说明：

①投资项目现金流量中“可汇回额”的确定。境外投资项目在生产经营中形成的“净现金流量”能否全部成为母公司的现金流量，这要看所在地政府有没有限制性条款，如有限制性条款，境外投资项目产生的现金流量就不能全部视为母公司现金流量，只能按可汇回的数额进行计算。

②现金流量换算中的汇率选择。汇回母公司的现金流量，必须按母公司所在地的记账本位币进行计量。一般而言，可按汇回现金流量时的汇率折算。

③纳税调整。为了避免企业出现双重纳税的情况，一般在境外已纳税的现金流量，汇回母公司后，都可享受一定的纳税减免。在确定母公司现金流量时，必须考虑纳税调整问题。

(3)外汇和汇率问题。境外直接投资会涉及外汇和汇率问题。外汇是指一国持有的以外币表示的用以国际之间结算的支付手段。根据我国有关规定，外汇包括外国货币、外国有价证券、外币支付凭证以及其他外币资金。由于不同国家的货币制度不同，一国货币不能在另一国流通使用，所以，外汇就成为清偿国际间债权债务的手段。汇率是指一国货币单位兑换另一国货币单位的比率或比价，是外汇买卖的折算标准。实务中，几乎所有的货币交易都是通过美元进行的。

(三)国有企业境外投资财务管理

1. 境外投资财务管理职责

境外投资财务管理职责如表4-4所示。

表4-4　境外投资财务管理职责

对象	说　明
决策机构	重点关注：①境外投资计划的财务可行性；②增加、减少、清算境外投资等重大方案涉及的财务收益和风险；③境外投资(项目)财务负责人选的胜任能力、职业操守和任职时间；④境外投资企业(项目)绩效；⑤境外投资企业(项目)税务合规性及税收风险；⑥其他重大财务问题
财务负责人	确定财务负责人是为了确保决策层有专人承担财务管理职责
集团公司	应履行以下职责：①制定符合本集团实际的境外投资财务制度；②建立健全集团境外投资内部审计监控制度；③汇总形成集团年度境外投资情况；④组织开展境外投资绩效评价工作，汇总形成评价报告；⑤对所属企业违规决策、失职、渎职等导致境外投资损失的，依法追究相关责任人的责任

2. 境外投资决策和运营管理

境外投资决策管理和境外投资运营管理内容如表4-5所示。

表 4-5 境外投资决策和运营管理

项目	内 容
境外投资决策管理	包括：①尽职调查；②可行性研究；③敏感性分析；④内部决策
境外投资运营管理	包括：①预算管理；②台账管理；③资金管理；④成本费用管理；⑤股利分配管理

3. 境外投资财务监督

国有企业应当建立健全对境外投资的内部财务监督制度和境外投资企业(项目)负责人离任审计和清算审计制度，对连续三年累计亏损金额较大或者当年发生严重亏损等重大风险事件的境外投资企业(项目)进行实地监督检查或委托中介机构进行审计，并根据审计监督情况采取相应措施。此外，国有企业要依法接受主管财政机关的财务监督检查和国家审计机关的审计监督。

4. 境外投资绩效评价

国有企业应当建立健全境外投资绩效评价制度，根据不同类型境外投资企业(项目)特点，设置合理的评价指标体系，确认绩效评价周期，定期对境外投资企业(项目)的管理水平和效益情况开展评价，形成绩效评价报告。必要时可以委托资产评估等中介机构开展相关工作。

(四)境外直接投资风险管理

境外直接投资风险是指投资者在境外直接投资未能实现预期目标并蒙受投资损失的可能性，主要包括政治风险、经济风险、经营风险和外汇风险等。这些风险集中地反映在不同的国别具有不同的国家风险上。具体内容如表 4-6 所示。

表 4-6 国家风险

项目	内 容
定义	指经济主体在与非本国企业或个人进行国际经贸和投融资业务往来时，由于别国经济、政治和社会等方面的变化而遭受损失的风险
特征	长期性、突发性、传染性
分类	依据引致国家风险的诸因素，可将国家风险大体分为政治风险和经济风险；依据借款人(或投资对象、贸易对象)的身份背景，可将国家风险分为主权风险与转移风险
表现形式	国家风险产生于国际经贸活动中，根据表现形式的不同，主要涉及跨国信贷、国际贸易和对外投资三大领域。 在对外投资领域，其所面临的国家风险形式包括正式征用、限制、干预、强制出售这四种
评估方法	通常使用定性分析法（如结构性分析法、德尔菲法等）和定量分析法（如判别函数分析法、指数分析法、CAPM 模型等）

续表

项目	内　容
控制	(1)在进行境外直接投资之前，投资者应充分分析东道国的经营环境，预计可能面临的问题，编制风险管理计划。 (2)当投资者完成了风险的评估和投资预测之后，可以根据其结论采取回避、保险、特许协定、调整投资策略等措施进行应对。 (3)一旦投资者对一个境外项目进行了投资，为减少损失，投资者可以采取有计划撤资、短期利润最大化、发展当地利益相关者、适应性调整、寻求法律保护等措施进行风险控制

【提示】(1)政治风险是指由于东道国的政治因素(如政变、政权更替、政策转变、社会动乱、货币不可兑换、资金汇回限制等)导致无法、不愿或延期偿还外国贷款或阻滞投资正常退出以及投资人无法将资金、债息等汇回的相关风险。

(2)经济风险是指由于东道国经济金融状况变化(如宏观经济政策变化、国际收支失衡、财政赤字、通货膨胀、经济衰退、失业等)所引起的相关风险。

(3)主权风险指一国政府因国际收支恶化或财务不足等原因而无法或不愿意向外国债权人或投资者偿还债务。

(4)转移风险与主权风险区别是其所涉及的投资对象或借款人不是东道国政府，而是没有政府担保的企业或个人。

(5)对于境外直接投资面临的外汇风险，尤其是交易风险，一般通过选择有利的计价货币，增加合同中货币保值条款，利用期货期权交易，以及平行贷款等方法进行避险。

热题解析

(必答题)甲公司是一家在上海证券交易所上市的大型国有集团公司，主要从事M产品的生产与销售，系国内同行业中的龙头企业。2019年初，甲公司召开经营与财务工作专题会议。企业发展部经理发言要点摘录如下：

企业发展部经理：公司技术创新和管理能力较强，M产品市场优势明显。鉴于国内市场日趋饱和，应加快开拓国际市场。我国政府提出的“一带一路”倡议得到了沿线国家的积极响应，一些沿线国家既是公司产品的原材料产地，也是公司产品的巨大潜在市场。沿线国家大多数处于工业化中后期阶段，产品生产和技术水平有待提高。建议公司2019年从这些沿线国家中选择一些风险适度、业务互补性强的项目，开展相关的境外直接投资业务。

假定不考虑其他因索。

要求：

根据资料，指出企业发展部经理建议所体现的开展境外直接投资的主要动机。

【参考答案】

甲公司境外直接投资的主要动机：获取原材料；分散和降低经营风险；发挥自身优势，提高竞争力。

【解析】本题考核“境外直接投资的动机”的知识点。境外直接投资的动机主要有获取原材料、降低成本、分散和降低经营风险、发挥自身优势和提高竞争力、获取先进技术和管理经验、实现规模经济。

考点7 融资规划与企业增长管理★★★

【考点讲解】

（一）单一企业外部融资需要量预测

1. 企业融资规划基本模型

外部融资需要量

=满足企业增长所需的净增投资额−内部融资量

=（资产新增需要量−负债新增融资量）−预计销售收入×销售净利率×（1−现金股利支付率）

上述模型即为企业融资规划的基本模型。企业利用该模型进行融资规划依据以下基本假定：①市场预测合理假定；②经营稳定假设；③融资优序假定。即假定企业融资按照以下先后顺序进行：先内部融资、后债务融资、最后为权益融资。

2. 销售百分比法

外部融资需要量=预计资产合计−预计负债合计−预计所有者权益合计

3. 公式法

外部融资需要量=（销售增长额×资产占销售百分比）−（负债占销售百分比×销售增长额）−预计销售总额×销售净利率×（1−现金股利支付率）

$$=(A\times S_0\times g)-(B\times S_0\times g)-P\times S_0\times(1+g)\times(1-d)$$

其中：A、B 分别代表资产、负债项目占基期销售收入的百分比；S_0 为基期销售收入额；g 为预测期的销售增长率；P 为销售净利率；d 为现金股利支付率。

【应试技巧】上面公式建立在“公司所有资产和负债项目增长都与销售收入直接相关的基础上”，这意味着该公司销售增长将引起所有资产、负债项目的相应增长。其实这是一种相当简化的做法，在公司运营过程中会发现，并非所有资产项目都会随销售增长而增长。比如，只有当现有产能不能满足销售增长需要时，才可能会增加固定资产投资，从而产生新增固定资产需求量；同样，也并非所有负债项目都会随销售增长而自发增长（应付账款等自然筹资方式除外），银行借款（无论期限长短）都是企业需要事先进行筹划的融资方式，它们并非随销售增长而从银行自动获得。因此，在进行财务规划时，要依据不同公司不同条件具体测定。本知识点是考试的重点，考生需要熟练掌握。

（二）融资规划与企业增长率预测

从企业增长、内部留存融资量与外部融资需要量的关系上可以看出，企业增长一方面依赖于内部留存融资增长，另一方面依赖于外部融资（尤其是负债融资）。

1. 内部增长率

内部增长率是指公司在没有任何“对外”融资（包括负债和权益融资）情况下的预期最大增长率，即公司完全依靠内部留存融资所能产生的最高增长极限。

内部增长率=销售净利率×（1-现金股利支付率）/［资产销售百分比-销售净利率×（1-现金股利支付率）］=总资产报酬率×（1-现金股利支付率）/［1-总资产报酬率×（1-现金股利支付率）］

公式中的总资产报酬率=税后净利/总资产

2. 可持续增长率

可持续增长率是指不发行新股、不改变经营效率（不改变销售净利率和资产周转率）和财务政策（不改变资本结构和利润留存率）时，其销售所能达到的最高增长率。

可持续增长满足一定的假设条件，这些条件包括不发行新股，经营效率（销售净利率和资产周转率）不变和财务政策（资本结构和现金股利支付率）不变。

可持续增长率=［销售净利率×（1-现金股利支付率）×（1+目标债务/权益）］/［资产销售百分比-销售净利率×（1-现金股利支付率）×（1+目标债务/权益）］=**净资产收益率×（1-现金股利支付率）/［1-净资产收益率×（1-现金股利支付率）］**

公式中的净资产收益率=税后净利/所有者权益总额

【应试技巧】 内部增长率的计算和可持续增长率的计算是重要考点，考生要熟练掌握，能够分清这两种增长方式下的资金来源。考生需要注意在可持续增长率的计算中，公式中的净资产收益率还等于销售净利率乘以总资产周转次数乘以权益乘数，在考试中要会灵活运用。

3. 企业可持续增长与增长管理决策

从可持续增长率计算公式可以看出，降低现金股利发放率（d）、提高销售净利率水平（P）、加速资产周转能力等，都是提高公司增长速度的主要驱动因素。而驱动因素一旦受限，则将成为制约公司增长的关键因素。

从管理角度分析，由于企业增长受限于可持续增长率，因此当企业实际增长率超过可持续增长率时，将面临资本需要和融资压力；而当企业实际增长低于可持续增长时，表明市场萎缩，企业应调整自身经营战略。

如果企业希望提高可持续增长率，可以采取的管理策略有：①发售新股；②增加债务；③降低股利支付率；④提高销售净利率；⑤降低资产占销售百分比。

可持续增长管理策略，提高可持续增长率的可行的财务策略：①发售新股；②增加借款以提高杠杆率；③削减股利；④降低资产占销售百分比；⑤提高销售净利率。降低可持续增长率的可行财务策略：①增加股利分红；②采取薄利多销的政策；③降低杠杆率；④提高资产占销售百分比。

【应试技巧】本知识点首先要掌握基本的理论，然后要灵活运用。能够通过分析企业的情况，选择适合采用的财务策略；或者根据资料判断观点是否正确。

热题解析

（必答题 1）甲公司为一家境内上市的集团企业，主要从事基础设施建设、设计及装备制造等业务，正实施从承包商、建筑商向投资商、运营商的战略转型。2017 年一季度末，甲公司召开由中高层管理人员参加的公司战略规划研讨会。有关人员发言要点如下：

(1)投资部经理：近年来，公司积极谋求业务转型，由单一的基础设施工程建设向包括基础设施工程、生态环保和旅游开发建设等在内的相关多元化投资领域扩展。在投资业务推动下，公司经营规模逐年攀升，2014 年至 2016 年年均营业收入增长率为 10.91%，而同期同行业年均营业收入增长率为 7%。预计未来五年内，我国基础设施工程和生态环保类投资规模仍将保持较高的增速，公司处于重要发展机遇期。在此形势下，公司应继续扩大投资规模。建议 2017 年营业收入增长率调高至 12%。

(2)财务部经理：公司战略转型要充分评估现有财务资源条件。近年来，公司经营政策和财务政策一直保持稳定状态，未来不打算增发新股。2016 年末，公司资产总额为 8 000亿元，负债总额为 6 000 亿元，年度营业收入总额为 4 000 亿元，净利润为 160 亿元，分配现金股利 40 亿元。

(3)总经理：公司应向开拓市场，优化机制，协同发展要成效，一是要抓住当前“一带一路”建设的机遇，加快国内国外两个市场的投资布局，合理把握投资节奏，防范投资风险。二是考虑到在不对外融资的情况下仅仅依靠内部留存收益可以实现的销售增长非常有限，公司要积极拓展融资渠道，利用银行贷款和债券发行等债务融资工具，最大限度地使用外部资金满足公司投资业务资金需求。

假定不考虑其他因素。

要求：

(1)根据资料(2)，计算甲公司 2016 年净资产收益率、销售净利率和 2017 年可持续增长率，并从可持续增长角度指出提高公司增长速度的主要驱动因素。

(2)根据资料(1)和(2)，如果采纳投资部经理增长率 12%的建议，结合公司 2017 年可持续增长率，指出 2017 年甲公司增长管理将面临的财务问题以及可运用的财务策略。

(3)根据资料(2)和(3)，计算甲公司 2017 年在不对外融资情况下可实现的最高销售增长率。

【参考答案】

(1)净资产收益率=160/(8 000−6 000)×100%=8%

销售净利率=160/4 000×100%=4%

可持续增长率=8%×(1−40/160)/[1−8%×(1−40/160)]=6.38%

从可持续增长角度看，可以采取降低现金股利发放率、提高销售净利率、加速资产周转能力等措施来提高公司增长速度。

【解析】本题考核“融资规划与企业增长管理”的知识点。净资产收益率=净利润/净资产平均余额，本题中因为没有给出年初数，所以直接用年末净资产计算；销售净利率=净利润/营业收入，代入数据计算即可。可持续增长率=ROE×(1−d)/[1−ROE×(1−d)]，代入数据计算即可。从可持续增长率公式可以看出，降低现金股利发放率、提高销售净利率、加速资产周转能力等，都是提高公司增长速度的主要驱动因素。

(2)投资部经理建议实际增长率调高至12%，远高于2017年的可持续增长率6.38%，甲公司将面临资本需要和融资压力。

可运用的财务策略：发售新股、增加借款以提高杠杆率、削减股利、剥离无效资产、供货渠道选择、提高产品定价等。

【解析】本题考核“企业可持续增长与增长管理策略”的知识点。从管理角度，由于企业增长受限于可持续增长率，因此当企业实际增长率超过可持续增长率时，将面临资本需求和融资压力。此时，可运用的财务策略包括：发售新股、增加借款以提高杠杆率、削减股利、剥离无效资产、供货渠道选择、提高产品定价等。

(3)最高销售增长率=160/8 000×(1−40/160)/[1−160/8 000×(1−40/160)]=1.52%

【解析】本题考核“融资规划与企业增长率预测”的知识点。根据定义，公司在没有任何对外融资情况下的预期最大增长率是内部增长率。所以本题，用内部增长率的公式计算即可。

(**必答题2**)甲公司是一家集成电路制造类的国有控股集团公司，在上海证券交易所上市。2017年末，公司的资产总额为150亿元，负债总额为90亿元。2018年初，公司召开了经营与财务工作务虚会。部分参会人员发言要点摘录如下：

总经理：回顾过去，公司产品连续3年取得了同行业省内市场占有率第一的成绩；展望未来，集成电路产业作为国家鼓励的战略性新兴技术产业，有着良好的发展前景，并将持续成为社会资本竞相追逐的投资“风口”，本公司具有较强的外部资源获取能力，要抓住难得的发展机遇。当前，公司正在拟定未来发展规划，总体目标是力争今后3年实现公司销售收入每年递增30%，市场占有率进入国内行业前五名，为维护稳定发展的公司形象，公司将继续执行每年利润固定比率(现金股利支付率15%)政策，秉承“从管理效率提升中求生存，从产品研发和创新中谋发展”的企业文化，不断巩固和强化公司产品的竞争优势，实现公司快速增长。

财务部经理：按照销售收入增长率30%测算，满足公司下一年度增长所需的净增投资额共计3亿元，必须全部通过外部融资解决。

假定不考虑其他因素。

要求：

根据资料，结合融资规划和企业增长原理，判断财务部经理关于年度所需的净增投资额必须全部通过外部融资解决的观点是否恰当；如不恰当，说明理由。

【参考答案】

(1)不恰当。

(2)理由：企业增长所需的净增投资额等于内部融资与外部融资之和，由于企业有内部融资量(留存率85%)，实际外部融资量小于3亿元。

【解析】 本题考核“融资规划与企业增长管理”知识点。本题的判断需要结合题目条件分析得出。题中告知现金股利支付率为15%，说明企业存在留存收益，留存收益可以满足企业的融资需要，所以企业实际外部融资量应该是3亿元扣除企业可以用留存收益满足的部分。

考点8 企业融资方式决策★★★

【考点讲解】

(一)权益融资

1. 吸收直接投资与引入战略投资者

吸收直接投资是企业权益融资的主要方式之一，而战略投资者的引入则是吸收直接投资的管理决策所关注的重点。企业在引入战略投资者时，应特别关注其与公司的“资源互补”“长期合作”“可持续增长与回报”等各类投资属性。具体地说，只有符合以下特征的投资者才是合格的战略投资者：①资源互补；②长期合作；③可持续增长和长期回报。

引入战略投资者对于提升公司形象、优化股权结构、规范公司治理、提高公司资源整合能力、捕捉上市时机等都具有重大意义。

2. 权益再融资

(1)配股。

配股是指向原普通股股东按其持股比例、以低于市价的某一特定价格配售一定数量新发行股票的融资行为。我国《上市公司证券发行管理办法》规定：向原股东配售股份的，拟配售股份数量不得超过本次配售前股本总额的30%；控股股东应在股东大会召开前公开承诺认配股数量。

配股除权价格=(配股前股票市值+配股价格×配股数量)/(配股前股数+配股数量)

=（配股前每股价格+配股价格×股份变动比例）/（1+股份变动比例）

配股权价值=（配股后股票价格-配股价格）/购买一股新股所需的配股权数

（2）增发。

增发分为公开增发、定向增发两类。定向增发也指非公开发行，即上市公司向少数特定的投资对象非公开发行股份的行为。少数特定的投资对象主要包括公司原股东、机构投资者及自然人。

据《上市公司证券发行管理办法》和《上市公司非公开发行股票实施细则》规定，定向增发的相关规定如表 4-7 所示。

表 4-7　定向增发的相关规定

要素	规　定
发行对象	不超过 35 名，若发行对象为境外战略投资者，应遵守国家相关规定
发行定价 *	发行价格不低于定价基准日前 20 个交易日公司股票价格均价的 80%，定价基准日为本次非公开发行股票发行期的首日；定价基准日为本次董事会决议公告日或股东大会决议公告日的，公告日后如有发行方案发生变化等情形，应当由董事会重新确定本次发行的定价基准日
限售期规定	本次发行的股份自发行结束之日起 6 个月内不得转让；控股股东、实际控制人及其控制的企业认购的股份，18 个月内不得转让
财务状况	最近 1 年及 1 期财务报表未被注册会计师出具保留意见、否定意见或无法表示意见的审计报告；或保留意见、否定意见或无法表示意见所涉及的重大影响已经消除或本次发行涉及重大重组行为
募集资金使用	募集资金数额不得超过项目需要量；募集资金必须存放于公司董事会决定的专项账户；募集资金使用符合国家产业政策和有关环境保护、土地政策等有关法律和行政法规的规定

注：* 为营造宽松的投融资政策环境，发行售价和限售期均有向下调整的政策趋势。

定向增发按规定必须经过董事会、股东大会以及证监会等相关机构的审批核准，其基本流程包括董事会议案→股东大会决议→证监会审核→发行完成等基本程序。

通常情况下，公司进行定向增发主要出于以下多层目的：①项目融资；②引入战略投资者以改善公司治理与管理；③整体上市；④股权激励；⑤资产收购；⑥资本结构调整及财务重组；⑦深化国企改革、发展混合所有制的需要。

（二）负债融资

1. 集团授信贷款

集团授信贷款是指拟授信的商业银行把与该公司有投资关联的所有公司（如分公司、子公司或控股公司）视为一个公司进行综合评估，以确定一个贷款规模的贷款方式。

从商业银行角度，集团授信贷款的管理重点在于：①确立授信业务范围；②明确集团授信额度；③要求提供相关信息资料；④贷款提前收回。

2. 可转换债券

企业所发行的可转换债券，除债券期限等普通债券具备的基本要素外，还具有基准股票、转换期、转换价格、转换价值、赎回条款、强制性转股条款和回售条款等基本要素。

(1)基准股票。它是可转换债券可以转换成的普通股股票。基准股票一般为发债公司自身的股票，也可以是从属于发债公司的上市子公司股票。

(2)转换期。它是可转换债券转换为股票的起始日至结束日的期限。转换期可以等于或短于债券期限。在债券发行一定期限之后开始的转换期，称为递延转换期。

(3)转换价格。它是可转换债券转换为每股股份所对应的价格。股价是影响转换价格高低的最重要因素。转换比率=债券面值/转换价格。

(4)转换价值。它是可转换债券可以转换的普通股股票的总价值。每份可转换债券的转换价值计算公式是：转换价值=转换比率×股票市价。

(5)赎回条款。赎回条款是指允许公司在债券发行一段时间后，无条件或有条件在赎回期内提前购回可转换债券的条款。有条件赎回下，赎回条件通常为股价在一段时间持续高于转股价格所设定的某一幅度。可转换债券的赎回价格一般高于面值，超出的部分称为赎回溢价，计算公式为：赎回溢价=赎回价格-债券面值。

(6)强制性转股条款。它要求债券投资者在一定条件下必须将其持有的可转换债券转换为股票。强制性转股的类型包括到期无条件强制性转股、转换期内有条件强制性转股等。

(7)回售条款。可转换债券的回售条款是指允许债券持有人在约定回售期内享有按约定条件将债券卖给(回售)发债公司的权利，且发债公司应无条件接受可转换债券。约定的回售条件通常为股价在一段时间内持续低于转股价格达到一定幅度时，也可以是诸如公司股票未达到上市目的等其他条件。回售价格一般为债券面值加上一定的回售利率。

可转换债券本质上是一种混合债券，它将直接债券与认股权证相互融合，兼具债权、股权和期权的特征。其债权特征表现为：可转换债券有规定的利率和期限，对于未转换为股票的债券，发债公司需要定期支付利息，到期偿还本金。其股权特征表现为：可转换债券在转股后，债权人变成了股东，可参与公司的经营决策和股利分配。其期权特征表现为：可转换债券给予债券持有人在特定期间按约定条件将债券转换为股票的选择权。

相对于发行其他类型证券融资，可转换债券对投资者的吸引力体现在两个方面：一是使投资者获得固定收益；二是为投资者提供转股选择权，使其拥有分享公司利润的机会。从公司融资角度看，可转换债券发行有助于公司筹集资本，在获取发行额度的情况下，可以迅速筹资到位，同时也取得了以高于当前股价出售普通股的可能性，且因可转换债券票面利率一般低于普通债券票面利率，在转换为股票时公司无须支付额外的融资费用，从而有助于公司降低筹资成本。但是，可转换债券转换为股票后，公司仍需承担较高的权益融资成本，且易遭受股价上涨或低迷带来的风险。

实务中，除可转换债券外，企业发行的债券还有公司债、纾困债、优质企业债、非公开定向融资工具(PPN)、中期票据和短期融资券等。

【应试技巧】考生需要熟悉可转换债券的基本要素。考试的时候会结合案例要求说明这些基本要素，并判断是否可以进行赎回、强制性转换或者回售，分析说明企业转股成功与失败的原因，要求直接计算转换价格、转换比率和转换价值等。

考点9　企业资本结构决策与管理★★

【考点讲解】

1. EBIT-EPS(或ROE)无差别点分析法

公司财务目标是使股东财富或公司价值最大化，每股收益(EPS)可以作为衡量股东财富的主要替代变量(非上市公司则可用净资产收益率ROE来替代)，被认为是影响公司股票股价的重要指标。

公司每股收益=(EBIT−利息)×(1−所得税税率)/发行在外普通股股数

企业在融资决策过程中，假定未来项目的预期投资收益(EBIT)存在变动性，因此，可以通过比较不同融资方式对EPS影响大小来进行优化选择。这就是EBIT-EPS无差别点分析法。

如果项目收益确定，决策原则是当预计息税前利润低于每股收益无差别点的息税前利润时，权益融资是合理的；而当预计息税前利润高于每股收益无差别点的息税前利润时，债务融资更为可取。

【典型案例分析4】明光公司目前的资本结构为：总资本1 000万元，其中债务资本400万元(年利息40万元)，普通股资本600万元(600万股，面值1元，市价5元)。企业现有一个较好的新投资项目，需要追加筹资300万元，有两种筹资方案：

甲方案：向银行借款300万元，债务年利息率16%。

乙方案：增发普通股100万股，每股发行价3元。

根据财务人员测算，追加筹资后销售额可望达到1 200万元，变动成本率60%，固定成本200万元，所得税税率25%，不考虑筹资费用因素。

假定不考虑其他因素。

要求：

运用EBIT-EPS分析法，选择筹资方案。

【参考答案】

计算息税前利润无差别点：

$$\frac{(EBIT-40)\times(1-25\%)}{600+100}=\frac{(EBIT-40-48)\times(1-25\%)}{600}$$

解之得：$EBIT=376$（万元）

计算筹资后的息税前利润：

$EBIT=1\ 200\times(1-60\%)-200=280$（万元）

决策：由于筹资后的息税前利润小于无差别点，因此应该选择财务风险较小的乙方案。

2. 资本成本比较分析法

通常情况下，企业将公司价值最高、资本成本最低时的资本结构视为“最佳”资本结构。由此，企业管理者可通过不同资本结构下的公司价值总额、加权平均资本成本等的比较，来判断公司最佳资本安排。

权益价值=（息税前利润-利息）×（1-所得税税率）/权益资本成本

公司价值=债务价值+权益价值

公司加权平均资本成本=税后债务资本成本×债务比重+权益资本成本×权益比重

企业在进行资本结构决策时，重点要考虑公司偿债能力和风险承受能力。公司偿债能力将取决企业的借新还旧能力、其他融资资源的可得性（如新股发行可能性）、现有资产的变现能力等。

【应试技巧】资本结构决策与管理是重要考点，在考试的时候会给出案例资料，让考生选择出最佳资本结构或者根据 EBIT-EPS 无差别点分析原理判断企业应该选择哪种融资方式。因此，考生需要熟练掌握这两种分析方法。

热题解析

（必答题 1）甲公司是一家从事汽车零配件生产、销售的公司，在创业板上市。2014 年年报及相关资料显示，公司资产、负债总额分别为 10 亿元、6 亿元，负债的平均年利率为 6%，发行在外普通股股数为 5 000 万股；公司适用的所得税税率为 25%。

近年来，受到顾客个性化发展趋势和“互联网+”模式的深度影响，公司董事会于 2015 年年初提出，要从公司战略高度加快构建“线上+线下”营销渠道，重点推进线上营销渠道项目（以下简称“项目”）建设，以巩固公司的行业竞争地位。项目主要由信息系统开发、供应链及物流配送系统建设等组成，预计总投资为 2 亿元。2015 年 3 月，公司召开了由中、高层人员参加的“线上营销渠道项目与投融资”专题论证会。部分参会人员的发言要点如下：

财务总监：董事会秘书所提出的项目融资方案可供选用，但公司融资应考虑资本成本、项目预期收益等多项因素影响。财务部门提供的有关资料显示：①如果项目举债融资，需向银行借款 2 亿元，新增债务年利率为 8%；②董事会为公司资产负债率预设的警戒线为 70%；③如果项目采用定向增发融资，需增发新股 2 500 万股，预计发行价为 8 元/股；

④项目投产后预计年息税前利润为 0.95 亿元。

假定不考虑其他因素。

要求：

根据资料，依据 EBIT-EPS 无差别点分析法原理，判断公司适宜采用何种融资公式，并说明理由。

【参考答案】

公司适宜采用债务融资。

理由：依据 EBIT-EPS 无差别点分析法原理，使 EPS 相等的息税前利润测算公式如下：

$$\frac{(EBIT-6\times6\%)\times(1-25\%)}{5\,000+2\,500}=\frac{(EBIT-6\times6\%-2\times8\%)\times(1-25\%)}{5\,000}$$

得到 $EBIT=0.84$(亿元)

项目投产后预计公司年息税前利润为 0.95 亿元，大于 0.84 亿元。

[或：公司适宜采用债务融资。

如采用举债融资：

则$EPS_1=\dfrac{(9\,500-60\,000\times6\%-20\,000\times8\%)(1-25\%)}{5\,000}$

如采用定向增发融资：

则$EPS_2=\dfrac{(9\,500-60\,000\times6\%)(1-25\%)}{5\,000+2\,500}$

得到$EPS_1\approx0.65$(元/股)，$EPS_2=0.59$(元/股)

可见举债融资后的每股收益更高。]

【解析】本题考核“EBIT-EPS 无差别点分析法”知识点。利用 EBIT-EPS 无差别点分析法进行融资决策，需要计算出无差异时的 EBIT 水平，因为项目投产后预计公司年息税前利润大于无差别点时的 EBIT，所以适宜采用负债融资。也可以通过计算两种融资方式下的每股收益，选择每股收益高的方案；两种方法得出的结论是一致的。

(必答题 2)甲公司是一家集成电路制造类的国有控股集团公司，在上海证券交易所上市。2017 年末，公司的资产总额为 150 亿元，负债总额为 90 亿元。2018 年初，公司召开了经营与财务工作务虚会。财务总监发言要点摘录如下：

财务总监：虽然公司发展已经取得了长足进步，但资产负债率也急剧上升，并高于行业平均水平(45%)。如果继续增加债务融资，将会加大公司财务风险。因此，应优化公司的资本结构，始终将公司最优资本结构下的资产负债率控制在 45%这一常数点。

假定不考虑其他因素。

要求：

根据资料，判断财务总监的观点是否恰当；如不恰当，指出不当之处并说明理由。

【参考答案】

不恰当。

不当之处：始终将公司最优资本结构下的资产负债率控制在45%这一常数点。

理由：最优资本结构不应是一个常数点，而是一个有效区间。

【解析】本题考核“企业资本结构决策与管理——资本结构调整的管理框架”的知识点。理论界并没有给出普适性的资本结构决策模型，现实中的企业也大多依据于其融资环境及相关因素确定“最佳”资本结构。根据财务弹性要求，即使最佳资本结构也不应当是一个常数点，而是一个有效区间。

考点10　企业集团资金集中管理★

【考点讲解】

1. 资金集中管理的功能

企业集团资金集中管理具有以下功能和优势：①规范集团资金使用，增强总部对成员企业的财务控制力；②增强集团资源配置优势。

随着实践的发展，企业集团资金集中管理正向着以现金管理、流动性管理、财务规划、投融资决策和信用风险管理为内容的大司库管理模式转化。

2. 集团资金集中管理基本模式

包括：①总部财务统收统支模式；②总部财务拨付备用金模式；③总部结算中心或内部银行模式；④财务公司模式。

【提示】集团资金集中管理四种模式：

(1)总部财务统收统支模式：集团下属成员企业的一切资金收支通过集团总部的财务部门来进行。

(2)总部财务拨付备用金模式：集团财务部门按照一定的期限将一定数额的现金统拨给分支机构或分公司，分支机构或分公司发生现金支出后，持凭证到集团财务部门报销、补足备用金。

(3)总部结算中心或内部银行模式：①总部结算中心：集团总部设立资金管理机构，办理集团内部的现金收付和往来结算。②内部银行：具有社会银行的基本职能，是一种内部资金管理机构，负责集团内的日常资金往来和资金调拨运筹。

(4)财务公司模式：是一种非银行金融机构，在集团内部开展部分银行业务。

考点 11　企业集团财务公司★★★

【考点讲解】

1. 产融结合下的财务公司及其功能

由于集团成立财务公司的基本目的在于为集团资金管理、内部资本市场运作提供有效平台，因此财务公司服务对象被严格限定在企业集团内部成员单位这一范围之内，具体包括：母公司及其控股 51%以上的子公司；母公司、子公司单独或者共同持股 20%以上的公司，或者持股不足 20%但处于最大股东地位的公司；母公司、子公司下属的事业单位法人或者社会团体法人。

财务公司的“财务管理服务”功能及其业务主要包括：①结算服务。②融资服务。③资本运作服务。④咨询及理财服务。

2. 财务公司设立条件

按我国相关规定，企业集团设立财务公司应当具备下列条件：①符合国家的产业政策；②申请前一年，母公司的注册资本金不低于 8 亿元人民币；③申请前一年，按规定并表核算的成员单位资产总额不低于 50 亿元人民币，净资产率不低于 30%；④申请前连续两年，按规定并表核算的成员单位营业收入总额每年不低于 40 亿元人民币，税前利润总额每年不低于 2 亿元人民币；⑤现金流量稳定并具有较大规模；⑥母公司成立两年以上并且具有企业集团内部财务管理和资金管理经验；⑦母公司具有健全的公司法人治理结构，未发生违法违规行为，近三年无不良诚信记录；⑧母公司拥有核心主业；⑨母公司无不当关联交易。

设立财务公司的**注册资本金**最低为**1 亿元人民币**，财务公司注册资本金主要从成员单位中募集，并可以吸收成员单位以外的合格的机构投资者入股。合格的机构投资者是指原则上在 3 年内不转让所持财务公司股份的、具有丰富创业管理经验的战略投资者。

3. 财务公司业务范围

按我国有关规定，财务公司可以经营下列部分或者全部业务：①对成员单位办理财务和融资顾问、信用签证及相关的咨询、代理业务；②协助成员单位实现交易款项的收付；③经批准的保险代理业务；④对成员单位提供担保；⑤办理成员单位之间的委托贷款和委托投资；⑥对成员单位办理票据承兑与贴现；⑦办理成员单位之间的内部转账结算及相应的结算、清算方案设计；⑧吸收成员单位的存款；⑨对成员单位办理贷款及融资租赁；⑩从事同业拆借；⑪中国银行业监督管理委员会批准的其他业务。

符合条件的财务公司，可以向中国银行保险监督管理委员会申请从事下列业务：①经批准发行财务公司债券；②承销成员单位的企业债券；③对金融机构的股权投资；④有价证券投资；⑤成员单位产品的消费信贷、买方信贷及融资租赁。

4. 财务公司的治理、风险管理与监管指标

财务公司开展业务要满足以下监管指标的要求：①资本充足率不得低于 10%；②拆入资金余额不得高于资本总额；③担保余额不得高于资本总额；④短期证券投资与资本总额的比例不得高于 40%；⑤长期投资与资本总额的比例不得高于 30%；⑥自有固定资产与资本总额的比例不得高于 20%。

此外，中国银行保险监督管理委员会根据财务公司业务发展或者审慎监管的需要，可以对上述比例进行调整。

5. 财务公司与集团下属上市子公司间的关联交易与信息披露

财务公司在为集团下属各成员单位提供金融服务时，因涉及各不同法律主体间的存贷款业务、资金往来及其他服务，因此，其开展的各类业务均属于“关联交易”范围。

涉及关联交易问题时，上市公司均应履行关联交易的信息披露义务；同时，由于关联方的财务公司属于高风险企业，为保证上市公司资产安全和股东权益，财务公司需要配合上市公司对财务公司的风险状态进行审查，并由上市公司对外披露。

6. 企业集团资金集中管理与财务公司运作

（1）“收支一体化”运作模式。

“收支一体化”运作模式的运作机理是：①集团成员单位在外部商业银行和财务公司分别开立账户，外部商业银行由集团总部统一核准，成员单位资金结算统一通过成员单位在财务公司内部账户进行；②资金收入统一集中；③资金统一支付。

（2）“收支两条线”运作模式。

管理运作机理是：集团总部对成员单位的资金收入和资金支出，分别采用互不影响的单独处理流程，具体流程大体包括：①成员单位在集团指定商业银行分别开立“收入”账户和“支出”账户；②成员单位同时在财务公司开立内部账户，并授权财务公司对其资金进行查询和结转；③每日末，商业银行收入账户余额全部归集到财务公司内部账户；④集团内外结算活动，全部通过财务公司结算业务系统进行；⑤每日终了，成员单位以其在财务公司账户存款为限，以日间透支形式办理对外“支付”业务。

7. 财务公司风险管理

财务公司作为非银行金融机构，其风险主要来自以下方面：①战略风险；②信用风险；③市场风险；④操作风险。

【热题解析】

（必答题 1）甲公司为一家境内上市的集团企业，主要从事能源电力及基础设施建设与投资。2016 年年初，甲公司召开 X、Y 两个项目的投融资评审会。财务总监发言要点如下：

公司带息负债增长迅速，债务融资占比过高，资本结构亟待优化，2015 年年末资产负

债率已经高达80%，同意财务部经理将X、Y两个项目纳入募集资金使用范围的意见。此外，为进一步强化集团资金集中管理，提高集团资金使用效率，公司计划年内成立财务公司。财务公司成立之后，公司可以借助这个金融平台，一方面支持2016年投资计划及公司“十三五”投资战略的实施；另一方面为集团内、外部单位提供结算、融资等服务，为集团培育新的利润增长点。

假定不考虑其他因素。

要求：

(1)根据资料，指出甲公司是否满足设立财务公司的规定条件，并说明理由。

(2)根据资料，指出财务总监关于财务公司服务对象的表述是否存在不当之处，并说明理由。

【参考答案】

(1)不满足。

理由：甲公司的资产负债率为80%，表明其净资产率为20%，而设立财务公司按有关规定的净资产率不应低于30%[或：资产负债率不应高于70%]。

【解析】 本题考核“财务公司设立条件”的知识点。按照我国相关规定，企业集团设立财务公司应当具备9个条件：①符合国家的产业政策；②申请前一年，母公司的注册资本金不低于8亿元人民币；③申请前一年，按规定并表核算的成员单位资产总额不低于50亿元人民币，净资产率不低于30%；④申请前连续两年，按规定并表核算的成员单位营业收入总额每年不低于40亿元人民币，税前利润总额每年不低于2亿元人民币；⑤现金流量稳定并具有较大规模；⑥母公司成立两年以上并且具有企业集团内部财务管理和资金管理经验；⑦母公司具有健全的公司法人治理结构，未发生违法违规行为，近三年无不良诚信记录；⑧母公司拥有核心主业；⑨母公司无不当关联交易。

设立财务公司的注册资本金最低为1亿元人民币，财务公司注册资本金主要从成员单位中募集，并可以吸收成员单位以外的合格机构投资者入股。

(2)存在不当之处。

理由：财务公司服务对象被严格限定在企业集团内部成员单位这一范围之内[或：财务公司不得为集团外部单位提供结算、融资服务]。

【解析】 本题考核“企业集团财务公司”的知识点。由于集团成立财务公司的基本目的在于为集团资金管理、内部资本市场运作提供有效平台，因此财务公司服务对象被严格限定在企业集团内部成员单位这一范围之内，具体包括：母公司及其控股51%以上的子公司；母公司、子公司单独或者共同持股20%以上的公司，或者持股不足20%但处于最大股东地位的公司；母公司、子公司下属的事业单位法人或者社会团体法人。

(必答题2) 甲公司是一家集成电路制造类的国有控股集团公司，在上海证券交易所上市。2017年末，公司的资产总额为150亿元，负债总额为90亿元。2018年初，公司召开了经营与财务工作务虚会。战略发展部经理发言要点摘录如下：

战略发展部经理：集团旗下参股和控股企业数量众多，内部资金往来交易量巨大。本集团已初步具备了成立财务公司的条件。为加强资金集中管理，建议着手组建集团财务公司：①成立专门工作组，动员成员单位积极入股，并适当吸收社会其他合格的机构投资者入股；②集团财务公司可以为成员单位办理票据承兑与贴现、办理贷款和承销股票等业务，从而拓宽成员单位资金的来源渠道。

假定不考虑其他因素。

要求：

根据资料，分别判断①和②的陈述是否恰当；如不恰当，说明理由。

【参考答案】

要点①恰当。

要点②不恰当。

理由：企业集团的财务公司的业务范围不包括为成员单位承销股票。

【解析】 本题考核"企业集团财务公司——财务公司业务范围"的知识点。按我国有关规定，财务公司可以经营下列部分或者全部业务：①对成员单位办理财务和融资顾问、信用签证及相关的咨询、代理业务；②协助成员单位实现交易款项的收付；③经批准的保险代理业务；④对成员单位提供担保；⑤办理成员单位之间的委托贷款和委托投资；⑥对成员单位办理票据承兑与贴现；⑦办理成员单位之间的内部转账结算及相应的结算、清算方案设计；⑧吸收成员单位的存款；⑨对成员单位办理贷款及融资租赁；⑩从事同业拆借；⑪中国银行业监督管理委员会批准的其他业务。符合条件的财务公司，可以向中国银行保险监督管理委员会申请从事下列业务：①经批准发行财务公司债券；②承销成员单位的企业债券；③对金融机构的股权投资；④有价证券投资；⑤成员单位产品的消费信贷、买方信贷及融资租赁。

考点12　企业集团财务风险控制★★

【考点讲解】

企业集团融资战略的制定与执行应当以集团财务风险控制为前提。

1. 企业集团债务融资及财务风险

相比于单一企业融资渠道与融资能力，企业集团具有明显的融资优势。一方面，集团强劲的盈利能力和抗风险能力，有利于增强集团外部资本市场的融资实力；另一方面，集团内部的财务资源一体化整合优势，尤其是资金集中管理和内部资本市场功能，大大强化了集团财务的“金融”功能。

其风险机理是：由于企业集团内部以股权联结的多层次企业结构，集团母公司的资本具有一定的负债能力，将其投入子公司形成子公司的资本后又产生新的借债能力，使资本的负债能力放大了。如果企业利润率较高，放大的负债能力将获利能力放大，可以给集团带来额外收益。但负债能力放大的同时财务风险也放大了，当收益率低时，会使偿债能力下降，从而对整个集团造成负面影响。此外，母子公司之间、子公司之间的相互担保也会给集团财务带来隐患，担保链中一个环节的断裂，都可能产生严重的连锁反应。

2. 企业集团财务风险控制重点

企业集团财务风险控制包括资产负债率控制、担保控制等主要方面。

资产负债率控制包括：企业集团整体资产负债率控制；母公司、子公司层面的资产负债率控制。

担保控制包括：建立以总部为权力主体的担保审批制度；明确界定担保对象；建立反担保制度。

热题解析

（必答题）乙公司系一家从事大型项目建设的上市公司（以下简称“公司”），为某国有控股集团（以下简称“集团”）所控制。因项目开发需要，公司设立了10多家全资的项目公司（以下简称“项目公司”）。近年来，因大型项目建设市场不景气，公司面临较高市场风险和较大融资压力。近3年的公司年报显示，公司资产负债率一直在80%左右。

为进一步开拓市场，应对各种风险，公司于2014年3月召开了由管理层职能部门经理、主要项目公司经理参加的“公司融资与财务政策战略务虚会”。财务部经理的发言要点如下：

目前大多数项目公司的债务由公司提供担保，这将对公司财务风险产生不利影响。为此，公司应强化对担保业务的控制。

假定不考虑其他因素。

要求：

根据资料，指出公司为项目公司提供担保时应采取的担保控制措施。

【参考答案】

担保控制措施有：

建立以公司为权力主体的担保审批制度；明确界定担保对象；建立反担保制度。

【解析】本题考核“企业集团财务风险控制”知识点。企业可能会出于多种原因对其他企业提供担保，如母公司为子公司提供担保、为集团外的长期客户提供信用担保等。集团财务管理要求严格控制担保事项、控制担保风险。具体包括建立以总部为权力主体的担保审批制度、明确界定担保业务、建立反担保制度。

本章经典案例

案例1·翔光集团项目投资决策案例

【案例背景与要求】

翔光集团是一家制药企业，2022年初，翔光集团召开第一代产品P－Ⅰ和第二代产品P－Ⅱ两种产品的投融资评审会。有关人员发言要点如下：

(1)项目部经理：如果第二代产品投产，需要新购置成本为10 000 000元的设备一台，税法规定该设备使用期为5年，采用直线法计提折旧，预计残值率为5%。第5年年末，该设备预计市场价值为1 000 000元(假定第5年年末P－Ⅱ停产)。财务部门估计每年固定成本为600 000元(不含折旧费)，变动成本为200元/盒。另外，新设备投产初期需要投入净营运资金3 000 000元。净营运资金于第5年年末全额收回。新产品P－Ⅱ投产后，预计年销售量为50 000盒，销售价格为300元/盒。同时，由于产品P－Ⅰ与新产品P－Ⅱ存在竞争关系，新产品P－Ⅱ投产后会使产品P－Ⅰ的每年经营现金净流量减少545 000元。

(2)财务部经理：新产品P－Ⅱ项目的β系数为1.4。翔光集团的债务权益比为4∶6(假设资本结构保持不变)，债务融资成本为8%(税前)。翔光集团适用的企业所得税税率为25%。资本市场中的无风险利率为4%，市场组合的预期报酬率为9%。假定经营现金流量入在每年年末取得。

部分现值系数如下表所示：

折现率/%	9	10	11
4年期年金现值系数	3.239 7	3.169 9	3.102 4
5年期复利现值系数	0.649 9	0.620 9	0.593 5

假定不考虑其他因素。

要求：

(1)根据资料(1)，计算产品P－Ⅱ投资的初始现金流量、第5年年末现金流量净额。

(2)根据资料(2)，计算产品P－Ⅱ投资决策分析时适用的折现率。

(3)根据资料(1)、(2)计算产品P－Ⅱ投资的净现值、现值指数和非折现回收期。

(4)请说明利用净现值法进行项目决策的优缺点。

【参考答案】

(1)初始现金流量：－(10 000 000+3 000 000)＝－13 000 000(元)

第5年年末账面价值为：10 000 000×5%＝500 000(元)

所以变现相关流量为：1 000 000+(500 000−1 000 000)×25%=875 000(元)

每年折旧为：10 000 000×0.95/5=1 900 000(元)

所以，第 5 年年末现金流量净额为：

50 000×300×(1−25%)−(600 000+200×50 000)×(1−25%)+1 900 000×25%+3 000 000−545 000+875 000=7 105 000(元)

(2)权益资本成本：4%+1.4×(9%−4%)=11%

加权平均资本成本：0.4×8%×(1−25%)+0.6×11%=9%

所以适用折现率为 9%。

(3)企业 1～4 年年末的现金流量：

50 000×300×(1−25%)−(600 000+200×50 000)×(1−25%)+1 900 000×25%−545 000=3 230 000(元)

所以：净现值=3 230 000×3.239 7+7 105 000×0.649 9−13 000 000=2 081 770.5(元)

现值指数=(3 230 000×3.239 7+7 105 000×0.649 9)/13 000 000=1.16

非折现回收期=4+(13 000 000−3 230 000×4)/7 105 000=4.01(年)

(4)①净现值法使用现金流量，而未使用利润。因为利润可以被人为操纵，而现金流量能够通过股利方式增加股东财富，现金流量相对客观；②净现值法考虑的是投资项目整体，在这一方面优于回收期法。回收期法忽略了回收期之后的现金流量。如果使用回收期法，很可能造成那些回收期虽长但回收期后有较高收益的项目被决策者错误地否决；③净现值法考虑了货币的时间价值，尽管折现回收期法也可以被用于评估项目，但该方法与非折现回收期法一样忽略了回收期之后的现金流量；④净现值法与财务管理的最高目标股东财富最大化紧密联结。投资项目的净现值代表的是投资项目被接受后公司价值的变化，而其他投资分析方法与财务管理的最高目标没有直接的联系；⑤净现值法允许折现率的变化，而其他方法没有考虑该问题。

案例 2·大宇公司融资规划与企业增长管理案例

【案例背景与要求】

大宇公司，是一家拥有自主进出口权限的公司，目前公司经营的主要项目有维生素、食品添加剂、动物保健品的医药原料等。近期大宇公司管理层有上市的打算，因此需要进行融资规划，下表是该公司 2020 年财务报表主要数据：

单位：万元

项　目	2020 年实际
销售收入	3 200

续表

项目	2020 年实际
净利润	160
本期分配股利	48
本期留存利润	112
流动资产	2 552
固定资产	1 800
资产总计	4 352
流动负债	1 200
长期负债	800
负债合计	2 000
实收资本	1 600
期末未分配利润	752
所有者权益合计	2 352
负债及所有者权益总计	4 352

大宇公司流动负债均为无息流动负债，长期负债为有息负债(利率为5%，预计未来几年可保持不变)。据历史资料分析，该公司资产和流动负债与销售收入保持同比例增长。

大宇公司2021年的增长策略有两种选择：

(1)高速增长：销售增长率为20%。为了筹集高速增长所需的资金，公司拟提高财务杠杆。在保持2020年的销售净利率、资产周转率和收益留存率不变的情况下，将权益乘数(总资产/所有者权益)提高到2。

(2)可持续增长：维持目前的经营效率和财务政策(包括不增发新股和回购股票)。

假定不考虑其他因素。

要求：

(1)假设大宇公司2021年选择高速增长策略，请预计2021年财务报表的主要数据(具体项目同上表)，并计算确定2021年所需的外部筹资额及其构成。

(2)假设大宇公司2021年选择可持续增长策略，请计算确定2021年所需的外部筹资额及其构成。

(3)大宇公司2021年采取的是高增长策略，提高可持续增长率，大宇公司可采取的财务策略有哪些。

【参考答案】

(1)预计2021年主要财务数据：

单位：万元

项目	2020 年实际	2021 年预计
销售收入	3 200	3 840[3 200×(1+20%)]
净利润	160	192[160×(1+20%)]
股利	48	57.6[48×(1+20%)]
本期留存利润	112	134.4[112×(1+20%)]
流动资产	2 552	3 062.4[2 552×(1+20%)]
固定资产	1 800	2 160[1 800×(1+20%)]
资产总计	4 352	5 222.4[4 352×(1+20%)]
流动负债	1 200	1 440[1 200×(1+20%)]
长期负债	800	1 171.2 [资产负债率=50%=(1 440+长期负债)/5 222.4]
负债合计	2 000	2 611.2
实收资本	1 600	1 724.8(倒挤)
期末未分配利润	752	886.4(752+3 200×1.2×160/3 200×112/160)
所有者权益合计	2 352	2 611.2(5 222.4×50%)
负债及所有者权益总计	4 352	5 222.4

2021 年计划增长所需外部筹资额及其构成：

长期负债筹资=1 171.2−800=371.2(万元)

实收资本筹资=1 724.8−1 600=124.8(万元)

外部筹资额=371.2+124.8=496(万元)

【提示】 这里在计算外部筹资额时使用的是直接法，因为外部筹资额肯定是有息负债筹资或者是权益筹资，所以计算出二者最后相加即可。

[或：外部筹资额

=(5 222.4−4 352)−(1 440−1 200)−3 200×(1+20%)×(160/3 200)×(112/160)

=496(万元)]

(2)净资产收益率=160/2 352×100%=6.8%

现金股利支付率=48/160×100%=30%

可持续增长率

=净资产收益率×(1−现金股利支付率)/[1−净资产收益率×(1−现金股利支付率)]

=6.8%×(1−30%)/[1−6.8%×(1−30%)]×100%=5%

外部融资额=4 352×5%−1 200×5%−112×(1+5%)=40(万元)

【提示】 这里在计算外部融资额时使用的是间接法，即外部融资额等于资产的增加减去流动负债和留存收益的增加。

[或：外部筹资额＝4 352×5%－1 200×5%－3 200×(1+5%)×(160/3 200)×(112/160)＝40(万元)]

因为不增发新股，流动负债均为经营负债，所以外部融资全部是长期负债。

(3)提高可持续增长率的可行的财务策略：①发售新股；②增加借款以提高杠杆率；③削减股利；④降低资产占销售百分比；⑤提高销售净利率。

案例3 · 光阳公司配股、增发融资案例

【案例背景与要求】

光阳公司是一家从事汽车安全玻璃生产、销售的公司。公司董事会预计2022年美国汽车市场对公司汽车安全玻璃的需求将不断上涨，为了更好地参与国际市场，2021年12月，公司召开了融资讨论会，部分参与人员发言要点如下：

(1)财务部经理：可以采用配股的方式进行融资。2022年1月18日为配股除权登记日，以公司2021年12月31日总股本100 000股为基数，拟每10股配2股。配股价格为配股说明书公布前20个交易日公司股票收盘价平均值5元/股的80%，即配股价格为4元/股。

(2)总经理：可以采用定向增发的方式进行融资。定向增发的要点包括：①以现金认购方式向12名投资者特定发行股份；②发行价格不低于定价基准日前20个交易日公司股票价格的均价；③如果实际控制人参与了本次定向认购，则其所购股份在发行结束之日起12个月内不得转让；④定向增发方案经董事会决议后予以实施。

(3)战略部经理：公司可以采用并购的方式进入美国市场。以获取先进技术和管理经验。

假定不考虑其他因素。

要求：

(1)根据财务部经理的发言要点，计算在所有股东均参与配股的情况下配股后的每股价格和每份配股权价值。

(2)假设某股东拥有10 000股光阳公司股票，分析是否参与配股将对该股东财富的影响(假定其他股东均参与配股)。

(3)根据总经理的发言要点，逐项判断定向增发要点是否存在不当之处，并说明理由。

(4)根据财务部经理的发言和我国增发融资相关规定，计算确定光阳公司可申请增资发行股票的最大发行量及该发行量下的最低融资额。

(5)根据战略部经理的发言，说明境外直接投资的动机和方式。

【参考答案】

(1)配股后每股价格＝(500 000+20 000×4)/(100 000+20 000)＝4.83(元/股)

每份配股权价值＝(4.83－4)/5＝0.17(元)

【提示】由于原有股东每拥有10份股票将得到2份股权，故为得到1股新股需要5份

配股权。

(2)该股东拥有配股前价值 50 000 元。

如果该股东行使配股权参与配股：该股东配股后拥有股票总价值为(500 000+20 000×4)/(100 000+20 000)×12 000=58 000(元)。也就是说，该股东花费 4×2 000=8 000(元)参与配股，持有的股票价值增加了 8 000 元，其财富没有变化。

如果该股东没有参与配股：配股后股票的价格为(500 000+18 000×4)/(100 000+18 000)=4.85(元/股)。该股东配股后仍持有 10 000 股光阳公司股票，则股票价值为 4.85×10 000=48 500(元)，股东财富损失了 50 000-48 500=1 500(元)。

【提示】如果该股东没有参与配股，则配股数量=20 000-10 000/10×2=18 000。

(3)①不存在不当之处。

理由：定向增发的发行对象不超过 35 名。

②存在不当之处。

理由：发行价格不低于定价基准日前 20 个交易日公司股票价格均价的 80%。

③存在不当之处。

理由：实际控制人所认购的股份应该自发行结束之日起 18 个月内不得转让，而不是 12 个月。

④存在不当之处。

理由：定向增发按规定必须经过董事会、股东大会以及证监会等相关机构的审批核准。其基本流程包括董事会议案—股东大会决议—证监会审核—发行完成等基本程序。

(4)光阳公司股票最大发行量=100 000×20%=20 000(股)

增资发行最低融资额=20 000×5×80%=80 000(元)

(5)境外直接投资的动机：①获取原材料。②降低成本。③分散和降低经营风险。④发挥自身优势，提高竞争力。⑤获取先进技术和管理经验。⑥实现规模经济。

开辟海外市场成为企业境外直接投资的内在动机。

境外直接投资的方式：①合资经营。②合作经营。③独资经营。④新设企业。⑤并购。

案例 4·源发公司 EBIT-EPS(或 ROE)无差别点分析法案例

【案例背景与要求】

源发公司是一家从事食品生产、销售的集团公司，在创业板上市。2020 年年报及相关资料显示，公司资产、负债总额分别为 60 亿元、36 亿元，负债的平均年利率为 6%，发行在外普通股股数为 15 000 万股；公司适用的企业所得税税率为 25%。

公司董事会于 2021 年初提出，要推进开发营销渠道项目，项目主要由信息系统开发、供应链及物流配送系统建设等组成，预计总投资为6亿元。2021年3月，公司召开了由中、高层人员参加的“营销渠道项目与投融资”专题论证会。部分参会人员的发言要点如下：

(1)投资部经理：根据市场前景、项目运营等相关资料预测，项目投产后预计未来的现金流入量的现值总额高于现金流出量的现值总额，具有财务可行性。

(2)财务总监：项目所需的6亿元资金融资应考虑资本成本、项目预期收益等多项因素影响。财务部门提供的有关资料显示：①如果项目举债融资，需向银行借款6亿元，新增债务年利率为8%；②董事会为公司资产负债率预设的警戒线为70%；③如果项目采用定向增发融资，需增发新股7 500万股，预计发行价为8元/股；④项目投产后预计年息税前利润为3.8亿元。

假定不考虑其他因素。

要求：

(1)根据资料(1)，判断投资部经理的观点是否存在不当之处，并说明理由。

(2)根据资料(2)的第①和②项，判断公司是否可以举债融资，并说明理由。

(3)根据资料(2)，依据EBIT-EPS无差别点分析法原理，判断公司适宜采用何种融资方式，并说明理由。

【参考答案】

(1)投资部经理的观点不存在不当之处。

理由：未来的现金流入量的现值总额高于现金流出量的现值总额，即该项目的净现值大于0，则该项目具有财务可行性。

(2)可以采用举债融资。

理由：如果采用向银行借款的方式，则企业的资产负债率变为：$(6+36)/(60+6)\times 100\%=63.64\%$，小于董事会预设的警戒线70%，所以可以采用举债融资。

(3) $(EBIT-360\,000\times 6\%-60\,000\times 8\%)\times(1-25\%)/15\,000=(EBIT-360\,000\times 6\%)\times(1-25\%)/(15\,000+7\,500)$

解得：$EBIT=36\,000$(万元)＝3.6(亿元)

应该采用借款融资。

理由：该项目投产后预计年息税前利润为3.8亿元，大于无差别点处的息税前利润3.6亿元，所以应该采用借款融资。

案例5 · 甲公司增长率预测案例

【案例背景与要求】

甲公司是国内一家从事建筑装饰材料生产与销售的股份公司。2018年年底，国家宏观经济增势放缓，房地产行业也面临着严峻的宏观调控形势。甲公司董事会认为，公司的发展与房地产行业密切相关，公司战略需进行相应调整。

2019年年初，甲公司根据董事会要求，召集由中高层管理人员参加的公司战略规划研讨会。部分参会人员发言要点如下：

市场部经理：尽管国家宏观经济增势放缓，但房地产行业一直没有受到太大影响，公司仍处于重要发展机遇期。在此形势下，公司宜扩大规模，抢占市场，谋求更快发展。近年来，本公司的主要竞争对手乙公司年均销售增长率达12%以上，而本公司同期年均销售增长率仅为4%，仍有市场拓展余地。因此，建议进一步拓展市场，争取近两年把销售增长率提升至12%以上。

生产部经理：本公司现有生产能力已经饱和，维持年销售增长率4%水平有困难，需要扩大生产能力。考虑到当前宏观经济和房地产行业面临的诸多不确定因素，建议今明两年维持2018年的产销规模，向管理要效益，进一步降低成本费用水平，走内涵式发展道路。

财务部经理：财务部将积极配合公司战略调整，做好有关资产负债管理和融资筹划工作。同时，建议公司战略调整要考虑现有的财务状况和财务政策。本公司2018年年末资产总额50亿元，负债总额为25亿元，所有者权益为25亿元；2018年度销售总额为40亿元，净利润为2亿元，分配现金股利1亿元。近年来，公司一直维持50%资产负债率和50%股利支付率的财务政策。

总经理：公司的发展应稳中求进，既要抓住机遇加快发展，也要积极防范财务风险。根据董事会有关决议，公司资产负债率一般不得高于60%这一行业均值，股利支付率一般不得低于40%，公司有关财务安排不能突破这一红线。

假定不考虑其他因素。

要求：

(1)根据甲公司2018年度财务数据，分别计算该公司的内部增长率和可持续增长率，据此分别判断市场部经理和生产部经理建议是否合理，并说明理由。

(2)分别指出市场部经理和生产部经理建议的公司战略类型。

(3)在保持董事会设定的资产负债率和股利支付率指标值的前提下，计算甲公司可实现的最高销售增长率。

(4)如果甲公司2019年的实际增长率为9%，请列举甲公司可采取的财务策略。

【参考答案】

(1)①g(内部增长率)$=[(2/50)\times(1-50\%)]/[1-(2/50)\times(1-50\%)]=2.04\%$

[或：$ROA=2/50\times100\%=4\%$

g(内部增长率)$=\dfrac{4\%\times(1-50\%)}{1-4\%\times(1-50\%)}=2.04\%$]

g(可持续增长率)=[(2/25)×(1−50%)]/[1−(2/25)×(1−50%)]=4.17%

[或：ROE=(2/25)×100%=8%

$$g(\text{可持续增长率})=\frac{8\%\times(1-50\%)}{1-8\%\times(1-50\%)}=4.17\%$$]

②市场部经理的建议不合理。

理由：市场部经理建议的12%增长率太高，远超出了公司可持续增长率4.17%。

生产部经理的建议不合理。

理由：生产部经理建议维持2018年产销规模较保守。

(2)市场部经理的建议属于成长型[或：发展型；或：扩展型战略]。

生产部经理的建议属于稳定型[或：维持性；或：防守型战略]。

(3)在保持董事会设定的资产负债率和股利支付率指标值的前提下，公司可以实现的

$$\text{最高销售增长率}=\frac{\frac{2}{50}\times(1-40\%)\times(1+0.6/0.4)}{1-\frac{2}{50}\times(1-40\%)\times(1+0.6/0.4)}=6.38\%$$

$$[\text{或}\frac{\frac{2}{40}\times(1-40\%)\times(1+0.6/0.4)}{\frac{50}{40}-\frac{2}{40}\times(1-40\%)\times(1+0.6/0.4)}=6.38\%]$$

(4)因为实际增长高于可持续增长，则需要提高可持续增长率，可行的财务策略：①发售新股；②增加借款以提高杠杆率；③削减股利；④降低资产占销售百分比；⑤提高销售净利率。

案例6 · 甲公司现金流量计算案例

【案例背景与要求】

甲公司拟与外商合作生产国际著名品牌的服装，该公司适用的所得税率为25%；项目加权平均资本成本为5%。通过调查研究得出以下相关资料：

(1)设备投资：设备买价400万元，预计可使用10年，报废时无残值收入；按税法要求该类设备折旧年限为8年，使用直线法折旧，残值率为10%，计划在2020年1月1日购进并立即投入使用。

厂房装修：装修费用预计10万元，在2020年1月1日装修完工时支付，预计在5年后还要进行一次同样的装修。

营运资金：投产时垫支50万元。

购买该品牌的商标使用权10年，一次性支付使用费100万元，按照直线法摊销。

占用一套即将出售的旧厂房，税法账面价值为100万元，目前变现价值为20万元，按照税法规定，该厂房还可以使用5年，税法预计残值为5万元，按照直线法计提折旧。企业预计该厂房还可以使用10年，10年后的残值变现收入为1万元。

(2)收入和成本预计：预计每年收入300万元；每年付现成本为200万元。该项目的上马会导致该企业其他同类产品的收益减少10万元，如果该公司不上马该项目，外商会立即与其他企业合作。

(3)销售部经理认为：因为该项目的上马会导致该企业同类产品的收益减少10万元，这10万元在计算相关现金流量时应该扣除。

假定不考虑其他因素。

要求：

(1)根据资料(1)，指出所占用的即将出售的旧厂房所产生的现金流量如何处理。

(2)根据资料(1)，计算第0年的净现金流量。

(3)根据资料(1)、(2)，计算项目第1～10年的净现金流量。

(4)根据资料(3)，判断销售部经理的观点是否恰当，并说明理由。

【参考答案】

(1)因为如果企业出售该旧厂房将获得变现收入并且变现损失可以抵减所得税，所以，旧厂房的变现价值以及变现损失抵税是该项目的机会成本，应该计入项目的现金流量。

(2)项目第0年的现金流出量

=设备买价+支付的装修费+购买商标使用权支出+垫支的营运资金+厂房变现价值+厂房变现损失抵税

=400+10+100+50+20+(100−20)×25%=600(万元)

项目第0年的净现金流量=−600(万元)

(3)第1～5年每年折旧额=400×(1−10%)/8+(100−5)/5=64(万元)

第6～8年每年折旧额=400×(1−10%)/8=45(万元)

【提示】在项目投资的题目中，按照税法的规定计算折旧额。

第1～10年每年的摊销额=10/5+100/10=12(万元)

根据题意可知，装修费需要摊销，每年摊销10/5=2(万元)

第1～4年每年的现金净流量

=300×(1−25%)−200×(1−25%)+64×25%+12×25%=94(万元)

第5年现金净流量=94−10=84(万元)

第6～8年每年的现金净流量

=300×(1−25%)−200×(1−25%)+45×25%+12×25%=89.25(万元)

第9年的现金净流量=300×(1−25%)−200×(1−25%)+12×25%=78(万元)

项目结束时的回收额＝50+1＝51（万元）

项目结束时固定资产报废损失＝（400×10%－0）+（5－1）＝44（万元）

项目结束时固定资产报废损失抵税＝44×25%＝11（万元）

第10年的现金净流量＝300×（1－25%）－200×（1－25%）+12×25%+51+11＝140（万元）

（4）销售部经理的观点不正确。

理由：虽然该项目的上马会导致该企业其他同类产品的收益减少10万元，但是，由于如果该公司不上马该项目，外商会立即与其他企业合作，即也会导致该企业其他同类产品的收益减少10万元。所以，本题中不应该把“该项目的上马会导致该企业其他同类产品的收益减少10万元”计入现金流量。

案例7·科兴公司战略类型、战略分析与项目决策分析

【案例背景与要求】

科兴公司为一家大型集团公司，旗下业务包括农业机械设备、饮料、电动车等的生产与销售，下设甲、乙、丙三个子公司。三个子公司的有关情况如下所示：

（1）甲公司主要生产制造农业机械设备。相对于农业发达国家来说，目前我国农业机械化水平还比较低。随着农村产业化进程的加快，一些科技含量高的农机设备将会成为未来一个相当长时期的消费热点。但是我国农村人口分布很分散，造成了购买力的分散。甲子公司生产的农业机械设备在农村市场非常受欢迎，消费者的忠诚度很高，但是公司规模较小，售后服务网络密度低，品种单一。

（2）乙公司是美国本土一家软饮料公司，美国软饮料市场几乎被百事可乐和可口可乐两大巨头占领，而且乙公司规模较小，无法通过规模经济实现成本领先，最终乙公司决定专门致力于果蔬饮品的生产，由于碳酸饮料容易使人发胖，人们也越来越关注健康，乙公司果汁饮品始终强调“营养健康”，并根据不同人群特征，研究开发出不同的技术，生产不同类型的产品，比如针对女性顾客，推出益气补血的枣类饮品、富含维C的番茄汁、胡萝卜汁等，针对一些肥胖人群推出一些低糖、减肥的果蔬饮品等，秉承“营养健康”的理念，乙公司在果蔬饮品上越做越出色，在激烈的软饮料市场为自己赢得了一席之地。

（3）丙公司主要从事电动车的生产销售业务。2018年10月，为了扩充生产能力，丙公司决定购入一批大型设备。现有A、B两个方案可供选择：

A方案：需投资30 000万元，使用寿命5年，采用直线法计提折旧，5年后设备无残值（税法残值等于残值变现净收入），5年中每年销售收入（税前）为15 000万元，每年付现成本（税前）为5 000万元。

B方案：需投资36 000万元，采用直线法计提折旧，使用寿命也是5年，5年后有残值收入6 000万元（税法残值等于残值变现净收入）。5年中每年销售收入（税前）为17 000

万元，付现成本(税前)第一年为6 000万元，以后随着设备陈旧，逐年将增加修理费300万元。另需垫支营运资本3 000万元。

假设适用的企业所得税税率为25%，加权平均资本成本为10%，不考虑其他因素。

期 数	1	2	3	4	5
复利现值系数(10%)	0.909 1	0.826 4	0.751 3	0.683 0	0.620 9
年金现值系数(10%)				3.169 9	3.790 8

要求：

(1)根据资料(1)，结合SWOT模型，指出甲子公司的优势、劣势、机会和威胁。

(2)根据资料(2)，指出乙子公司所采取的经营战略类型，并说明理由。

(3)根据资料(3)，分别计算A、B方案的现金净流量。

(4)根据资料(3)，分别计算A、B方案的净现值、非折现回收期，并指出丙子公司采用净现值和非折现回收期的决策结论是否一致，并说明理由。

【参考答案】

(1)优势：甲子公司生产的农业机械设备在农村市场非常受欢迎，消费者的忠诚度很高。

劣势：公司规模较小，售后服务网络密度低，品种单一。

机会：随着农村产业化进程的加快，一些科技含量高的农机设备将会成为未来一个相当长时期的消费热点。

威胁：我国农村人口分布很分散，造成了购买力的分散。

(2)集中化战略。

理由：乙公司在众多的软饮料中选择了果蔬饮料这一细分市场，由此可以看出选择的是集中化战略。

(3)

年 份	0	1	2	3	4	5
A方案：						
初始投资	-30 000					
折旧额		6 000	6 000	6 000	6 000	6 000
税后销售收入		11 250	11 250	11 250	11 250	11 250
税后付现成本		3 750	3 750	3 750	3 750	3 750
现金净流量	-30 000	9 000	9 000	9 000	9 000	9 000
B方案：						
初始投资	-36 000					
折旧额		6 000	6 000	6 000	6 000	6 000
垫支营运资本	-3 000					

续表

年 份	0	1	2	3	4	5
税后销售收入		12 750	12 750	12 750	12 750	12 750
税后付现成本		4 500	4 725	4 950	5 175	5 400
初始投资残值						6 000
营运资本收回						3 000
现金净流量	−39 000	9 750	9 525	9 300	9 075	17 850

(4)净现值：

NPV(A) = −30 000+9 000×3. 790 8 = 4 117. 2(万元)

NPV(B) = −39 000+9 750×0. 909 1+9 525×0. 826 4+9 300×0. 751 3+9 075×0. 683 0+17 850×0. 620 9 = 2 003. 57(万元)

非折现回收期：

A 方案 = 3+(3 000/9 000) = 3. 33(年)

B 方案 = 4+(1 350/17 850) = 4. 08(年)

采用两种方法的决策结论一致。

理由：采用净现值法，A 方案净现值大，优于 B 方案；采用非折现回收期法，A 方案回收期短，优于 B 方案。

第五章　企业成本管理

本章考点汇总

序号	考点内容	重要程度
1	企业成本管理概述	★
2	成本管理观念的转变	★
3	价值链分析	★★
4	成本动因分析	★★
5	战略定位分析	★★
6	变动成本法	★
7	作业成本法	★★
8	作业成本信息与作业基础管理	★★★
9	目标成本法	★★★
10	成本管理前沿	★★

高频考点讲解及应用分析

考点1　企业成本管理概述★

【考点讲解】

(一)成本的含义与分类

1. 财务会计中的成本概念

在会计核算与报告体系中，广义的成本主要分为产品成本、期间费用两大类型。

(1)产品成本是指针对某一特定的产品对象，如生产某一特定产品而发生的直接制造成本、间接制造成本。

(2)期间费用则是指没有确指到具体产品成本对象中的非制造成本，包括销售费用、管理费用、财务费用以及研发费用。

2. 管理会计中的成本概念

在管理会计中，按照不同的分类标准，所使用的成本概念也不同。

(1)按照成本习性分为变动成本和固定成本；

(2)按成本实际发生的时态分为历史成本和未来成本；

(3)按可控性分为可控成本和不可控成本；

(4)按是否与决策相关分为相关成本和非相关成本；

(5)按方案之间的关系分为差额成本和机会成本等；

(6)按成本控制对象分为资本成本、质量成本、责任成本。

(二)成本管理的含义

成本管理，是指企业在营运过程中实施成本预测、成本决策、成本计划、成本控制、成本核算、成本分析和成本考核等一系列管理活动的总称。成本管理一般按照事前成本管理、事中成本管理和事后成本管理等程序进行。

(三)成本管理的原则

企业进行成本管理，一般应遵循以下原则：融合性原则；适应性原则；成本效益原则；重要性原则。

考点2 成本管理观念的转变★

【考点讲解】

随着企业经营环境等因素的变化，企业成本管理观念也不断地发生着转变。

(一)从偏重成本核算向兼顾成本核算和成本控制的转变

传统成本管理主要关注成本核算，并且重点放在产品制造过程所发生的弹性资源消耗上，产品成本无法真实反映企业资源消耗和利用效率。作业成本法成本核算系统有助于提升成本信息的相关性、可靠性，但是还不能满足管理者对成本管理的需求。企业成本管理必须由注重成本核算向注重成本控制转变、升级，并以提高企业竞争优势为终极目标。

(二)从成本的经营性控制向成本的规划性控制转变

传统成本管理将成本管理重点放在产品的制造环节，但是制造环节的资源消耗及要素成本在其使用前大多已经“固化”，难以真正实现有效的成本管理。战略成本管理认为只有对成本实施事前的规划性控制，才能真正从源头控制产品成本。

(三)从产品制造成本管理向产品总成本管理转变

传统成本管理的对象只针对“产品制造成本”。战略成本管理认为企业管理者不仅要关注产品制造成本，而且更应关注设计、设备升级、生产准备、营销、售后服务等一系列作业环节所发生的所有资源消耗。

(四)从静态成本管理向动态成本管理转变

传统成本管理更多地关注于产品价值链各环节中各个“独立发生”的成本项目，但产品成本在不同作业环节所消耗的资源存在此消彼长的"内部联动关系"。企业需要从成本结构的动态关系上，系统分析、控制产品成本，从静态管理向动态管理转变。

考点3　价值链分析★★

【考点讲解】

(一)价值链分析含义

价值链是指企业价值创造过程中一系列不相同但相互关联的价值活动的总和。企业是一条由各项作业链接而成的作业链。从价值形成过程看，价值链就是从价值角度所反映的作业链。

(1)企业的各项作业活动之间存在紧密关联，如"供应—生产—销售"等环节之间存在上、下游间的作业联动关系。

(2)每项价值活动都"可能"给企业创造有形或无形的价值，这就意味着企业需要通过成本信息等鉴别出哪些作业是增值作业，哪些作业是非增值作业。

一般来说，增值作业要同时满足三个条件：功能明确、提供价值、必需作业。等待、延误、返工、次品处理、废品清理等，都是非增值作业。

(3)价值链并不局限于企业内部的各项作业活动，它还拓展到企业与供应商、企业与销售商、企业与顾客等上下游之间的作业链条之中，从而形成企业与企业间的资源共享与交易平台，以实现企业间基于竞争的合作共赢。

(二)企业内部价值链分析

企业内部价值链是指企业内部为顾客创造价值的主要活动及相关支持活动，这些价值活动可以分为基本活动和辅助活动两大类。

辅助活动：保证或支持基本活动而发生的活动。其具体内容如表5-1所示。

表5-1　辅助活动的具体内容

活　动	概　　念	示　　例
企业基础设施	支持整个价值链	行政管理、计划、财务、会计、法律、政府事务和质量管理等
人力资源管理	企业人力资源的组织、运用	招聘、雇佣、培训、报酬
技术开发	改善产品和工艺的各种活动	基础研究、产品设计、工艺装备设计、服务程序
采购	购买用于企业价值链各种投入品的活动，而不是外购投入本身	材料物资、机器实验设备、办公设备和建筑物等采购

基本活动：指涉及产品的物质创造及其销售、转移给买方和售后服务的各种活动。基本活动的具体内容如表5-2所示。

表 5-2 基本活动的具体内容

活动	进货作业	生产作业	出货作业	市场营销	售后服务
概念	与接收、存储和分配相关联的各种活动	与将投入转化为最终产品形式相关联的各种活动	与集中、存储相关产品发送给买方有关的各种活动	与提供一种买方购买产品的方式和引导他们进行购买有关的各种活动	与提供服务以增加或保持产品价值有关的各种活动
示例	原材料搬运、仓储、库存控制、车辆调度和向供应商退货	机械加工、包装、组装、设备维护、检测、印刷和各种设施管理	产成品库存管理、送货车辆调度、订单处理和生产进度安排	广告、促销、销售队伍、报价、渠道选择、渠道关系和定价	安装、维修、培训、零部件供应和产品调整

内部价值链的分析目的在于通过分析以判断内部各项作业是否具有价值，发现增加价值或降低成本的机会，从而识别和确定企业的关键成功因素。内部价值链分析可以分为四个步骤：识别企业价值链的主要活动；价值活动的成本动因分析；分析价值活动之间的关联；增加价值或降低成本以建立竞争优势。

（三）企业间价值链分析

企业间价值链构建对企业生存和发展意义重大，它主要包括两方面：

纵向价值链分析：以长期合同、战略联盟、参股、合营甚至控股等形式所形成的企业间“纽带”关系，将对产业组织结构、企业重组等产生重大影响。从产业发展角度，**“纵向一体化”**将有助于节约企业之间的交易成本，提高产业的产出效率。

横向价值链分析：从横向价值链及其整合角度看，**“横向一体化”**的最大优势在于发挥产业内的规模经济，产业内的核心企业借助其规模经济效应而降低单位产出的成本，并大大提升其在同行业中的竞争优势。

【典型案例分析 1】 A 公司是新成立的一家主要生产环保家具的企业，公司高管主要由年青的专业人才组成，经过研究，董事会确定采用较先进的企业价值链管理理论，对公司进行价值链分析。公司财务部门按照总经理的指示，对公司的各种重要活动进行了了解、摸底，其中涉及加工、组装、送货车辆调度、行政管理、招聘、原材料搬运、向供应商退货、产品设计、材料物资采购、产成品库存管理十项内容，为下一步内部价值链分析打下基础。

假定不考虑其他因素。

要求：

（1）指出什么是基本活动，什么是辅助活动。

（2）指出上述活动中，哪些是基本活动，哪些是辅助活动。

（3）如果 A 公司进行内部价值链分析，简述其主要步骤。

【参考答案】

(1)基本活动是涉及产品的物质创造及其销售、转移给买方和售后服务的各种活动。

辅助活动是保证或支持基本活动而发生的活动。

(2)A公司在了解、摸底中，涉及的基本活动有加工、组装、送货车辆调度、原材料搬运、向供应商退货、产成品库存管理；涉及的辅助活动有行政管理、招聘、产品设计、材料物资采购。

(3)内部价值链分析的主要步骤：

①识别企业价值链的主要活动。

②价值活动的成本动因分析。

③分析价值活动之间的关联性。

④增加价值或降低成本以建立竞争优势。

【热题解析】

(必答题)甲公司系一家网络科技类上市公司，为大宗煤炭现货交易提供“线上—线下”电子商务平台服务。2015年年初，甲公司召开董事会，讨论通过了公司未来五年规划，提出要通过并购实现规模扩张与效益增长。为落实董事会要求，甲公司管理层研究拟订了“一揽子”并购方案，要点如下：

并购对象的选择，大宗煤炭现货交易的价值链流程为：上游煤炭生产商将货物卖给煤炭中间交易商，煤炭中间交易商再将货物卖给下游发电厂等需求客户，中间服务商为上游煤炭生产商、中间交易商和下游需求客户提供相关服务(比如，融资服务、仓储物流服务、交易平台和大数据分析服务等)。甲公司作为该价值链流程中的中间服务商，仅提供交易平台和大数据分析服务，为拓展服务链条，扩大业务规模、提高盈利水平，甲公司基于公司商业模式、战略成本管理及企业间价值链分析，拟收购仓储物流商F公司。

假定不考虑其他因素。

要求：

根据资料，指出甲公司所在的大宗煤炭现货交易价值链的具体类型，并说明该类型价值链对相关产业发展的影响。

【参考答案】

“企业间价值链”具体类型：纵向价值链。

影响：从产业发展角度看，纵向一体化有助于节约企业间交易成本，提高产业的产出效率。

【解析】本题考核“企业间价值链分析”知识点。价值链包括纵向价值链和横向价值链两种类型。甲公司处于价值链的中间位置，收购下游仓储物流商，属于纵向价值链范畴。从产业角度来说，属于纵向一体化。

考点4 成本动因分析★★

【考点讲解】

（一）战略成本动因的内容和分类

战略性成本动因分析就是要判断和确定价值链中每一价值创造活动的成本动因。按斯特拉特（美国学者）的观点，战略成本动因分为结构性成本动因和执行性成本动因两类。具体分类见表5-3。

表5-3 战略成本动因分类

类别	概念	内容
结构性成本动因	决定企业基础经济结构的因素	规模、范围、经验、技术、多样化
执行性成本动因	影响企业战略成本态势与执行价值活动程序有关的驱动因素	员工参与、全面质量管理、资源和管理能力利用、厂房布局规划、产品结构、产业价值链的联结关系

结构性成本动因所要求的战略性选择针对的是怎样才是最优的问题，解决资源配置的优化问题。执行性成本动因所要求的战略性强化，针对最佳的效果目标。

从战略分析角度，解释成本行为最有效的方式是研究影响成本的经济结构因素和实施发展战略因素，其思路应为先进行结构性分析，后进行执行性分析，但重心应在执行性分析。

（二）战略成本动因的应用

1. 合理选择结构性成本动因

结构性成本动因可以为企业获得成本优势奠定良好的基础，为达到这一目的，企业应做到以下方面：

（1）做好投资决策，实现适度规模。

（2）选择企业适宜的纵向经营范围。

（3）通过积累经验不断降低成本。

（4）合理制定研究开发政策。

（5）对企业产品多样化程度进行合理化。

2. 强化执行性成本动因

对执行性成本动因进行强化是取得成本优势的重要途径，为实现这一目标，企业须从以下方面入手：

(1)引导员工参与管理，增强员工责任感。

(2)大力推进全面质量管理。

(3)充分利用现有的生产能力。

(4)工厂布局合理化。

(5)产品设计合理化。

(6)加强与供应商及客户之间的纵向合作。

考点 5　战略定位分析★★

【考点讲解】

战略定位分析法是根据不同的企业类型和企业不同的发展战略来确定核心竞争力要素的方法。基于 SWOT 分析基础上，按照迈克尔波特的思想，企业的竞争战略分为：成本领先战略、差异化战略和目标集聚战略。具体内容如表 5-4 所示。

表 5-4　战略定位分析

战略类别	相关说明
成本领先战略	企业决定在其所属产业中成为低成本生产的厂家，其运用规模经济、专用技术、原材料优惠供应等方法，使其产品成本低于竞争对手，以形成超越其他厂家的竞争优势
差异化战略	在产业里挑出为多数客户所重视的一种或数种产品的特质，把自己置于与众不同的地位上满足这些需求，形成独家经营或相对垄断的市场局面，获得高于竞争对手的经济效益
目标集聚战略	选择产业中的一部分市场，使战略适合于为这一部分市场服务，而不顾及其他。目标集聚的战略形式：①企业着眼于在目标市场上获得竞争优势，形成成本的集中；②企业着眼于在目标市场上获得差异化的形象，形成差异化的集中

成本领先战略和差异化战略是在广泛的产业内谋求竞争战略，而目标聚集的战略则着眼于在狭窄的范围内谋求成本优势或差异化的优势。三种竞争战略的差异见表 5-5 所示。

表 5-5　三种竞争战略的差异

项目	成本领先战略	差异化战略	目标集聚战略
战略目标	广阔的市场	广阔的市场	狭窄的市场
竞争优势的基础	行业最低的成本	独特的产品或服务	某一特定市场中的独特性或低成本
生产线	有限选择	广泛的多样性，各有特色	定位于所选细分市场
生产重点	尽可能低的成本； 高质量和重要的产品特征	差异性创新	适用于所选细分市场
营销重点	低价格	溢价和独创的差异性	企业为所细分市场服务的独特能力

考点6 变动成本法★

【考点讲解】

(一)变动成本法概述

变动成本法，是指企业以成本性态分析为前提条件，仅将生产过程中消耗的变动生产成本作为产品成本的构成内容，而将固定生产成本和非生产成本作为期间成本，直接由当期收益予以补偿的一种成本管理方法。

1. 变动成本法的适用范围

(1)企业固定成本比重较大，当产品更新换代的速度较快时，分摊计入产品成本中的固定成本比重大，采用变动成本法可以正确反映产品盈利状况。

(2)企业规模大，产品或服务的种类多，固定成本分摊存在较大困难。

(3)企业作业保持相对稳定。

2. 变动成本法的应用环境

应用变动成本法所处的外部环境，一般应具备以下特点：

(1)市场竞争环境激烈，需要频繁进行短期经营决策。

(2)市场相对稳定，产品差异化程度不大，以利于企业进行价格等短期决策。

(3)企业成本基础信息记录完整，财务会计核算基础工作完善。

(4)企业建立了较好的成本性态分析基础，具有划分固定成本与变动成本的科学标准，以及划分标准的使用流程与规范。

(5)企业能及时、全面、准确地收集与提供有关产量、成本、利润以及成本性态等方面的信息。

3. 变动成本法的应用程序

企业应用变动成本法一般按照成本性态分析、变动成本计算、损益计算等程序进行。

4. 变动成本法的优缺点

变动成本法的主要优点：

(1)区分固定成本与变动成本，有利于明确企业产品盈利能力和划分成本责任；

(2)保持利润与销售量增减相一致，促进以销定产；

(3)揭示了销售量、成本和利润之间的依存关系，使当期利润真正反映企业经营状况，有利于企业经营预测和决策。

变动成本法的主要缺点：

(1)计算的单位成本并不是完全成本，不能反映产品生产过程中发生的全部耗费；

(2)不能适应长期决策的需要。

（二）变动成本法在短期经营决策中的应用

1. 变成成本法下产品的成本的构成

在变动成本法下，为加强短期经营决策，需要按照成本性态对成本进行重新划分。其中企业的生产成本分为变动生产成本和固定生产成本；非生产成本分为变动非生产成本和固定非生产成本。在变动成本法下，固定制造费用视同期间成本全额计入当期损益，只有变动生产成本才构成产品成本，即：

产品成本=直接材料成本+直接人工成本+变动制造费用

【提示】 完全成本法下产品成本构成包括直接材料成本、直接人工成本和全部制造费用。

2. 变动成本法在短期经营决策中具体应用

变动成本法在短期经营决策中具体应用，见表5-6所示。

表5-6 变动成本法在短期经营决策中具体应用

决策类型	决 策 方 法
是否接受追加订单的决策	(1)完全成本法下，如果特殊订单的单价低于单位生产成本，企业往往会放弃该订单； (2)在变动成本法下，如果追加订单不会影响正常订单的实现，只要追加订单量在企业剩余生产能力范围内，且剩余生产能力无法转移，同时不需追加投入专属成本，那么只要追加订单能够产生边际贡献，即追加订单的单价大于该产品的单位变动成本，就应当接受该追加订单。当然，如果追加订单需追加投入专属成本，则接受加订单的条件应该满足追加订单所带来的边际贡献大于追加投入的专属成本；如果剩余生产能力可以转移，则需把剩余生产能力转移所带来的可能收益作为追加订单的机会成本，当追加订单所带来的边际贡献大于该机会成本时，追加订单方案可以接受
是否继续生产亏损产品的决策	(1)在完全成本法下，对于亏损产品往往会做出停止生产的决策； (2)在变动成本法下，如果剩余生产能力无法转移，只要亏损产品的边际贡献大于零，就应当继续生产；如果剩余生产能力可以转移，只要亏损产品的边际贡献大于剩余生产能力转移有关的机会成本，也应当继续生产。继续生产能够带来正向边际贡献的亏损产品至少可以补偿一部分固定成本
零部件自制或外购的决策	(1)在企业自制能力无法转移的情况下，自制方案的相关成本只包括按零部件全年需用量计算的变动成本；如果自制能力可以转移，则还需考虑自制能力转移有关的机会成本； (2)比较自制零部件相关成本和外购单价的大小，选择成本较低的方案

考点7 作业成本法★★

【考点讲解】

(一)作业成本法概述

作业成本法，是指以“作业消耗资源、产出消耗作业”为原则，按照资源动因将资源费用追溯或分配至各项作业，计算出作业成本，然后再根据作业动因，将作业成本追溯或分配至各成本对象，最终完成成本计算的成本管理方法。

与作业成本法相关的概念如下：

(1)资源。

制造业的典型资源包括材料费、动力费、职工薪酬、折旧费、办公费、修理费、运输费等。

(2)作业。

作业具有以下特征：作业是投入——产出因果联动的实体；作业贯穿于企业经营的整个过程；作业可量化。

按受益对象、层次和重要性企业的各项作业可以分为：产量级作业、批别级作业、品种级作业、客户级作业、设施级作业。

单位级作业的成本与产品的数量成正比；批别级作业的成本与产品的批量数成比例变动；品种级作业的成本与产品的种类成比例变动；客户级作业本身与产品数量独立；设施级作业是开展业务的基本条件，其使所有产品都受益，但与产、销量无关。

(3)成本动因。

根据作业成本法的原理，可以将成本动因分为资源动因和作业动因两类。

资源动因是将作业资源成本分配给特定成本库，以反映作业与资源之间的关系。作业与资源动因之间的关系见表5-7所示。

表5-7 作业及其资源动因示例

作业	资源(成本)动因
安装调试	安装调试小时
设备运行	设备工作小时
清洁	平方米
材料搬运	搬运次数、搬运距离与重量
人力资源管理	雇员人数、工作天数

续表

作业	资源(成本)动因
能源消耗	电表、流量表、装机功率和运行时间
订单制作	订单数量
客户服务	服务电话次数、服务种类数量、服务时间

一般来说，成本动因选择需要考虑以下因素：①多样化；②相关性；③计量成本。

(4)作业中心和成本库。

作业中心是指具有同质作业动因的作业集合。

成本库则归集了一个作业中心所耗用的全部资源，它是由若干个同质作业动因组成一个特定的集合体。成本库所汇集的成本按其具有代表性的作业动因分配到各有关产品成本对象之中。

(二)作业成本法的核算程序

1. 两步制分配程序

根据作业成本法“作业消耗资源，产出消耗作业”的逻辑，资源应该通过资源动因分配给作业形成作业成本，而作业成本通过作业动因分配给最终成本对象。

(1)将资源成本分配给作业。

运用恰当的资源成本动因，把有关生产和服务的资源耗费归集到作业中心，形成成本库。

(2)将作业中心成本分配给成本对象。

运用恰当的作业成本动因，把作业中心成本分配到成本对象，形成相应的产品或服务成本。

2. 作业成本法的核算

(1)按工作内容区分不同类型的作业。

(2)分析成本与作业间的关系以确定各项作业的作业动因。

(3)设置成本库并归集资源耗费到作业中心。

(4)基于作业成本动因确定各作业成本库的作业成本分配率并分配成本。

典型的作业动因包括采购订单份数、验收单份数、检验报告数或时数、零部件储存数、支付次数、直接人工小时、机器小时、调整次数和制造周转次数等。

传统成本核算法的一个最主要缺陷在于常常少计复杂的、低产量产品的成本，而多计高产量产品的成本，从而使成本信息不真实、不相关。作业成本法因其“相关性”提高而大大提升了成本信息的精确度，从而有利于企业利用成本信息进行管理决策。

【典型案例分析 2】 S 有限公司生产甲、乙两种产品，去年 1 月份的有关成本资料如下表所示：

单位：元

产品名称	产量/件	直接材料单位产品成本	直接人工单位产品成本
甲	100	50	40
乙	200	80	30

月初甲产品在产品制造费用（作业成本）为3 600元，乙产品在产品制造费用（作业成本）为4 600元；月末在产品数量，甲为40件，乙为60件，总体完工率均为50%；按照约当产量法在完工产品和在产品之间分配制造费用（作业成本），本月发生的制造费用（作业成本）总额为50 000元，相关的作业有4个，有关资料如下表所示：

作业名称	成本动因	作业成本/元	甲耗用作业量	乙耗用作业量
质量检验	检验次数	4 000	5	15
订单处理	生产订单份数	4 000	30	10
机器运行	机器小时数	40 000	200	800
设备调整准备	调整准备次数	2 000	6	4

假定不考虑其他因素。

要求：

用作业成本法计算甲、乙两种产品的单位成本。

【参考答案】

质量检验的成本动因分配率＝4 000/（5+15）＝200（元/次）

订单处理的成本动因分配率＝4 000/（10+30）＝100（元/份）

机器运行的成本动因分配率＝40 000/（200+800）＝40（元/小时）

设备调整准备的成本动因分配率＝2 000/（6+4）＝200（元/次）

甲产品分配的本月发生作业成本：

200×5+100×30+40×200+200×6＝13 200（元）

单位作业成本：

（13 200+3 600）/（100+40×50%）＝140（元/件）

单位成本：50+40+140＝230（元/件）

乙产品分配的本月发生作业成本：

200×15+100×10+40×800+200×4＝36 800（元）

单位作业成本：

（36 800+4 600）/（200+60×50%）＝180（元/件）

单位成本：80+30+180＝290（元/件）

热题解析

（必答题）甲公司为一家制造类企业，主要生产X、Y两种产品。X、Y两种产品均为标准化产品，市场竞争非常激烈。甲公司高度重视战略成本管理方法的运用，拟通过成本领先战略助推企业稳步发展。相关资料如下：

随着业务发展和生产过程的复杂化，甲公司制造费用占生产成本的比重越来越大，且制造费用的发生与传统成本法采用单一分摊标准的相关性越来越小。甲公司自2012年以来采用作业成本法进行核算与管理。

2016年6月，X、Y两种产品的产量分别为500台和250台，单位直接成本分别为0.4万元和0.6万元。此外X、Y两种产品制造费用的作业成本资料如下表所示：

作业名称	作业成本/万元	成本动因	作业量		
			X产品	Y产品	合计
材料整理	200	人工小时	100	60	160
机器运行	400	机器小时	300	100	400
设备维修	100	维修小时	50	50	100
质量检测	150	质检次数	25	25	50
合计	850	–	–	–	–

假定不考虑其他因素。

要求：

根据资料，结合作业成本法，分别计算X、Y两种产品的单位制造费用，并指出作业成本法及传统成本法下制造费用分摊标准的区别。

【参考答案】

X产品的单位制造费用

=[100×(200/160)+300×(400/400)+50×(100/100)+25×(150/50)]/500

=1.1(万元)

Y产品的单位制造费用

=[60×(200/160)+100×(400/400)+50×(100/100)+25×(150/50)]/250

=1.2(万元)

[或：X产品的制造费用

=100×(200/160)+300×(400/400)+50×(100/100)+25×(150/50)=550(万元)

Y产品的制造费用

=60×(200/160)+100×(400/400)+50×(100/100)+25×(150/50)=300(万元)

X产品的单位制造费用=550/500=1.1(万元)

Y 产品的单位制造费用 = 300/250 = 1.2(万元)]

区别：作业成本法下，制造费用根据多种作业动因进行分配；传统成本法下，制造费用主要采用单一分摊标准进行分配。

【解析】本题考核“作业成本法”的相关知识点。具体计算时按照不同的作业动因，将每种作业成本进行分配。作业成本法下分配基础是按照不同的作业进行的，而传统成本法以单位产品耗用某种资源占当期该类资源消耗总额的比例作为所有间接制造成本分配依据。

考点8 作业成本信息与作业基础管理★★★

【考点讲解】

(一)作业分析

1. 完整的作业分析过程的四个步骤

(1)区分增值作业和非增值作业；

(2)分析确认重要性作业；

(3)对标及有效性分析；

(4)关联性分析。

2. 作业分析的具体做法

(1)资源动因分析：评价作业的有效性。

资源动因是资源成本分配到各项作业的基本依据。资源消耗并非都是合理、有效的，资源动因分析的目的在于提高资源的有效性。

(2)作业动因分析：评价作业的增值性。

一般来说，**增值作业**必须同时满足以下条件：①该作业的功能是**明确**的；②该作业能为最终产品或劳务提供**价值**；③该作业在企业的整个作业链中是**必需**的，不能随意去掉、合并或被替代。

增值作业与非增值作业是站在顾客角度划分的，最终能够增加顾客价值的作业就是增值作业，否则就是非增值作业。

(3)作业链的综合分析。

理想的作业链应保证作业与作业之间环环相连，不存在重叠、作业之间的等待、延误等情形。

3. 作业改进的方法

(1)消除不必要作业以降低成本；

(2)在其他条件相同时选择成本最低的作业；

(3)提高作业效率并减少作业消耗；

(4)作业共享；

(5)利用作业成本信息编制资源使用计划并配置未使用资源。

(二)利用作业成本信息优化企业经营决策

1. 作业成本法下的本量利决策

(1)作业成本法下的成本性态。

作业成本法下通过产品与所耗资源之间的关系，将成本分为短期变动成本、长期变动成本和固定成本三种形态。

(2)作业成本法下的本量利决策。

作业成本法认为，短期变动成本和长期变动成本都属于变动成本范畴，只不过前者与产品产量相关，后者与产品消耗的作业量相关。因此，边际贡献不仅应当减去短期变动成本，还应减去长期变动成本，这就要求用本量利分析进行重新测算。

2. 作业成本法下的产品盈利性分析

传统变动成本法只注重产品生产的结果，忽视了产品的实际生产过程，有可能误导企业的经营决策。作业成本法不仅考虑产品，而且考虑产品在生产经营过程中消耗的作业量，使得决策更具相关性和科学性。

在多品种生产企业里，由于设备能力、加工能力、原材料供应、水电供应等方面限制，企业只能选择投入产出效益最好的产品进行生产。

3. 作业基础产品定价决策

基于作业成本信息且借助成本加成定价策略进行产品定价，是企业常用的一种定价方法。

需要强调的是，加成率通常由企业竞争策略和产品/服务的市场生命周期决定，且从资源角度，所加成的“成本”通常针对相关成本或增量成本。也就是说，在现有生产能力允许的范围内，企业无须考虑生产能力成本以及市场正常价格因素，而只需要确认相关的增量成本。

对于制造业而言，其增量成本一般考虑以下因素：①直接消耗的原材料成本；②额外增加的人工成本；③额外发生的相关制造费用。

【典型案例分析3】 甲公司是华北地区较大的电视生产企业，经过市场调查，公司决定生产目前较流行的3D电视机，经销售部门预计，新的3D电视机投放市场后，市场定价约为5 000元/台，生产部门测算，该型号电视机的单位变动成本约为3 000元，如果投产，企业将增加固定成本1 000万元。

总经理办公会对3D电视机的生产充满信心，总经理范某提出，新的3D电视机项目，将使公司的年利润增长5 000万元。

公司确定投资后，马上引进了一条生产线，该生产线的工作能力为年产60 000台。

为了更好地组织生产，公司指派成本分析人员刘某会同车间管理人员进行了具体的分析，预测新的3D电视机生产线将按批次来调配生产，每批次生产300台。同时，经过作业动因分析发现，在所有新增的1 000万元固定成本中，有近300万元的固定成本可追溯到与批次相关的作业中去，如机器准备和检修作业等。

假定不考虑其他因素。

要求：

(1)假定公司产量与销量相等，根据传统本量利分析模型，试确定达到公司年营业利润预期目标的产量。

(2)根据传统本量利分析模型，试确定引进生产线后企业可以增加的利润额。

(3)根据作业成本法下的本量利分析模型，重新确定达到公司年营业利润预期目标的产量。

(4)根据作业成本法下的本量利分析模型，重新确定引进生产线后企业可以增加的利润额。

【参考答案】

(1)根据传统本量利分析模型，达到公司年营业利润预期目标的产量 Q

=(10 000 000+50 000 000)/(5 000−3 000)=30 000(台)

(2)根据传统本量利分析模型，引进生产线后企业可以增加的利润额

=60 000×(5 000−3 000)−10 000 000=11 000(万元)

(3)生产批次=60 000/300=200

产品的单位变动成本保持不变，即3 000元/台。

产品中与每批次相关的长期变动成本=3 000 000/200=15 000(元)

单位产品所分摊的长期变动成本=15 000/300=50(元)

新产品的固定成本减少到10 000 000−3 000 000=7 000 000(元)

达到公司年营业利润预期目标的产量

Q=(7 000 000+50 000 000)/(5 000−3 000−50)=29 230.80(台)

(4)引进生产线后企业可以增加的利润额

=60 000×(5 000−3 000−50)−7 000 000=11 000(万元)

热题解析

(必答题1)甲公司为一家生产制造企业，下设X、Y两个分厂，其中X分厂主要从事A产品的生产，Y分厂主要从事B、C两种产品的生产。因产品成本构成存在较大的差异，X分厂和Y分厂分别采用标准成本法和作业成本法对产品成本进行核算与管理。2018年4月初，甲公司管理层召开月度成本分析会议，研究上月成本管理中存在的主要问题及改进措施。部分参会人员发言要点摘录如下：

Y分厂厂长：3月份Y分厂成本管理中的主要问题是制造费用相对于竞争对手过高，B、C产品的制造费用占生产成本的比重均较高，且制造费用集中发生在材料整理、成型

加工、返工和产品包装四项作业。4 月份 Y 分厂的努力方向是削减部分作业的成本。

假定不考虑其他因素。

要求：

(1)根据资料，指出 Y 分厂哪种(或哪些)作业属于增值作业，并说明理由。

(2)根据资料，基于作业动因分析，指出 Y 分厂应重点削减四种作业中哪种(或哪些)作业的成本，并说明理由。

【参考答案】

(1)①增值作业：成型加工和产品包装。

②理由：成型加工和产品包装符合增值作业三个条件：a. 功能明确；b. 能为最终产品提供价值；c. 在整个作业链中是必需的【或：不能随意去掉、合并或被替代】。

【解析】本题考核“作业成本信息与作业基础管理——作业分析”的知识点。本题考核的是评价作业增值性这个细节知识点。一般来说，增值作业必须同时满足以下条件：(1)该作业的功能是明确的；(2)该作业能为最终产品或劳务提供价值；(3)该作业在企业的整个作业链中是必需的，不能随意去掉、合并或被替代。

(2)①返工。

②理由：返工属于非增值作业，非增值作业是企业作业成本控制的重点。

【解析】本题考核“作业成本信息与作业基础管理——作业分析”的知识点。非增值作业是并非企业生产经营所必需的，不能为顾客带来价值的作业。例如，等待、延误、返工、次品处理、废品清理等，都是非增值作业。非增值作业是企业作业成本控制的重点。

(必答题 2)甲公司为一家国有企业的下属子公司，主要从事 X、Y 两种产品的生产与销售，现拟新投产 A、B 两种产品。2017 年初，甲公司召开成本管控专题会议。财务部经理发言要点如下：

根据传统成本法测算，制造费用按机器小时数分配后，A、B 产品的单位生产成本分别为 170 元和 310 元。根据作业成本法测算，A、B 产品的单位生产成本分别为 220 元和 275 元。根据 A、B 产品的生产特点，采用机器小时数分配制造费用的传统成本法扭曲了成本信息，建议按作业成本法提供的成本信息进行决策。(A 产品的单位目标成本为 180 元/件，B 产品的单位目标成本为 280 元/件。)

假定不考虑其他因素。

要求：

根据资料，结合产品单位目标成本，指出在作业成本法下 A、B 两种产品哪种更具有成本优势，并说明理由。

【参考答案】

B 产品更具有成本优势。

理由：传统成本法扭曲了成本信息，采用作业成本法测算的产品单位生产成本更合理。在作业成本法下A产品的单位生产成本大于A产品的单位目标成本，B产品的单位生产成本小于B产品的单位目标成本，所以B产品更具有成本优势。

【解析】本题考核“作业成本信息与企业经营决策”的知识点。本题更多的是根据考生的常识直接进行判断的。

（必答题3）甲集团公司（以下简称“集团公司”）下设A、B、C三个事业部及一家销售公司，A事业部生产W产品，该产品直接对外销售且成本全部可控；B事业部生产X产品，该产品直接对外销售；C事业部生产Y产品，该产品既可以直接对外销售，也可以通过销售公司销售。集团公司规定：各类产品直接对外销售部分，由各事业部自主制定销售价格；各事业部通过销售公司销售的产品，其内部转移价格由集团公司确定。为适应市场化改革，优化公司资源配置，2015年7月5日，集团公司组织召开上半年经营效益评价工作专题会，有关人员的发言要点如下：

A事业部经理：集团公司批准的本事业部上半年生产计划为：生产W产品20 000件，固定成本总额10 000万元，单位变动成本1万元。1～6月，本事业部实际生产W产品22 000件（在核定的产能范围内），固定成本为10 560万元，单位变动成本为1万元，为了进一步加强对W产品的成本管理，本事业部拟于7月份启动作业成本管理工作，重点开展作业分析，通过区分增值作业与非增值作业，力争消除非增值作业，降低产品成本。

假定不考虑其他因素。

要求：

根据资料，指出作为增值作业应同时具备的条件。

【参考答案】

作为增值作业应同时具备以下条件：(1)该作业的功能是明确的；(2)该作业能为最终产品或劳务提供价值；(3)该作业在企业的整个作业链中是必需的，不能随意去掉、合并或被替代。

【解析】本题考核“作业分析”知识点。本题直接考核教材上的理论内容，要求考生对于教材内容一定要熟悉。另外根据增值作业的条件，能够准确区分哪些属于增值作业，哪些属于非增值作业。

考点9 目标成本法★★★

【考点讲解】

（一）目标成本法概述

目标成本是基于某一特定产品的销售价格，在考虑必要利润因素后倒推出的产品预期成本。

1. 目标成本法的应用环境

企业应用目标成本法，要求有比较成熟的买方市场，且产品的设计、性能、质量、价值等呈现出较为明显的多样化特征。企业以创造和提升顾客价值为前提，以成本降低或成本优化为主要手段，谋求竞争中的成本优势，保证目标利润的实现；企业设立由研发、工程、供应、生产、营销、财务、信息等部门工作人员组成的跨部门组织，负责目标成本的制定、计划、分解、下达与考核，并建立相应的工作机制，有效协调有关部门之间的分工与合作；企业能够及时获得产品售价、成本、利润以及性能、质量、工艺、流程、技术等方面的信息。

2. 目标成本管理的核心程序

目标成本管理的核心程序主要包括：①在市场调查、产品特性分析的基础上，确定目标成本。②组建跨职能团队并运用价值工程法(或价值分析法)等，将目标成本嵌入产品设计、工程、外购材料等的过程控制之中，以使产品设计等符合目标成本要求。③将设计完的产品生产方案投入生产制造环节，并通过制造环节的“持续改善策略”，进一步降低产品制造成本。

3. 目标成本管理的实施原则

企业实施目标成本管理时应该遵循的基本原则：①价格引导的成本管理。②关注顾客。目标成本管理体系由市场驱动。③关注产品与流程设计。④跨职能合作。⑤生命周期成本削减。⑥价值链参与。

4. 目标成本法的优缺点

(1)目标成本法的主要优点是：一是突出从原材料到产品出货全过程成本管理，有助于提高成本管理的效率和效果；二是强调产品寿命周期成本的全过程和全员管理，有助于提高客户价值和产品市场竞争力；三是谋求成本规划与利润规划活动的有机统一，有助于提升产品的综合竞争力。

(2)目标成本法的主要缺点是：其应用不仅要求企业具有各类所需要的人才，更需要各有关部门和人员的通力合作，管理水平要求较高。

(二)目标成本的设定

产品目标成本=产品竞争性市场价格-产品的必要利润

一般来说，竞争性价格的确定需要考虑以下几个因素：可接受价格、竞争对手分析、目标市场份额。确定竞争性价格的具体方法主要有两种：①市价比较法；②目标份额法。

投资者的必要报酬率是指投资者投入资本所要求的收益率，从资本市场角度则体现为企业加权平均资本成本。

根据产品的目标价格及必要利润，可以测定产品的目标成本。

（三）目标成本控制与产品设计

目标成本法的关键环节就是如何将已确定的目标成本真正地落到“实处”。这里的“实处”包括两层含义，即事前控制、事中控制。

1. 用目标成本约束产品设计

从产品设计环节入手，从满足客户需求，平衡产品的价格与功能，需要将“目标成本”嵌入产品设计过程，使目标成本能够真正“约束”产品设计。

2. 应用价值工程技术进行产品设计

利用价值分析进行产品设计，主要包括两方面：

（1）以顾客需求为导向利用价值分析指导产品设计。

要求企业在产品设计过程中，高度关注来自顾客对产品性能、质量、成本等的期望。

产品设计一般可以区分为构想设计、基本设计、详细设计与工序设计等不同阶段。不论处于何一阶段，都应以目标成本为依据。

（2）产品的设计分析。

产品的设计分析通过对各种不同的备选设计方案进行比较，并对各种方案下的产品功能、成本水平等进行测试，以选择出最符合顾客偏好、同时未超出目标成本的设计方案。

（四）目标成本控制及持续改善

供应链管理、跨职能团队组织运作是促进目标成本控制、促进成本持续改善的重要保障。

1. 供应链管理

价值链上所有成员（包括供应商、分销商、服务提供商、顾客等）都应被纳入目标成本管理之中。其中，作为价值链上游的供应链，是企业成本管理的重中之重。

强化供应链管理的方法：合格供应商的评定、建档管理及信息更新非常重要，但更重要的是加强企业与供应商之间的联动，并为供应商降低供货成本提供足够激励。激励供应商的一种普遍做法是企业要让供应商分享因跨组织合作产生成本削减的各种好处（包括信息共享、财务激励等等）。

2. 目标成本管理中的跨职能团队

公司的组织结构可能是矩阵式的，也可能是纵向功能式的，但组建横向的跨职能团队则是目标成本管理所必需的。这些跨职能团队包括：设计中的跨职能团队、制造过程中的跨职能团队，一体化的跨职能团队等。

在目标成本管理中，跨职能团队要自始至终地对产品设计、制造、销售、服务的全过程负责。

热题解析

（必答题 1）甲公司是一家从事汽车整车研发、制造、销售和服务的上市公司，计划2019年通过新投产A型汽车进入新能源汽车市场，鉴于汽车行业竞争激烈，且产品的设计、性能、质量、价值等要素呈现明显的多样化特征，甲公司计划对A型汽车采用目标成本法进行管理，并制定了A型汽车目标成本管理实施方案。实施方案部分要点如下：

（1）组建跨部门团队。甲公司成立由采购、制造、销售和财务四个职能部门组成的跨部门目标成本管理小组，负责目标成本的制定、计划、分解、下达与考核，并建立相应工作机制，有效协调有关部门之间的分工与合作。

（2）收集相关信息。甲公司通过市场调查收集应用目标成本法所需的相关信息。截至2018年末，甲公司已收集到实施成本管理所需的产品售价、成本和利润等必要财务信息。

（3）确定目标成本。在综合考虑客户感知的产品价值、竞争产品的预期功能和售价以及公司针对新产品的战略目标等因素基础上，甲公司确定A型汽车的目标售价为竞争性市场价格30万元/辆；在综合考虑利润预期、历史数据等因素的基础上，甲公司确定A型汽车的必要利润为目标售价的15%。

假定不考虑其他因素。

要求：

（1）根据资料（1），指出甲公司跨部门团队的构成是否合理，并说明理由。

（2）根据资料（2），判断甲公司收集到的相关信息能否满足应用目标成本法的需要，并说明理由。

（3）根据资料（3），结合竞争性价格和必要利润，计算确定A型汽车的目标成本，并指出确定竞争性价格的具体方法有哪些。

【参考答案】

（1）不合理。

理由：设计在目标成本法中至关重要，甲公司跨部门团队缺少研究与开发【或：缺少设计】等职能部门。

【解析】本题考核“目标成本法的应用环境”的知识点。目标成本法的应用环境其中包括，企业应成立由研究与开发、工程、供应、生产、营销、财务、信息等有关部门组成的跨部门团队，负责目标成本的制定、计划、分解、下达与考核，并建立相应的工作机制，有效协调有关部门之间的分工与合作。

（2）不能满足。

理由：应用目标成本法，企业应取得目标成本法计算所需的产品售价、成本、利润以及性能、质量、工艺、流程、技术等方面各类财务和非财务信息。

或：
收集到的信息还需非财务信息。

或：
还需收集性能、质量、工艺、流程、技术等方面信息。

【解析】本题考核“目标成本法的应用环境”的知识点。目标成本法的应用环境其中包括，企业能及时、准确取得目标成本计算所需的产品售价、成本、利润以及性能、质量、工艺、流程、技术等方面各类财务和非财务信息。

(3)目标成本=30−30×15%=25.5(万元)

确定竞争性价格的具体方法：市价比较法、目标份额法。

【解析】本题考核“目标成本的设定”的知识点。产品目标成本=产品竞争性市场价格−产品的必要利润，产品的必要利润=产品竞争性市场价格×产品的必要利润率。题干中给出公式中相关数据，代入计算即可。确定竞争性价格的具体方法是对知识的直接考核，默写即可。

(必答题2)甲公司为一家生产制造企业，下设X、Y两个分厂，其中X分厂主要从事A产品的生产，Y分厂主要从事B、C两种产品的生产。因产品成本构成存在较大的差异，X分厂和Y分厂分别采用标准成本法和作业成本法对产品成本进行核算与管理。2018年4月初，甲公司管理层召开月度成本分析会议，研究上月成本管理中存在的主要问题及改进措施。部分参会人员发言要点摘录如下：

甲公司财务总监：鉴于当前市场竞争越来越激烈，A、B、C产品与市场上同类产品的差异性越来越小，为提高公司产品的市场竞争力并确保目标利润的实现，建议采用成本法对产品成本进行核算与管理。

假定不考虑其他因素。

要求：

结合资料，指出目标成本法的主要优点。

【参考答案】

主要优点：①突出从原材料到产品出货全过程成本管理，有助于提高成本管理的效率与效果；②强调产品寿命周期成本的全过程和全员管理，有助于提高客户价值和产品市场竞争力；③谋求成本规划与利润规划活动的有机统一，有助于提升产品的综合竞争力。

【解析】本题考核“目标成本法概述——目标成本法的优缺点”的知识点。直接考核原文的送分题目，一定要结合教材相应内容答题得分。

(必答题3)甲公司为一家制造类企业，主要生产X、Y两种产品。X、Y两种产品均为标准化产品，市场竞争非常激烈。甲公司高度重视战略成本管理方法的运用，拟通过成本领先战略助推企业稳步发展。相关资料如下：

(1)随着业务发展和生产过程的复杂化，甲公司制造费用占生产成本的比重越来越大，且制造费用的发生与传统成本法采用单一分摊标准的相关性越来越小。甲公司自 2012 年以来采用作业成本法进行核算与管理。

2016 年 6 月，X、Y 两种产品的产量分别为 500 台和 250 台，单位直接成本分别为 0.4 万元和 0.6 万元。此外 X、Y 两种产品制造费用的作业成本资料如下表所示：

作业名称	作业成本/万元	成本动因	作业量		
			X 产品	Y 产品	合计
材料整理	200	人工小时	100	60	160
机器运行	400	机器小时	300	100	400
设备维修	100	维修小时	50	50	100
质量检测	150	质检次数	25	25	50
合计	850	–	–	–	–

(2)通过作业成本法的运用，甲公司的成本核算精度大大提高。为此，甲公司决定通过作业成本法与目标成本法相结合的方式进行成本管理。通过市场调研，甲公司在综合考虑多种因素后，确定 X、Y 两种产品的竞争性市场单价分别为 1.85 万元和 1.92 万元；单位产品必要利润分别为 0.20 万元和 0.25 万元。

假定不考虑其他因素。

要求：

(1)根据资料(1)，结合作业成本法，分别计算 X、Y 两种产品的单位制造费用，并指出作业成本法及传统成本法下制造费用分摊标准的区别。

(2)根据资料(2)，结合目标成本法，分别计算 X、Y 两种产品的单位目标成本，并说明甲公司确定竞争性市场价格应综合考虑的因素。

(3)根据资料(1)和(2)，结合上述要求 1 和要求 2 的计算结果，指出甲公司应重点加强哪种产品的成本管控，并说明理由。

【参考答案】

(1)X 产品的单位制造费用

=[100×(200/160)+300×(400/400)+50×(100/100)+25×(150/50)]/500

=1.1(万元)

Y 产品的单位制造费用

=[60×(200/160)+100×(400/400)+50×(100/100)+25×(150/50)]/250

=1.2(万元)

[或：X 产品的制造费用

=100×(200/160)+300×(400/400)+50×(100/100)+25×(150/50)=550(万元)

Y 产品的制造费用

=60×(200/160)+100×(400/400)+50×(100/100)+25×(150/50)=300(万元)

X 产品的单位制造费用=550/500=1.1(万元)

Y 产品的单位制造费用=300/250=1.2(万元)]

区别：作业成本法下，制造费用根据多种作业动因进行分配；传统成本法下，制造费用主要采用单一分摊标准进行分配。

【解析】 本题考核“作业成本法”的相关知识点。具体计算时按照不同的作业动因，将每种作业成本进行分配。作业成本法下分配基础是按照不同的作业进行的，而传统成本法以单位产品耗用某种资源占当期该类资源消耗总额的比例作为所有间接制造成本分配依据。

(2)X 产品单位目标成本=1.85-0.20=1.65(万元)

Y 产品单位目标成本=1.92-0.25=1.67(万元)

【解析】 本题考核“目标成本的设定”的知识点。产品目标成本=产品竞争性市场价格-产品的必要利润。题干中直接给出公式中相关数据，代入计算即可。

应综合考虑的因素：客户可接受的价格、主要竞争对手情况、自身目标市场份额。

【解析】 本题考核“竞争性价格的确定”的知识点。竞争性价格的确定需要考虑可接受价格、竞争对手分析和目标市场份额三个因素。

(3)甲公司应重点加强 Y 产品的成本管理。

理由：Y 产品的实际单位成本为 1.8 万元大于目标成本 1.67 万元。

X 产品的实际单位成本为 1.5 万元小于目标成本 1.65 万元。

【解析】 本题考核“目标成本管理”的知识点。根据目标成本与企业的实际成本比较，实际成本超过目标成本，这类产品应该重点加强成本管理。

(必答题 4) 甲集团公司(以下简称“集团公司”)下设 A、B、C 三个事业部及一家销售公司。A 事业部生产 W 产品，该产品直接对外销售且成本全部可控；B 事业部生产 X 产品，该产品直接对外销售；C 事业部生产 Y 产品，该产品既可以直接对外销售，也可以通过销售公司销售。集团公司规定：各类产品直接对外销售部分，由各事业部自主制定销售价格；各事业部通过销售公司销售的产品，其内部转移价格由集团公司确定。为适应市场化改革、优化公司资源配置，2015 年 7 月 5 日，集团公司组织召开上半年经营效益评价工作专题会。有关人员的发言要点如下：

B 事业部经理：集团公司年初下达本事业部的年度目标利润总额为 10 000 万元。本事业部本年度生产经营计划为：生产并销售 X 产品 60 000 台，全年平均销售价格 2 万元/台，单位变动成本 1 万元。1~6 月，本事业部实际生产并销售 X 产品 30 000 台，平均销售价格 2 万元/台，单位变动成本为 1 万元。目前，由于市场竞争加剧，预计下半年 X 产品平均销售价格将降为 1.8 万元/台。为了确保完成全年的目标利润总额计划，本事业部拟将下半年计划产销量均增加 1 000 台，并在全年固定成本控制目标不变的情况下，相应调整下半年 X 产品单位变动成本控制目标。

要求：

根据资料，分别计算 B 事业部 X 产品 2015 年全年固定成本控制目标，以及 2015 年下半年 X 产品单位变动成本控制目标。

【参考答案】

X 产品 2015 年固定成本控制目标 = 60 000×2−60 000×1−10 000 = 50 000（万元）

调整后下半年 X 产品单位变动成本的控制目标

=（30 000×2+31 000×1.8−30 000×1−50 000−10 000）÷31 000 = 0.83（万元/台）

【解析】本题考核"目标成本法的计算"知识点。本题的计算依据是：产品目标成本 = 产品竞争性市场价格 − 产品的必要利润，其中产品的必要利润一般指的是产品的目标利润。

（必答题 5）甲集团公司（以下简称"集团公司"）下设 AB 两个事业部，分别从事医药化工，电子设备制造业务。2014 年 7 月 10 日，集团公司召开上半年工作会议，就预算执行情况及其企业发展的重要问题进行了专题研究。成本管控方面的会议要点如下：

A 事业部本年度对 X 药品实施了目标成本管理。目前，A 事业部 X 药品的单位生产成本为 9 万元/吨，市场上主要竞争对手的 X 药品平均销售价格为 8.8 万元/吨。A 事业部要求 X 药品的成本利润率为 10%。

假定不考虑其他因素。

要求：

根据资料，依据目标成本法的基本原理，参照主要竞争对手同类产品的平均销售价格，分别计算 A 事业部 X 药品的单位目标成本及单位成本降低目标。

【参考答案】

X 药品的单位目标成本 = 8.8/（1+10%）= 8（万元/吨）

X 药品的单位成本降低目标 = 9−8 = 1（万元/吨）

［或：X 药品的单位成本降低目标 =（9−8）/9 = 11.11%］

【解析】本题考核"目标成本法"知识点。目标成本是基于某一特定产品的销售价格，在考虑必要利润因素后倒推出的产品预期成本。题中告知 X 药品的成本利润率为 10%，用单位售价/（1+成本利润率）即可求得单位目标成本。

以绝对数的形式计算：单位成本降低目标 = X 药品的单位生产成本 − X 药品的单位目标成本，或者是以相对数的形式计算，即（X 药品的单位生产成本 − X 药品的单位目标成本)/X 药品的单位生产成本。

考点 10　成本管理前沿★★

【考点讲解】

(一)全生命周期成本管理

1. 全生命周期成本的概念

广义的全生命周期成本包括产品研发成本、产品生产成本、产品营销成本、消费者购买后的使用成本以及产品废弃成本。

2. 全生命周期成本管理

产品全生命周期成本管理的目标要与企业的战略目标一致。若企业执行的是低成本战略，则全生命周期成本管理的目标就是追求成本最低化。若企业执行的是差异化和目标集聚战略，则全生命周期成本管理的目标就是实现在一定成本水平下的收益最大化，应充分考虑收益和成本之间的关系，使净收益最大化，而不单单追求成本最低化。

3. 全生命周期成本的管理方法

全生命周期通常划分产品研发阶段、产品生产阶段、产品营销阶段、产品售后服务和废弃四个阶段。具体内容见表 5-8 所示。

表 5-8　全生命周期成本的管理方法

阶段	项目	相关说明
产品研发阶段	定义	包括产品在生产之前的市场调研、研究开发和产品设计
	内容	实务中，多采用价值工程分析法来权衡产品成本与功能之间的关系。价值工程是以产品功能分析为核心，力求用最低的成本实现产品的必备功能，从而提高价值的一种方法。其计算公式为：价值(V)=功能(F)/成本(C)
产品生产阶段	定义	是产品由设计变为现实的阶段
	内容	成本管理的策略包括标杆成本的制定、作业成本核算、适时生产管理等，还可以将目标成本和作业成本结合起来控制企业的生产成本
产品营销阶段	内容	①初创阶段的产品：较多地投入广告宣传费用； ②成熟期的产品：适当减少宣传费用的投入； ③衰退期的产品：注重短期收益，对每一笔支出要考虑成本与效益原则
产品售后服务阶段	内容	①考虑顾客使用阶段的成本，降低产品出售后由于产品质量问题造成的各种损失，减少索赔违约损失、降价处理损失，以及对废品、次品进行三包服务而产生的成本，还要考虑或有成本、机会成本等； ②维护阶段，在提高产品质量的基础上降低维护费用支出

续表

阶段	项目	相关说明
废弃阶段	内容	产品废弃或升级时，对客户的追加成本及企业的替换成本进行核算，以保证产品成本能够得到全面反映，准确核算产品盈利能力

(二)质量成本管理

1. 质量成本管理的含义

质量成本管理是以质量成本为核算内容的会计核算与管理体系。其通过事前的最佳质量成本决策、日常的质量成本控制以及事后的质量成本核算与分析三个环节来加强质量成本管理，使会计工作更好地为全面质量管理服务，达到改进产品质量、降低产品寿命周期成本、提高企业经济效益和社会效益的目的。

2. 质量成本的内容

根据经济形态的类型，质量成本分为运行质量成本和外部质量保证成本两部分。

(1)运行质量成本。

运行质量成本是指企业为保证和提高产品质量而支付的一切费用以及因质量故障所造成的损失费用之和。按照经济用途分类，运行质量成本可分为预防成本、鉴定成本、内部损失成本和外部损失成本。

(2)外部质量成本。

外部质量保证成本是指为用户提供所要求的客观证据所支付的费用，包括：①为提供特殊的、附加的质量保证措施、程序、数据所支付的费用；②产品的验证试验和评定的费用；③为满足用户要求，进行质量体系认证所发生的费用。

3. 质量成本核算

质量成本一般先由各核算网点核算，再由企业财会部门核算。最常见的核算方案有独立核算形式和非独立核算形式两种。

(1)独立核算形式。

优点：简便易行，不影响现有的会计核算体系；缺点：不能对质量成本的实际发生数进行准确和有效的控制。

(2)非独立核算形式。

优点：能对质量成本的实际数进行准确而有效的控制；缺点：账务处理比较繁重。

4. 质量成本的计量

质量成本根据其具体表现形式可分为显性质量成本和隐性质量成本。

(1)显性质量成本的计量。

显性质量成本由预防成本、鉴定成本、内部损失成本及部分外部损失成本构成。

与传统生产成本相比，该类质量成本往往被掩盖于传统会计账簿中各个账户里，因此，要根据日常财务会计的记录追溯显性质量成本时，需要对与显性质量成本相关的账户当期发生额进行分析，找出其中可归属于显性质量成本的金额，再进行汇总，最后得出一定期间内显性质量成本的发生额及其明细。

(2)隐性质量成本的计量。

隐性质量成本无法从财务数据中分析取得，且其数额可能较大，因此只能通过估计的方法进行计量。评估隐性质量成本的常用方法有如下三种：

a. 乘数法，简单地假定全部外部损失成本是已计量的外部损失成本的一定倍数。其计算公式如下：

全部外部损失成本＝K×已计量外部损失成本

隐性质量成本＝全部外部损失成本－已计量外部损失成本

式中：K 为乘数因子，根据经验估计确定。

b. 市场研究法，通常用来判断不良质量对销售和市场份额的影响。

c. 塔古奇损失函数法，假定任一个质量特性相对于目标值的偏离都会导致隐性质量成本的发生，而且当质量特性的实质值偏离目标值时，隐性质量成本以平方倍增加。其计算公式如下：

$$L(Y)=K(Y-T)^2$$

式中：K 为企业外部损失成本结构的比例函数；Y 为质量特性的实际值；T 为质量特性的目标值；L 为隐性质量成本。

5. 质量成本的控制和报告

质量成本控制是指通过各种措施和手段达到质量成本目标的一系列管理活动，是对质量成本发生和形成的全过程进行的控制，一般包括新产品开发设计阶段的质量成本控制、生产过程的质量成本控制、销售过程的质量成本控制以及质量成本的日常控制四方面内容。

质量成本报告是衡量企业在某个特定期间的质量成本构成情况的报表及质量成本分析评价的报告。主要包括：①各质量成本要素占总质量成本的比重；②各质量成本要素及总质量成本金额占销售成本或销售收入的比重；③如果企业制定了质量成本预算，则还需要反映实际数与预算数的差额。

(三)环境成本管理

1. 环境成本的概念

环境成本指本着对环境负责的原则，为管理企业活动对环境造成的影响而被要求采取措施的成本，以及因企业执行环境目标和要求所付出的其他成本。

2. 环境成本的分类及内容

从不同的视角可以对环境成本进行多种分类，具体分类如下：

(1)环境成本控制的角度：事前环境成本、事中环境成本以及事后环境成本。

(2)环境成本形成的角度：企业环保系统的研究开发成本、生产过程直接降低环境负荷的成本、生产过程间接降低环境负荷的成本、销售及回收过程降低环境负荷的成本、企业配合社会地域的环保支援成本以及其他环保支出。

(3)环境成本空间范围角度：内部环境成本和外部环境成本。

3. 环境成本的确认与计量

环境成本的确认，目前一般包括为达到环境保护法规所强制实施的环境标准所发生的费用、国家在实施经济手段保护环境时企业所发生的成本费用这两种情况。

环境成本必须是可计量或可估计的，但是由于环境成本自身的特点，在对环境成本进行计量时，除了要运用会计的基本计量模式外，还应有下列补充：

(1)计量单位以货币计量为主，但要适量使用一些实物或技术的计量形式。

(2)在计量属性上，环境成本计量虽然仍以历史成本为主，但对诸如涉及可能的未来环境支出和负债、准备金提取进行合理判断时，可采用防护费用法、恢复费用法、政府认定法和法院裁定法等非历史成本计量属性。

4. 环境成本的核算

环境成本主要核算方法有：传统成本核算方法、作业成本法、生命周期成本法和完全成本法四种。具体内容见表 5-9 所示。

表 5-9　环境成本的核算方法

方法	项目	相关说明
传统成本核算方法	内容	产品成本通常包括直接材料、直接人工和制造费用，环境成本一般列入制造费用项目中，然后采用一定方法分配到各种产品的成本，或将环境成本直接列入“管理费用”“营业外支出”等账户
	优缺点	优点：比较简单、直观； 缺点：传统的分配标准带来偏差，不利于企业的长期经营
作业成本法	定义	将相关环境成本根据单个产品对这些作业的要求进行分配
	优缺点	保证了分配结果的准确性和产品定价的合理性，企业可以更具体地识别环境成本动因，更准确地对环境费用进行归集和分配，也更能有效地对环境成本实施控制

续表

方法	项目	相关说明
生命周期成本法	定义	生命周期成本法是一种对产品在整个寿命周期里的所有成本进行确认和计量的方法。其可将环境成本分为普通生产经营成本、受规章约束的成本及或有负债成本这三类
	优缺点	优点：补充了或有负债成本的核算，保证产品成本项目的完整性，同时符合收入与费用的配比原则和权责发生制原则，有利于产品的定价，便于企业对环境成本进行有效的管理。 缺点：实务中某些所需资料难以取得，或难以保证资料的质量；成本的期间界定不是很明显，某些期间环境成本归集可能不够准确
完全成本法	定义	将与企业的经营、产品或劳务对环境产生的影响有关的内部成本(包括内部环境成本)和外部成本综合起来的会计方法
	优缺点	优点：同时考虑内外部环境成本，使决策者了解生产过程中内部环境成本的成因，作出有利于企业可持续发展的决策； 缺点：外部环境成本的确认与计量较难

(四)环境成本控制

在企业经营管理中，应该实行环境成本管理目标责任制、构建环境成本控制系统以及推行无污染清洁生产工艺，以加强企业环境成本管理，进而提高企业竞争力，实现可持续发展。

热题解析

(必答题)甲公司是一家从事汽车整车研发、制造、销售和服务的上市公司，计划2021年通过新投产A型和B型汽车进军新能源汽车市场，鉴于汽车行业竞争激烈，且产品的设计、性能、质量、价值等要素呈现明显的多样化特征，甲公司采用前沿的成本管理理念对其成本进行管理，为此，甲公司制定并实施了以下方案：

(1)引入广义的全生命周期成本管理理念，从产品设计生产、销售到物流过程发生的成本这几个环节去切入，促使企业克服短期行为，培养长期竞争的优势。

(2)在产品全生命周期的研发阶段，企业应努力研发出既适应市场需求，又不会生产过剩，功能齐全且具有竞争力的产品。为了提高产品的价值，企业可以通过大幅度增加研发成本来达到功能小幅度提高。

(3)试行质量成本管理，增设“质量成本”一级会计科目，并在其下设置“预防成本”、“鉴定成本”、“内部损失成本”和“外部损失成本”四个二级明细科目，将产品质量改进措施费、产品检测发现的可修复废品发生的修复费记入“质量成本——预防成本”科目，将产品检测发现的不可修复废品的成本记入"质量成本——鉴定成本"科目。

(4)定期编制质量成本报表，并将其与企业财务报表一并对外报出。

(5)推行环境成本管理，并采用作业成本法对其核算。2021年实际生产A型和B型汽车分别为1 000台和800台，相关环境成本的资料如下：

作业成本库	消耗资源(元)	成本动因	A型汽车	B型汽车
废弃物搬运成本	20 000	搬运次数	60	40
焚化炉运转成本	50 000	运转小时	300	200
废弃物弃置成本	16 000	废弃物吨数	30	10

假定不考虑其他因素。

要求：

(1)根据资料(1)，指出甲公司对广义的全生命周期成本的理解是否存在不当之处，并说明理由。

(2)根据资料(2)，判断甲公司提高产品价值的途径是否正确，并说明理由。

(3)根据资料(3)，判断甲公司会计科目的设置以及会计处理是否正确，如果不正确，请指出正确的设置和会计处理。

(4)根据资料(4)，判断甲公司的决议是否正确，如果不正确，请说明理由。

(5)根据资料(5)，分别计算A型汽车和B型汽车应承担的环境成本。

【参考答案】

(1)存在不当之处。

理由：广义的全生命周期成本，不仅包括产品设计生产、销售到物流过程发生的成本，还包括消费者购入产品后所发生的使用成本、废弃处置成本以及社会责任成本。

【解析】本题考核"全生命周期成本的概念"相关知识点。广义的全生命周期成本包括产品研发成本、产品生产成本、产品营销成本、消费者购买后的使用成本以及产品废弃成本。

(2)甲公司的处理不正确。

理由：产品价值＝功能/成本，成本大幅度增加，功能小幅度提高，产品价值不能提高。

【解析】本题考核"全生命周期成本的管理方法"相关知识点。

产品研发阶段，多采用价值工程分析法来权衡产品成本与功能之间的关系。

价值(V)＝功能(F)/成本(C)

提高产品价值的主要途径有：①成本不变，功能提高；②功能不变，成本下降；③成本略有增加，功能大幅度提高；④功能略有下降，成本大幅度下降；⑤成本降低，功能提高。

(3)甲公司对会计科目的设置正确，对会计处理的说明不正确。

正确的会计处理：产品质量改进措施费记入“质量成本——预防成本”科目，

产品检测发现的可修复废品发生的修复费、不可修复废品的成本均记入“质量成本——内部损失成本”科目。

【解析】本题考核“质量成本的核算和计量”相关知识点。质量成本的计量分为显性质量成本的计量和隐形质量成本的计量。这部分是今年教材新增内容，尤其是其账务处理，大家要引起足够的重视。

(4)甲公司的决议不正确。

理由：质量成本报表是内部报表，供企业管理人员尤其是最高决策者使用的。

【解析】本题考核“质量成本的控制和报告”相关知识点。质量成本报告是衡量企业在某个特定期间的质量成本构成情况的报表以及质量成本分析评价的报告。质量成本报表时内部报表，其有多种不同的样式和类型，不对外报出，供企业内部使用，以了解质量成本的高低及构成，方便进行决策。

(5)废弃物搬运成本分配率＝20 000/(60+40)＝200

焚化炉运转成本分配率＝50 000/(300+200)＝100

废弃物弃置成本分配率＝16 000/(30+10)＝400

A 型汽车的环境成本总额＝60×200+300×100+30×400＝54 000(元)

B 型汽车的环境成本总额＝40×200+200×100+10×400＝32 000(元)

【解析】本题考核“环境成本的核算—作业成本法”相关内容。采用作业成本法核算环境成本时可以结合前边作业成本法的内容来理解掌握。

本章经典案例

案例1·凯乐公司的作业成本法案例

【案例背景与要求】

凯乐公司为一家制造类企业，主要生产 A、B 两种产品。

(1)产品的基本资料如下：

金额单位：元

产品	产量/件	单位产品机器小时	直接材料单位成本	直接人工单位成本
A	1 500	5	4	10
B	3 500	5	8	5

(2)凯乐公司每年制造费用总额为35 000元，与制造费用相关的作业有5个，为此设置了5个成本库。有关制造费用作业成本的资料如下表所示：

金额单位：元

作业名称	成本动因	作业成本	作业量		
			A产品	B产品	合计
设备维护	维护次数	6 000	8	2	10
订单处理	生产订单份数	10 000	70	30	100
机器调整准备	调整准备次数	3 600	30	10	40
机器运行	机器小时数	10 000	400	1 600	2 000
质量抽检	检验次数	5 400	60	40	100
合计	–	35 000	–	–	–

(3)通过作业成本法的运用，凯乐公司的成本核算精度大大提高。为此，凯乐公司决定通过作业成本法与目标成本法相结合的方式进行成本管理。通过市场调研，凯乐公司在综合考虑多种因素后，确定A、B两种产品的竞争性市场单价分别为30.85元和20.92元；单位产品必要利润分别为3.20元和5.25元。

假定不考虑其他因素。

要求：

(1)根据资料(1)，用传统成本法计算A、B两种产品的制造费用(用“机器小时数”作用费用分配依据)。

(2)根据资料(2)，用作业成本法计算A、B两种产品的制造费用。

(3)根据资料(1)、(2)，结合上面的计算结果，计算A、B两种产品的总成本和单位成本。

(4)根据资料(3)，分别计算A、B两种产品的单位目标成本。

(5)根据资料(1)、(2)，结合上述要求3和要求4的计算结果，指出凯乐公司应重点加强哪种产品的成本管控，并说明理由。

【参考答案】

(1)传统成本法下计算A、B产品的制造费用

A产品：1 500×5 = 7 500(小时)

B产品：3 500×5 = 17 500(小时)

A、B两种产品的机器工时总数分别为7 500小时、17 500小时，合计25 000小时，制造费用总额为35 000元，则：制造费用分配率 = 35 000/25 000 = 1.4(元)

A产品的制造费用 = 7 500×1.4 = 10 500(元)

B产品的制造费用 = 17 500×1.4 = 24 500(元)

(2)作业成本法下计算两种产品的制造费用

首先计算各项作业的成本动因分配率，计算结果如下表所示：

金额单位：元

作业名称	成本动因	作业成本	作业量			
			A 产品	B 产品	合计	分配率
设备维护	维护次数	6 000	8	2	10	600
订单处理	生产订单份数	10 000	70	30	100	100
机器调整准备	调整准备次数	3 600	30	10	40	90
机器运行	机器小时数	10 000	400	1 600	2 000	5
质量抽检	检验次数	5 400	60	40	100	54
合计	——	35 000	——	——	——	

A 产品制造费用 = 8×600+70×100+30×90+400×5+60×54 = 19 740(元)

B 产品制造费用 = 2×600+30×100+10×90+1 600×5+40×54 = 15 260(元)

(3)两种成本计算法计算的产品成本(见下表)。

两种产品计算法下甲、乙产品总成本与单位成本

单位：元

项目	A 产品(产量 1 500 件)				B 产品(产量 3 500 件)			
	总成本		单位成本		总成本		单位成本	
	传统方法	作业成本法	传统方法	作业成本法	传统方法	作业成本法	传统方法	作业成本法
直接材料	6 000	6 000	4	4	28 000	28 000	8	8
直接人工	15 000	15 000	10	10	17 500	17 500	5	5
制造费用	10 500	19 740	7	13. 16	24 500	15 260	7	4. 36
合计	31 500	40 740	21	27. 16	70 000	60 760	20	17. 36

(4)A 产品单位目标成本 = 30. 85−3. 20 = 27. 65(元)

B 产品单位目标成本 = 20. 92−5. 25 = 15. 67(元)

(5)凯乐公司应重点加强 B 产品的成本管理。

理由：B 产品的实际单位成本为 17. 36 元大于目标成本 15. 67 元。

A 产品的实际单位成本为 27. 16 元小于目标成本 27. 65 元。

案例 2 · 新科公司作业成本和目标成本分析案例

【案例背景与要求】

新科公司为一家生产制造企业，下设 A、B 两个分厂，其中 A 分厂主要从事 X 产品的生产，B 分厂主要从事 Y 产品的生产。2021 年 1 月，新科公司管理层召开成本管控专题会议。部分参会人员发言要点如下：

(1)财务部经理：公司产品目前采用的是传统成本核算方法，将制造费用按照机器小时数分配后，X、Y产品的单位生产成本分别为150元和280元。各位都知道，相对于作业成本法来说，传统成本法存在一个最主要的缺陷，即扭曲成本信息，导致存货计价不准确、产品定价不符合实际，最终可能使得公司失去竞争优势。如果将制造费用按照作业成本法原理进行合理分配后，X、Y产品的单位生产成本为220元和265元。

(2)总经理：当前市场竞争越来越激烈，商品逐步同质化，顾客存在个性化需求。为了提高公司产品的市场竞争力，并确保目标利润的实现，应该将成本核算方法由传统成本法改为作业成本法。虽然成本核算上稍微复杂了一点，但是可以大大提升成本的精确度。

(3)市场部经理：除作业成本法外，我们还可以考虑采用目标成本法来核算产品成本。即根据产品的竞争性市场价格，倒推出产品的最高期望成本。经过我们市场部调研发现，X、Y产品的竞争性市场价格为185元和320元。为了获得市场竞争优势，建议以竞争性的市场价格为基准销售两种产品，并且以12%的利润率[(单价-单位生产成本)/单价]来确定两种产品的单位目标成本。

假定不考虑其他因素。

要求：

(1)根据资料(1)，指出作业成本法的主要优点。

(2)根据资料(2)，指出总经理的观点是否恰当，并说明理由。

(3)根据资料(3)，结合目标成本法原理，分别计算X、Y两种产品的单位目标成本。

【参考答案】

(1)作业成本法的主要优点是：一是能够提供更加准确的各维度成本信息，有助于企业提高产品定价、作业与流程改进、客户服务等决策的准确性；二是改善和强化成本控制，促进绩效管理的改进和完善；三是推进作业基础预算，提高作业、流程、作业链(或价值链)管理的能力。

(2)恰当。

理由：企业应用作业成本法的原因之一是客户个性化需求较高，市场竞争激烈。作业成本法与传统成本核算法相比，操作较为复杂，但是因为其"相关性"提高而大大提升了成本信息的精确度。

(3)X产品的单位目标成本 = 185×(1-12%) = 162.80(元)

Y产品的单位目标成本 = 320×(1-12%) = 281.60(元)

案例3·西飞公司作业成本法下的本量利决策案例

【案例背景与要求】

在节能环保广泛获得公众认可的今天，空调市场开始刮起了变频旋风，有的厂家打出了“一晚一度电”的口号。在这种情况下，西飞公司在原来生产老式空调的同时，计划引进变频技术，也生产变频空调。经过市场调查，销售部门预计，新的变频空调投放市场后，市场定价约为 8 500 元/台，生产部门测算，其单位变动成本约为5 100元，如果投产，企业将增加固定成本 1 500 万元。

公司经过分析调整，确定投资一条生产线，该生产线的工作能力为年产 50 000 台。

总经理李某对此项目充满信心，他提出，投产后该项目务必使公司的年利润增长10 000万元。

在即将投产之际，车间管理人员刘某对具体的生产进行了具体的分析，建议投产后按批次来调配生产，每批次生产 500 台。同时，刘某经过作业动因分析发现，在所有新增的1 500万元固定成本中，有近 600 万元的固定成本可追溯到与批次相关的作业中去，如机器准备和检修作业等。

假定不考虑其他因素。

要求：

(1)假定公司产量与销量相等，根据传统本量利分析模型，试确定达到公司年营业利润预期目标的产量。

(2)根据作业成本法下的本量利分析模型，重新确定达到公司年营业利润预期目标的产量。

(3)根据作业成本法下的本量利分析模型，重新确定引进生产线后企业可以增加的利润额。

【参考答案】

(1)根据传统本量利分析模型，达到公司年营业利润预期目标的产量：

Q=(15 000 000+100 000 000)/(8 500−5 100)= 33 824(台)

(2)生产批次=50 000/500=100(批)

产品的单位变动成本保持不变，即 5 100 元/台。

产品中与每批次相关的长期变动成本=6 000 000/100=60 000(元)

单位产品所分摊的长期变动成本=60 000/500=120(元)

新产品的固定成本减少到 15 000 000−6 000 000=9 000 000(元)

达到公司年营业利润预期目标的产量：

Q=(9 000 000+100 000 000)/(8 500−5 100−120)= 33 232(台)

(3)引进生产线后企业可以增加的利润额=50 000×(8 500−5 100−120)−9 000 000=155 000 000(元)

案例4·丽华公司目标成本案例

【案例背景与要求】

丽华公司是专业生产汽车美容产品的公司。针对现在家庭轿车越来越多的情况，公司市场分析人员认为，顾客到专门的洗车店洗车受到时间、经济方面的限制，市场对简便易用的洗车用具需求非常大。因此，决定生产可以借用汽车电池作为动力的电动洗车器。经过市场调查，具有竞争力的销售价格为500元，公司计划采用目标成本法确定产品的目标成本并实行目标成本管理。已知公司的产权比率为0.5，公司负债的平均利率为8%，公司的股票β系数为1.5，无风险利率为5%，市场风险溢价为10%，公司所得税税率为25%。

假定不考虑其他因素。

要求：

(1)计算本款电动洗车器的目标成本。

(2)简述目标成本管理的核心程序与实施原则。

【参考答案】

(1)由于产权比率为0.5，负债/权益=0.5，因此，负债比重为1/3，权益比重为2/3。

股权资本成本=5%(无风险利率)+1.5(贝塔系数)×10%(市场风险溢价)=20%

必要利润率=加权平均资本成本=20%×2/3+8%×(1-25%)×1/3=15.33%

目标成本=500-500×15.33%=423.35(元)

(2)目标成本管理的核心程序主要包括以下部分：

①在市场调查、产品特性分析的基础上，确定目标成本。

②组建跨职能团队并运用价值工程法(或价值分析法)等，将目标成本嵌入产品设计、工程、外购材料等的过程控制之中，以使产品设计等符合目标成本要求。

③将设计完的产品生产方案投入生产制造环节，并通过制造环节的“持续改善策略”，进一步降低产品制造成本。

企业实施目标成本管理时大体遵循以下六项基本原则：

①价格引导的成本管理；②关注顾客；③关注产品与流程设计；④跨职能合作；⑤生命周期成本削减；⑥价值链参与。

案例5·创力公司成本管理及价值链分析案例

【案例背景与要求】

创力公司是一家高科技公司，创立之初，主要开发和销售个人电脑，企业进行成本管理一般按照事前、事中和事后成本管理进行，其中事前成本管理一般包括成本预测、成本计划等，事中成本管理一般包括成本决策、成本核算和成本控制等，事后成本管理一般包括成本分析和成本考核等。创造企业价值的途径，可以根据价值链分析理论对企业的生产经营活动的影响进行分析，根据近一段时间的调查，主要分析到的内容包括：

(1)当其他电脑制造商都通过海运获取零部件以降低运费时，创力公司却进行供应链创新，以空运方式迅速铺货。

(2)创力公司花费了大量精力和时间打电话，用于寻找那些他们耳闻过的最优秀人员，以及那些他们认为对于创力公司各个职位最适合的人员。

(3)公司每一次新品展示会，创力公司都会使出百般手段，在场地布置灯光、色彩、背景音乐等每一个细节上尽善尽美地为产品营造出科技、创新和时尚的氛围。

(4)重视消费者体验，通过创新这一根本，不断推出简洁、实用、人性化的产品，特别是对市场和产品进行细分，通过对产品的调整使其拥有不同阶段的用户。

(5)偏执、创新、注重智慧、朝气、富于生命力的企业文化，给予公司不断创新发展的动力。

假定不考虑其他因素。

要求：

(1)指出创力公司进行成本管理的程序是否存在不当之处，并说明理由。

(2)依据企业价值链分析理论，对创力公司的生产经营活动进行分类。

(3)价值链分析属于战略成本管理的内容之一，请简述战略成本管理的内涵，以及价值链分析体现了战略成本管理的哪些理念。

【参考答案】

(1)存在不当之处。

理由：成本决策属于事前成本管理，成本核算属于事后成本管理。

(2)按照价值链活动的分类，创力公司的生产经营活动可作如下划分：

①进货作业：活动(1)；

②市场营销：活动(3)；

③售后服务：活动(4)；

④人力资源管理：活动(2)；

⑤企业基础设施：活动(5)。

(3)战略成本管理，是指基于战略视角，通过生成、应用具有战略相关性的成本管理信息，以服务于企业竞争优势建立的一系列成本控制方法、体系。

价值链分析是企业从事战略成本管理的逻辑起点，同时体现了战略管理的核心理念，即成本管理不是针对"成本"的管理，而是从战略角度针对企业"业务"的管理；不是针对成本结果的管理，而是针对成本形成过程及成本动因的管理。

案例 6 · 和光公司的目标成本分析案例

【案例背景与要求】

资料一：和光公司是一个专业制造高尖端自动化元件的企业。最近，它收到刚成立不久的 I 公司的一份订单，要求生产一种复杂的自动化元件 A 产品，月订单量 2 万件。根据 I 公司的建议，A 产品每件定价为 50 元才有竞争力。已知和光公司股权资本成本为 15%，负债平均利率为 7%，公司所得税税率 25%。公司的权益乘数为 2。公司计划在成本基础上，额外取得 15%的利润。

资料二：为了达到上述目标成本的要求，和光公司从各相关部门抽调员工组成了实施目标成本控制小组，实施小组根据现行的成本水平先算出生产 A 产品的单位预计成本，再与其目标成本相比较，看两者的差距有多大。为此，他们首先必须决定单位预计成本的相关成本项目有哪些，更进一步地说，即固定制造费用项目是否应成为 A 产品定价的一部分。经调查，生产 A 产品可以利用现有的生产线进行生产，不用进行新的投资，目前固定制造成本为 500 万元。已知现有产品生产量为 10 万件，达到现有生产线的生产能力的 80%，已知现有产品的盈亏平衡点为 8 万件。

资料三：实施小组对 A 产品的成本进行研究以后，初步确定 A 产品的单位预计成本为 39.70 元。经过目标成本对比，企业确定实行一定的举措以促进目标成本控制、促进成本持续改善，从而达到接受该订单的目的。

假定不考虑其他因素。

要求：

(1)根据资料一，计算 A 产品的目标成本。

(2)根据资料二，确定 A 产品是否负担目前的固定制造成本。

(3)根据资料三，确定 A 产品订单是否可以接受；如果不能接受，简述企业促进目标成本控制、促进成本持续改善的重要举措有哪些。

【参考答案】

(1)由于权益乘数为 2，因此，股东权益/总资产＝1/2＝50%，负债比重为 50%。

必要利润率＝加权平均资本成本+额外利润率＝15%×50%+7%×(1−25%)×50%+15%＝25.13%

【提示】题干中指出“公司计划在成本的基础上，额外取得 15%的利润”，所以必要利润率＝加权平均资本成本+额外利润率。必要利润率＝利润/收入。成本利润率＝利润/成本。

目标成本＝50−50×25.13%＝37.44(元)

(2)剩余生产能力＝10/80%×(1−80%)＝2.5(万件)[或：10/80%−10＝2.5(万件)]

由于月订单量为 2 万件，因此可以使用剩余生产能力进行生产。另由于现有产品的盈亏平衡点为 8 万件，小于现有产品生产量 10 万件，因此现有产品已超过盈亏平衡点，再接受新的 A 产品的订单，A 产品不用负担目前的固定制造成本。

(3) 由于单位预计成本高于目标成本，因此，从成本角度考虑，A 产品订单不能接受。

促进目标成本控制、促进成本持续改善的重要举措有三个，即供应链管理、生命周期成本管理理念和目标成本管理中的跨职能团队组织运作。

案例 7 · 飞达健身器材制造有限公司作业分析案例

【案例背景与要求】

飞达健身器材制造有限公司专业生产各种健身器材，几年来，公司业务迅猛发展，逐渐成为业内知名企业。最近一个时期，公司业绩欠佳，管理层经过市场调研，发现其他的健身器材制造企业的产品价格较自己低，但原材料、人工工资、动力费等其他费用与本公司处于同一种水平，而如果按兄弟企业的价格销售，企业就会发生亏损。管理层意识到，本企业的成本管理出了问题。

为此，公司特意高薪聘请了高级会计师范某为公司进行作业分析，同时派主管会计刘某陪同。

(1) 范某和刘某首先调查了公司的供产销，将企业的各项作业分为增值作业和非增值作业。经查，增值作业的比重为 80%，非增值作业的比重为 20%，范某认为，企业应将成本控制的重点放在非增值作业上。而刘某则认为，增值作业的比重大，而且可调控、操作的空间大，将成本控制的重点放在增值作业上才有意义，公司一直也是这样处理的。

(2) 经过调查，范某认为，企业的资源消耗并非都是合理、有效的，应该提高资源的有效性。为此，范某认为有必要对本企业进行资源动因分析。特请刘某帮助设计一套资源动因分析程序。

(3) 通过上述系列的分析，范某向公司提出了改进作业的五个方法，圆满地帮助企业解决了问题。

假定不考虑其他因素。

要求：

(1) 请分析 (1) 中哪种观点正确。

(2) 假定你是刘某，请帮助范某设计一套资源动因分析的程序。

(3) 简述改进作业的五个方法的具体内容。

【参考答案】

(1) 范某的说法正确。作业分为增值作业和非增值作业，增值作业的功能是明确的，能为最终产品或劳务提供价值，而且增值作业在企业的整个作业链中是必需的，不能随意去掉、合并或被替代，而非增值作业并非是企业生产经营所必需的，是不能为顾客带来价值的作业。由于非增值作业并非是企业生产经营所必需的，因此非增值作业是企业作业成本控制的重点。

(2)资源动因分析的程序包括：首先，调查产品从设计、试制、生产、储备、销售、运输直到客户使用的全过程，在熟悉产品生命周期的基础上识别、计量作业，并将作业适当合并，建立作业中心；其次，归集资源费用到各相应的作业；最后，分析执行作业消耗资源的情况，确定作业的有效性。

(3)改进作业的方法主要有：

①消除不必要作业以降低成本。

②在其他条件相同时选择成本最低的作业。

③提高作业效率并减少作业消耗。

④作业共享。

⑤利用作业成本信息编制资源使用计划并配置未使用资源。

第六章 企业并购

本章考点汇总

序号	考点内容	重要程度
1	企业并购动因	★★
2	企业并购类型	★★★
3	并购流程	★★★
4	并购价值评估	★★★
5	并购融资与支付	★★
6	并购后整合	★★

高频考点讲解及应用分析

考点1 企业并购动因★★

【考点讲解】

(一)企业并购的概念

公司收购和兼并总称为并购。收购是指一家企业以现金、证券等方式购买取得其他企业的部分或全部资产或股权。兼并是指一家企业以现金、证券等方式购买取得其他企业的产权，使其他企业丧失法人资格或改变法人实体、并获得对这些企业控制权的经济行为。

并购战略是企业发展战略的重要组成部分，是企业增长的有效手段，但实施并购战略并不总能创造价值。

(二)企业并购动因

企业并购动因可以从两个方面来分析，一个是企业发展动机，另一个是发挥协同效应。

1. 企业发展动机

(1)并购可以让企业迅速实现规模扩张。通过并购方式，企业可以克服内部投资方式下项目建设周期、资源获取以及配置等因素对企业发展速度的制约，在极短时间内将规模做大，实现规模扩张。

(2)并购可以突破进入壁垒和规模的限制。可以绕开行业的壁垒，以较低的成本和风险迅速进入某一行业。

(3)并购可以主动应对外部环境变化。可以进一步发展全球化、多元化经营，开发新市场或建立新的生产网，在市场需求下降、生产能力过剩的情况下，抢占市场份额，有效应对外部环境的变化。

(4)并购可以加强市场控制能力。可获取竞争对手的市场份额，迅速扩大市场占有率，增强竞争力；因减少了竞争对手，可以增加讨价还价的能力，提高盈利水平。

(5)并购可以降低经营风险。迅速实现多元化经营，降低投资组合风险，实现综合收益。

(6)并购可以获取价值被低估的公司。并购后可以比原经营者管理得更好，改善其经营管理后重新出售，可在短期内获得巨额收益。

2. 发挥协同效应

(1)经营协同。经营协同是指并购给企业生产经营活动在效率方面带来的变化及效率提高所产生的效益。主要表现为：规模经济、纵向一体化、获取市场力或垄断权、资源互补等方面。

(2)管理协同。管理协同是指并购给企业管理活动在效率方面带来的变化及效率的提高所产生的效益。主要表现为：节省管理费用、提高企业的运营效率、充分利用过剩的管理资源等方面。

(3)财务协同。财务协同是指并购在财务方面给公司带来的收益。主要表现在以下几个方面：①企业内部现金流入更为充足，在时间分布上更为合理；②企业内部资金流向更有效益的投资机会；③企业资本扩大，破产风险相对降低，偿债能力和取得外部借款的能力提高；④企业的筹资费用降低；⑤实现合理避税。

【应试技巧】本知识点属于考试可能考查的知识点，从发展动机和协同效应两个角度考核企业并购动因。本知识点的考核具有直接性，通过对案例的具体分析，判断属于哪种并购动因。需要对各个动因的具体表现和特征进行掌握。

热题解析

(必答题)甲公司为一家在上海证券交易所上市的企业，也是全球著名集成电路制造商之一。基于公司战略目标，公司准备积极实施海外并购。相关资料如下：

并购对象选择。甲公司认为，通过并购整合全球优质产业资源，发挥协同效应，是加速实现公司占据行业全球引领地位的重要举措；并购目标企业应具备以下基本条件：①应为集成电路设计商，位于产业链上游，且在业内积累了丰富而深厚的行业经验，拥有较强影响力和行业竞争力；②拥有优秀的研发团队和领先的关键技术；③具有强大的市场营销网络。经论证，初步选定海外乙公司作为并购目标。

要求：

根据资料，从经营协同效应的角度，指出甲公司并购乙公司的并购动机。

【参考答案】

并购动机：纵向一体化；资源互补。

【解析】本题考核“企业并购动因”的知识点。本题中通过并购目标应具备的条件可以看出并购动因，从“应为集成电路设计商，位于产业链上游”体现的是纵向一体化的动因；从“拥有优秀的研发和领先的关键技术和具有强大的市场营销网络”体现的是资源互补的动因。

考点2 企业并购类型★★★

【考点讲解】

企业并购可以按照不同的标准进行分类。

(1)按照并购后双方法人地位的变化情况，可将企业并购划分为控股合并、吸收合并和新设合并。

a. 控股合并。并购后并购双方都不解散，并购企业收购被并购企业至控股地位。

b. 吸收合并。并购后并购方存续，被并购企业解散。

c. 新设合并。并购后并购双方都解散，重新成立一个具有法人地位的企业。

(2)按照并购双方所处行业相关性，企业并购可以分为横向并购、纵向并购和混合并购。

a. 横向并购，是指生产经营相同(或相似)产品或生产工艺相近的企业之间的并购，实质上是竞争对手之间的并购。

b. 纵向并购，是指与企业的供应商或客户的并购，即优势企业将同本企业生产经营具有上下游关系的生产、营销企业并购过来，形成纵向生产一体化。纵向并购实质上是处于同一种产品不同生产经营阶段的企业间的并购，并购双方往往是原材料供应者或产品购买者。

c. 混合并购，指既非竞争对手又非现实中或潜在的客户或供应商的企业之间的并购。混合并购一般分为三类形态：产品扩张性并购、市场扩张性并购和纯粹的混合并购。

【提示】横向并购 VS 市场扩张性并购

相同点：生产的产品相同或相似。

不同点：横向并购强调市场也相同，即存在直接的竞争关系；市场扩张性并购强调市场不同，不存在直接的竞争关系。

(3)按照并购是否取得被并购企业同意，企业并购可以分为善意并购和敌意并购。

a. 善意并购。并购企业事先与被并购企业协商、征得其同意并通过谈判达成并购条件，双方管理层通过协商来决定并购的具体安排，在此基础上完成并购活动的一种并购。

优点：有利于降低并购行为的风险和成本，可以避免因被并购企业抗拒而带来额外的支出。

缺点：并购企业不得不牺牲自身的部分利益，以换取被并购企业的合作，而且漫长的协商、谈判过程也可能使并购行动丧失其部分价值。

b. 敌意并购。并购企业在收购被并购企业时遭到被并购企业抗拒但仍然强行收购，或者并购企业事先没有与被并购企业进行协商，直接向被并购企业的股东开出价格或者发出收购要约的一种并购。

优点：并购企业完全处于主动地位，不用被动权衡各方利益，节奏快、时间短、可有效控制成本。

缺点：估价困难，招致被并购企业的抵抗或设置障碍，风险较大；容易导致股市不良波动，甚至影响企业发展的正常秩序，因此各国都有一定的限制。

(4)按照并购的交易方式，企业并购可以分为间接收购、要约收购、二级市场收购、协议收购、股权拍卖收购等。

a. 间接收购。通过收购被并购企业大股东而获得对其最终控制权。这种收购方式相对简单。

b. 要约收购。并购企业对被并购企业所有股东发出收购要约，以特定价格收购股东手中持有的被并购企业全部或部分股份。

c. 二级市场收购。并购企业直接在二级市场上购买被并购企业的股票并实现控制被并购企业的目的。

d. 协议收购。并购企业直接向被并购企业提出并购要求，双方通过磋商商定并购的各种条件，达到并购目的。

e. 股权拍卖收购。被并购企业原股东所持股权因涉及债务诉讼等事项进入司法拍卖程序，收购方借机通过竞拍取得被并购企业控制权。

【应试技巧】本考点考试经常涉及，并且出题思路基本没有变化，如果能够仔细辨析，拿分非常容易。本考点的考核具有应用性，要求我们在掌握三种并购类型特点的同时，还要仔细阅读题干以辨析并购企业之间的关系。需要注意的是，产品扩张性并购中，如果产品的生产技术或工艺十分相近，则相当于横向并购，我们在阅读题干时，要仔细甄别其侧重点。

【热题解析】

（必答题）甲公司为一家中国企业，乙公司，丙公司为欧洲企业，丙公司为乙公司的全资子公司。甲公司计划向乙公司收购丙公司100%的股权，并购项目建议书部分要点如下：

并购背景：

甲公司为一家建筑企业，在电力建设的全产业链(规划设计，工程施工与装备制造)中，甲公司的规划设计和工程施工能力处于行业领先水平，但尚未涉入装备制造领域。在甲公司承揽的EPC(设计-采购-施工)总承包合同中，电力工程设备均向外部供应商采购。为形成全产业链优势，甲公司拟通过并购方式快速提升电站风机等电力工程设备的技术水平和制造能力。

丙公司为一家装备制造企业，以自主研发为基础，在电站风机领域拥有世界领先的研发能力和技术水平。丙公司风机业务90%的客户来自欧美，在欧美市场享有较高的品牌知名度和市场占有率，销售一直保持着较高增长水平。虽然丙公司拥有领先的技术和良好的业绩，但是风机业务并非丙公司所属集团的核心业务。

假定不考虑其他因素。

要求：

根据材料，从并购双方行业相关性角度，指出甲公司并购丙公司的并购类型。

【参考答案】

属于纵向并购中的后向一体化。

【解析】本题考核“企业并购类型”的知识点。“甲公司的规划设计和工程施工能力处于行业领先水平，但尚未涉入装备制造领域。”“丙公司为一家装备制造企业”甲公司并购丙公司属于后向一体化。

考点3 并购流程★★★

【考点讲解】

在实务中，掌握企业并购流程，并熟悉每个步骤中的具体操作过程对一名高级会计师来说是非常重要的，通常情况下来说企业并购流程主要包括以下方面：

1. 制定并购战略规划

并购战略规划的内容包括：①企业参与并购的目的；②确定搜寻潜在目标企业的标准；③选择资产并购还是股权并购，并且设计支付形式；④分析企业融资来源；⑤设置能承受的一些限度；⑥编制项目进度时间表；⑦分析并购战略风险及应对。

2. 选择并购对象

选择并购对象是一个必须经过的环节，也是并购的重要环节。具体包括选择并购的行业和选择目标企业两个方面。

3. 发出并购意向书

一般来说，并购意向书的内容简明扼要。并购意向书的内容有些有法律约束力，有些没有法律约束力。

4. 进行尽职调查

在目标企业同意并购时，并购企业一般应聘请专业的中介机构对目标企业进行尽职调查，以确定交易价格与其他条件。

并购尽职调查(又名谨慎性调查)，指投资者为了成功收购某企业的资产或股权，在双方达成意向后，由收购方对标的企业涉及本次并购的所有事项和资料进行现场调查、分析和判断，并作出专业投资意见或建议的活动。

尽职调查一般包括目标企业的基本情况、目标企业的经营成果和财务状况现状及预测数据、目标企业的法务事项以及目标企业的发展前景四个方面。

尽职调查是核实目标公司资产状况的重要途径，目的在于使买方尽可能地发现有关要购买的股权或资产的全部情况，发现风险并判断风险的性质、程度以及对并购活动的影响和后果。

5. 交易方案设计及进行价值评估

并购价值评估主要是确定四个方面的价值：并购企业价值、被并购企业价值、并购后整体企业价值和并购净收益。

6. 开展并购谈判

谈判主要涉及并购标的物、交易价格、支付方式与期限、交接时间与方式、人员的处理、有关手续的办理与配合、整个并购活动进程的安排、各方应做的工作与义务等重大问题。

实践中，如果收购方与目标企业就股权转让原则及基本条件达成共识，即可签订收购意向书或战略合作框架协议，将目标企业锁定，防止其寻找其他买家，但其只能表明双方合作意向，而没有法律约束力。

7. 作出并购决策

并购决策的基本原则：**并购净收益>0**

并购收益=并购后整体企业价值-并购前并购企业价值-目标企业的价值

并购净收益=并购收益-并购溢价-并购费用

如果并购企业支付的现金对价为 C，则：并购溢价=C-目标企业的价值。

对于目标企业而言，其并购收益就是从该并购交易中所获得的并购溢价。实际工作中，可将并购收益视为协同收益，还可以根据托宾 Q 值理论进行并购决策。

托宾 Q = 目标企业或资产的市场价值/目标企业或资产重置价值

若 $Q<1$，表明目标企业的市场价值低于其资本的重置价值，应进行并购。

若 $Q>1$，表明目标企业的市场价值高于其资本的重置价值，应放弃并购。

并购具有可行性，谈判有了结果并且合同文本已经拟出，应召开并购双方董事会，形成决议。决议形成后，董事会应提交股东(大)会讨论并批准。

8. 完成并购交易

完成并购交易分三个步骤进行：①签署并购合同；②支付并购对价；③办理并购交接。

并购合同是整个并购进行的基础，它是并购双方就所有的并购问题达成一致意见的体现，也是实际并购操作的准则和将来争议解决的根据。并购合同通常包括首部、主文(主要条款)和附件三部分。

9. 进行并购后整合

并购交易结束后，并购企业应尽快开始就并购后的企业进行整合，包括战略整合、管理整合、财务整合、人力资源整合、企业文化整合以及其他方面整合。

热题解析

(必答题 1) 甲公司和乙公司为两家高科技企业，适用的企业所得税税率均为 15%。甲公司总部在北京，主要经营业务在华北地区；乙公司总部和主要经营业务均在上海。乙公司与甲公司经营同类业务，已先期占领了所在城市的大部分市场，但资金周转存在一定的困难，可能影响未来持续发展。

2013 年 1 月，甲公司为拓展市场，形成以上海为中心、辐射华东的新的市场领域，着手筹备并购乙公司。并购双方经过多次沟通，于 2013 年 3 月最终达成一致意向。

甲公司准备收购乙公司 100%的股权，为此聘请资产评估机构对乙公司进行价值评估，评估基准日为 2012 年 12 月 31 日。资产评估机构采用收益法和市场法两种方法对乙公司价值进行评估。并购双方经协商，最终确定按市场法的评估结果作为交易的基础，并得到有关方面的认可。

假定并购乙公司前，甲公司价值为 200 亿元，乙公司价值为 28.5 亿元；并购乙公司后，经过内部整合，甲公司价值将达到 235 亿元。

甲公司应支付的并购对价为 30 亿元。甲公司预计除并购对价款外，还将发生相关交易费用 0.5 亿元。

假定不考虑其他因素。

要求：

计算甲公司并购收益和并购净收益，并从财务管理角度判断该并购是否可行。

【参考答案】

(1)计算并购收益和并购净收益：

并购收益=235-(200+28.5)=6.5(亿元)

并购溢价=30-28.5=1.5(亿元)

并购净收益=6.5-1.5-0.5=4.5(亿元)

(2)判断并购是否可行：

甲公司并购乙公司后能够产生4.5亿元的并购净收益，从财务管理角度分析，此项并购交易可行。

【解析】本题考核“作出并购决策”的知识点。企业并购的基本原则是成本效益原则，即并购净收益大于0，这样的并购才是可行的。并购净收益的计算公式如下：

并购收益=并购后整体企业价值-并购前并购企业价值-并购前被并购企业价值

并购净收益=并购收益-并购溢价-并购费用

(必答题2)甲公司为一家中国企业，乙公司，丙公司为欧洲企业，丙公司为乙公司的全资子公司。甲公司计划向乙公司收购丙公司100%的股权，并购项目建议书部分要点如下：

并购价值评估：

甲公司采用可比企业分析法、可比交易分析法对丙公司价值进行了综合评估。经评估，丙公司的评估价值为16亿元。甲公司向乙公司收购丙公司的报价为16.8亿元。

并购前，甲公司的市场价值为132亿元。如并购完成，预计两家公司经过整合后的市场价值合计将达到160亿元。此外，甲公司预计在并购价款外，还将发生财务顾问费、审计费、评估费、律师费等并购交易费用0.5亿元。

假定不考虑其他因素。

要求：

根据资料，计算甲公司并购丙公司的并购收益、并购溢价和并购净收益，并据此指出甲公司并购丙公司的财务可行性。

【参考答案】

并购收益=160-132-16=12亿元

并购溢价=16.8-16=0.8亿元

并购净收益=12-0.8-0.5=10.7亿元

并购净收益大于0，具有财务可行性。

【解析】本题考核“评估并购净收益”的知识点。并购收益=并购后整体企业价值-并购前并购企业价值-并购前被并购企业价值，并购溢价=转让出价-估计价值，并购净收益=

并购收益-并购溢价-并购费用，分别代入数据计算即可。

考点 4 并购价值评估★★★

【考点讲解】

并购价值评估即对标的物的估值，估值是定价的基础，是并购双方价格谈判的主要依据。并购交易价格确定过程中的两个环节：对标的物的估值与并购交易定价。

根据评估对象的不同，可以将并购中的企业价值评估分为：评估并购企业价值、评估被并购企业价值、评估并购后整体企业价值、评估并购企业获得的净收益。这四个方面既各自独立，又相互联系，缺一不可，对并购决策的成功起着至关重要的作用。

企业并购价值评估方法有三种，分别是收益法、市场法和成本法。

1. 收益法

收益法是将被评估企业预期收益折现来确定被评估企业价值的方法，折现时其折现率反映了投资该项资产承担相应风险所获得的收益率，运用的主要方法是**现金流量折现法。**其基本思路是：在风险一定的情况下，被评估企业未来能产生的现金流量越多，企业的价值就越大，即企业内在价值与其未来产生的现金流量成正比；在现金流量一定的情况下，被评估企业的风险越大，企业的价值就越低，即企业内在价值与风险成反比。

企业价值=明确的预测期间的现金流量现值+明确的预测期之后的现金流量现值(企业连续价值)

收益法是最容易考核也是难度最大的一种价值评估方法，其基本步骤如下所示：

(1)分析历史绩效。主要对历史财务报表进行分析，重点在于企业的关键价值驱动因素。

基于稳健性原则，在实务中对于未来绩效的预测，往往从完整的损益表和资产负债表着手。预测公司的损益表和资产负债表，最常用的方法是需求驱动预测。需求驱动预测从销售额着手，其他的多数变量都来自销售预测。

(2)确定预测期间。期间的长短取决于企业的行业背景、管理部门的政策、并购的环境等，通常为5～10年。

(3)预测未来的现金流量。企业价值评估中使用的现金流量是自由现金流量，**自由现金流量=(税后净营业利润+折旧及摊销)-(资本支出+营运资金增加额)。**

(4)选择合适的折现率。通常，折现率可以通过加权平均资本成本模型确定，$r_{wacc}=E/(E+D)\times r_e+D/(E+D)\times r_d$。上述式中的 r_e 可以采用两种方式计算：①资本资产定价模型。计算公式为 $r_e=r_f+(r_m-r_f)\times\beta$。当并购活动引起企业负债率的变化时，需要对 β 系数进行必要的修正。可用哈马达方程对 β 系数进行调整，计算公式为：$\beta_1=\beta_0[1+(1-T)\times(D/$

E)]。②股利折现模型。当每年股利不变时，计算公式为：$r_e=D_0/P_0$。当股利以不变的增长速度增长时，计算公式为：$r_e=D_1/P_0+g$。上述式中的r_d可采用债务资本成本进行计算，计算公式为：$r_d=r\times(1-T)$。

式中：r_{WACC}为企业的加权平均资本成本；D为企业负债的市场价值；E为企业权益的市场价值；r_e为股权资本成本；r_d为债务资本成本；r_f为无风险报酬率；r_m为市场投资组合的预期报酬率；(r_m-r_f)为市场风险溢价；β为市场风险系数；β_1为负债经营的β系数；β_0为无负债经营的β系数；T为企业所得税税率；D_0为当年股利额；P_0为普通股市价；D_1为预计的年股利额；g为普通股股利年增长率。r为借款利率或者债券票面利率；T为企业所得税税率。

(5)预测企业连续价值。企业连续价值计算采用永久增长模型：$TV=FCF_{n+1}/(r_{WACC}-g)=FCF_n\times(1+g)/(r_{WACC}-g)$。

式中：TV为预测期末的终值；FCF_{n+1}为计算终值那一年的自由现金流量；FCF_n为预测期最后一年的自由现金流量；r_{WACC}加权平均资本成本；g为计算终值那一年以后的自由现金流量年复利增长率。

企业连续价值：$V_L=TV/(1+r_{WACC})^n$

(6)预测企业价值。$V=\sum_{t=1}^{n}FCF_t/(1+r_{WACC})^t+TV/(1+r_{WACC})^n$。

式中：V为企业价值；FCF_t为确定预测期内第t年的自由现金流量；r_{WACC}为加权平均资本成本；TV为预测期末的终值；n为确定的预测期。

2. 市场法

市场法是将被评估企业与参考企业、在市场上已有交易案例的企业、股东权益、证券等权益性资产进行比较，以确定被评估企业价值。市场法中常用的两种方法是可比企业分析法和可比交易分析法。

可比企业分析法是两种方法中相对重要的，考试中也更容易涉及，可比企业分析法的基本步骤为：

(1)选择可比企业。所选取的可比企业应在营运上和财务上与被评估企业具有相似的特征。当在实务中很难寻找到符合条件的可比企业时，则可以采取变通的方法，即选出一组参照企业，其中一部分企业在财务上与被评估企业相似，另一部分企业在营运上与被评估企业具有可比性。在基于行业的初步搜索得出足够多的潜在可比企业总体后，还应该用进一步的标准来决定哪个可比企业与被评估企业最为相近。

(2)选择及计算乘数。乘数一般有两类：基于市场价格的乘数和基于企业价值的乘数。如果想比较具有不同杠杆水平的企业，使用基于企业价值的估值乘数是更合适的。

(3)运用选出的众多乘数计算被评估企业的价值估计数。

(4)对企业价值的各个估计数进行平均。

可比交易分析法的基本步骤为:

(1)选择可比交易。使用可比交易分析法首先需要找出与被评估企业经营业绩相似的企业的最近平均实际交易价格,将其作为计算被评估企业价值的参照物。

(2)选择计算乘数。支付价格/收益比=并购者支付价格/税后利润,账面价值倍数=并购者支付价格/净资产价值,市场价值倍数=并购者支付价格/股票的市场价值。

(3)运用选出的众多乘数计算被评估企业的价值估计数。

(4)对企业价值的各个估计数进行平均。

3. 成本法

成本法也称资产基础法,是在合理评估被评估企业各项资产价值和负债的基础上确定被评估企业的价值。成本法的关键是选择合适的资产价值标准。成本法主要有账面价值法、重置成本法和清算价格法。

【应试技巧】企业并购价值评估是企业实施并购的基础,对整个并购过程来说十分重要,从近几年的考试情况来看,考题比较容易涉及价值评估方法中的收益法和市场法,要求通过该方法计算并购企业的价值,同时还需要掌握好三种方法各自的评估思路和方法步骤。

热题解析

(必答题1)甲公司为一家在上海证券交易所上市的企业,也是全球著名集成电路制造商之一。基于公司战略目标,公司准备积极实施海外并购。相关资料如下:

(1)并购价值评估。甲公司经综合分析认为,企业价值/息税前利润(EV/EBIT)和市价/账面净资产(P/BV)是适合乙公司的估值指标。甲公司在计算乙公司加权平均评估价值时,赋予EV/EBIT的权重为60%,P/BV的权重为40%。

可比交易的EV/EBIT和P/BV相关数据如下表所示:

交易日期	可比交易	EV/EBIT	P/BV
2015年6月9日	可比交易1	10.47	1.81
2015年7月15日	可比交易2	9.04	2.01
2015年9月10日	可比交易3	12.56	1.53
2015年9月28日	可比交易4	7.44	3.26
2015年11月2日	可比交易5	15.49	6.39

(2)并购对价。根据尽职调查,乙公司2015年实现息税前利润(EBIT)5.5亿元,2015年年末账面净资产(BV)21亿元。经多轮谈判,甲、乙公司最终确定并购对价为60亿元。

假定不考虑其他因素。

要求：

(1)根据资料(1)和(2)，运用可比交易分析法，计算如下指标：①可比交易的 EV/EBIT 平均值和 P/BV 平均值；②乙公司加权平均评估价值。

(2)根据资料(1)和(2)，运用可比交易分析法，从甲公司的角度，判断并购对价是否合理，并说明理由。

【参考答案】

(1)①EV/EBIT 的平均值=(10.47+9.04+12.56+7.44+15.49)/5=11(倍)

P/BV 的平均值=(1.81+2.01+1.53+3.26+6.39)/5=3(倍)

②按可比交易 EV/EBIT 平均值计算，乙公司评估价值=5.5×11=60.5(亿元)

按可比交易 P/BV 平均值计算，乙公司评估价值=21×3=63(亿元)

乙公司加权平均评估价值=60.5×60%+63×40%=36.3+25.2=61.5(亿元)

[或：乙公司加权平均评估价值=5.5×11×60%+21×3×40%=61.5(亿元)]

【解析】本题考核"企业并购价值评估方法"的知识点。根据题中给出的数据先计算出乘数，得出乘数的平均值与被评估企业经调整后对应的财务数据相乘就可以得出被评估企业的一个价值估计数。

(2)对甲公司而言，并购对价合理。

理由：乙公司的并购对价为 60 亿元，低于乙公司评估价值 61.5 亿元。

[或：可比交易法下溢价水平加权平均值=11×60%+3×40%=7.8(倍)

并购对价下溢价水平加权平均值=60/5.5×60%+60/21×40% =10.91×60%+2.86×40%=7.69(倍)，并购对价的溢价水平较低(7.69<7.8)。]

【解析】本题考核"企业并购价值评估方法"的知识点。根据可比企业分析法得出乙公司的评估价值是 61.5 亿元，而甲公司支付的对价是 60 亿元，则对甲公司而言，并购对价是合理的。

【提示】本题中按照 EV/EBIT 乘数计算得出的是企业价值，该价值包含债务价值，P/BV乘数计算得出的是企业股权价值，所以直接加权相加计算不太合理。

(必答题 2)甲公司系一家网络科技类上市公司，为大宗煤炭现货交易提供"线上—线下"电子商务平台服务。2015 年年初，甲公司召开董事会，讨论通过了公司未来五年规划，提出要通过并购实现规模扩张与效益增长。为落实董事会要求，甲公司管理层研究拟定了"一揽子"并购方案，要点如下：

并购对价的确定。甲公司对 F 公司的尽职调查显示：F 公司近年来盈利能力连续下滑，预计 2015 年可实现净利润为 11 500 万元(含预计可获得的一次性政府补贴 1 500 万元)；可比企业预计市盈率为 20 倍，双方初步确定并购交易对价为 22 亿元。

假定不考虑其他因素。

要求：

根据资料，运用“可比企业分析法”计算F公司的价值，并说明如何选择可比企业。

【参考答案】

F公司价值 = (11 500 − 1 500) × 20 = 200 000(万元)

选择可比企业：①所选取的可比企业应在运营上和财务上与被评估企业具有相似的特征。②当在实务中很难寻找到符合条件的可比企业时，则可以采取变通的方法，即选出一组参照企业，其中一部分企业在财务上与被评估企业相似，另一部分企业在营运上与被评估企业具有可比性。

【解析】本题考核“可比企业分析法”知识点。企业收益中的持久构成部分才是对估值有意义的，一般把不会再度发生的非经常性项目排除在外。2015年可以实现的净利润中包含一次性政府补贴，在估值过程中将该项补贴扣除。在选择可比企业时，如果很难找到符合条件的可比企业，可以采取变通的方法；当找到足够多的可比企业之后，还需要按照进一步标准选择与被评估企业最相近的企业。

考点5 并购融资与支付★★

考点讲解

（一）并购融资渠道

1. 内部融资渠道

内部融资渠道主要是指自有资金；这一融资方式，企业不必对外支付借款成本，风险很小。但在大型并购交易中，企业仅靠内部融资是不够的。

2. 外部融资渠道

(1)直接融资。从经济的角度看，直接融资可以最大限度地利用社会闲散资金，形成多样化的融资结构，降低融资成本，同时又可以通过发行有价证券提高企业的知名度。企业可以通过发行普通股、企业债券、可转换公司债券、认股权证等方式进行融资。

(2)间接融资。间接融资与发行债券方式不同之处在于：一是由于金融中介组织的介入，简化了融资操作，但也增加了融资成本；二是企业面向银行等金融组织，受到的压力更大。

从企业外部融资，具有速度快、弹性大、资金量大的优点，但缺点在于资金成本较高、风险较大。

（二）并购融资方式

并购融资方式主要有四种，分别是债务融资、权益融资、混合融资和其他特殊融资方式。

(1)债务融资。它是指企业按约定代价和用途取得且需按期还本付息的一种融资方式。

债务融资方式主要包括：并购贷款、票据融资、债券融资和租赁融资。

(2)权益融资。企业并购中最常用的权益融资方式为发行普通股融资。

(3)混合融资。常见的混合型融资工具包括可转换债券、认股权证、优先股等。

(4)其他特殊融资方式。常见的方式有过桥贷款、杠杆收购、卖方融资、信托和资产证券化。

目前上市公司进行收购时除了使用自有资金外，一般采用贷款融资、向第三方定向增发股份融资收购、换股收购及发行债券收购四种融资方式。

融资方式选择的基本原则：①融资成本高低；②融资风险大小；③融资方式对资本结构的影响；④融资的效率性。

(三)并购支付方式

企业并购涉及的支付方式主要有：

1. 现金支付方式

它是指并购企业支付一定数量的现金，以取得被并购企业的控制权。现金支付的方式主要包括用现金购买资产和用现金购买股权两种形式。

(1)用现金购买资产。它是指并购企业使用现金购买被并购企业绝大部分或全部资产，以实现对被并购企业的控制。

(2)用现金购买股权。它是指并购企业以现金购买被并购企业的大部分或全部股权，以实现对被并购企业的控制。

2. 股权支付方式

并购企业将本企业股权换取被并购企业的资产或股权。股权支付方式主要包括用股权换取资产和用股权换取股权两种形式。

(1)用股权换取资产。它是指并购企业以自己的股权交换被并购企业部分或全部资产。

(2)用股权换取股权。它是指并购企业以自己的部分股权交换被并购企业的大部分或全部股权，通常要达到控股的股数。在换股并购中，换股比例的确定是最关键的一环。确定换股比例的方法主要有三种：每股净资产之比、每股收益之比、每股市价之比。在溢价并购情况下，计算换股比例时，往往对被并购企业的对应指标赋予一个加成系数。

3. 混合支付方式

常见的支付对价组合包括：现金与股权的组合、现金与认股权证的组合、现金与优先股、现金与资产支持受益凭证的组合等。

4. 其他支付方式

其他支付方式还包括债权转股权方式、承债方式、无偿划拨方式(无偿划拨方式的优点是手续简便，有助于减少国有企业内部竞争，形成具有国际竞争力的大公司大集团；缺点是带有极强的政府色彩)等。

【应试技巧】 并购融资方式是企业并购中非常重要的一环，关系到最终的并购支付方式，并需要结合企业现状选择最适合的融资方式。该知识点主要关注各种并购融资方式的含义及其优缺点，但是从历年考试情况来看，会针对某些融资方式做拓展式的计算性考核，建议考生结合下面的考题进行适当掌握。

热题解析

（必答题1）甲公司为一家在上海证券交易所上市的企业，也是全球著名集成电路制造商之一。基于公司战略目标，公司准备积极实施海外并购。相关资料如下：

并购融资。2015年年末，甲公司资产负债率为80%。甲公司与N银行存续贷款合约的补充条款约定，如果甲公司资产负债率超过80%，N银行将大幅调高贷款利率。贷款利率如提高，甲公司债务融资成本将高于权益融资成本。

甲、乙公司协商确定，本次交易为现金收购。甲公司自有资金不足以全额支付并购对价，其中并购对价的40%需要外部融资。甲公司综合分析后认为，有两种外部融资方式可供选择：一是从N银行获得贷款；二是通过权益融资的方式，吸收境内外投资者的资金。

假定不考虑其他因素。

要求：

根据资料，指出甲公司宜采用哪种融资方式，并说明理由。

【参考答案】

甲公司宜采用的融资方式：权益融资。

理由：权益融资资本成本相对更低；从N银行贷款将会进一步提高甲公司资产负债率，从而加大财务风险。

【解析】 本题考核“并购融资方式”的知识点。因为题干中指出公司的资产负债率已经达到80%，若超过，则债务资本成本高于权益资本成本，则这种情况下企业应该选择权益融资。

（必答题2）甲公司、乙公司和丙公司为三家新能源领域的高科技企业，经营同类业务。甲公司为上市公司，乙公司、丙公司为非上市公司。甲公司总部在北京，乙公司总部在上海，丙公司总部在广州。甲公司财务状况和银行信用良好，对于银行贷款能够提供足额担保。

2014年1月，在成功并购乙公司的基础上，甲公司又着手筹备并购丙公司。2014年5月，双方经过多轮谈判后签署并购合同。合同约定，甲公司需支付并购对价15亿元。甲公司因自有资金不足以全额支付并购对价，需从外部融资6亿元。

甲公司就此并购有两种外部融资方式可供选择：一是并购贷款；二是定向增发普通股。甲公司董事会根据公司实际情况，就选择外部融资方式提出以下要求：一是尽量不稀释原有股东股权比例；二是融资需时最短，不影响并购项目的如期完成。

假定不考虑其他因素。

要求：

根据资料，分析甲公司在并购丙公司时应选择何种外部融资方式，并说明理由。

【参考答案】

甲公司应选择的外部融资方式是并购贷款。

理由：并购贷款不稀释原有股东股权比例，并且融资完成时间较短，符合董事会要求。甲公司和丙公司之间具有较高的产业相关度和战略相关性，并且甲公司财务状况和银行信用良好，对于银行贷款能够提供足额的担保。

【解析】本题考核"并购融资方式"知识点。并购贷款，是指商业银行向并购企业或并购企业控股子公司发放的，用于支付并购交易价款和费用的贷款。2015 年，中国银监会发布了《商业银行并购贷款险管理指引》，其中规定：并购交易价款中并购贷款所占比例不得高于 60%，并购贷款期限一般不得超过 7 年，商业银行原则上要求借款人提供充足的能够覆盖并购贷款风险的担保。并购贷款的好处：由于银行贷款所要求的低风险导致银行的收益率也很低，因而使企业的融资成本相应降低；银行贷款发放程序比发行债券、股票简单，发行费用低于证券融资，可以降低企业的融资费用，其利息还可以抵减所得税；此外，通过银行贷款可以获得巨额的资金，足以进行金额巨大的并购活动。分析时应该做到教材和题目资料相结合，并购贷款属于债务融资，因此不会稀释原有股东的股权，而且融资程序相对简单，用时最短，不影响并购项目的进度，所以符合题目的要求。

考点 6 并购后整合★★

【考点讲解】

取得对被并购企业的控制权，只是完成了并购目标的一半。在并购完成后，必须对被并购企业进行整合，使其与收购企业的整体战略、经营协调一致、互相配合，才能实现并购的目的。并购后整合包括：战略整合、管理整合、财务整合、人力资源整合和文化整合。

(1)战略整合：是指并购企业根据并购双方的具体情况和外部环境，将被并购企业纳入其自身发展规划后的战略安排或对并购后的企业整体经营战略进行调整，以形成新的竞争优势或协同效应。

(2)管理整合：是指在企业并购后，系统思考影响管理效果的各要素，并对这些要素进行整体设计、系统规划、系统控制，以确保预期目标实现的过程。其核心是将企业的所有理念、制度、组织、活动等归结在一个系统之下，发挥其强大作用。

(3)财务整合：是指并购企业对被并购企业的**财务制度体系、会计核算体系**统一管理和监控，使被并购企业按并购企业的财务制度运营，最终达到对并购后企业经营、投资、融资等财务活动实施有效管理和实现收益最大化的目的。

财务整合的内容包括财务管理目标的整合、会计人员及组织机构的整合、会计政策及会计核算体系的整合、财务管理制度体系的整合、存量资产的整合、资金流量的整合、业绩评估考核体系的整合。

(4)人力资源整合：是指在企业并购后，依据战略与管理的调整，引导企业内各成员的目标与企业目标朝同一方向靠近，对人力资源的使用达到最优配置，提高企业绩效的过程。

(5)文化整合：是指在企业并购后将相异或矛盾的文化特质在相互适应后形成一种和谐的、更具生命力和市场竞争力的文化体系。

【应试技巧】 并购后整合是并购成功的重要原因，也是考试的重点内容。从历年考题的形式来看，尽管都是给出资料要求逐项判断，但是往往一眼就能看出整合类型。因此，大家只要熟悉整合类型的名称或惯用表示方式，到题目中找到战略(或目标、规划、经营理念等)、管理(理念、制度)、人力资源(部门或人员)和文化等关键词，就能准确判断。另外，从目前来看，本考点有两种提问类型：①指出合并后进行了哪些类型的整合；②说明并购取得成功的原因。

【热题解析】

(必答题) 甲公司系一家网络科技类上市公司，为大宗煤炭现货交易提供“线上—线下”电子商务平台服务。2015 年年初，甲公司召开董事会，讨论通过了公司未来五年规划，提出要通过并购实现规模扩张与效益增长。为落实董事会要求，甲公司管理层研究拟定了“一揽子”并购方案，要点如下：

并购后的整合。一旦并购业务完成，甲公司将积极筹划并购完成后的整合工作，尤其是财务整合。

假定不考虑其他因素。

要求：

根据资料，指出甲公司并购后财务整合的主要内容。

【参考答案】

并购后财务整合的主要内容：①财务管理目标的整合。②会计人员及组织机构的整合。③会计政策及会计核算体系的整合。④财务管理制度体系的整合。⑤存量资产的整合。⑥资金流量的整合。⑦业绩评估考核体系的整合。

【解析】 本题考核“财务整合”知识点。本题的考核方式非常简单，考查大家对财务整合内容的把握，只要熟悉教材就可以迅速回答出来。

本章经典案例

案例1·乐家公司并购价值评估案例

【案例背景与要求】

乐家公司是一家综合性高档欧式节能铝合金门窗、幕墙生产企业，最近荣华投资公司拟对其进行投资。荣华公司在对乐家公司进行投资之前，需要对其进行价值评估，以便决定是否进行投资。乐家公司2020年实际和2021年预计的主要财务数据如下：

单位：万元

年　份	2020年实际(基期)	2021年预计
利润表项目：		
一、营业收入	500	530
减：营业成本和费用(不含折旧)	380	400
折旧	25	30
二、息税前利润	95	100
减：财务费用	21	23
三、利润总额	74	77
减：所得税费用	18.5	19.25
四、净利润	55.5	57.75
资产负债表项目：		
流动资产	267	293
固定资产净值	265	281
资产总计	532	574
流动负债	210	222
长期借款	164	173
负债合计	374	395
股本	100	100
期末未分配利润	58	79
股东权益合计	158	179
负债及股东权益总计	532	574

其他资料如下：

(1)乐家公司的流动资产均为敏感资产，流动负债均为敏感负债，长期负债均为筹资性负债，财务费用全部为利息费用。

(2)乐家公司预计从2022年开始自由现金流量会以6%的年增长率稳定增长。

(3)加权平均资本成本为12%。

(4)乐家公司适用的企业所得税率为25%。

假定不考虑其他因素。

要求:

(1)计算乐家公司2021年的税后净营业利润、营运资本增加额和自由现金流量(假设资本支出为46万元)。

(2)使用收益法估计乐家公司2020年年底的公司价值。

(3)计算2021年预计的总资产报酬率(税后)、净资产收益率(提示:时点指标用算术平均数)。

【参考答案】

(1)税后净营业利润=100×(1-25%)=75(万元)

营运资本增加额=(293-222)-(267-210)=14(万元)

自由现金流量=(税后净营业利润+折旧及摊销)-(资本支出+营运资本增加额)

=75+30-46-14=45(万元)

(2)公司总价值=[45×(1+6%)/(12%-6%)]/(1+12%)+45/(1+12%)=750(万元)

(3)总资产报酬率(税后)=57.75/[(532+574)/2]×100%=10.44%

净资产收益率=57.75/[(158+179)/2]×100%=34.27%

案例2·甲公司并购案例

【案例背景与要求】

甲公司和乙公司为两家高科技企业,适用的企业所得税税率均为15%。甲公司总部在北京,主要经营业务在华北地区;乙公司总部和主要经营业务均在上海。乙公司与甲公司经营同类业务,已先期占领了所在城市的大部分市场,但资金周转存在一定的困难,可能影响未来持续发展。

2021年1月,甲公司为拓展市场,形成以上海为中心、辐射华东的新的市场领域,着手筹备并购乙公司。并购双方经过多次沟通,于2021年3月最终达成一致意向。

甲公司准备收购乙公司100%的股权,为此聘请资产评估机构对乙公司进行价值评估,评估基准日为2020年12月31日。资产评估机构采用收益法和市场法两种方法对乙公司价值进行评估。并购双方经协商,最终确定按市场法的评估结果作为交易的基础,并得到有关方面的认可。与乙公司价值评估相关的资料如下:

(1)2020年12月31日,乙公司资产负债率为50%,税前债务资本成本为8%。假定无风险报酬率为6%,市场投资组合的预期报酬率为12%,可比上市公司无负债经营β值为0.8。

(2)乙公司2020年税后利润为2亿元，其中包含2020年12月20日乙公司处置一项无形资产的税后净收益0.1亿元。

(3)2020年12月31日，可比上市公司平均市盈率为15倍。

假定并购乙公司前，甲公司价值为200亿元；并购乙公司后，经过内部整合，甲公司价值将达到235亿元。

甲公司应支付的并购对价为30亿元。甲公司预计除并购对价款外，还将发生相关交易费用0.5亿元。

假定不考虑其他因素。

要求：

(1)从被并购企业意愿角度，判断甲公司并购乙公司属于何种并购类型，并简要说明理由。

(2)计算用收益法评估乙公司价值时所使用的折现率。

(3)用可比企业分析法计算乙公司的价值。

(4)计算甲公司并购收益和并购净收益，并从财务管理角度判断该并购是否可行。

【参考答案】

(1)从被并购企业意愿角度，甲公司并购乙公司属于善意并购。

理由：并购双方经过充分沟通达成一致。

(2)乙公司负债经营β系数$=0.8\times[1+(1-15\%)\times(50\%/50\%)]=1.48$

$r_e=6\%+1.48\times(12\%-6\%)=14.88\%$

$r_d=8\%\times(1-15\%)=6.8\%$

$r_{wacc}=14.88\%\times50\%+6.8\%\times50\%=10.84\%$

或：$r_e=6\%+0.8\times[1+(1-15\%)\times(50\%/50\%)]\times(12\%-6\%)=14.88\%$

$r_{wacc}=14.88\%\times50\%+8\%\times(1-15\%)\times50\%=10.84\%$

(3)调整后的乙公司2020年税后利润为：2-0.1=1.9(亿元)

乙公司价值=1.9×15=28.5(亿元)

或：乙公司价值=(2-0.1)×15=28.5(亿元)

(4)①计算并购收益和并购净收益

并购收益=235-(200+28.5)=6.5(亿元)

并购溢价=30-28.5=1.5(亿元)

并购净收益=6.5-1.5-0.5=4.5(亿元)

②判断并购是否可行

甲公司并购乙公司后能够产生4.5亿元的并购净收益，从财务管理角度分析，此项交易可行。

案例3·甲公司并购案例分析

【案例背景与要求】

甲公司、乙公司为新能源领域的高科技企业，经营同类业务。甲公司为上市公司，乙公司为非上市公司。甲公司总部在北京，乙公司总部在上海。

甲公司为扩大市场规模，于2019年1月着手筹备收购乙公司100%的股权。经双方协商同意，聘请具有证券资格的资产评估机构进行价值评估。经过评估，甲公司价值为50亿元，乙公司价值为18亿元，预计并购后的整体公司价值为75亿元。从价值评估结果看，甲公司收购乙公司能够产生良好的并购协同效应。

经过一系列并购流程后，双方于2019年4月1日签署了并购合同。合同约定，甲公司需支付并购对价20亿元，在并购合同签署后5个月内支付完毕。甲公司因自有资金不足以全额支付并购对价，需从外部融资10亿元。甲公司决定发行可转换公司债券筹集该并购资金，并于2019年8月5日按面值发行5年期可转换公司债券10亿元，每份面值100元，票面年利率1.2%，按年支付利息；3年后可按面值转股，转换价格16元/股；不考虑可转换公司债券发行费用。

2019年8月底前，甲公司全额支付了并购对价，办理完毕全部并购交易相关手续。甲公司在并购后整合过程中，为保证乙公司经营管理顺利过渡，留用了乙公司原管理层的主要人员及业务骨干，并对其他人员进行了必要的调整；将本公司行之有效的管理模式移植到乙公司；重点加强了财务一体化管理，向乙公司派出财务总监，实行资金集中管理，统一会计政策和会计核算体系。

假定不考虑其他因素。

要求：

(1)根据资料，计算甲公司并购乙公司预计产生的并购收益。

(2)根据资料，如果2022年8月5日可转换公司债券持有人行使转换权，分别计算每份可转换公司债券的转换比率和转换价值(假定转换日甲公司股票市价为18元/股)。

(3)根据资料，指出甲公司2019年对乙公司主要进行了哪些方面的并购后的整合。

【参考答案】

(1)预计并购收益=75-(50+18)=7(亿元)。

(2)每份可转换公司债券转换比率=100/16=6.25。

每份可转换公司债券转换价值=6.25×18=112.5(元)。

(3)甲公司2019年对乙公司主要进行了人力资源整合、管理整合和财务整合。

案例4 · 光大公司并购案例

【案例背景与要求】

光大公司是一家拥有自主进出口权限的公司，以国内外销售贸易、批发零售贸易和进出口贸易为主。近期光大公司管理层打算并购顺德商贸有限公司，因此需要对顺德公司的总体市场价值进行评估，下面是顺德公司的相关资料：

已知顺德公司预计本年的净利润为3 750万元，利息费用为200万元，企业所得税税率为25%，折旧与摊销为400万元，流通股股数为1 000万股，没有优先股。财务分析师认为，同行业内的嘉兴公司与顺德公司在基础业务方面具有可比性，嘉兴公司的股利增长率固定为5%，股利支付率为40%，税前债务资本成本为8%，所得税税率为25%，股权资本成本为20%，负债权益比为7∶10。嘉兴公司预计本年的息税前利润为4 200万元，折旧与摊销为320万元，资本支出为150万元，营运资本增加额60万元。嘉兴公司的期望自由现金流量固定增长率为5%。光大公司为了评估企业价值，收集了可比交易的EV/EBIT相关数据，如下表所示：

交易日期	可比交易	EV/EBIT
2020年6月9日	可比交易1	11.47
2020年7月15日	可比交易2	10.04
2020年9月10日	可比交易3	12.56
2020年9月28日	可比交易4	10.44
2020年11月2日	可比交易5	15.49

假定不考虑其他因素。

要求：

(1)计算嘉兴公司的加权平均资本成本。

(2)计算嘉兴公司本年的自由现金流量。

(3)计算嘉兴公司本年的EBITDA。

(4)计算顺德公司本年的EBITDA和评估价值。

【参考答案】

(1)嘉兴公司的税后债务资本成本＝8%×(1−25%)＝6%

加权平均资本成本＝10/(10+7)×20%+7/(10+7)×6%＝14.23%

(2)自由现金流量

＝息税前利润×(1−所得税税率)+折旧与摊销−资本支出−营运资本增加额

＝4 200×(1−25%)+320−150−60＝3 260(万元)

(3)EBITDA=息税前利润+折旧与摊销=4 200+320=4 520(万元)

(4)息税前利润=净利润/(1-税率)+利息费用=3 750/(1-25%)+200=5 200(万元)

EBITDA=息税前利润+折旧与摊销=5 200+400=5 600(万元)

EV/EBIT 的平均值=(11.47+10.04+12.56+10.44+15.49)/5=12(倍)

顺德公司的评估价值=5 200×12=62 400(万元)

案例 5 · 嘉华公司并购案例

【案例背景与要求】

嘉华公司是一家大型汽车制造企业，资本比较雄厚，融资渠道广泛，经营管理比较成熟，嘉华公司认为，必须顺应潮流提供低价格产品，才能在激烈竞争中生存下来。

嘉亿公司是一家上市公司，主要从事各类汽车底盘配件的制造及销售，声誉良好，并拥有两个初具规模的基地和先进的加工技术，但该公司规模较小，盈利总额也相应较少，客户以嘉华公司等几家企业为主，其中嘉华公司是其最大的客户。

嘉华公司的战略目标是以低价格产品占领市场并扩大市场。在此战略目标下，嘉华公司决定进行经济适用车的开发。2022 年 2 月，嘉华公司开始准备收购嘉亿公司。相关资料如下：

1. 并购预案

嘉华公司拟以现金方式收购嘉亿公司的全部股份。嘉华公司目前的市场价值为 100 亿元，估计合并后新公司的市场价值将可达到 120 亿元。嘉亿公司股东要求以 15 亿元成交，并购的会计师、律师、顾问、谈判等交易费用为 1 亿元。

2. 嘉亿公司的盈利能力和市盈率指标

嘉亿公司的盈利能力比较稳定，2019 年净利润为 8 000 万元，2020 年净利润为 1 亿元，2021 年净利润为 9 000 万元，没有非经常性损益。嘉亿公司目前的市盈率指标为 15。

假定不考虑其他因素。

要求：

(1)指出嘉华公司并购嘉亿公司属于横向并购、纵向并购还是混合并购，同时说明理由和该并购类型的优点。

(2)以近三年平均数作为企业的利润业绩，运用市场法中的市盈率乘数估计嘉亿公司价值(假定以当前的市盈率作为标准市盈率)。

(3)计算并购收益、并购溢价和并购净收益。

(4)从财务管理角度分析，嘉华公司是否应该并购嘉亿公司。

【参考答案】

(1)属于纵向并购。

理由：纵向并购指与企业的供应商或客户的合并，即优势企业将同本企业生产经营具有上下游关系的生产、营销企业并购过来，形成纵向生产一体化。实质是处于生产同一产品，处于不同生产阶段的企业间的并购。本案例中嘉华公司属于汽车生产企业，嘉亿公司属于汽车底盘配件的制造企业，嘉亿公司属于嘉华公司的供应商，因此属于纵向并购。

纵向并购的优点：能够扩大生产经营规模，节约通用的设备费用；能够加强生产经营过程各环节的配合，有利于协作化生产；能够加速生产经营流程，缩短生产经营周期，节约运输、仓储费用，降低能源消耗水平等。

(2) 嘉亿公司最近 3 年的平均利润 = (8 000+10 000+9 000)/3 = 9 000(万元)

假定以嘉亿公司最近 3 年的平均利润作为嘉亿公司的估计净收益，则嘉亿公司价值 = 嘉亿公司最近 3 年平均利润×标准市盈率 = 9 000×15 = 135 000(万元)。

(3) 并购收益 = 并购后整体企业价值−并购前并购企业价值−并购前被并购企业价值

= 1 200 000−1 000 000−135 000 = 65 000(万元)

并购溢价 = 并购价格−并购前被并购方价值 = 150 000−135 000 = 15 000(万元)

并购净收益 = 并购收益−并购溢价−并购费用 = 65 000−15 000−10 000 = 40 000(万元)

(4) 嘉华公司并购嘉亿公司后能够产生 40 000 万元的并购净收益，从财务管理角度分析，此项并购交易是可行的。

第七章　企业绩效评价

本章考点汇总

序号	考点内容	重要程度
1	绩效评价层次与评价角度	★
2	企业绩效评价的功能、应用环境与程序	★
3	绩效计划的制定	★★
4	内部转移定价	★★★
5	关键绩效指标法	★★
6	经济增加值法	★★★
7	平衡计分卡	★★★

高频考点讲解及应用分析

考点1　绩效评价层次与评价角度★

【考点讲解】

（一）绩效评价层次

绩效评价层次，具体内容见表 7-1 所示。

表 7-1　绩效评价层次

评价层次	具　体　内　容
企业层面	企业层面的绩效评价，是指对包括母公司在内的企业集团的绩效评价。 是评价范围最广、评价内容最多、评价指标最全、评价边界相对清晰的绩效评价层面。 主要是以企业整体为对象
部门层面	部门层面的绩效评价，是指在公司内部按照业务单元、地域分布等标准将企业整体划分成多个子绩效评价对象，并对其绩效进行评价的过程。 是企业整体绩效评价的分解和细化
个人层面	个人层面的绩效评价与企业层面绩效评价和部门层面绩效评价有较大差异

（二）评价角度

评价角度，具体内容见表 7-2 所示。

表 7-2 评价角度

评价角度	评价指标
外部视角（财务视角）	主要采用财务指标，如流动比率、财务杠杆、净资产收益率、每股收益等，以及市盈率、市净值等市场价值指标
内部视角（管理视角）	既可采用贡献毛利、息税前利润、净利润、自由现金流量、EVA 等财务指标或价值指标，也可采用客户满意度、产品质量等级、送货及时性等非财务指标

考点 2 企业绩效评价的功能、应用环境与程序★

【考点讲解】

（一）企业绩效评价的功能

（1）价值判断功能。是企业绩效评价的基本功能，也是绩效评价概念的核心内容。

（2）预测功能。

（3）战略传达与管理功能。

（4）行为导向功能。

（二）企业绩效评价的应用环境

1. 组织架构

企业进行绩效管理时，应设立薪酬与考核委员会或类似机构，主要负责审核绩效管理的政策和制度、绩效计划与激励计划、绩效评价结果与激励实施方案、绩效评价与激励管理报告等，协调解决绩效管理工作中的重大问题。

薪酬与考核委员会或类似机构下设绩效管理工作机构，主要负责制定绩效管理的政策和制度、绩效计划与激励计划，组织绩效计划与激励计划的执行与实施，编制绩效评价与激励管理报告等，协调解决绩效管理工作中的日常问题。

2. 制度体系

企业应建立健全绩效管理的制度体系，明确绩效管理的工作目标、职责分工、工作程序、工具方法、信息报告等内容。绩效管理制度体系中，首先应建立健全绩效评价制度体系。

3. 信息系统

企业应建立有助于绩效管理实施的信息系统，为绩效管理工作提供信息支持。

绩效评价信息系统应能够实现从绩效计划的制定、执行到绩效评价的实施、报告等绩效评价全流程的线上管理与控制，具体包括评价指标体系设计、评价目标值测算与设定、基础数据采集、数据录入与分析、评价报告生成等功能与模块。对于已经建立财务共享中心的企业来说，绩效评价信息系统通常作为财务共享系统的重要组成部分。

（三）企业绩效评价的程序

企业开展绩效评价时，一般按照制定绩效计划、执行绩效计划、实施绩效评价、编制绩效评价报告等程序进行。

1. 制定绩效计划

企业应根据战略目标，综合考虑绩效评价期间宏观经济政策、外部市场环境、内部管理需要等因素，结合业务计划与预算，按照上下结合、分级编制、逐级分解的程序，在沟通反馈的基础上，编制各层级的绩效计划与激励计划。

2. 执行绩效计划

审批后的绩效计划，应以正式文件的形式下达执行。

3. 实施绩效评价

绩效管理工作机构应根据计划的执行情况定期实施绩效评价与激励，按照绩效计划与激励计划的约定，对被评价对象的绩效表现进行系统、全面、公正、客观地评价，并根据评价结果实施相应的激励。

4. 编写绩效评价报告

绩效管理工作机构应定期或根据需要编制绩效评价与激励管理报告，对绩效评价和激励管理的结果进行反映。

【应试技巧】本知识点考核角度相对比较多。企业业绩评价的功能、应用环境、程序都可以在案例中体现，所以掌握本知识点时一定要对相应的内容理解，可以根据案例表述判断出具体对象。

考点 3 绩效计划的制定★★

【考点讲解】

绩效计划是企业开展绩效评价工作的行动方案，包括**构建指标体系、分配指标权重、确定绩效目标值、选择计分方法和评价周期、拟定绩效责任书**等一系列管理活动。

（一）指标体系

绩效评价指标的分类见表 7-3。

表 7-3　常见的绩效评价指标的分类

指标名称	主　要　内　容
财务指标	财务指标是企业评价财务状况和经营成果的指标，以货币形式来计量的。 局限性： (1)面向过去而不反映未来，不利于评价企业在创造未来价值上的业绩； (2)容易被操纵； (3)容易导致短视行为； (4)不利于揭示出经营问题的动因
非财务指标	被认为是能反映未来绩效的指标，良好的非财务指标有利于促进企业实现未来的财务成功。 非财务指标包括反映企业在经营过程、员工管理、市场能力和顾客服务等方面表现的各种指标。 优点： 可以指导和评价信息时代下公司如何通过投资于客户、供应商、员工、生产程序、技术和创新等来创造未来的价值
定量指标	非财务指标可以是定量的，用数字直接计量，但有时难以用数字计量，只能定性反映。
定性指标	实务中通常采用量化的指标来替代定性指标
绝对指标	反映被评价对象绩效的总量大小
相对指标	两个绝对指标的比率结果
基本指标	基本指标是评价企业绩效的核心指标，用以产生企业绩效评价的初步结果
修正指标	修正指标是企业绩效评价指标体系中的辅助指标，用以对基本指标评价形成的初步评价结果进行修正，以产生较为全面的企业绩效评价基本结果
正向指标	指标值越大越好。例如：净资产收益率、总资产报酬率等效益型指标
反向指标	指标值越小越好。例如：成本费用占营业收入比例、应收账款周转天数等指标
适度指标	指标值越接近于某个值越好。例如：资产负债率

（二）指标权重

指标权重确定可选择运用主观赋权法和客观赋权法，也可综合运用这两种方法。主观赋权法是利用专家或个人的知识与经验来确定指标权重的方法，如**德尔菲法、层次分析法**等。客观赋权法是从指标的统计性质入手，由调查数据确定指标权重的方法，如**主成分分析法、均方差法**等。

（三）绩效目标值

绩效目标值的确定可参考内部标准与外部标准。内部标准有预算标准、历史标准、经验标准等；外部标准有行业标准、竞争对手标准、标杆标准等。

具体内容如表 7-4 所示。

表 7-4 绩效目标值的标准

目标值	具 体 内 容
预算标准	(1)优势：有利于提高全面预算管理的效果和水平，实现预算管理与绩效评价的有效衔接，确保预算目标的实现； (2)不足：容易造成“预算松弛”或“预算过度”
历史标准	(1)市场上企业属于领先者，没有竞争对手，有必要采用历史绩效标准； (2)不足：可比性问题；历史绩效的效率和计量偏差问题；“棘轮效应”问题；“鞭打快牛”问题
外部标准	其标准包括行业均值标准或行业标杆标准、跨行业标杆标准

(四)绩效评价计分方法

1. 指标体系综合计分方法

绩效评价计分方法可分为定量法和定性法，定量法主要有**功效系数法和综合指数法**，定性法主要有**素质法和行为法等**。

【应试技巧】(1)通常情况下功效系数法下设置五档标准值。各项指标的评价档次分别为优(A)、良(B)、中(C)、低(D)、差(E)五档。对应五档标准值赋予五个标准系数：1、0.8、0.6、0.4、0.2。

(2)功效系数法的计算公式为：绩效指标总得分=∑单项指标得分

单项指标得分=本档基础分+调整分

本档基础分=指标权重×本档标准系数

调整分=功效系数×(上档基础分-本档基础分)

上档基础分=指标权重×上档标准系数

$$\text{功效系数}=\frac{\text{实际值}-\text{本档标准值}}{\text{上档标准值}-\text{本档标准值}}$$

(3)综合指数法的计算公式为：

绩效指标总得分=∑(单项指标评价指数×该项评价指标的权重)

2. 单项指标计分方法

常见的单项指标计分方法有以下几种：

(1)比率法。

比率法计算公式为：某项比率得分值=A/B×100%×权重分数

其中：A 为实际完成值；B 为考核评价目标值。

(2)插值法。

插值法又称“内插法”，是利用函数 $f(x)$ 在某区间中已知的若干点的函数值，作出适当的特定函数，在区间的其他点上用这个特定函数的值作为函数 $f(x)$ 的近似值。

(3)减分法。

减分法是指针对标准分进行减扣而不进行加分的方法。在执行指标过程中当发现有异常情况时，就按照一定的标准扣分，如果没有异常则得到满分。

(4)层差法。

层差法是指将考核结果分为几个层次，实际执行结果落在哪个层次内，该层次所对应的分数即为考核的分数。

(5)非此即彼法。

非此即彼法是指结果只有几个可能性，不存在中间状态。

(五)绩效评价周期

绩效评价周期一般可分为月度、季度、半年度、年度、任期。月度、季度绩效评价一般适用于企业基层员工和管理人员，半年度绩效评价一般适用于企业中高层管理人员，年度绩效评价适用于企业所有被评价对象，**任期绩效评价**主要适用于**企业负责人**。

(六)绩效责任书

绩效责任书的主要内容包括绩效指标、目标值及权重、评价计分方法、特别约定事项、有效期限、签订日期等。绩效责任书一般按**年度或任期签订**。

【应试技巧】本知识点中绩效计划的制定是重点，尤其要关注指标体系设计中各个指标的理解；绩效评价的应用环境也应该熟悉，对于其他知识点都要了解。

热题解析

(必答题)甲公司为一家在上海证券交易所上市的汽车零部件生产企业。近年来，由于内部管理粗放和外部环境变化，公司经营业绩持续下滑。为实现提质增效目标，甲公司决定从2016年起全面深化预算管理，优化业绩评价体系。有关业绩评价体系的资料如下：

为充分发挥业绩考核的导向作用，甲公司对原来单纯的财务指标考核体系进行了改进，新业绩指标体系分为财务指标体系和非财务指标体系。其中：财务指标体系包括经济增加值、存货周转率等核心指标；与原财务指标体系相比，用经济增加值指标替代了净利润指标，并调整了相关指标权重。财务指标调整及权重变化情况如下表所示：

原财务指标体系		新财务指标体系	
指标名称	权重/%	指标名称	权重/%
净利润	50	经济增加值	50
存货周转率	15	存货周转率	20
……	35	……	30

假定不考虑其他因素。

要求：

根据资料，指出新业绩指标体系引入非财务指标的积极作用。

【参考答案】

非财务指标是先行指标，出色的非财务业绩通常伴有出色的财务业绩。非财务指标可以反映未来业绩，良好的非财务指标有利于促进企业实现未来的财务成功。非财务指标可以指导和评价信息时代下公司如何通过投资于客户、供应商、员工、生产程序、技术和创新等来创造未来的价值。

【解析】 本题考核"非财务指标"的知识点。非财务指标可以反映未来绩效(或业绩)，良好的非财务指标有利于促进企业实现未来的财务成功。非财务指标可以指导和评价信息时代下公司如何通过投资于客户、供应商、员工、生产程序、技术和创新等来创造未来的价值。非财务指标是先行指标，出色的非财务业绩通常伴有出色的财务业绩。

考点4 内部转移定价★★★

【考点讲解】

(一)内部转移定价概述

为明确各分部的管理责任，促进企业整体价值的增长，在管理会计中一般通过划分责任中心来进行业绩的计量、分析和评价。责任中心，是指企业内部独立提供产品(或服务)、资金等的责任主体。按照责任对象的特点和责任范围的大小，责任中心可以分为**成本(费用)中心**、**收入中心**、**利润中心**和**投资中心**。

对具有一定经营规模、业务流程相对复杂、设置了多个责任中心且责任中心之间存在内部供求关系的企业来说，要界定各责任中心的经济责任，科学、合理计量其绩效并实施激励，通常需应用内部转移定价工具方法制定内部转移价格。内部转移定价，是指企业内部转移价格的制定和应用方法。内部转移价格，是指企业内部分公司、分厂、车间、分部等责任中心之间相互提供产品(或服务)、资金等内部交易时所采用的计价标准。

(二)内部转移定价应遵循的原则

企业应用内部转移定价工具方法，一般应遵循**合规性原则**、**效益性原则**以及**适应性原则**。

(三)内部转移定价的类型

企业绩效管理委员会或类似机构应根据各责任中心的性质和业务特点，分别确定适当的内部转移定价形式。通常分为以下三种类型：

1. 价格型内部转移定价

价格型内部转移定价是指以市场价格为基础制定的、由成本和毛利构成内部转移价格的方法，一般适用于内部利润中心。

2. 成本型内部转移定价

成本型内部转移定价是指以标准成本等相对稳定的成本数据为基础，制定内部转移价格的方法，一般适用于内部成本中心。

3. 协商型内部转移定价

协商型内部转移定价是指企业内部供求双方为使双方利益相对均衡，通过协商机制制定内部转移价格的方法，主要适用于分权程度较高的情形。协商价的取值一般不高于市场价，不低于变动成本。

考点5　关键绩效指标法★★

【考点讲解】

（一）关键绩效指标法的含义及优缺点

1. 关键绩效指标法的含义

关键绩效指标法，是指基于企业战略目标，通过建立关键绩效指标（Key Performance Indicator，简称KPI）体系，将价值创造活动与战略规划目标有效联系，并据此进行绩效管理的方法。

关键绩效指标，是对企业绩效产生关键影响力的指标，是通过对企业战略目标、关键成果领域的绩效特征分析，识别和提炼出的最能有效驱动企业价值创造的指标。

2. 关键绩效指标法的优缺点

（1）关键绩效指标法的主要优点：①使企业业绩评价**与战略目标密切相关**，**有利于战略目标的实现**；②通过识别的价值创造模式把握关键价值驱动因素，能够更**有效地实现企业价值增值目标**；③评价指标数量相对较少，**易于理解和使用**，**实施成本相对较低，有利于推广实施**。

（2）关键绩效指标法的主要缺点：关键绩效指标的选取需要透彻理解企业价值创造模式和战略目标，有效识别核心业务流程和关键价值驱动因素，指标体系设计不当将导致错误的价值导向或管理缺失。

（二）关键绩效指标体系的制定程序

企业构建关键绩效指标体系，一般按照以下程序进行：

（1）制定企业级关键绩效指标。企业应根据战略目标，结合价值创造模式，综合考虑内外部环境等因素，设定企业级关键绩效指标。

(2)制定所属单位(部门)级关键绩效指标。根据企业级关键绩效指标，结合所属单位(部门)关键业务流程，按照上下结合、分级编制、逐级分解的程序，在沟通反馈的基础上，设定所属单位(部门)级关键绩效指标。

(3)制定岗位(员工)级关键绩效指标。根据所属单位(部门)级关键绩效指标，结合员工岗位职责和关键工作价值贡献，设定岗位(员工)级关键绩效指标。

(三)关键绩效指标的类型

企业的关键绩效指标一般可分为结果类和动因类两类指标。

结果类指标是反映企业绩效的价值指标，主要包括投资资本回报率、净资产收益率、经济增加值回报率、息税前利润、自由现金流量等综合指标，具体计算如表 7-5 所示。

动因类指标是反映企业价值关键驱动因素的指标，主要包括资本性支出、单位生产成本、产量、销量、客户满意度、员工满意度等。

表 7-5 结果类指标

指 标	说 明
投资资本回报率	计算公式： $投资资本回报率=\frac{税前利润\times(1-所得税税率)+利息支出}{投资资本平均余额}\times100\%$ 其中：$投资资本平均余额=\frac{期初投资资本+期末投资资本}{2}$ 投资资本=有息债务+所有者(股东)权益
净资产收益率	计算公式：净资产收益率=净利润/平均净资产×100%
经济增加值回报率	计算公式：经济增加值回报率=经济增加值/平均资本占用×100%
息税前利润	计算公式：息税前利润=税前利润+利息支出
自由现金流量	自由现金流量=经营活动净现金流量-付现资本性支出

(四)关键绩效指标选取的方法

关键绩效指标应含义明确、可度量与战略目标高度相关。指标的数量不宜过多，每一层级的关键绩效指标一般不超过 10 个。关键绩效指标选取的方法主要有关键成果领域分析法、组织功能分解法和工作流程分解法。

(五)关键绩效指标的权重及目标值

1. 关键绩效指标的权重

关键绩效指标的权重分配应以企业战略目标为导向，反映被评价对象对企业价值贡献或支持的程度，以及各指标之间的重要性水平。

2. 关键绩效指标目标值

企业确定关键绩效指标目标值，一般参考以下标准：

(1)依据国家有关部门或权威机构发布的行业标准或参考竞争对手标准。

(2)参照企业内部标准，包括企业战略目标、年度生产经营计划目标、年度预算目标、历年指标水平等。

(3)不能按前两项方法确定的，可根据企业历史经验值确定。

关键绩效指标的目标值确定后，应规定因内外部环境发生重大变化、自然灾害等不可抗力因素对绩效完成结果产生重大影响时，对目标值进行调整的办法和程序。一般情况下，由被评价对象或评价主体测算确定影响额度，向相应的绩效管理工作机构提出调整申请，报薪酬与考核委员会或类似机构审批。

【应试技巧】本知识点要求掌握关键绩效指标法的应用，尤其是对于结果类指标的计算和动因类指标的分析，以及关键绩效指标法的优缺点的记忆分析。

考点6　经济增加值法★★★

【考点讲解】

(一)经济增加值的计算与应用

1. 经济增加值的计算

经济增加值的计算公式为：

经济增加值=税后净营业利润−平均资本占用×加权平均资本成本

(1)税后净营业利润。

税后净营业利润衡量的是企业的经营盈利情况，等于会计上的税后净利润加上利息支出等会计调整项目后得到的税后利润。

计算经济增加值时，需要进行相应的会计项目调整，以消除财务报表中不能准确反映企业价值创造的部分。会计调整项目的选择应遵循价值导向性、重要性、可控性、可操作性与行业可比性等原则，根据企业实际情况确定。常用的调整项目有：①研究开发费、大型广告费等一次性支出但收益期较长的费用，应予以资本化处理，不计入当期费用。②反映付息债务成本的利息支出，不作为期间费用扣除，计算税后净营业利润时扣除所得税影响后予以加回。③营业外收入、营业外支出具有偶发性，将当期发生的营业外收支从税后净营业利润中扣除。④将当期减值损失扣除所得税影响后予以加回，并在计算资本占用时相应调整资产减值准备发生额。⑤递延税金不反映实际支付的税款情况，将递延所得税资产及递延所得税负债变动影响的企业所得税从税后净营业利润中扣除，相应调整资本占用。⑥其他非经常性损益调整项目，如股权转让收益等。

(2)平均资本占用。

平均资本占用反映的是企业持续投入的各种债务资本和股权资本，其中债务资本包括融资活动产生的各类有息负债，不包括经营活动产生的无息流动负债。股权资本中包含少数股东权益。资本占用除根据经济业务实质相应调整资产减值损失、递延所得税等，还可根据管理需要调整研发支出、在建工程等项目，引导企业注重长期价值创造。

(3)加权平均资本成本。

加权平均资本成本是债务资本成本和股权资本成本的加权平均，反映了投资者所要求的必要报酬率。加权平均资本成本的计算公式如下：

$$K_{wacc}=K_d\frac{DC}{TC}(1-T)+K_S\frac{EC}{TC}$$

其中：TC代表资本占用，EC代表股权资本，DC代表债务资本；T代表所得税税率；K_{wacc}代表加权平均资本成本，K_d代表税前债务资本成本，K_S代表股权资本成本。

税前债务资本成本是企业实际支付给债权人的税前利率，反映的是企业在资本市场中债务融资的成本率。如果企业存在不同利率的融资来源，债务资本成本应使用加权平均值。

股权资本成本是在不同风险下，所有者对投资者要求的最低回报率。

通常根据资本资产定价模型确定，计算公式为：

$$K_S=R_f+\beta(R_m-R_f)$$

其中：R_f为无风险收益率，R_m为市场预期回报率，R_m-R_f为市场风险溢价。β是企业股票相对于整个市场的风险指数。上市企业的β值，可采用回归分析法或单独使用最小二乘法等方法测算确定，也可以直接采用证券机构等提供或发布的β值；非上市企业的β值，可采用类比法，参考同类上市企业的β值确定。

2. 使用经济增加值指标进行绩效评价的效果

净利润计算时忽略了股权资本成本，而股权资本成本要远高于债权资本成本。由于净利润中没有扣除股权资本的成本，因此，净利润的值要高于EVA的值，与净利润指标相比，EVA在衡量企业的价值创造能力和经营绩效时更为准确全面。

使用经济增加值指标进行绩效评价的效果主要包括：①提高企业资金的使用效率；②优化企业资本结构；③激励经营管理者，实现股东财富的保值增值；④引导企业做大做强主业，优化资源配置。

【提示】根据《中央企业负责人年度经营业绩考核实施方案》及《中央企业负责人经济增加值考核实施方案》，国务院国有资产监督管理委员会对中央企业的年度经营业绩考核中，关于经济增加值的计算：

(1)经济增加值=税后净营业利润−调整后资本×平均资本成本率

(2)税后净营业利润=净利润+(利息支出+研究开发费用调整项)×(1−25%)

(3)调整后资本=平均所有者权益+平均带息负债−平均在建工程

(4)平均资本成本率=债权资本成本率×平均带息负债/(平均带息负债+平均所有者权

益)×(1-25%)+股权资本成本率×平均所有者权益/(平均带息负债+平均所有者权益)

其中：利息支出是指企业财务报表中"财务费用"项下的"利息支出"；研究开发费用调整项是指企业财务报表中"期间费用"项下的"研发费用"和当期确认为无形资产的开发支出；在建工程是指企业财务报表中的符合主业规定的"在建工程"；带息负债是指企业带息负债情况表中带息负债合计；企业经营业务主要在国(境)外的，25%的企业所得税率可予以调整。

(二)经济增加值法的含义及优缺点

1. 经济增加值法的含义

经济增加值法，是指以经济增加值为核心，建立绩效指标体系，引导企业注重价值创造，并据此进行绩效管理的方法。经济增加值，是指税后净营业利润扣除全部投入资本的成本后的剩余收益。经济增加值及其改善值是全面评价经营者有效使用资本和为企业创造价值的重要指标。经济增加值为正，表明经营者在为企业创造价值；经济增加值为负，表明经营者在损毁企业价值。

2. 经济增加值法的优缺点

(1)经济增加值法的优点。

经济增加值法的主要优点是：考虑了所有资本的成本，更真实地反映了企业的价值创造能力；实现了企业利益、经营者利益和员工利益的统一，激励经营者和所有员工为企业创造更多价值；能有效遏制企业盲目扩张规模以追求利润总量和增长率的倾向，引导企业注重长期价值创造。

(2)经济增加值法的缺点。

经济增加值法的主要缺点是：一是仅对企业当期或未来1～3年价值创造情况的衡量和预判，无法衡量企业长远发展战略的价值创造情况；二是计算主要基于财务指标，无法对企业的营运效率与效果进行综合评价；三是不同行业、不同发展阶段、不同规模等的企业，其会计调整项和加权平均资本成本各不相同，计算比较复杂，影响指标的可比性。

(三)经济增加值指标体系的制定程序

构建经济增加值指标体系，一般按照以下程序进行：

(1)制定企业级经济增加值指标体系。

(2)制定所属单位(部门)级经济增加值指标体系。

(3)制定高级管理人员的经济增加值指标体系。

【热题解析】

(必答题1)甲公司为一家在上海证券交易所上市的汽车零部件生产企业。近年来，由于内部管理粗放和外部环境变化，公司经营业绩持续下滑。为实现提质增效目标，甲公司决定从2016年起全面深化预算管理，优化业绩评价体系。有关业绩评价体系的资料如下：

为充分发挥业绩考核的导向作用，甲公司对原来单纯的财务指标考核体系进行了改进，新业绩指标体系分为财务指标体系和非财务指标体系。其中：财务指标体系包括经济增加值、存货周转率等核心指标；与原财务指标体系相比，用经济增加值指标替代了净利润指标，并调整了相关指标权重。财务指标调整及权重变化情况如下表所示：

原财务指标体系		新财务指标体系	
指标名称	权重/%	指标名称	权重/%
净利润	50	经济增加值	50
存货周转率	15	存货周转率	20
……	35	……	30

假定不考虑其他因素。

要求：

根据资料，指出核心财务指标调整及权重变化所体现的考核导向。

【参考答案】

甲公司将净利润改为经济增加值，说明关注资本的使用效率、体现公司的战略意图、加强创新性投入、增强持续发展能力；与净利润相比，EVA在衡量企业的价值创造能力和经营业绩时更为准确全面。

存货周转率加大权重，说明注重资产管理效率的提升。

【解析】本题考核“经济增加值”的知识点。与净利润相比，EVA在衡量企业的价值创造能力和经营业绩时更为准确全面。(1)与会计利润相比，EVA考虑了投资中心所使用资本的全部成本，有利于投资中心更加关注资本的使用效率；(2)通过对使用资本的调整，可以更好地体现出企业的战略意图，将投资中心的目标与整个企业的战略目标协调起来；(3)通过对税后净营业利润的计算调整，鼓励企业加强创新性投入，增强企业的持续发展能力。使用经济增加值指标实施业绩评价的效果包括：①提高企业资金的使用效率；②优化企业资本结构；③激励经营管理者，实现股东财富的保值增值；④引导企业做大做强主业，优化资源配置。

【提示】净利润计算时忽略了股权资本成本，而股权资本成本要远高于债权资本成本。由于净利润中没有扣除股权资本的成本，因此，净利润的值要高于EVA的值，业绩上体现企业盈利，实际可能是亏损的。EVA指标则是经济利润(即投入资本回报率与加权平均资本成本之差再乘以投入资本额)的体现，在计算过程中合理调整了会计报表中的一些项目，充分考虑了股权资本成本对企业价值的影响。与净利润指标相比，EVA在衡量企业的价值创造能力和经营绩效时更为准确全面。

（必答题2）甲公司是一家智能家用设备制造企业，自2015年起实施全面预算管理，并以此为平台逐步嵌入关键绩效指标法、经济增加值法等绩效管理工具，形成了完整的预算绩效管控体系。2017年10月，甲公司召开预算管理专题会议，研究分析2017年前三季度预算执行情况并安排部署2018年度预算编制工作。有关资料如下：

研究分析2017年前三季度预算执行情况。会议认为，2017年前三季度公司净利润、经济增加值指标的预算执行进度未完成阶段性预算目标(75%)，但管理费用指标已接近年度预算目标。会议要求，第四季度要打好“提质增效”攻坚战，对于净利润、经济增加值指标，要确保总量完成年度预算目标；对于管理费用，要对业务招待费、会议费、差旅费等项目分别加以控制。

2017年前三季度预算执行分析报告摘录如下：①实现营业收入51.6亿元，为年度预算目标的75.9%；②实现净利润5.2亿元，为年度预算目标的61.2%；③实现经济增加值2.5亿元，为年度预算目标的58.5%；④发生管理费用4.8亿元，为年度预算的95.8%，其中研究开发费1.5亿元；⑤发生财务费用0.52亿元，其中利息支出0.5亿元。另据相关资料显示：甲公司考核经济增加值指标时，研究开发费、利息支出均作为会计调整项目，企业所得税税率为25%，前三季度加权平均资本成本为6%。

假定不考虑其他因素。

要求：

根据资料，结合经济增加值法，计算甲公司2017年前三季度的税后净营业利润，以及2017年前三季度的平均资本占用。

【参考答案】

税后净营业利润=5.2+(1.5+0.5)×(1−25%)=6.7(亿元)。

平均资本占用=(6.7−2.5)÷6%=70(亿元)。

【解析】本题考核“经济增加值的计算与应用——经济增加值的含义”的知识点。本题考核经济增加值计算，并非直接考核它的计算，而是考核经济增加值计算当中的两个指标税后净营业利润和平均资本占用的计算。税后净营业利润等于会计上的税后净利润加上利息支出等会计调整项目后得到的税后利润。平均资本占用的计算是利用经济增加值的计算公式倒算的：经济增加值=税后净营业利润−平均资本占用×加权平均资本成本；所以，平均资本占用=(税后净营业利润−经济增加值)/加权平均资本成本，带入数据计算得出本题答案。

【提示】本知识点要求掌握经济增加值的计算、优缺点、与净利润指标的比较以及利用经济增加值实施业绩评价的效果。考试时可能给出某企业的具体数据，要求计算某一年的经济增加值，并进行业绩评价；也可能给出某企业将经济增加值指标取代净利润指标的具体资料，要求进行简要分析。

考点7 平衡计分卡★★★

【考点讲解】

（一）平衡计分卡的含义与优缺点

1. 平衡计分卡的含义

平衡计分卡，是指基于企业战略，从财务、客户、内部业务流程、学习与成长四个维度，将战略目标逐层分解转化为具体的、相互平衡的绩效指标体系，并据此进行绩效管理的方法。

2. 平衡计分卡的优缺点

（1）平衡计分卡优点。①战略目标逐层分解并转化为被评价对象的绩效指标和行动方案，使整个组织**行动协调一致**；②从财务、客户、内部业务流程、学习与成长四个维度确定绩效指标，使绩效评价更为**全面完整**；③将学习与成长作为一个维度，注重员工的发展要求和组织资本、信息资本等无形资产的开发利用，有利于增强企业**可持续发展**的动力。

（2）平衡计分卡缺点。①专业技术要求高，工作量比较大，操作难度也较大，需要持续地沟通和反馈，实施比较复杂，**实施成本高**；②各指标权重在不同层级及各层级不同指标之间的分配比较困难，且部分非财务指标的**量化工作难以落实**；③系统性强、涉及面广，需要专业人员的指导、企业全员的参与和长期持续地修正与完善，**对信息系统、管理能力有较高的要求**。

（二）战略地图及平衡计分卡指标体系的制定程序

1. 战略地图

企业应用平衡计分卡工具方法，首先应制定战略地图，即基于企业愿景与战略，将战略目标及其因果关系、价值创造路径以图示的形式直观、明确、清晰地呈现。战略地图，是指为描述企业各维度战略目标之间因果关系而绘制的可视化的战略因果关系图。

2. 平衡计分卡指标体系的制定程序

构建平衡计分卡指标体系的一般程序：①制定企业级指标体系；②制定所属单位（部门）级指标体系；③制定岗位（员工）级指标体系。

3. 平衡计分卡指标体系设计

（1）**财务维度**。在企业战略业务单元层次上，可以使用基于成本、财务和价值的绩效评价方法。财务维度以财务术语描述了战略目标的有形成果。企业常用的指标有投资资本回报率、净资产收益率、经济增加值回报率、息税前利润、自由现金流量、资产负债率、总资产周转率、资本周转率等。

(2) **客户维度**。在客户层面，管理者需要首先确定细分市场和细分客户，然后设定相应的绩效指标来考核其业务单元开发并维持目标细分客户的能力。客户维度界定了目标客户的价值主张。企业常用指标有市场份额、客户满意度、客户获得率、客户保持率、客户获利率、战略客户数量等。

(3) **内部业务流程维度**。卡普兰和诺顿确定了三个首要的内部业务过程，分别是创新过程、经营过程和售后服务过程。创新过程的绩效可以通过新产品收入占总收入的比重、新产品开发与竞争对手的对比、与计划的对比、开发下一代产品所需要的时间、企业在市场排名靠前的产品的数量、盈亏平衡时间(即从产品开发到赚取足够利润收回投资所需要的时间)等指标来衡量。经营过程起始于收到客户订单截止于向顾客交付产品或服务。这一过程的目的是以高效、一致、及时的标准向顾客交付产品或服务，其绩效需要通过时间、质量和成本三方面来衡量。售后服务过程包括产品保修、问题产品处理、返修以及客户付款管理等，售后服务的业绩也可以通过在经营过程中所使用的时间、质量和成本指标来衡量。内部业务流程维度确定了对战略目标产生影响的关键流程。企业常用的指标有交货及时率、生产负荷率、产品合格率、存货周转率、单位生产成本等。

(4) **学习与成长维度**。学习与成长维度确定了对战略最重要的无形资产。企业常用的指标有员工保持率、员工生产率、培训计划完成率、员工满意度等。

4. 平衡计分卡指标的权重与目标值

平衡计分卡指标的权重分配应以战略目标为导向，反映被评价对象对企业战略目标贡献或支持的程度，以及各指标之间的重要性水平。对特别关键，影响企业整体价值的指标可设立“一票否决”制度。

平衡计分卡绩效目标值应根据战略地图的因果关系分别设置。首先确定战略主题的目标值，其次确定主题内的目标值，然后基于平衡计分卡评价指标与战略目标的对应关系，为每个评价指标设定目标值，通常设计3～5年的目标值。

【应试技巧】本知识点要求了解平衡计分卡的四个维度，掌握平衡计分卡的应用。考试时可能会列举相关指标，要求判断该指标属于哪个维度，以及分析平衡计分卡这种绩效评价方法的优越性。

【典型案例分析】A公司是一家著名的方便面生产企业。2021年3月底，该公司初步建立了一套绩效管理系统。其中，包括基于平衡计分卡(BSC)的关键绩效考核指标体系。陈总经理对该系统十分满意，在人力资源总监王总提交的《关于开展绩效管理系统试运行三个月的建议》上，陈总的批示是：“要敢于试行，积极探索，不要怕出问题。”

按照陈总的批示，系统从4月份直接开始正式实施。然而该系统在实施过程中，人力资源总监王总却遇到了一系列问题。

在实施过程中，销售部李经理来到王总的办公室，向他诉苦说："王总，你看我们部门的总体考核指标，如市场份额、自由现金流量、员工保持率、交货及时率、销售利润等，确实都能很好地评价销售部的业务。不过具体到员工考核，我实在是不知道怎么对我的部下进行合理的评估啊。"王总于是把绩效评估的方法单独给李经理作了解释。经过2个小时的耐心解释，李经理终于明白了，高兴地走了。

但是，更多的麻烦接踵而来。在第一次考核完毕后，不断有被考核人认为考核结果不公平，开始找王总诉苦，要求公平和公正，搞得王总疲于应付而影响了其他工作。同时，王总也听到一些员工对绩效管理工作提出了质疑，如每次考核都要填很多表格，太繁琐了，不得不放下手头的工作来完成这些表格。还有一些员工说："让我们填写这么多内容，是不是就是为了找我们的不足啊？"

考核结束后，王总翻开绩效考核表格，发现部门经理对员工的评价结果差别不大。为了更加深入地了解员工对绩效考核的意见，王总又找了一些员工，获得了一些新的反馈。有些员工反映，在绩效考核结束后，上级没有和他们进行绩效沟通，根本不知道自己的考核成绩，更谈不上应如何改进，只有在发工资时才发现奖金数有点儿变化。王总又找部门经理们了解情况，并交流了绩效管理相关事项。部门经理们认为绩效考核工作太复杂了，占用了很多的工作时间，他们没有精力和员工做绩效反馈。

真是欲速则不达啊！下一步该怎么办？王总陷入了深深的思考。

假定不考虑其他因素。

要求：

平衡计分卡的指标体系包含哪四个维度？A公司销售部门的各项考核指标分别属于哪个维度？

【参考答案】

平衡计分卡的指标体系包含四个维度：财务维度、顾客维度、内部业务流程维度、学习和成长维度。

财务维度的指标：自由现金流量、销售利润；

顾客维度的指标：市场份额；

内部业务流程维度的指标：交货及时率；

学习和成长维度的指标：员工保持率。

热题解析

（必答题）甲公司是一家从事电子设备制造的国有控股上市公司，拥有A、B两家子公司。为提高管理水平和战略执行效果，甲公司管理层决定加强全面预算管理，调整绩效评价体系。有关资料如下：

调整绩效评价体系。自2022年开始，甲公司拟采用平衡计分卡对子公司绩效进行考核评价。在讨论平衡计分卡指标体系时，有关人员观点如下：

(1)战略部经理认为，平衡计分卡应围绕战略目标展开指标体系的构建，且应以非财务指标为核心，因为非财务指标可反映未来绩效，有利于实现未来的财务成功。

(2)人力资源部经理认为，平衡计分卡关注的是各类指标间的平衡，如财务指标与非财务指标的平衡、结果性指标与动因性指标的平衡等，所以在分配指标权重时也应对各指标进行综合权衡，对特别重要的指标可适当提高权重，但对任何一个指标均不可设立"一票否决"制度。

(3)财务部经理认为，平衡计分卡各个层面的指标间应具有因果关系，这种因果关系可依次推进，最终的结果应能够明确反映出公司的战略实施效果。

假定不考虑其他因素。

要求：

根据资料，分别指出甲公司战略部经理、人力资源部经理和财务部经理的说法是否合适；如不恰当，说明理由。

【参考答案】

战略部经理的说法不恰当。

理由：平衡计分卡指标体系应以财务指标为核心，其他维度指标应与核心维度的一个或多个指标相关联。

人力资源部经理的说法不恰当。

理由：对特别关键、影响企业整体价值的指标可设立"一票否决"制度。

财务部经理的说法恰当。

【解析】本题考核"平衡计分卡指标体系设计""平衡计分卡指标的权重与目标值""平衡计分卡的有效应用"的知识点。平衡计分卡指标体系构建时，企业应以财务指标为核心，其他维度指标应与核心维度的一个或多个指标相关联。所以战略部经理的说法不恰当。对特别关键、影响企业整体价值的指标可设立"一票否决"制度，即如果某项绩效指标未完成，无论其他指标是否完成，均视为未完成绩效目标。所以人力资源部经理的说法不恰当。要有效使用平衡计分卡，将平衡计分卡的四个层面与公司战略相整合，应遵循的原则：(1)各个层面的指标间具有因果关系；(2)结果计量指标与绩效动因相关联；(3)与财务指标挂钩。所以财务部经理的说法恰当。

本章经典案例

案例1·美乐公司经济增加值与平衡计分卡案例

【案例背景与要求】

美乐公司是一家专门从事手机生产的国有控股上市公司，成立以来一直将利润作为业绩考核的核心指标。但近年来，公司产品市场占有率不断下滑，股票价格低迷，公司从资本市场融资的难度增加，资本成本上升。为了扭转这种局面，公司董事会决定召开会议讨论企业的财务战略目标以及业绩评价方法。有关人员的发言要点如下：

总经理：公司应转变财务战略目标，由利润最大化目标转变为经济增加值最大化目标，并确定以经济增加值作为其业绩考核的核心指标。公司确定的2022年目标经济增加值为2 500万元。

财务部经理：目前正在进行2022年财务规划，具体资料如下：

(1)2022年预计销售收入在2021年30 000万元的基础上增长10%，2021年公司净利润2 500万元，平均资产总额10 000万元，平均无息流动负债1 800万元。预计2022年销售净利率、资产周转率不变，并且平均无息流动负债与销售收入的比例也不变。

(2)公司为推进技术创新，提高市场竞争力，2022年拟投入费用化的研发支出600万元(研发支出在计算EVA时不作为当期费用扣除)。

(3)公司目标资本结构为：60%(有息债务资本)/40%(权益资本)，2022年将继续维持。在该资本结构下，公司有息债务资本的平均利率为5%。

(4)公司所得税税率为25%，加权平均资本成本(WACC)为10%。

战略部经理：我们公司一直以来过于关注财务指标而忽略非财务指标，财务指标存在的缺陷性使得我们无法全面准确地考核公司的业绩，建议建立一套绩效管理系统，其中包括客户保持率、息税前利润、订单处理速度、培训计划完成率等基于平衡计分卡的关键绩效考核指标体系，公司寄希望于绩效管理系统的实施，培养员工的责任意识，提升管理水平，增加企业竞争力。

假设不考虑其他因素。

要求：

(1)根据总经理的观点，简要说明相对于其他绩效评价方法，使用经济增加值指标进行绩效评价的效果。

(2)根据财务部经理的观点，计算美乐公司2022年的经济增加值，并判断该公司能否实现目标。

(3)简述平衡计分卡的指标体系包含哪四个维度。根据战略部经理的建议，资料中列举的各项考核指标分别属于哪个维度？

【参考答案】

(1)相对于会计利润指标，使用经济增加值指标进行绩效评价的效果：

①提高企业资金的使用效率；②优化企业资本结构；③激励经营管理者，实现股东财富的保值增值；④引导企业做大做强主业，优化资源配置。

(2)2022年平均资产总额 = 10 000×(1+10%) = 11 000(万元)

平均无息流动负债 = 1 800×(1+10%) = 1 980(万元)

平均资本占用 = 11 000−1 980 = 9 020(万元)

平均债务资本 = 9 020×60% = 5 412(万元)

利息支出 = 5 412×5% = 270.6(万元)

税后净营业利润 = 净利润+(利息支出+研发费用)×(1−所得税税率)

= 2 500×(1+10%)+(270.6+600)×(1−25%) = 3 402.95(万元)

经济增加值 = 3 402.95−9 020×10% = 2 500.95(万元)

由于预计的经济增加值高于目标经济增加值(2 500万元)，因此能实现目标。

(3)平衡计分卡的指标体系包含四个维度：财务维度、顾客维度、内部业务流程维度、学习和成长维度。

资料列举的各项考核指标中：

属于财务维度的指标有息税前利润；

属于顾客维度的指标有客户保持率；

属于内部业务流程维度的指标有订单处理速度；

属于学习和成长维度的指标有培训计划完成率。

案例2 · 甲公司绩效评价案例

【案例背景与要求】

甲公司对于绩效评价工作非常重视，目前的绩效评价工作存在一些弊端，为此专门召集一些专家座谈，研究如何改进绩效评价工作。会议记录中的有关内容如下：

(1)小刘认为，应构建绩效评价指标体系，指标体系应反映企业财务目标实现的关键成功因素，具体指标应含义明确、可度量。

(2)小王认为，应设立薪酬与考核委员会，主要负责审核绩效管理的政策和制度、绩效计划与激励计划、绩效评价结果与激励实施方案、绩效评价与激励管理报告等，协调解决绩效管理工作中的重大问题。除此之外，还应建立健全绩效管理的制度体系，建立有助于绩效管理实施的信息系统。

(3)小张认为，建立了评价指标体系后，可以采用指标体系综合计分方法，比如根据指数分析的基本原理，计算各项绩效指标的单项评价指数和加权评价指数，据以进行综合评价。

(4)小李认为，评价指标体系确定之后，需要对每一个指标赋予一定的权重，同一评价指标，在对不同类型被评价对象进行评价时只能赋予相同的比重。可以将绩效指标分解成多个层次，通过下层元素对上层元素相对重要性的两两比较，构成两两比较的判断矩阵，求出判断矩阵最大特征值所对应的特征向量作为指标权重值。

假定不考虑其他因素。

要求：

(1)根据资料(1)，指出小刘的观点是否存在不妥之处，说明理由。

(2)根据资料(2)，判断小王的观点是否存在不妥之处。

(3)根据资料(3)，指出小张提出的是哪种指标体系综合计分方法，并说明采用该种方法的优缺点。

(4)根据资料(4)，指出小李的观点是否存在不妥之处，说明理由；并判断小李提出的是哪种指标权重确定方法。

【参考答案】

(1)小刘的观点存在不妥之处。

理由：指标体系应反映企业战略目标实现的关键成功因素，而不是财务目标。

(2)小王的观点不存在不妥之处。

(3)小张提出的指标体系综合计分方法是综合指数法。

该种方法的优点：操作简单、容易理解。

该种方法的缺点：标准值存在异常时影响结果的准确性。

(4)小李的观点存在不妥之处。

理由：同一评价指标，在对不同类型被评价对象进行评价时可以赋予不同的比重。

小李提出的指标权重确定方法是层次分析法。

案例3·多可公司的平衡计分卡财务维度指标计算案例

【案例背景与要求】

多可公司一直采用财务指标进行业绩考核，主要指标包括净利润、资产负债率、自由现金流量、净资产收益率以及经济增加值等。多可公司发现该业绩考核模式无法满足产业战略发展的需求，公司拟采用平衡计分卡进行业绩考核，并由公司总经理牵头负责平衡计分卡指标体系的设计。在指标体系的设计过程中，他们认为：

(1)平衡计分卡指标体系构建时，四个维度的指标应该彼此保持独立。

(2)平衡计分卡适用于战略目标明确、管理制度比较完善、管理水平相对较高的企业。

(3)平衡计分卡每个维度的指标通常为5～9个，总数量一般不超过35个。

(4)平衡计分卡在应用时应当与创新与学习角度指标挂钩。

假定不考虑其他因素。

要求：

逐项判断关于平衡计分卡指标体系设计的认识是否恰当，若存在不当之处，简要说明理由。

【参考答案】

认识(1)不当。

理由：平衡计分卡指标体系构建时，应以财务维度为核心，其他维度的指标都与核心维度的一个或多个指标相联系。

或：平衡计分卡四个层面的指标之间应当具有因果关系。

认识(2)恰当。

认识(3)不当。

理由：平衡计分卡每个维度的指标通常为4～7个，总数量一般不超过25个。

认识(4)不当。

理由：平衡计分卡在应用时，应当与财务指标挂钩，所有的因素链最终都应采用财务指标来计量其结果。

第八章　企业财务共享服务

本章考点汇总

序号	考点内容	重要程度
1	财务共享服务的概念及特征	★
2	财务共享服务与其他相关概念的异同	★★
3	企业财务共享服务的分类	★★
4	建设传统财务共享服务的核心因素	★★★
5	传统财务共享服务模式下的财务部门设置及功能分配	★
6	支撑传统财务共享服务的管理信息系统的构成	★★★
7	传统财务共享服务模式下主要业务的处理流程	★★★
8	新型财务共享服务模式	★★

高频考点讲解及应用分析

考点1　财务共享服务的概念及特征★

【考点讲解】

1. 财务共享服务的概念

财务共享是指企业在集团层面成立财务共享服务中心，将集团内分公司和子公司原来分散的财务处理职能集中在财务共享服务中心，使各分公司和子公司共享财务共享服务中心的财务处理服务，以降低成本、提高效率、保证质量、加强管控。

2. 财务共享服务的特征

财务共享服务的特征如下：

(1)适用对象主要为跨国、跨地区的大型企业集团。

(2)将对财务业务处理的服务在企业集团内共享(首要特点)。

(3)能够提升企业集团财务业务的专业化水平和服务水平，有效促进集团内部管理变革。

(4)能够帮助企业集团降低成本、提升价值。

(5)能够提高企业集团整体的管控力度。

(6)财务共享服务的建设是一个系统工程。

考点2　财务共享服务与其他相关概念的异同★★

【考点讲解】

财务共享服务与其他相关概念的异同如表8-1所示。

表8-1　财务共享服务与其他相关概念的异同

相关概念	辨析
财务共享服务VS财务集中	财务集中主要通过资金集中管理、全面预算管理、统一集团主要财务管理制度和会计核算政策、实行财务人员委派制度、实施集团公司整体战略方针、强化企业集团内部审计等手段进行。财务集中一般没有物理地将财务工作人员集中在一起，通常不会改变企业集团原来的组织框架、业务流程、人员配置等。 财务共享服务强调物理地将财务工作人员集中在独立的财务共享服务中心完成企业集团的相关会计核算工作，为集团总部和下属单位服务。在此变革中，企业集团的**组织架构**、**人员配置**、**处理流程**、**信息系统**都发生了变化。 虽然上述两者有许多不同，但财务共享服务实质上实现了部分财务集中的效果
财务共享VS财务外包	财务外包是指企业将其财务处理流程外包给**企业集团外部**特定的公司，通过财务外包可以削减企业财务部门，且通常不会涉及企业内部其他组织机构的调整和业务流程的再造。 财务共享服务中心是建立于**企业集团内部**的组织，人员归属于企业，企业的财务信息仅在企业内部进行流转；且财务共享服务中心的建立通常会涉及调整企业组织架构和业务流程再造。 两者的相同之处在于，企业集团的分子公司，无需进行会计处理，进而使其把精力更多地集中在核心业务上
财务共享服务VS ERP	ERP是企业的管理信息系统，是从供应链角度去优化企业的资源管理，而财务共享服务则是企业的财务管理变革

考点3　企业财务共享服务的分类★★

【考点讲解】

企业财务共享服务的类型如表8-2所示。

表 8-2　企业财务共享服务的类型

分类标准	类型
以所采用的主要技术路径为标准划分	分为**传统财务共享服务模式**和**新型财务共享服务模式**
以所覆盖的范围为标准划分	分为全范围财务共享服务中心、区域财务共享服务中心和专业财务共享服务中心
以运作模式为标准划分	分为基本模式、市场运营模式、高级市场运营模式和独立经营模式

考点 4　建设传统财务共享服务的核心因素★★★

【考点讲解】

传统财务共享服务建设的核心因素如表 8-3 所示。

表 8-3　传统财务共享服务建设的核心因素

项目	内容
战略定位	企业可根据自己的情况，从以下财务共享服务建造目标中选择自己的战略定位：提升业务处理效率、降低企业成本、加强管控、加强数字化转型等
选址	选址前应先明确拟建设的财务共享服务中心的类别。常见的财务共享服务中心的种类有：专业化财务共享服务中心、地域化财务共享服务中心和全范围的财务共享服务中心。 选址时应考虑的因素如下： (1)成本因素：通信成本、人力成本、房租成本等； (2)环境因素：政策环境、城市竞争力、发展能力等； (3)人力资源因素：教育资源、人员的流动性、人力资源是否充足等； (4)基础设施因素：交通设施、电信设施、自然环境等
明确运营模式，制定相关制度	企业集团建设财务共享服务中心时需明确运营模式，制定相关制度。 从运作模式的角度来讲，财务共享服务中心可划分为基本模式、市场模式、高级市场运营模式和独立经营模式。 企业集团应在所选择的运营模式的基础上，制定服务标准(如拟对服务对象收费，则应制定收费标准)。为支持统一的服务标准，企业还应制定统一的相关财务制度，将其作为财务共享服务中心的运营基础
流程再造	建设财务共享服务中心将引起企业的组织架构发生变化，使财务核算功能集中于财务共享服务中心，从而导致企业的业务流程发生变化。 鉴于此，企业集团需要重新审视业务环节，合理设计标准化的业务流程。涉及相关业务流程时，应综合考虑财务共享建设目标、控制需求和效率，以及信息系统执行的可行性

续表

项目	内容
信息系统建设	信息系统是实施财务共享服务的载体，支撑财务共享服务中心完成各项工作，为服务对象提供满意的服务。因此，企业集团需要在原有信息系统的基础上进行改造升级，以适应再造后的业务流程，保证运营效果，提高运营效率

考点5　传统财务共享服务模式下的财务部门设置及功能分配★

【考点讲解】

在传统财务共享服务模式下，需要将企业集团的财务管理职能在财务共享服务中心、集团总部的财务部门及分公司、子公司的财务部门（财务人员）三者之间重新分配。集团内部财务职能的分配如表8-4所示。

表8-4　集团内部财务职能的分配

项目	内容
分子公司财务部门（财务人员）的职能	取消财务核算职能和相关员工； 保留财务分析、业务支持（BP）、报税等财务职能和相关员工； 可根据需要配备专职或兼职的单据扫描员（负责单据扫描上传系统）
财务共享服务中心的职能	主要职能：集团范围的财务核算； 其他职能：财务分析职能、税务处理职能等
企业集团财务管理部门的职能	集中精力于政策规范制定、管理会计、投融资、税务筹划、内部稽核等职能

一般情况下，集团财务管理部门和财务共享服务中心的关系模式如表8-5所示。

表8-5　集团财务管理部门和财务共享服务中心的关系模式

关系模式	内容	优点或缺点
平行关系	集团总部和财务共享服务中心**均直接向集团公司的财务总监汇报**，两者为协同合作的关系	财务共享服务中心汇报的层级少，可提高组织效率
归属关系	财务共享服务中心**服从于集团财务管理部门管理**，并由集团财务管理部门向集团财务总监报告，两者为上下级关系	集团政策推行的力度强；但是财务共享服务中心的汇报层级多，降低了组织效率

考点6 支撑传统财务共享服务的管理信息系统的构成★★★

【考点讲解】

1. 支持财务共享服务的信息系统基础

ERP 系统(管理信息系统)是支持财务共享服务的信息系统基础。

2. 支持传统财务共享服务的信息系统

常见的企业集团财务共享服务使用的信息系统架构通常包含以下子系统：电子影像系统、网上报账系统、电子档案系统、会计核算系统、合并报表系统、资金管理系统、银企互联系统、预算控制系统和税务管理系统等。

其中支撑财务共享服务的特有核心子系统为**电子影像系统、网上报账系统、电子档案系统和会计核算系统**。

(1)电子影像系统。

电子影像系统可将各类实物单据转换为电子影像，实现电子影像采集处理和传输、集中存储和影像查询、调阅管理等功能，是实现财务共享服务异地会计处理理念的基础。

电子影像系统的主要功能包括影像采集、影像处理、影像传输和影像查询。

电子影像系统解决了异地实物单据传递问题，节省了人力物力，降低了成本，提高了信息传递效率，解决了异地处理和异地查阅问题；同时还保障了档案安全，有助于提高档案管理水平。

(2)网上报账系统。

财务共享服务中会计流程再造的关键在于网上报账系统。利用网上报账系统，可以实现 ERP 下各个业务模块和财务系统的集成。网上报账系统是财务共享服务模式下业务和财务的交互平台。

网上报账系统主要包括业务申请管理、报账申请管理、业务审批管理、任务分配管理、财务审核管理和查询分析管理等功能。

(3)电子档案系统。

电子档案系统将企业会计档案纳入系统管理，实现会计凭证和电子影像的自动匹配、分册，对电子档案的打印、归档、借阅、销毁全流程进行系统内的留痕和规范化管理。电子档案系统从网上报账系统、电子影像系统获取单据影像等信息，从会计核算系统获取会计凭证等信息。

电子档案系统的主要功能包括：凭证匹配、凭证分册、档案查询和档案借阅。

电子档案系统有助于提高档案信息传递效率，形成统一的凭证电子档案库。

(4)会计核算系统——会计核算板块的核心部分。

会计核算系统的内容包括总账、销售和应收管理、采购与应付管理、费用报销、存货核算、薪资核算和固定资产核算。

会计核算系统有助于通过高度集成和融合，确保业务处理及时、准确；同时，会计核算系统可通过灵活多样的信息分析和展示，更好地进行决策支持。

考点7　传统财务共享服务模式下主要业务的处理流程★★★

【考点讲解】

传统财务共享服务主要集中于财务核算业务，财务核算业务是财务工作中最为基础和核心的业务，主要包括总账管理、采购与付款管理、销售与应收管理、资产管理、成本管理和现金管理等。

1. 采购和付款流程

采购与付款业务的特点是程序复杂，涉及的单据和记录繁多。一般企业财务共享服务中的采购和付款流程通常以采购申请为起点，根据企业的实际业务发生情况和内控要求进行设计和个性化配置，财务共享服务中采购和付款流程的具体业务内容如表8-6所示。

表8-6　财务共享服务中采购和付款流程的具体业务内容

项目	内容
业务审批流程	各需求单位（分子公司等）：提起采购计划； 规口管理部门：汇总后上报公司生产计划部审批通过，选择供应商、签订采购合同； 库管部门：安排入库验收
填单/扫描	分子公司相关业务人员：线上填写付款申请单、报账单据，将附件整理好交给扫描员； 扫描员：在核实附件的完整性和准确性后，将其扫描成电子影像
财务共享服务中心（FSSC）采购会计审核	（1）财务共享服务中心采购会计：审核，生成暂存凭证； （2）财务共享服务中心进行会计复核，生成正式凭证进入核算系统
财务共享服务中心（FSSC）出纳	出纳在采购物资记账成功后，根据资金计划进行付款，生成付款凭证
财务共享服务中心（FSSC）归档	各分子公司扫描员：定期邮寄纸质资料至财务共享服务中心； 财务共享服务中心归档员：稽核匹配电子影像与实物，归档

2. 费用报销流程——衍生于应付管理

主要内容：企业经办人员先垫付后报销的业务。

特点：数量庞大、烦琐、重复率高、金额小、单据格式不一致等。

费用报销业务较易实现标准化，适合采用财务共享服务模式实现高效处理；在建设财务共享时，企业通常优先将费用报销业务纳入共享服务范围，从而大幅度提升工作效率，提升报销体验。

财务共享服务中费用报销的流程如表 8-7 所示。

表 8-7 财务共享服务中费用报销的流程

项目	内容
填单/扫描	业务人员：填写报销单，向分子公司扫描员提交发票等实物票据； 扫描员：检查实物票据是否正确、合规、齐全；扫描实物票据作为单据附件，进入后续审批节点； 主管部门领导：审查事项的真实性，进行审批
财务共享服务中心(FSSC)费用会计审核	财务共享服务中心财务人员：审核对单据及票据影像，确认票据合法、合规、符合付款要求； 财务共享服务中心费用会计：审核申请单及票据影像
财务共享服务中心(FSSC)出纳	出纳：根据资金计划进行付款； 往来会计：生成付款凭证
财务共享服务中心(FSSC)归档	各分子公司扫描员：定期把纸质资料邮寄到财务共享服务中心； 财务共享服务中心归档员：稽核匹配电子影像与实物，归档

3. 销售和收款流程

特点：程序复杂，涉及的单据和记录繁多，工作量大且容易出错。

一般情况下，财务共享服务中的销售与收款流程通常以销售合同的录入为起点展开，核心是销售子流程。财务共享服务中销售和收款共享流程如表 8-8 所示。

表 8-8 财务共享服务中销售和收款共享流程

项目	内容
业务审批流程	分子公司前期销售业务：客户评估、销售业务洽谈和合同签订； 合同签订为业务的起点，由此开始建立数据
填单	从提起开票到收入确认需要遵循业务流程； 分子公司业务人员：在报账系统中先后填写提交开票申请与收入确认单； 相关领导：审核确认真实性、合理性
财务共享服务中心(FSSC)收入会计审核	收入会计审核 FSSC 的开票与收入确认，具体为：审核项目实际情况，核对表格信息的真实性和计算过程的正确性； 单据被审核通过后，由系统生成相应会计凭证传递至核算系统，生成会计凭证
财务共享服务中心(FSSC)归档	打印的会计凭证、收入确认表等，按相关流程及时归档

考点8 新型财务共享服务模式★★

【考点讲解】

(一)使用 SaaS 云软件建立虚拟财务共享服务中心

伴随着互联网技术的发展和应用软件的成熟，企业借助各种先进的技术和工具，促使财务处理不断向自动化、智能化、无纸化方向发展，比如使用 SaaS 云软件建立虚拟财务共享服务中心。

SaaS 云软件带来的革新包括：

(1)企业利用云软件可以实现与上下游企业及政府税务系统的信息共享。

(2)以高质量的电子数据作为记账的依据，提升处理效率。

(3)降低企业信息系统使用的成本。

(4)不单独设立实体财务共享中心，避免流程再造，降低财务共享的难度。

(二)其他新技术在财务共享服务中的运用

(1)移动互联网在财务共享服务中的运用：移动互联网将移动通信和互联网结合起来，通过包括智能手机、平板电脑等的智能移动终端和企业服务器、计算机等进行信息交互，从而使企业管理者及业务人员可以突破办公场所、上网条件等限制，通过手机、Pad、云桌面等智能终端对诸多业务进行方便快捷的移动管理。

移动互联网在财务共享服务中的运用，可快速响应，随时随地处理相关业务，且方便快捷，大幅提升用户体验。

(2)机器人流程自动化(RPA)在财务共享服务中的运用：RPA 可以模仿人在计算机上的操作，重复执行大量标准化业务，大幅缩短操作时间、减少人工需求、提高准确率，其在财务共享服务中应用已涵盖了应付账款、应收账款、固定资产、费用与报销、现金管理、总账处理和其他一些流程性业务。

在部署 RPA 机器人流程自动化程序后，财务共享中心可轻松完成重复、复杂的流程：①在收到发票后，RPA 提供 OCR 扫描发票信息并调用税务局接口进行自动验证真伪；②发票验证真伪后，RPA 自动登录 ERP 系统，匹配发票与合同；③单据校验成功之后，RPA 根据记账规则自动处理应付账务，并推送异常业务提示给业务人员进行处理；④自动录入报账系统并生成报账单，自动发送指令打印报账单。

(3)大数据分析和数据可视化在财务共享服务中的运用：大数据的出现使财务分析能够更好地基于企业内外部多种数据开展分析服务于业务部门。财务共享服务中心将逐步成为企业的数据中心，开展各种数据的分析，对数据进行深度挖掘，通过高效的报告系统，实现各类业务数据的实时可视化呈现与分发，为企业管理者提供决策依据，提升企业核心竞争力。

本章经典案例

案例·凡泰公司财务共享服务案例

【案例背景与要求】

1999 年，以家电产品为主的多元化经营企业凡泰公司开始了国际化进程。通过市场调查与分析，凡泰领导层认为，先进入最为严苛的欧美等发达国家的消费市场，能够在消费者高标准的质量要求和激烈的市场竞争中获得市场相关经验和领先技术，尽快提升企业在世界市场的竞争优势。为了成功进驻发达国家市场，凡泰公司倾注了巨大的财力、人力以及物力来促进其技术与质量水平的提升。短短数年凡泰公司陆续通过了 15 个种类、48 个国家的国际认证。凡泰公司成为全球领先的综合性家电制造业上市公司。截至 2020 年年末，凡泰申请了 2 600 多项专利权，拥有 21 000 多名员工。

随着凡泰公司的业务遍布国内外各区域，凡泰公司的员工出差频繁，每年产生大量的差旅费用，并且纸质的发票存在容易丢失、不容易保存、调阅困难等问题。凡泰公司为了实现全球范围高效的财务运转，采用了路途云。

路途云为凡泰公司提供所有酒店、机票商城平台全部落地化对接，享受云快报协议价，将周边生态有关的餐饮、住宿、交通数据等录入到系统中，打通平台与平台之间的数据，实现平台间的统一开票功能，路途云与企业内部系统做对接，如 HR、财务、CRM 等，达到生态数据由外及里的全面贯通，从而实现基于费用生态数据完成报销，然后生成凭证，批量打印(或免打印)的自动化流程，达到差旅的透明化、连通化以及闭环化管理，实现多维度费用监控，精细化费用管理，实时报表，预算管控更加及时。保证了信息完整性，准确性及真实性，同时降低了运营成本，提高了报销管理效率。

在 2021 年年末，凡泰公司建立了财务共享服务中心，此共享服务中心只是企业内部的一个成本中心，仅为企业内部的分子公司提供财务服务，如提供基础会计核算、财务报表数据的加工等服务，主要是通过合并和整合日常会计核算处理和资金经营活动，最终降低成本和规范业务流程。

假定不考虑其他因素。

要求：

(1)根据以上资料，按照企业财务共享服务采用的主要技术路径分类，分析凡泰公司采用的路途云所属的类型。

(2)根据以上资料，按照企业财务共享服务中心的运作模式分类，分析凡泰公司财务共享服务中心的运作模式所属类型。

【参考答案】

(1) 按照财务共享服务建设所采用的主要技术路径可以将财务共享服务分为传统财务共享服务模式和新型财务共享服务模式。新型财务共享服务是指采用云平台软件等近年来出现的新型技术手段来解决财务处理的跨地域限制和自动化问题，是通过虚拟的财务共享服务中心来完成工作。新型财务共享服务模式下，企业的财务处理自动化程度进一步提高，也不需要大规模的流程再造，处理成本进一步降低。因此凡泰公司采用的路途云所属的类型是新型财务共享服务模式。

(2) 按照财务共享服务中心的运作模式可以将其划分为基本模式、市场运营模式、高级市场运营模式和独立经营模式。基本模式是指财务共享服务中心只是企业内部的一个成本中心，仅为企业内部的分子公司提供财务服务，不收取服务费用。因此凡泰公司财务共享服务中心的运作模式是基本模式。

第九章　政府会计与预算管理

本章考点汇总

序号	考点内容	重要程度
1	中央部门预算编制	★★
2	政府收支分类	★★
3	中央部门预算执行及调整	★★★
4	中央部门结转和结余资金管理	★★★
5	国库集中收付制度与预算管理一体化	★★
6	行政事业单位会计处理	★★★
7	政府采购制度	★★
8	行政事业单位国有资产配置、使用及处置(含中央级行政事业单位国有资产管理的特殊规定)	★★★
9	行政事业单位国有资产评估、清查及登记	★★
10	预算绩效管理	★★★
11	内部控制	★★★

高频考点讲解及应用分析

考点1　中央部门预算编制★★

【考点讲解】

部门预算是指政府部门依据国家有关预算管理政策规定，结合自身未来一定时期履行职能需要，从基层预算单位开始逐级编制、审核、汇总、上报，由财政部门审核并提交各级人民代表大会依法批准的部门综合财务收支计划。

(一)中央部门预算的编制规程

中央部门预算编制程序可分为“准备”“一上”“一下”“二上”“二下”五个阶段，如图9-1所示。

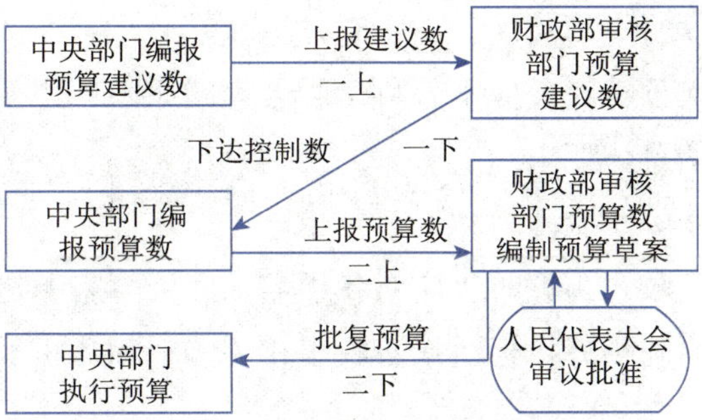

图 9-1　中央部门预算编制基本流程

（二）中央部门预算的编制原则

中央部门在中期规划和预算编制过程中，应遵循的原则如表 9-1 所示。

表 9-1　中央部门预算的编制原则

原则	内　　容
合法性	部门预算的编制要符合《中华人民共和国预算法》和国家其他法律、法规的要求，充分体现党和国家的方针政策，并在法律赋予部门的职能范围内进行
真实性	部门预算收支的预测必须以国家社会经济发展规划和履行部门职能的需要为依据，对每一收支项目的数字指标应认真测算，力求各项收支数据真实准确
完整性	部门预算编制要体现综合预算的要求。各部门应将所有收入和支出全部纳入部门预算，全面、准确地反映部门各项收支情况
科学性	预算编制的程序设置要科学，预算编制的方法要科学，预算的核定要科学
稳妥性	部门预算的编制要做到稳妥可靠，量入为出，收支平衡，不得编制赤字预算
重点性	部门预算编制要合理安排各项资金，本着“统筹兼顾，留有余地”的方针，在兼顾一般的同时，优先保证重点支出。根据重点性原则，要先保证基本支出，后安排项目支出；先重点、急需项目，后一般项目
透明性	要通过建立完善科学的预算支出标准体系，实现预算分配的标准化、科学化，减少预算分配中的主观随意，使预算分配更加规范、透明。主动接受人大、审计和社会的监督，建立健全部门预算信息披露制度和公开反馈机制，推进部门预算公开
绩效性	树立绩效管理理念，健全绩效管理机制，对预算的编制、执行和完成情况实行全面的追踪问效，不断提高预算资金的使用效益

（三）中央部门收入预算编制

1. 中央部门收入预算的内容

中央部门预算收入根据资金来源可分为上年结转、财政拨款收入、上级补助收入、事业收入、事业单位经营收入、下级单位上缴收入、其他收入和用事业基金弥补收支差额等。

2. 收入预算的编制要求

中央部门在预测收入预算时，应本着科学、合理的原则，遵循**项目合法合规、内容全面完整、数字真实准确**的总体要求。

3. 收入预算编制的预测依据

中央部门在编制部门收入预算时，应对各项需求和资金来源进行认真测算、分析。测算和分析的依据首先要明确预算目标，接着收集相关资料和分析、归集部门预算需求，然后测算部门预算需求。

（四）中央部门支出预算编制

中央部门预算支出包括基本支出、项目支出、上缴上级支出、事业单位经营支出以及对附属单位的补助支出。其中，基本支出预算和项目支出预算是部门支出预算的主要组成部分。基本支出预算是中央部门为保障其机构正常运转、完成日常工作任务而编制的年度基本支出计划，按其性质分为人员经费和日常公用经费。项目支出预算是中央部门为完成其特定的行政工作任务或实现其事业发展目标，在基本支出预算之外编制的年度项目支出计划，包括基本建设、有关事业发展专项计划、专项业务费、大型修缮、大型购置、大型会议等项目支出。

1. 基本支出预算编制

（1）基本支出预算的编制原则。

a. **综合预算**原则。在编制基本支出预算时，各部门要将当年财政拨款和以前年度结转和结余资金、其他资金，全部纳入部门预算，统筹考虑，合理安排。

b. **优先保障**原则。预算资金的安排，首先应当保障单位基本支出的合理需要，以维持行政事业单位日常工作的正常运转。在此基础上，本着“有多少钱办多少事”的原则，安排各项事业发展所需的项目支出。

c. **定额管理**原则。基本支出预算实行以定员定额（指预算分配定额）为主的管理方式，同时结合部门资产占有状况，通过建立实物费用定额标准，实现资产管理与定额管理相结合。

（2）基本支出预算的主要内容。

基本支出预算的内容包括人员经费和日常公用经费两部分。

人员经费体现为部门预算支出经济分类科目中的“工资福利支出”“对个人和家庭的补助”，日常公用经费体现为部门预算支出经济分类科目中的“商品和服务支出”“资本性支出”。

（3）基本支出定员定额标准。

根据部门预算管理的有关规定，基本支出定员定额标准由**“双定额”**构成，即综合定额和财政补助定额。大部分事业单位适用“双定额”。

（4）基本支出预算的编制程序。

基本支出预算的编制程序包括：①制定定额标准；②审核基础数据；③测算和下达控制数；④编制部门基本支出预算；⑤审批下达正式预算。

2. 项目支出预算编制

(1)项目支出预算的特征。

项目支出预算是围绕“项目”编制的支出计划，项目支出预算的特征包括：①专项性；②独立性；③完整性。

(2)项目的分级管理。

中央部门预算的项目实行分级管理，分为一级项目和二级项目两个层次。

a. 一级项目的管理。一级项目在年度预算编制的前期准备阶段进行设置或调整。一级项目的内容应包括实施内容、支出范围和总体绩效目标。

b. 二级项目的管理。二级项目由具体预算单位，根据项目支出预算管理的相关规定和部门的有关要求，自主设立。二级项目要与对应的一级项目相匹配，有充分的立项依据、详细的实施方案、明确的支出内容、具体的支出计划、合理的绩效目标。

(3)项目的审核及申报。

a. 部门审核和评审程序。部门内部的项目审核和评审程序，由部门自行确定。部门审核和评审的内容主要包括完整性、必要性、可行性和合理性等方面。

b. 项目支出预算及项目库的申报。部门根据项目的**优先排序**情况，将项目列入预算和规划中，按照财政部要求的分年度项目支出控制规模，向财政部申报预算。同时，部门按照财政部要求的分年度项目库控制规模，部门根据项目的优先排序情况，向财政部申报项目库。项目库的申报与项目支出预算的申报需同步进行。

(4)项目预算评审。

规范项目入库管理，经过研究、论证、评审等程序后方可入库。所有项目纳入项目库管理，年度预算安排项目从项目库中择优选取。

项目预算评审的内容主要包括**完整性、必要性、可行性和合理性**等方面。

(5)项目的调整及控制。

a. 财政部对项目的调整与控制。根据审核和评审情况，财政部对项目有三种处理方式：一是审核通过，纳入财政部项目库；二是审核未通过，且项目立项属于不符合国家有关政策的，财政部对相关项目明确标识“不予安排”；三是审核未通过，但不违反国家有关政策的项目，财政部通知部门进行调整后重新申报。对明确标识“不予安排”的项目，将随“一下”控制数一并反馈进入部门项目库，相关项目“二上”时不得再纳入预算或规划中安排。

b. 部门对项目的调整。财政部控制数下达后，三年及分年支出总额不得调整。部门如需在一级项目之间进行调整，或对控制数中已明确的二级项目进行调整的，应报财政批准。

(6)项目的批复和调整。

a. 项目的批复。全国人民代表大会批准中央预算后，财政部批复各中央部门的年度项目支出预算。

b. 项目的调整。当年安排预算的项目一经批准，对当年的年初预算数不得再做调整，涉及调剂当年预算数的，在执行中，按照规定程序办理。财政部审核同意的调剂，通过项目库将相关调整信息反馈进入部门项目库。对仅涉及项目后两个年度支出计划调整的，原则上预算执行中不做调整，在编制下一年度预算时统一调整。

考点 2 政府收支分类★★

【考点讲解】

政府收支分类科目，也称为预算科目，是政府收支分类的具体项目。

政府收支分类科目体系可以分为“收入分类”“支出功能分类”和“支出经济分类”三部分。

1. 收入分类

收入分类主要反映政府收入的来源和性质。根据财政部制定的《2022 年政府收支分类科目》，一般公共预算收入分类科目的类级科目包括：税收收入、非税收入、债务收入和转移性收入。

2. 支出功能分类

支出功能分类，主要根据政府职能进行分类，反映政府支出的内容和方向。根据财政部制定的《2022 年政府收支分类科目》，一般财政公共预算支出功能分类的类级科目包括：一般公共服务支出、外交支出、国防支出、公共安全支出、教育支出、科学技术支出、文化旅游体育与传媒支出、社会保障和就业支出、卫生健康支出、节能环保支出、城乡社区支出、农林水支出、交通运输支出、资源勘探工业信息等支出、商业服务业等支出、金融支出、援助其他地区支出、自然资源海洋气象等支出、住房保障支出、粮油物资储备支出、灾害防治及应急管理支出、预备费、其他支出、转移性支出、债务还本支出、债务付息支出、债务发行费用支出、其他支出和转移性支出等①。

3. 支出经济分类

支出经济分类主要反映政府各项支出的经济性质和具体用途。根据《支出经济分类科目改革方案》(财预〔2017〕98 号)，自 2018 年 1 月 1 日起，支出经济分类包括

①本书涉及的一般公共预算支出功能分类的类级科目根据财政部制定的《2022 年政府收支分类科目》编写。

“政府预算支出经济分类”和“部门预算支出经济分类”，高会考试主要考核**部门预算支出经济分类**。

部门预算支出经济分类设类、款两级科目。根据财政部制定的《2022年政府收支分类科目》，部门预算支出经济分类的类级科目包括：工资福利支出、商品和服务支出、对个人和家庭的补助、债务利息及费用支出、资本性支出(发展改革部门安排的基本建设)、资本性支出(各单位安排的)、对企业补助(发展改革部门安排的基本建设支出中对企业补助)、对企业补助(除发展改革部门安排的基本建设支出中对企业补助以外，政府安排的对企业补助)、对社会保障基金补助和其他支出①。

【应试技巧】对于支出功能分类：

(1)行政事业单位离退休费的功能分类列入社会保障和就业支出类。

(2)住房保障支出包括保障性安居工程支出、住房改革支出(住房公积金、提租补贴、购房补贴)、城乡社区住宅(如公有住房建设和维修改造支出)。

(3)环保局的人员经费、环境保护费等，均应划分为“节能环保支出”类；但该环保局下设某研究所，从事环境保护的研究工作，那么，该研究所的支出就要归为“科学技术支出”类；如果环保局下属学校，其支出应归为“教育支出”类；如果环保局下属医院，其支出应归为“卫生健康支出”类。

对于部门预算支出经济分类：

(1)“工资福利支出”与“对个人和家庭的补助”。前者是在职职工，后者是离退休及其他人员。

(2)“商品和服务支出”与“资本性支出”。前者是消耗性物品购买、设备房屋日常维修等，后者是设备购买、房屋大修理和更新改造等。

(3)“资本性支出(基本建设)”与“资本性支出”。前者必须是发改委安排的项目，后者是各单位安排的项目。

注意：对于分析判断支出功能分类和支出经济分类是否正确的题目，不区别功能分类和经济分类，笼统回答“不正确”或“正确”的，不得分。

---

①根据《2022年政府收支分类科目》，“资本性支出(发展改革部门安排的基本建设)”的科目名称为“资本性支出(基本建设)”，“资本性支出(各单位安排的)”的科目名称为“资本性支出”，“对企业补助(发展改革部门安排的基本建设支出中对企业补助)”的科目名称为“对企业补助(基本建设)”，“对企业补助(除发展改革部门安排的基本建设支出中对企业补助以外，政府安排的对企业补助)”的科目名称为“对企业补助”，本书相关类级科目均采用简化形式。

考点3 中央部门预算执行及调整★★★

【考点讲解】

1. 中央部门基本支出预算执行及调整

中央部门应当严格执行批准的基本支出预算。

执行中发生的非财政补助收入超收部分，原则上不再安排当年的基本支出，可报财政部批准后，安排项目支出或结转下年使用。

执行中发生的非财政补助收入短收部分，中央部门应当报经财政部批准后调减当年预算，当年的财政补助数不予调整。

如遇国家出台有关政策，对预算执行影响较大，确需调整基本支出预算的，由中央部门报经财政部批准后进行调整。

2. 中央部门项目支出预算执行及调整

项目支出预算一经批复，中央部门和项目单位不得自行调整。预算执行过程中，如发生项目变更、终止的，必须按照规定的程序报经财政部批准，并进行预算调整。

3. 行政事业单位预算执行及分析

行政事业单位预算执行及分析，见表 9-2。

表 9-2 行政事业单位预算执行及分析

类别	内　容
行政单位预算执行及分析	行政单位应当严格执行预算，按照收支平衡的原则，合理安排各项资金，不得超预算安排支出。预算在执行中原则上不予调整。因特殊情况确需调整预算的，行政单位应当按照规定程序报送审批。 ➢ 当年预算支出完成率，衡量行政单位当年支出总预算及分项预算完成的程度。计算公式为： 当年预算支出完成率＝年终执行数÷(年初预算数±年中预算调整数)×100% 年终执行数不含上年结转和结余支出数 ➢ 支出增长率，衡量行政单位支出的增长水平。计算公式为： 支出增长率＝(本期支出总额÷上期支出总额－1)×100% ➢ 人均开支，衡量行政单位人均年消耗经费水平。计算公式为： 人均开支＝本期支出数÷本期平均在职人员数×100% ➢ 项目支出占总支出的比率，衡量行政单位的支出结构。计算公式为： 项目支出比率＝本期项目支出数÷本期支出总数×100% ➢ 人员支出、公用支出占总支出的比率，衡量行政单位的支出结构。计算公式为： 人员支出比率＝本期人员支出数÷本期支出总数×100% 公用支出比率＝本期公用支出数÷本期支出总数×100%

续表

类别	内容
事业单位预算执行及分析	事业单位应当严格执行批准的预算。预算执行中，国家对财政补助收入和财政专户管理资金的预算一般不予调整。上级下达的事业计划有较大调整，或者根据国家有关政策增加或者减少支出，对预算执行影响较大时，事业单位应当报主管部门审核后报财政部门调整预算；财政补助收入和财政专户管理资金以外部分的预算需要调增或者调减的，由单位自行调整并报主管部门和财政部门备案。收入预算调整后，相应调增或者调减支出预算。 ➢ 预算收入和支出完成率，衡量事业单位收入和支出总预算及分项预算完成的程度。计算公式为： 预算收入完成率＝年终执行数÷(年初预算数±年中预算调整数)×100% 预算支出完成率＝年终执行数÷(年初预算数±年中预算调整数)×100% 年终执行数不含上年结转和结余支出数。 ➢ 人员支出、公用支出占事业支出的比率，衡量事业单位事业支出结构。计算公式为： 人员支出比率＝人员支出÷事业支出×100% 公用支出比率＝公用支出÷事业支出×100% ➢ 人均基本支出，衡量事业单位按照实际在编人数平均的基本支出水平。计算公式为： 人均基本支出＝(基本支出－离退休人员支出)÷实际在编人数 ➢ 资产负债率，衡量事业单位利用债权人提供资金开展业务活动的能力，以及反映债权人提供资金的安全保障程度。计算公式为： 资产负债率＝负债总额÷资产总额×100%

热题解析

（选答题部分）甲单位为某省环境保护厅，执行《行政单位会计制度》。乙、丙单位为甲单位所属事业单位，执行《事业单位会计制度》并计提固定资产折旧。按照省财政厅要求，甲、乙、丙单位执行中央级行政事业单位部门预算管理、国有资产管理等有关规定。2018 年 7 月，甲单位审计处对本级及所属单位 2017 年下半年以来预算执行、资产管理、内部控制、会计核算等情况进行了检查。8 月初，审计处向甲单位主要负责人反馈检查情况。部分事项如下：

（1）2017 年年初，甲单位本级经省财政厅批复本年度支出预算为 20 000 万元；2017 年 6 月，甲单位本级经批准调增支出预算数为 1 000 万元。2017 年度甲单位本级年终支出执行数为 19 000 万元。2018 年 1 月，甲单位对上一年度的本级预算执行情况进行了分析，计算确定的本级预算支出完成率为 95%。

（2）为按规定自 2019 年 1 月 1 日起执行政府会计制度，2018 年 4 月甲单位组织本级和所属单位财务人员培训，实际发生政府会计制度专项培训经费支出 15 万元。由于年初该专项培训费预算仅为 10 万元，培训经费有 5 万元缺口。甲单位财务处将该经费缺口 5 万元在本年度“内部控制信息系统建设”专项经费的培训费预算项目下列支。

假定不考虑其他因素。

要求：

根据国家部门预算管理的相关规定，分析判断：

(1)事项(1)中本级预算支出完成率的计算是否正确；如不正确，指出正确的计算结果。

(2)事项(2)的做法或处理是否正确；如不正确，说明理由。

【参考答案】

(1)事项(1)的计算不正确。

正确计算：预算支出完成率是90.48%[19 000÷(20 000+1 000)≈90.48%]。

【解析】 本题考核"预算支出完成率的计算"的知识点。

预算支出完成率=年终执行数÷(年初预算数±年中预算调整数)×100%

上述年终执行数不含上年结转和结余数。

(2)事项(2)的处理不正确。

理由：项目资金应专款专用。

【解析】 本题考核"中央部门预算执行及调整"的知识点。项目支出预算一经批复，中央部门应当按照批复的项目支出预算组织项目的实施，并责成项目单位严格执行项目计划和项目支出预算。中央部门和项目单位不得自行调整。预算执行过程中，如发生项目变更、终止的，必须按照规定的程序报经财政部批准，并进行预算调整。

(必答题部分) 甲单位为一家中央级事业单位，已实行国库集中收付制度，执行《事业单位会计制度》并对固定资产计提折旧。2017年3月，甲单位审计处对该单位2016年预算执行、资产管理等情况进行审计时，关注到如下事项：

2016年3月，甲单位收到以财政授权支付方式拨付的"M实验室建设"项目经费500万元。该项目实施周期为1年，财政批复的项目支出预算包括设备费、会议费和专家咨询费。截至2016年10月末，该项目预算执行率为9%，实施工作进展缓慢。为加快预算执行进度，经领导班子集体研究同意后，甲单位于2016年11月使用该项目资金300万元，用于另一实验室建设项目的新增设备购置。

假定不考虑其他因素。

要求：

根据中央部门预算管理的有关规定，判断上述事项甲单位的处理是否正确，如不正确，说明理由。

【参考答案】

该事项的处理不正确。

理由：项目资金应按规定用途使用[或：专款专用；或：不得挪用]；在年度预算执行

中确需调整用途的，须报财政部审批。

【解析】本题考核"中央部门预算执行及调整"的知识点。项目支出预算一经批复，中央部门应当按照批复的项目支出预算组织项目的实施，并责成项目单位严格执行项目计划和项目支出预算。中央部门和项目单位不得自行调整。预算执行过程中，如发生项目变更、终止的，必须按照规定的程序报经财政部批准，并进行预算调整。

考点4　中央部门结转和结余资金管理★★★

【考点讲解】

1. 结转和结余资金概述

(1)分类。

结转资金是指预算未全部执行或未执行，下年需按原用途继续使用的预算资金。

结余资金是指项目实施周期已结束、项目目标完成或项目提前终止，尚未列支的项目支出预算资金；因项目实施计划调整，不需要继续支出的预算资金；预算批复后连续两年未用完的预算资金。

(2)按照《中央部门结转和结余资金管理办法》管理的结转结余资金应扣除以下两项内容：

a. 已支付的预付账款；

b. 已用于购买存货，因存货未领用等原因尚未列支的账面资金。

预付账款在以后年度收回资金，或者在以后年度因出售存货收回资金的，收回的资金应按照《中央部门结转和结余资金管理办法》相关规定管理。

2. 结转资金管理

(1)基本支出结转资金管理。

a. 年度预算执行结束时，尚未列支的基本支出全部作为结转资金管理，结转下年继续用于基本支出。

b. 基本支出结转资金包括人员经费结转资金和公用经费结转资金。

c. 部门决算批复后，决算中基本支出结转资金数与年初批复数不一致的，应以决算数据作为结转资金执行依据。

d. 中央部门在预算执行中因增人增编需增加基本支出的，应首先通过基本支出结转资金安排。

(2)项目支出结转资金管理。

a. 项目实施周期内，年度预算执行结束时，除连续两年未用完的预算资金外，已批复的预算资金尚未列支的部分，作为结转资金管理，结转下年按原用途继续使用。

b. 基本建设项目竣工之前，均视为在项目实施周期内，年度预算执行结束时，已批复的预算资金尚未列支的部分，作为结转资金管理，结转下年按原用途继续使用。

c. 部门决算批复后，决算中项目支出结转资金数与年初批复数不一致的，应以决算数据作为结转资金执行依据。

(3)控制结转资金规模。

a. 对当年批复的预算，预计年底将形成结转资金的部分，除基本建设项目外，中央部门按照规定程序报经批准后，可调减当年预算或调剂用于其他急需资金的支出。对结转资金中预计当年难以支出的部分，除基本建设项目外，中央部门按照规定程序报经批准后，可调剂用于其他急需资金的支出。连续两年未用完的结转资金，由财政部收回。

b. 中央部门调减预算或对结转资金用途进行调剂后，相关支出如在以后年度出现经费缺口，应在部门三年支出规划确定的支出总规模内通过调整结构解决。

3. 结余资金管理

(1)项目支出结余资金原则上由财政部收回。

(2)年度预算执行结束后，中央部门应在45日内完成对结余资金的清理，将清理情况区分国库集中支付结余资金和非国库集中支付结余资金报财政部。财政部收到中央部门报送的结余清理情况后，应在30日内收回结余资金。

(3)部门决算批复后，决算中项目支出结余资金数超出财政部已收回结余资金数的，财政部应根据批复的决算，及时将超出部分的结余资金收回；决算中项目支出结余资金数低于财政部已收回结余资金数的，收回的资金不再退回中央部门。

(4)年度预算执行中，因项目目标完成、项目提前终止或实施计划调整，不需要继续支出的预算资金，中央部门应及时清理为结余资金并报财政部，由财政部收回。

【热题解析】

(必答题部分)甲单位为一家中央级事业单位，已实行国库集中收付制度。2018年7月5日，甲单位分管财务工作的领导主持召开了由财务处、资产管理处相关人员参加的工作会议，听取近期工作汇报。部分事项如下：

甲单位经财政部门批复的A设备购置项目任务已于2018年6月30日前完成，项目资金按合同以财政授权支付方式及相关规定完成了结算，形成项目支出结余资金5万元。为解决B设备购置项目(与A设备购置项目支出功能分类不同)资金不足问题，财务处李某建议，将项目支出结余资金5万元直接用于B设备购置项目。

假定不考虑其他因素。

要求：

根据国家部门预算管理的相关规定，分析判断上述事项中财务处李某的建议是否正确；如不正确，说明理由。

【参考答案】

上述事项中财务处李某的建议不正确。

理由：项目支出结余资金原则上由财政部收回，单位不得自行安排使用。

【解析】本题考核“结余资金管理”的知识点。项目支出结余资金具体包括：项目目标完成或项目提前终止，尚未列支的预算资金；实施周期内，因实施计划调整，不需要继续支出的预算资金；实施周期内，连续两年未用完的预算资金；实施周期结束，尚未列支的预算资金；部门机动经费在预算批复当年未动用的部分。项目支出结余资金原则上由财政部收回。

考点5　国库集中收付制度与预算管理一体化★★

【考点讲解】

(一)国库集中收付制度

1. 国库单一账户体系

国库单一账户体系由国库单一账户、财政部门零余额账户、预算单位零余额账户、财政部门在商业银行开设的财政专户和特设专户构成。

上述账户中行政事业单位主要使用的是预算单位零余额账户。预算单位零余额账户用于财政授权支付和清算。

2. 财政支出支付方式和程序

对于财政支出类型、支付方式和程序，如表9-3所示。

表9-3　财政支出支付方式和程序

项目	财政直接支付	财政授权支付
性质	国库集中支付的主要形式，全面、有效实施国库集中支付的保证和根本	国库集中支付的一种辅助形式，财政直接支付的补充
程序	由财政部门集中支付机构直接开具支付令，通过国库单一账户体系将资金支付给收款人或收款单位	由财政授权预算单位自行开具支付令，通过单位零余额账户将资金支付给收款人
功能	只能转账，不能提取现金	既可以转账又可以提取现金
范围	纳入支付范围的资金包括工资支出、工程采购支出、物品和服务采购支出	纳入支付范围的资金则是单位的一些零星、分散管理的小额资金

3. 严格控制向实有资金账户划转资金

除下列支出外，中央预算单位不得违规从本单位零余额账户向本单位或本部门其他预算单位实有资金账户划转资金：

（1）依照《财政部、民政部、工商总局关于印发〈政府购买服务管理办法（暂行）〉的通知》（财综〔2014〕96号）等制度规定，按合同约定需向本部门所属事业单位支付的政府购买服务支出；

（2）确需划转的工会经费、住房改革支出、应缴或代扣代缴的税金，以及符合相关制度规定的工资中的代扣事项；

（3）暂不能通过零余额账户委托收款的社会保险缴费、职业年金缴费、水费、电费、取暖费等；

（4）报经财政部审核批准的归垫资金和其他资金。

各部门各单位要从严控制从上级预算单位零余额账户向基层预算单位实有资金账户划转资金，年初原则上应将全部预算细化到基层用款单位，确实无法细化到基层用款单位的，应在执行中按照预算调整程序对预算进行细化，并依据细化调整后的预算进行资金支付。

4. 公务卡管理制度

公务卡管理制度的主要内容与操作流程如下：

（1）银行授信额度。公务卡为信用卡，持卡人不需要事先存入资金。原则上每张公务卡的信用额度不超过5万元、不少于2万元。

（2）个人持卡支付。公务卡主要用于公务支出的支付结算。公务支出发生后，由持卡人及时向所在单位财务部门申请办理报销手续。持卡人在执行公务中原则上不允许通过公务卡提取现金。确有特殊需要，应当事前经过单位财务部门批准。

（3）单位报销还款。持卡人使用公务卡消费结算的各项公务支出，必须在发卡行规定的免息还款期内，到所在单位财务部门报销。因个人原因造成的费用损失，由个人承担；因单位原因造成的费用损失等影响，由单位承担。

（4）可暂不使用公务卡结算的情况：

a. 在县级以下（不包括县级）地区发生的公务支出；

b. 在县级及县级以上地区不具备刷卡条件的场所发生的单笔消费在200元以下的公务支出；

c. 按规定支付给个人的支出；

d. 签证费、快递费、过桥过路费、出租车费用等目前只能使用现金结算的支出。

因向供应商退货等原因导致已报销资金退回公务卡的，持卡人应及时将相应款项退回所在单位财务部门，并由单位财务部门及时退回零余额账户。

5. 严格规范资金清算管理

各地财政部门不得违规要求代理银行延期清算并长期垫付资金。除下列情况外，代理银行每日垫付资金应当于当日营业终了前与国库单一账户进行清算：

(1)在中国人民银行国库清算受理时间后发生的支付业务，应在下一个工作日内清算完成，产生的垫付利息由各地财政部门按照国库集中支付业务代理协议约定条款计付。

(2)确因技术性差错等原因导致代理银行申请清算金额超过财政部门提供中国人民银行国库的清算额度且当日未能按时更正的，应当在差错更正后及时清算，产生的垫付利息按照国库集中支付业务代理协议约定条款处理。

(3)当日库款余额低于代理银行申请清算金额导致中国人民银行国库拒绝清算的，应当在补足库款后及时办理清算，产生的垫付利息由各地财政部门按照国库集中支付业务代理协议约定条款计付。

(二)预算管理一体化

预算管理一体化的主要内容包括：基础信息管理、项目库管理、预算编制、预算批复、预算调整和调剂、预算执行、会计核算、决算和报告。

项目库管理是预算管理的基础，预算项目是预算管理的基本单元。按照相关规范的要求，全部预算支出应以预算项目的形式纳入项目库，进行全生命周期管理。项目库管理一般包括项目登记、项目入库、项目整合、项目变更、项目公示等预算管理功能。

考点6　行政事业单位会计处理★★★

【考点讲解】

(一)行政事业单位资产

行政事业单位的资产是指行政事业单位过去的经济业务或者事项形成的，由行政事业单位控制的，预期能够产生**服务潜力**或者带来**经济利益流入**的经济资源。符合资产定义且同时满足以下条件时确认为资产：与该经济资源相关的服务潜力很可能实现或者经济利益很可能流入行政事业单位；该经济资源的成本或者价值能够可靠地计量。

行政事业单位的资产按照流动性，分为流动资产和非流动资产。流动资产包括货币资金、短期投资、应收及预付款项、存货等。非流动资产是指流动资产以外的资产，包括固定资产、在建工程、无形资产、长期投资、公共基础设施、政府储备资产、文物文化资产、保障性住房和自然资源资产等。

行政事业单位资产的计量属性主要包括**历史成本、重置成本、现值、公允价值和名义金额**。在历史成本计量下，资产按照取得时支付的现金金额或者支付对价的公允价值计量。

1. 应收及预付款项

行政事业单位应收及预付款项，见表9-4。

表9-4 行政事业单位应收及预付款项

行政单位	事业单位
行政事业单位应当于每年末，对预付账款进行全面检查。如果有确凿证据表明预付账款不再符合预付款项性质，或者因供应单位破产、撤销等原因可能无法收到所购货物、服务的，应当先将其转入其他应收款，再按照规定进行处理	
行政单位应当于每年末，对其他应收款进行全面检查。 对于超过规定年限、确认无法收回的其他应收款，应当按照有关规定报经批准后予以核销，按照核销金额，计入资产处置费用。 已核销的其他应收款在以后期间又收回的，按照收回金额，计入其他收入	事业单位应当于每年末，对收回后不需上缴财政的应收账款和其他应收款进行全面检查，分析其可收回性，对预计可能产生的坏账损失计提坏账准备，计入其他费用

2. 存货

(1)存货在取得时应当按照成本进行初始计量，如表9-5所示。

表9-5 存货的取得

取得方式	成本的计量
购入的存货	成本包括购买价款、相关税费、运输费、装卸费、保险费以及使得存货达到目前场所和状态所发生的归属于存货成本的其他支出
自行加工的存货	成本包括耗用的直接材料费用、发生的直接人工费用和按照一定方法分配的与存货加工有关的间接费用
委托加工的存货	成本包括委托加工前存货成本、委托加工的成本(如委托加工费以及按规定应计入委托加工存货成本的相关税费等)以及使存货达到目前场所和状态所发生的归属于存货成本的其他支出
通过置换取得的存货	成本按照换出资产的评估价值，加上支付的补价或减去收到的补价，加上为换入存货发生的其他相关支出确定
接受捐赠的存货	成本按照有关凭据注明的金额加上相关税费、运输费等确定；没有相关凭据可供取得，但按规定经过资产评估的，其成本按照评估价值加上相关税费、运输费等确定；没有相关凭据可供取得、也未经资产评估的，其成本比照同类或类似资产的市场价格加上相关税费、运输费等确定；没有相关凭据且未经资产评估、同类或类似资产的市场价格也无法可靠取得的，按照名义金额入账，相关税费、运输费等计入当期费用
无偿调入的存货	成本按照调出方账面价值加上相关税费、运输费等确定

续表

取得方式	成本的计量
盘盈的存货	按规定经过资产评估的，其成本按照评估价值确定；未经资产评估的，其成本按照重置成本确定

(2)行政事业单位应当根据实际情况采用**先进先出法、加权平均法或者个别计价法**确定发出存货的实际成本。计价方法一经确定，不得随意变更。

(3)对于已发出的存货，应当将其成本结转为当期费用或者计入相关资产成本。按规定报经批准对外捐赠、无偿调出的存货，应当将其账面余额予以转销，对外捐赠、无偿调出中发生的归属于捐出方、调出方的相关费用应当计入当期费用。

(4)行政事业单位应当采用**一次转销法或者五五摊销法**对低值易耗品、包装物进行摊销，将其成本计入当期费用或者相关资产成本。

(5)对于发生的存货毁损，应当将存货账面余额转销计入当期费用，并将毁损存货处置收入扣除相关处置税费后的差额按规定作应缴款项处理(差额为净收益时)或计入当期费用(差额为净损失时)。

(6)存货盘亏造成的损失，按规定报经批准后应当计入当期费用。

3. 对外投资

对外投资的核算，见表9-6。

表9-6　对外投资的核算

分类	具体核算
短期投资	短期投资在取得时，应当按照**实际成本**(包括购买价款和相关税费，下同)作为初始投资成本。实际支付价款中包含的已到付息期但尚未领取的利息，应当于收到时冲减短期投资成本。 短期投资持有期间的利息，应当于实际收到时确认为**投资收益**。 期末，短期投资应当按照账面余额计量。 按规定出售或到期收回短期投资，应当将收到的价款扣除短期投资账面余额和相关税费后的差额计入**投资损益**
长期债券投资	长期债券投资在取得时，应当按照**实际成本**作为初始投资成本。实际支付价款中包含的已到付息期但尚未领取的债券利息，应当单独确认为应收利息，不计入长期债券投资初始投资成本。 长期债券投资持有期间，应当按期以票面金额与票面利率计算确认**利息收入**。对于分期付息、一次还本的长期债券投资，应当将计算确定的应收未收利息确认为应收利息，计入投资收益；对于一次还本付息的长期债券投资，应当将计算确定的应收未收利息计入投资收益，并增加长期债券投资的账面余额。 按规定出售或到期收回长期债券投资，应当将实际收到的价款扣除长期债券投资账面余额和相关税费后的差额计入**投资损益**

续表

<table>
<tr><th>分 类</th><th colspan="2">具 体 核 算</th></tr>
<tr><td rowspan="6">长期股权投资</td><td colspan="2">长期股权投资在取得时，应当按照实际成本作为初始投资成本</td></tr>
<tr><td rowspan="2">成本法</td><td>在成本法下，长期股权投资的账面余额通常保持不变，但追加或收回投资时，应当相应调整其账面余额。</td></tr>
<tr><td>长期股权投资持有期间，被投资单位宣告分派的现金股利或利润，单位应当按照宣告分派的现金股利或利润中属于其应享有的份额确认为投资收益</td></tr>
<tr><td rowspan="3">权益法</td><td>按照应享有或应分担的被投资单位实现的净损益的份额，确认为投资损益，同时调整长期股权投资的账面余额。</td></tr>
<tr><td>按照被投资单位宣告分派的现金股利或利润计算应享有的份额，确认为应收股利，同时减少长期股权投资的账面余额。</td></tr>
<tr><td>按照被投资单位除净损益和利润分配以外的所有者权益变动的份额，确认为净资产，同时调整长期股权投资的账面余额</td></tr>
</table>

4. 固定资产

确认固定资产时，应当考虑以下情况：

第一，固定资产的各组成部分具有不同使用年限或者以不同方式为行政事业单位实现服务潜力或提供经济利益，适用不同折旧率或折旧方法且可以分别确定各自原价的，应当分别将各组成部分确认为单项固定资产。

第二，应用软件构成相关硬件不可缺少的组成部分的，应当将该软件的价值包括在所属的硬件价值中，一并确认为固定资产；不构成相关硬件不可缺少的组成部分的，应当将该软件确认为无形资产。

第三，购建房屋及构筑物时，不能分清购建成本中的房屋及构筑物部分与土地使用权部分的，应当全部确认为固定资产；能够分清购建成本中的房屋及构筑物部分与土地使用权部分的，应当将其中的房屋及构筑物部分确认为固定资产，将其中的土地使用权部分确认为无形资产。

(1) 固定资产的初始计量。

固定资产在取得时应当按照成本进行初始计量。

a. 外购的固定资产，其成本包括购买价款、相关税费以及固定资产交付使用前所发生的可归属于该项资产的运输费、装卸费、安装费和专业人员服务费等。

b. 自行建造的固定资产，其成本包括该项资产至交付使用前所发生的全部必要支出。在原有固定资产基础上进行改建、扩建、修缮后的固定资产，其成本按照原固定资产账面价值加上改建、扩建、修缮发生的支出，再扣除固定资产被替换部分的账面价值后的金额确定。为建造固定资产借入的专门借款的利息，属于建设期间发生的，计入在建工程成本；不属于建设期间发生的，计入当期费用。

【应试技巧】已交付使用但尚未办理竣工决算手续的固定资产，应当按照估计价值入账，待办理竣工决算后再按实际成本调整原来的暂估价值。

c. 通过置换取得的固定资产，其成本按照换出资产的评估价值加上支付的补价或减去收到的补价，加上换入固定资产发生的其他相关支出确定。

d. 接受捐赠的固定资产，其成本按照有关凭据注明的金额加上相关税费、运输费等确定；没有相关凭据可供取得，但按规定经过资产评估的，其成本按照评估价值加上相关税费、运输费等确定；没有相关凭据可供取得、也未经资产评估的，其成本比照同类或类似资产的市场价格加上相关税费、运输费等确定；没有相关凭据且未经资产评估、同类或类似资产的市场价格也无法可靠取得的，按照名义金额入账，相关税费、运输费等计入当期费用。如受赠的系旧的固定资产，在确定其初始入账成本时应当考虑该项资产的新旧程度。

e. 无偿调入的固定资产，其成本按照调出方账面价值加上相关税费、运输费等确定。

f. 盘盈的固定资产，按规定经过资产评估的，其成本按照评估价值确定；未经资产评估的，其成本按照重置成本确定。

g. 融资租赁取得的固定资产，其成本按照其他相关政府会计准则确定。

(2) 固定资产折旧。

行政事业单位一般应当采用年限平均法或者工作量法计提固定资产折旧。固定资产应当按月计提折旧，并根据用途计入当期费用或者相关资产成本。

【应试技巧】下列各项固定资产不计提折旧：文物和陈列品；动植物；图书、档案；单独计价入账的土地；以名义金额计量的固定资产。

【提示】单位在原账中尚未计提固定资产折旧、公共基础设施折旧(摊销)的，应当全面核查截至2018年12月31日固定资产、公共基础设施的预计使用年限、已使用年限、尚可使用年限等，并按照新制度规定于2019年1月1日对尚未计提折旧的固定资产、公共基础设施补提折旧，按照应计提的折旧金额，借记“累计盈余”科目，贷记“固定资产累计折旧”“公共基础设施累计折旧(摊销)”科目。

(3) 固定资产后续支出。

行政事业单位发生与固定资产有关的后续支出，分别以下情况处理：为增加固定资产使用效能或延长其使用年限而发生的改建、扩建或修缮等后续支出，应当计入固定资产成本。为维护固定资产的正常使用而发生的日常修理等后续支出，应当计入当期费用。

(4) 固定资产处置。

行政事业单位按规定报经批准出售、转让固定资产或固定资产报废、毁损的，应当将固定资产账面价值转销计入当期费用，并将处置收入扣除相关处置税费后的差额按规定作应缴款项处理(差额为净收益时)或计入当期费用(差额为净损失时)。

按规定报经批准对外捐赠、无偿调出固定资产的，应当将固定资产的账面价值予以转销，对外捐赠、无偿调出中发生的归属于捐出方、调出方的相关费用应当计入当期费用。

按规定报经批准以固定资产对外投资的，应当将该固定资产的账面价值予以转销，并将固定资产在对外投资时的评估价值与其账面价值的差额计入当期收入或费用。

固定资产盘亏造成的损失，按规定报经批准后应当计入当期费用。

5. 无形资产

(1)行政事业单位的无形资产在取得时应当按照其实际成本进行入账，如表 9–7 所示。

表 9–7 无形资产的取得

取得方式	成 本 的 计 量
外购	成本包括购买价款、相关税费以及可归属于该项资产达到预定用途前所发生的其他支出。委托软件公司开发的软件，视同外购无形资产确定其成本
自行开发	成本包括自该项目进入开发阶段后至达到预定用途前所发生的支出总额
置换	成本按照换出资产的评估价值加上支付的补价或减去收到的补价，加上换入无形资产发生的其他相关支出确定
接受捐赠	成本按照有关凭据注明的金额加上相关税费确定；没有相关凭据可供取得，但按规定经过资产评估的，其成本按照评估价值加上相关税费确定；没有相关凭据可供取得、也未经资产评估的，其成本比照同类或类似资产的市场价格加上相关税费确定；没有相关凭据且未经资产评估、同类或类似资产的市场价格也无法可靠取得的，按照名义金额入账，相关税费计入当期费用
无偿调入	成本按照调出方账面价值加上相关税费确定

(2)自行研究开发项目研究阶段的支出，应当于发生时计入当期费用。自行研究开发项目开发阶段的支出，先按合理方法进行归集，如果最终形成无形资产的，应当确认为无形资产；如果最终未形成无形资产的，应当计入当期费用。自行研究开发项目尚未进入开发阶段，或者确实无法区分研究阶段支出和开发阶段支出，但按法律程序已申请取得无形资产的，应当将依法取得时发生的注册费、聘请律师费等费用确认为无形资产。

(3)行政事业单位应当对使用年限有限的无形资产进行摊销，但已摊销完毕仍继续使用的无形资产和以名义金额计量的无形资产除外。

(4)无形资产的处置。

a. 按规定报经批准出售无形资产，应当将无形资产账面价值转销计入当期费用，并将处置收入大于相关处置税费后的差额按规定计入当期收入或者作应缴款项处理，将处置收入小于相关处置税费后的差额计入当期费用。

b. 按规定报经批准对外捐赠、无偿调出无形资产的，应当将无形资产的账面价值予以转销，对外捐赠、无偿调出中发生的归属于捐出方、调出方的相关费用应当计入当期费用。

c. 按规定报经批准以无形资产对外投资的，应当将该无形资产的账面价值予以转销，并将无形资产在对外投资时的评估价值与其账面价值的差额计入当期收入或费用。

6. 公共基础设施

(1)公共基础设施在取得时应当按照成本进行初始计量，如表 9-8 所示。

表 9-8　公共基础设施的取得

取得方式	成本的计量
自行建造	成本包括完成批准的建设内容所发生的全部必要支出，包括建筑安装工程投资支出、设备投资支出、待摊投资支出和其他投资支出
在原有公共基础设施基础上进行改建、扩建	成本按照原公共基础设施账面价值加上改建、扩建等建造活动发生的支出，再扣除公共基础设施被替换部分的账面价值后的金额确定
无偿调入	成本按照该项公共基础设施在调出方的账面价值加上归属于调入方的相关费用确定
接受捐赠	成本按照有关凭据注明的金额加上相关费用确定；没有相关凭据可供取得，但按规定经过资产评估的，其成本按照评估价值加上相关费用确定；没有相关凭据可供取得、也未经资产评估的，其成本比照同类或类似资产的市场价格加上相关费用确定
外购	成本包括购买价款、相关税费以及公共基础设施交付使用前所发生的可归属于该项资产的运输费、装卸费、安装费和专业人员服务费等

【知识点拨】为建造公共基础设施借入的专门借款的利息，属于建设期间发生的，计入该公共基础设施在建工程成本；不属于建设期间发生的，计入当期费用。

(2)行政事业单位一般应当采用年限平均法或者工作量法计提公共基础设施折旧。公共基础设施应当按月计提折旧，并计入当期费用。当月增加的公共基础设施，当月开始计提折旧；当月减少的公共基础设施，当月不再计提折旧。

(3)按规定报经批准无偿调出、对外捐赠公共基础设施的，应当将公共基础设施的账面价值予以转销，无偿调出、对外捐赠中发生的归属于调出方、捐出方的相关费用应当计入当期费用。公共基础设施报废或遭受重大毁损的，应当在报经批准后将公共基础设施账面价值予以转销，并将报废、毁损过程中取得的残值变价收入扣除相关费用后的差额按规定作应缴款项处理(差额为净收益时)或计入当期费用(差额为净损失时)。

7. 政府储备物资

(1)政府储备物资在取得时应当按照成本进行初始计量，如表 9-9 所示。

表 9-9　政府储备物资的取得

取得方式	成本的计量
购入	成本包括购买价款和承担的相关税费、运输费、装卸费、保险费、检测费以及使政府储备物资达到目前场所和状态所发生的归属于政府储备物资成本的其他支出

续表

取得方式	成 本 的 计 量
委托加工	成本包括委托加工前物料成本、委托加工的成本(如委托加工费以及按规定应计入委托加工政府储备物资成本的相关税费等)以及承担的使政府储备物资达到目前场所和状态所发生的归属于政府储备物资成本的其他支出
接受捐赠	成本按照有关凭据注明的金额加上承担的相关税费、运输费等确定;没有相关凭据可供取得,但按规定经过资产评估的,其成本按照评估价值加上承担的相关税费、运输费等确定;没有相关凭据可供取得、也未经资产评估的,其成本比照同类或类似资产的市场价格加上承担的相关税费、运输费等确定
无偿调入	成本按照调出方账面价值加上归属于行政事业单位的相关税费、运输费等确定
盘盈	成本按照有关凭据注明的金额确定;没有相关凭据,但按规定经过资产评估的,其成本按照评估价值确定;没有相关凭据、也未经资产评估的,其成本按照重置成本确定

【知识点拨】下列各项不计入政府储备物资成本:仓储费用;日常维护费用;不能归属于使政府储备物资达到目前场所和状态所发生的其他支出。

(2)行政事业单位应当根据实际情况采用先进先出法、加权平均法或者个别计价法确定政府储备物资发出的成本。计价方法一经确定,不得随意变更。

(3)政府储备物资报废、毁损的,应当按规定报经批准后将报废、毁损的政府储备物资的账面余额予以转销,确认应收款项(确定追究相关赔偿责任的)或计入当期费用(因储存年限到期报废或非人为因素致使报废、毁损的);同时,将报废、毁损过程中取得的残值变价收入扣除行政事业单位承担的相关费用后的差额按规定作应缴款项处理(差额为净收益时)或计入当期费用(差额为净损失时)。

政府储备物资盘亏的,行政事业单位应当按规定报经批准后将盘亏的政府储备物资的账面余额予以转销,确定追究相关赔偿责任的,确认应收款项;属于正常耗费或不可抗力因素造成的,计入当期费用。

8. 受托代理资产

接受委托人委托存储保管或需要转赠给受赠人的物资,其成本按照有关凭据注明的金额确定。受托协议约定由受托方承担的相关税费、运输费等计入其他费用。转赠物资的委托人取消了对捐赠物资的转赠要求,且不再收回捐赠物资的,应当将转赠物资转为单位的存货、固定资产等,增加其他收入。

9. 待摊费用

待摊费用核算单位已经支付,但应当由本期和以后各期分别负担的分摊期在 1 年以内(含 1 年)的各项费用,如预付航空保险费、预付租金等。

摊销期限在 1 年以上的租入固定资产改良支出和其他费用,应当通过“长期待摊费用”科目核算,不通过“待摊费用”科目核算。

发生待摊费用时，按照实际预付的金额，计入待摊费用。待摊费用应当在其受益期限内分期平均摊销，如预付航空保险费应在保险期的有效期内、预付租金应在租赁期内分期平均摊销，计入当期费用。

如果某项待摊费用已经不能使单位受益，应当将其摊余金额一次全部转入当期费用。按照摊销金额，借记“业务活动费用”“单位管理费用”“经营费用”等科目，贷记“待摊费用”科目。

（二）行政事业单位负债

1. 负债的内容

负债是指行政事业单位过去的经济业务或者事项形成的，预期会导致经济资源流出的**现时义务**。符合负债定义且同时满足以下条件时，确认为负债：履行该义务很可能导致含有服务潜力或者经济利益的经济资源流出行政事业单位；该义务的金额能够可靠地计量。

行政事业单位的负债包括偿还时间与金额基本确定的负债和由或有事项形成的预计负债。行政事业单位的负债按照流动性，分为流动负债和非流动负债。流动负债是指预计在1年内（含1年）偿还的负债，包括短期借款、应付短期政府债券、应付及预收款项、应缴款项等。非流动负债是指流动负债以外的负债，包括长期借款、长期应付款、应付长期政府债券等。

2. 负债的核算

负债的计量属性主要包括**历史成本、现值和公允价值**。在历史成本计量属性下，负债按照因承担现时义务而实际收到的款项或者资产的金额，或者承担现时义务的合同金额，或者按照为偿还负债预期需要支付的现金计量。

行政事业单位在对负债进行计量时，一般应当采用**历史成本**。采用现值、公允价值计量的，应当保证所确定的负债金额能够持续、可靠计量。

行政事业单位负债的具体核算，如表9-10所示。

表9-10　行政事业单位负债的具体核算

负债	核　算
借入款项	初始确认为负债时应当按照借款本金计量；借款本金与取得的借款资金的差额应当计入当期费用
应付职工薪酬	从事专业及其辅助活动人员的职工薪酬，计入业务活动费用、单位管理费用；应由在建工程、加工物品、自行研发无形资产负担的职工薪酬，分别计入在建工程、加工物品、研发支出；从事专业及其辅助活动之外的经营活动人员的职工薪酬，计入经营费用；因解除与职工的劳动关系而给予的补偿，计入单位管理费用
应付账款	在取得资产、接受劳务，或外包工程完成规定进度时，按照应付未付款项的金额予以确认
预收款项	在收到预收款项时，按照实际收到款项的金额予以确认

续表

负债	核　算
应交税费	在发生应税事项导致承担纳税义务时，按照税法等规定计算的应交税费金额予以确认
应缴财政款	在实际收到相关款项时，按照相关规定计算确定的上缴金额予以确认
预提费用、应付利息	行政事业单位预先提取的已经发生但尚未支付的费用，以及事业单位按规定从科研项目收入中提取的项目间接费用或管理费，应增加当期费用的同时确认负债，增加预提费用、应付利息等
预计负债	行政事业单位对因或有事项所产生的现时义务确认的负债通过预计负债核算。 确认预计负债时，按照预计的金额，计入当期费用

（三）行政事业单位净资产

1. 净资产的内容

行政事业单位净资产是指行政事业单位资产扣除负债后的净额。行政单位的净资产包括累计盈余、无偿调拨净资产、本期盈余等。事业单位的净资产包括累计盈余、专用基金、无偿调拨净资产、权益法调整、本期盈余等。

2. 净资产的核算

行政事业单位净资产的核算，见表 9-11。

表 9-11　行政事业单位净资产的核算

净资产	核　算
累计盈余	年末，行政事业单位将本年盈余分配、无偿调拨净资产、以前年度盈余调整的余额转入累计盈余。 按照规定上缴财政拨款结转结余、缴回非财政拨款结转资金、向其他单位调出财政拨款结转资金时，按照实际上缴、缴回、调出金额，减少累计盈余。 按照规定从其他单位调入财政拨款结转资金时，按照实际调入金额增加累计盈余
专用基金	事业单位按照规定提取或设置的具有专门用途的职工福利基金、科技成果转换基金等时，增加专用基金。 按照规定使用提取的专用基金时，减少专用基金
无偿调拨净资产	行政事业单位按照规定取得无偿调入的非现金资产，按照调入非现金资产确定的入账成本，扣除调入过程中发生的归属于调入方的相关费用，差额转入无偿调拨净资产。 按照规定经批准无偿调出的非现金资产，将调出资产的账面余额或账面价值，计入无偿调拨净资产
本期盈余	期末，行政事业单位将各类收入的本期发生额转入本期盈余，将各类费用本期发生额转入本期盈余。 年末，行政事业单位将本期盈余结转后余额转入本年盈余分配

（四）行政事业单位收入

1. 收入的内容

行政事业单位收入是指报告期内导致行政事业单位净资产增加的、含有服务潜力或者经济利益的经济资源的流入。收入的确认应当同时满足以下条件：与收入相关的含有服务潜力或者经济利益的经济资源很可能流入行政事业单位；含有服务潜力或者经济利益的经济资源流入会导致行政事业单位资产增加或者负债减少；流入金额能够可靠地计量。

行政单位收入主要包括财政拨款收入、非同级财政拨款收入、捐赠收入、利息收入和其他收入。

事业单位收入主要包括财政拨款收入、事业收入、上级补助收入、附属单位上缴收入、经营收入、非同级财政拨款收入、投资收益、捐赠收入、利息收入、租金收入和其他收入。

2. 收入的核算

行政事业单位收入的核算，见表9-12。

表9-12 行政事业单位收入的核算

收入	核 算
财政拨款收入	财政拨款收入是指行政事业单位从同级政府财政部门取得的各类财政拨款。一般应当在收到款项时予以确认，并按照实际收到的金额进行计量。 年末，根据本年度财政直接支付预算指标数与当年财政直接支付实际支付数的差额，以及本年度财政授权支付预算指标数大于零余额账户用款额度下达数的未下达用款额度，计入财政拨款收入
事业收入	事业收入是指事业单位开展专业业务活动及其辅助活动实现的收入，不包括从同级政府财政部门取得的各类财政拨款。事业单位取得的事业收入一般应按权责发生制进行收入确认。 收到从财政专户返还的事业收入时，按照实际收到的返还金额，计入事业收入。以合同完成进度确认事业收入时，按照基于合同完成进度计算的金额，计入事业收入
非同级财政拨款收入	非同级财政拨款收入是指行政事业单位从非同级政府财政部门取得的经费拨款，包括从同级政府其他部门取得的横向转拨财政款、从上级或下级政府财政部门取得的经费拨款等。 确认非同级财政拨款收入时，按照应收或实际收到的金额，计入非同级财政拨款收入

【知识点拨】(1)同级政府财政部门预拨的下期预算款和没有纳入预算的暂付款项，以及采用实拨资金方式通过本单位转拨给下属单位的财政拨款，在收到款项时不作为财政拨款收入核算。

(2)事业单位因开展科研及其辅助活动从非同级政府财政部门取得的经费拨款，不作为非同级财政拨款收入核算。

(五)行政事业单位费用

1. 费用的内容

费用是指报告期内导致行政事业单位净资产减少的、含有服务潜力或者经济利益的经济资源的流出。费用的确认应当同时满足以下条件：与费用相关的含有服务潜力或者经济利益的经济资源很可能流出行政事业单位；含有服务潜力或者经济利益的经济资源流出会导致行政事业单位资产减少或者负债增加；流出金额能够可靠地计量。

2. 费用的核算

业务活动费用是指行政事业单位为实现其职能目标，依法履职或开展专业业务活动及其辅助活动所发生的各项费用。

单位管理费用是指事业单位本级行政及后勤管理部门开展管理活动发生的各项费用，包括单位行政及后勤管理部门发生的人员经费、公用经费、资产折旧(摊销)等费用，以及由单位统一负担的离退休人员经费、工会经费、诉讼费、中介费等。

【知识点拨】行政单位不使用“单位管理费用”科目，其为实现其职能目标、依法履职发生的各项费用均记入“业务活动费用”科目。事业单位应当同时使用“业务活动费用”和“单位管理费用”科目，其业务部门开展专业业务活动及其辅助活动发生的各项费用记入“业务活动费用”科目，其本级行政及后勤管理部门发生的各项费用以及由单位统一负担的费用记入“单位管理费用”科目。

(六)行政事业单位预算收入

1. 预算收入的内容

预算收入是指行政事业单位在预算年度内依法取得的并纳入预算管理的现金流入。

2. 预算收入的核算

(1)财政拨款预算收入是指行政事业单位从同级政府财政部门取得的各类财政拨款。在财政直接支付方式下，单位根据收到的“财政直接支付入账通知书”及相关原始凭证，按照通知书中的直接支付金额，计入财政拨款预算收入。财政授权支付方式下，单位根据收到的“财政授权支付额度到账通知书”，按照通知书中的授权支付额度，计入财政拨款预算收入。

(2)事业预算收入是指事业单位开展专业业务活动及其辅助活动取得的现金流入。采用财政专户返还方式管理的事业预算收入，收到从财政专户返还的事业预算收入时，按照实际收到的返还金额，计入事业预算收入。

(3)非同级财政拨款预算收入是指行政事业单位从非同级政府财政部门取得的财政拨款，包括本级横向转拨财政款和非本级财政拨款。

【知识点拨】事业单位因开展科研及其辅助活动从非同级政府财政部门取得的经费拨款，不作为非同级财政拨款预算收入核算。

(七)行政事业单位预算支出

预算支出是指行政事业单位在预算年度内依法发生并纳入预算管理的现金流出。

行政支出是指行政单位履行其职责实际发生的各项现金流出，一般在实际支付时予以确认，并以实际支付的金额计量。

事业支出是指事业单位开展专业业务活动及其辅助活动实际发生的各项现金流出，一般在实际支付时予以确认，以实际支付的金额计量。

（八）行政事业单位预算结余

1. 预算结余的内容

预算结余包括结余资金和结转资金。**结余资金**是指年度预算执行终了，预算收入实际完成数扣除预算支出和结转资金后剩余的资金。**结转资金**是指预算安排项目的支出年终尚未执行完毕或者因故未执行，且下年需要按原用途继续使用的资金。

2. 预算结余的核算

（1）资金结存。取得预算收入时，按照实际收到的金额，增加资金结存；发生预算支出时，按照实际支付的金额，减少资金结存。

（2）财政拨款结转和财政拨款结余。行政事业单位应当于年末将财政拨款预算收入、行政支出（事业支出）和其他支出中的财政拨款支出的本年发生额，结转入财政拨款结转，并于年末将财政拨款结转余额中符合财政拨款结余性质的部分转入财政拨款结余。

（3）非财政拨款结转和非财政拨款结余。行政事业单位应当于年末将非财政拨款预算收入、非经营预算收入、行政支出（事业支出）和其他支出中的非财政拨款专项资金支出的本年发生额，结转入非财政拨款结转，并于年末将非财政拨款结转余额中符合非财政拨款结余性质的部分转入非财政拨款结余。

（4）经营结余和其他结余。年末，经营预算收支相抵后如有结余，则将其余额转入非财政拨款结余，否则不予结转。年末，行政单位将其他结余转入非财政拨款结余，事业单位将其他结余转入非财政拨款结余分配。

（九）行政事业单位年末暂收暂付款的会计处理

行政事业单位年末暂收暂付款的会计处理，见表 9-13。

表 9-13　行政事业单位年末暂收暂付款的会计处理

情　形			会计处理
年末暂收暂付非财政资金的会计处理	对于纳入本年度部门预算管理的暂付款项	在支付款项时可不做预算会计处理，待结算或报销时	借：相关预算支出科目【按照结算或报销的金额】 　贷：资金结存
		在年末结账前，对于尚未结算或报销的暂付款项	借：相关预算支出科目【按照暂付的金额】 　贷：资金结存
		以后年度，实际结算或报销金额与已计入预算支出的金额不一致的	通过相关预算结转结余科目“年初余额调整”明细科目进行处理
	对于应当纳入下一年度部门预算管理的暂收款项	在收到款项时	财务会计： 借：银行存款 　贷：其他应付款 预算会计：本年度不做处理

续表

<table>
<tr><th colspan="3">情　形</th><th>会计处理</th></tr>
<tr><td rowspan="4">年末暂收暂付非财政资金的会计处理</td><td rowspan="3">对于应当纳入下一年度部门预算管理的暂收款项</td><td>待下一年初</td><td>财务会计：
借：其他应付款【按照上年暂收的款项金额】
　　贷：有关收入科目
预算会计：
借：资金结存【按照上年暂收的款项金额】
　　贷：有关预算收入科目</td></tr>
<tr><td>在付出款项时</td><td>财务会计：
借：其他应收款
　　贷：银行存款
预算会计：本年度不做处理</td></tr>
<tr><td>待下一年实际结算或报销时</td><td>财务会计：
借：有关费用科目【按照实际结算或报销的金额】
　　贷：其他应收款【按照之前暂付的款项金额】
　　　　银行存款【按照退回或补付的金额借记或贷记】
预算会计：
借：有关支出科目【按照实际结算或报销的金额】
　　贷：资金结存</td></tr>
<tr><td>对于不纳入部门预算管理的暂收暂付款项（如应上缴、应转拨或应退回的资金）</td><td colspan="2">按照《政府会计制度》规定，仅做财务会计处理，不做预算会计处理</td></tr>
<tr><td rowspan="2">年末暂收暂付财政资金的会计处理</td><td>收到同级财政部门以实拨资金形式预拨的下期预算款</td><td colspan="2">财务会计：
借：银行存款——财政拨款资金【按照收到的金额】
　　贷：其他应付款
预算会计：不做处理</td></tr>
<tr><td>待到下个预算期时</td><td colspan="2">财务会计：
借：其他应付款
　　贷：财政拨款收入
预算会计：
　　借：资金结存——货币资金【按照预收的款项金额】
　　　　贷：财政拨款预算收入</td></tr>
</table>

（十）行政事业单位财务报表和预算会计报表

1. 财务报表

财务报表是反映行政事业单位某一特定日期的财务状况和某一会计期间的运行情况和现金流量等信息的文件。财务报表的编制主要以权责发生制为基础，以财务会计核算生成的数据为准。

财务报表是对行政事业单位财务状况、运行情况和现金流量等信息的结构性表述，由会计报表及其附注构成。

财务会计报表一般包括资产负债表、收入费用表和现金流量表。

2. 预算会计报表

预算会计报表是综合反映行政事业单位年度预算收支执行结果的文件。预算会计报表的编制主要以收付实现制为基础，以预算会计核算生成的数据为准。

预算会计报表至少应当包括预算收入支出表、预算结转结余变动表和财政拨款预算收入支出表。

（十一）行政事业单位会计调整

会计调整，是指行政事业单位因按照法律、行政法规和政府会计准则制度的要求，或者在特定情况下对其原采用的会计政策、会计估计，以及发现的会计差错、发生的报告日后事项等所作的调整。

1. 会计政策及其变更

会计政策，是指行政事业单位在会计核算时所遵循的**特定原则**、**基础**以及所采用的**具体会计处理方法**。

【知识点拨】 下列各项不属于会计政策变更：

（1）本期发生的经济业务或者事项与以前相比具有本质差别而采用新的会计政策。

（2）对初次发生的或者不重要的经济业务或者事项采用新的会计政策。

行政事业单位应当按照政府会计准则制度规定对会计政策变更进行处理。政府会计准则制度对会计政策变更未作出规定的，通常情况下，行政事业单位应当采用**追溯调整法**进行处理。

2. 会计估计及其变更

会计估计，是指行政事业单位对**结果不确定**的经济业务或者事项以最近可利用的信息为基础所作的判断，如固定资产、无形资产的预计使用年限等。

行政事业单位应当对会计估计变更采用**未来适用法**处理。

3. 会计差错及其更正

会计差错，是指行政事业单位在会计核算时，在确认、计量、记录、报告等方面出现的**错误**，通常包括计算或记录错误、应用会计政策错误、疏忽或曲解事实产生的错误、财务舞弊等。

行政事业单位在本报告期(以下简称本期)发现的会计差错，应当按照以下原则处理：

(1)本期发现的与本期相关的会计差错，应当调整本期报表(包括财务报表和预算会计报表)相关项目。

(2)本期发现的与前期相关的重大会计差错，如影响收入、费用或者预算收支的，应当将其对收入、费用或者预算收支的影响或者累积影响调整发现当期期初的相关净资产项目或者预算结转结余，并调整其他相关项目的期初数；如不影响收入、费用或者预算收支的，应当调整发现当期相关项目的期初数。

(3)本期发现的与前期相关的非重大会计差错，应当将其影响数调整相关项目的本期数。

4. 报告日后事项

报告日后事项，是指自报告日(年度报告日通常为 12 月 31 日)至报告批准报出日之间发生的需要调整或说明的事项，包括调整事项和非调整事项两类。

报告日以后发生的**调整事项**，应当如同报告所属期间发生的事项一样进行会计处理，对报告日已编制的报表相关项目的期末数或者本期数作相应的调整，并对当期编制的报表相关项目的期初数或者上期数进行调整；报告日以后才发生或者存在的**非调整事项**，在财务报表附注中予以披露。

(十二)政府财务报告

政府财务报告以权责发生制为基础编制，包括**政府部门财务报告**和**政府综合财务报告**。

(1)政府部门财务报告主要内容。

政府部门财务报告由政府部门编制，主要反映本部门财务状况、运行情况等，为加强政府部门资产负债管理、预算管理、绩效管理等提供信息支撑。政府部门财务报告应当包括**会计报表、报表附注、财务分析**等。

(2)政府综合财务报告主要内容。

政府综合财务报告由政府财政部门编制，主要反映政府整体财务状况、运行情况和财政中长期可持续性等，可作为考核地方政府绩效、开展地方政府信用评级、评估预警地方政府债务风险、编制全国和地方资产负债表以及制定财政中长期规划和其他相关规划的重要依据。政府综合财务报告应当包括**会计报表、报表附注、财政经济分析、政府财政财务管理情况**等。

(3)政府部门财务报告编制。

政府部门财务报告由本部门所属单位逐级编制。政府各单位应当以经核对无误的会计账簿数据为基础编制本单位财务报表。政府各部门应当对所属各单位财务报表进行合并编制本部门财务报表。

(4)政府综合财务报告编制。

政府财政部门应当以财政总预算会计报表、农业综合开发资金会计报表、部门财务报表、土地储备资金财务报表、物资储备资金会计报表等为基础编制政府综合财务报表。

热题解析

(必答题)甲单位为一家省级事业单位，属于增值税小规模纳税人，自2019年1月1日起执行政府会计准则制度。2020年5月，甲单位内部审计部门对本单位2019年政府会计准则制度执行情况开展专项检查，发现以下事项：

(1)2019年初，甲单位按规定对符合固定资产折旧计提要求的固定资产，补提2018年及以前年度折旧，甲单位采用年限平均法计提折旧，计提折旧的固定资产均用于日常事业活动。据此，甲单位将补提的2018年及以前年度折旧金额在财务会计中全额确认为当期费用，在预算会计中未做处理。

(2)2019年3月，甲单位与通过公开招标方式确定的A公司签订了物业服务合同。合同约定，物业服务期限为2019年4月1日至2020年3月31日，物业费按季在每季度第1个工作日结算，但首期物业费须在合同签订后7日内支付。2019年3月29日，甲单位按合同约定支付了首期物业费。据此，甲单位将支付的首期物业费在财务会计中全额确认为当期费用，在预算会计中全额确认为当期预算支出。

(3)2019年5月，甲单位与B公司签订了一份应税服务合同。合同约定，2019年6～12月，甲单位为B公司提供三个阶段的数据采集服务，数据采集费在阶段数据采集工作完成后3日内结算。2019年8月6日，甲单位完成了第一个阶段的数据采集工作，并于当日收到B公司支付的数据采集费(含增值税)。据此，甲单位将收到的数据采集费在财务会计中全额确认为当期收入，在预算会计中全额确认为当期预算收入。

(4)2019年12月，甲单位与C公司签订了一份科研项目研究合同，且该合同已按规定取得增值税免税认定。合同约定，项目研究工作于2020年1月启动，至2020年12月全部结束，首期研究经费在合同签订后10日内支付。合同总金额已纳入甲单位2020年部门预算。2019年12月31日，甲单位收到C公司支付的首期研究经费。据此甲单位将收到的首期研究经费在财务会计中全额确认为当期收入，在预算会计中全额确认为当期预算收入。

(5)2019年12月，甲单位经批准自上级单位无偿调入一套无需安装的专用设备。该设备已计提部分折旧，预计可继续使用5年，甲单位以银行存款支付该设备无偿调入过程中已实际发生、归属于甲单位的运费及相关税费。据此，甲单位将支付的运费及相关税费在财务会计中全额确认为当期费用，在预算会计中全额确认为当期预算支出。

要求：

假定不考虑其他因素。根据政府会计准则制度的相关规定，回答下列问题：

(1)判断事项(1)的会计处理是否存在不当之处；对存在不当之处的，说明正确的会计处理。

(2)判断事项(2)的会计处理是否存在不当之处；对存在不当之处的，说明正确的会计处理。

(3)判断事项(3)的会计处理是否存在不当之处；对存在不当之处的，说明正确的会计处理。

(4)判断事项(4)的会计处理是否存在不当之处；对存在不当之处的，说明正确的会计处理。

(5)判断事项(5)的会计处理是否存在不当之处；对存在不当之处的，说明正确的会计处理。

【参考答案】

(1)事项(1)存在不当之处。

正确处理：实行政府会计准则制度后，补提以前年度的折旧时，在财务会计中应确认为累计盈余。

【解析】 本题考核“固定资产补提折旧”的知识点。单位在原账中尚未计提固定资产折旧、公共基础设施折旧(摊销)的，应当全面核查截至2018年12月31日固定资产、公共基础设施的预计使用年限、已使用年限、尚可使用年限等，并按照新制度规定于2019年1月1日对尚未计提折旧的固定资产、公共基础设施补提折旧，按照应计提的折旧金额，借记“累计盈余”科目，贷记“固定资产累计折旧”“公共基础设施累计折旧(摊销)”科目

(2)事项(2)存在不当之处。

正确处理：支付物业费时，财务会计中应计入待摊费用，按照受益期平均分摊时，财务会计中增加相关费用，减少待摊费用。

【解析】 本题考核“待摊费用”的知识点。“待摊费用”科目核算单位已经支付，但应当由本期和以后各期分别负担的分摊期在1年以内(含1年)的各项费用，如预付航空保险费、预付租金等待摊费用，应当在其受益期限内分期平均摊销，如预付航空保险费应在保险期的有效期内、预付租金应在租赁期内分期平均摊销，计入当期费用。

【提示】 摊销期限在1年以上的租入固定资产改良支出和其他费用，应当通过“长期待摊费用”科目核算，不通过“待摊费用”科目核算

(3)事项(3)存在不当之处。

正确处理：财务会计中确认的收入不应包含增值税(在财务会计中增值税应单独确认，不应包含在收入中)。

【解析】本题考核"行政事业单位收入"的知识点。因销售产品、提供服务等应收的款项，如不需上缴财政，则单位应按照应收的金额，借记"应收账款"等科目，按照确认的收入金额，贷记"事业收入""经营收入""租金收入""其他收入"等科目，按照现行增值税制度规定计算的销项税额(或采用简易计税方法计算的应纳增值税额)，贷记"应交增值税——应交税金(销项税额)"科目[一般纳税人]或"应交增值税——简易计税"科目[小规模纳税人]。

(4)事项(4)存在不当之处。

正确处理：2019年财务会计确认为预收账款，不确认收入，预算会计不做处理。

【解析】本题考核"预收账款的处理"的知识点。单位采用预收款方式确认收入的，实际收到预收款项时，按照收到的款项金额，借记"银行存款"等科目，贷记"预收账款"科目。以合同完成进度确认收入时，按照基于合同完成进度计算的金额，借记"预收账款"科目，贷记"事业收入"等科目。"预收账款"科目核算单位预先收取但尚未结算的款项。

(5)事项(5)存在不当之处。

正确处理：无偿调入的固定资产，支付的相关运费及相关税费，在财务会计中应计入资产成本中。

【解析】本题考核"无偿调入固定资产"的知识点。在财务会计中，对于无偿调入的固定资产，单位应按照确定的固定资产成本，借记"固定资产"科目[不需安装]或"在建工程"科目[需安装]，按照发生的相关税费、运输费等，贷记"零余额账户用款额度""银行存款"等科目，按照其差额，贷记"无偿调拨净资产"科目。

(必答题)甲单位为一家省级事业单位，自2019年1月1日起执行政府会计准则制度，并按其所在省财政厅要求执行中央级事业单位部门预算管理规定。2019年年初，甲单位财务处组织了一次政府会计实务专题培训。在培训开始前，财务处要求全体学员结合本岗位工作提出需要讨论的业务及相应的处理建议。部分学员提交的业务内容及相应建议摘录如下：

(1)陈某：本单位经批准对因地震导致楼体严重受损的办公楼进行改建，并且改建完成后可延长办公楼使用年限。与施工方的合同约定，工程款按工程进度结算，在满足付款条件时施工方开具发票，甲单位当即足额支付。据此，本单位收到发票并支付工程款时，建议在财务会计中计入当期费用，在预算会计中计入当期预算支出。

(2)刘某：本单位因故将与聘期尚未届满的王某解除劳动关系。经双方协商，本单位需支付给王某一定数额的补偿款。根据本单位内部控制制度规定，因解除劳动关系给予的补偿金额需报经单位领导班子集体研究决定。据此，解除与王某劳动关系的补偿金额报经批准时，建议在财务会计中计入当期费用，在预算会计中计入当期预算支出。

(3)赵某：上级主管部门拟下发通知，要求本单位将已上报为财政拨款结余的财政资金，自接到通知之日起10个工作日内予以上缴，由上级主管部门统筹安排。据此，本单位接到通知并上缴资金时，建议在财务会计中减少净资产，在预算会计中减少预算结余。

(4)张某：本单位经批准与A银行签订一份借款合同。合同约定，借款本金一次性发放，利率为同期中国人民银行贷款基准利率，借款期限6个月，自资金实际发放之日起计息，到期甲单位一次性还本付息。据此，本单位收到借款本金时，建议在财务会计中确认为负债，在预算会计中不做处理。

(5)李某：上级主管部门拟以实拨资金方式向本单位拨付一笔财政拨款。该笔财政拨款需由本单位转拨给本单位的下属单位，并纳入该下属单位当年部门预算。据此，本单位收到上级主管部门拨付的该笔财政拨款时，建议在财务会计中计入当期收入，在预算会计中计入当期预算收入。

假定不考虑其他因素。

要求：

根据政府会计准则制度有关规定，回答下列问题：

(1)分别判断事项(1)建议中财务会计、预算会计的处理是否正确；如不正确，说明理由。

(2)分别判断事项(2)建议中财务会计、预算会计的处理是否正确；如不正确，说明理由。

(3)分别判断事项(3)建议中财务会计、预算会计的处理是否正确；如不正确，说明理由。

(4)分别判断事项(4)建议中财务会计、预算会计的处理是否正确；如不正确，说明理由。

(5)分别判断事项(5)建议中财务会计、预算会计的处理是否正确；如不正确，说明理由。

【参考答案】

(1)事项(1)的建议中财务会计的处理不正确，预算会计的处理正确。

理由：在财务会计中确认为资产。

或：在财务会计中计入在建工程。

或：在财务会计中计入固定资产成本。

或：在财务会计中予以资本化。

【解析】 本题考核“在建工程会计处理”的知识点。事业单位为增加固定资产使用效能或延长其使用年限而发生的改建、扩建等后续支出，先将固定资产的账面余额转入在建工程。发生后续支出时，借记“在建工程”科目，贷记“财政拨款收入”“零余额账户用款额度”“银行存款”等，同时在预算会计中借记“事业支出”，贷记“资金结存”“财政拨款预算收入”等。固定资产改建、扩建等完成交付使用时，按照在建工程成本，借记“固定资产”，贷记“在建工程”。

(2)事项(2)的建议中财务会计的处理正确，预算会计的处理不正确。

理由：在预算会计中不做相关会计处理。

【解析】本题考核“应付职工薪酬会计处理”的知识点。事业单位因解除与职工的劳动关系而给予的补偿，借记“单位管理费用”，贷记“应付职工薪酬”，在预算会计中不做相关会计处理。

(3)事项(3)的建议中财务会计的处理正确，预算会计的处理正确。

【解析】本题考核“财政拨款结余上缴”的知识点。按照规定上缴财政拨款结余资金或注销财政拨款结余额度时，按照实际上缴资金数额或注销的资金额度，借记“累计盈余”科目，贷记“财政应返还额度”“零余额账户用款额度”“银行存款”，同时在预算会计中借记“财政拨款结余”，贷记“资金结存”。

(4)事项(4)的建议中财务会计的处理正确，预算会计的处理不正确。

理由：在预算会计中计入当期预算收入。

或：在预算会计中计入债务预算收入。

【解析】本题考核“短期借款的会计处理”的知识点。短期借款核算事业单位经批准向银行或其他金融机构等借入的期限在1年内(含1年)的各种借款。借入各种短期借款，在财务会计中借记“银行存款”，贷记“短期借款”，同时在预算会计中借记“资金结存——货币资金”，贷记“债务预算收入”。

(5)事项(5)的建议中财务会计的处理不正确，预算会计的处理不正确。

理由：在财务会计中确认为负债。

或：在财务会计中计入其他应付款。

理由：在预算会计中不做相关会计处理。

【解析】本题考核“其他应付款的会计处理”的知识点。事业单位采用实拨资金方式通过本单位转拨给下属单位的财政拨款，通过其他应付款核算。

(选答题部分)甲单位为一家中央级事业单位，自2019年1月1日起执行政府会计准则制度，2019年7月25日，甲单位总会计师组织召开由财务处、采购中心、资产管理处等部门负责人参加的工作会议，与会人员就近期工作进行了交流。有关资料如下：

关于会计核算。为保证核算工作正确无误，财务处安排专人对已处理的会计业务进行复核。复核发现：

(1)2019年5月6日，甲单位委托A公司对业务部门使用的软件系统进行升级和功能拓展，合同约定软件开发费用总额为60万元。开发过程中现有软件系统正常运行，无需暂停摊销。2019年7月3日，开发完成的软件系统通过验收并正式运行，按合同约定，

2019年7月4日，甲单位以财政授权支付方式一次性支付60万元软件开发费时，会计张某在财务会计中增加业务活动费用60万元、减少零余额账户用款额度60万元处理，在预算会计中做增加事业支出60万元、减少资金结存60万元处理。

(2)2019年7月1日，甲单位与中标的B公司签订管理部门网络使用服务合同，合同期限为2019年8月1日至2020年7月31日，合同总额为540万元。按合同约定，2019年7月10日，甲单位以财政授权支付方式一次性支付网络使用费540万元时，会计王某在财务会计中做增加单位管理费用540万元、减少零余额账户用款额度540万元处理，在预算会计中做增加事业支出540万元、减少资金结存540万元处理。

假定不考虑其他因素。

要求：根据政府会计准则制度等有关规定，回答下列问题：

分别判断事项(1)和(2)中所做的会计处理是否正确【财务会计处理和预算会计处理须分别作出判断】；如不正确，分别指出正确的会计处理。

【参考答案】

事项(1)财务会计处理不正确。

正确处理：增加无形资产60万元、减少零余额账户用款额度60万元。

事项(1)预算会计处理正确。

事项(2)财务会计处理不正确。

正确处理：增加待摊费用540万元、减少零余额账户用款额度540万元。

事项(2)预算会计处理正确。

【解析】本题考核"无形资产后续支出的会计处理""待摊费用的会计处理"的知识点。为增加无形资产的使用效能对其进行升级改造或扩展其功能时，无形资产后续支出符合无形资产确认条件，按照支出的金额，借记"无形资产"科目[无需暂停摊销的]或"在建工程"科目[需暂停摊销的]，贷记"财政拨款收入"[财政直接支付]"零余额账户用款额度"[财政授权支付]"银行存款"[单位自有资金等]等科目。"待摊费用"科目核算单位已经支付，但应当由本期和以后各期分别负担的分摊期在1年以内(含1年)的各项费用，待摊费用应当在收益期内分期平均摊销。

考点7 政府采购制度★★

考点讲解

1. 政府采购的执行模式

政府采购实行**集中采购**和**分散采购**相结合的模式。

(1)集中采购。采购人采购纳入集中采购目录的政府采购项目，应当实行集中采购。

集中采购目录由省级以上人民政府确定并公布。采购人采购纳入集中采购目录的政府采购项目，必须委托集中采购机构(即采购代理机构)代理采购。

(2)分散采购。采购人采购集中采购目录之外且达到限额标准以上的采购项目，应当实行分散采购。采购未纳入集中采购目录的政府采购项目，可以自行采购，也可以委托集中采购机构在委托的范围内代理采购。

采购人应当根据项目特点、代理机构专业领域和综合信用评价结果，从政府采购代理机构名录中自主择优选择代理机构。任何单位和个人不得以摇号、抽签、遴选等方式干预采购人自行选择代理机构。

2. 政府采购的基本政策要求

(1)除需要采购的货物、工程或服务在中国境内无法获取或者无法以合理的商业条件获取、为在中国境外使用而进行采购、法律法规另有规定的情况外，政府采购应当采购本国货物、工程和服务。

(2)政府采购的信息应当在政府采购监督管理部门指定的媒体上及时向社会公开发布，但涉及商业秘密的除外。

(3)政府采购活动中，采购人员及相关人员与供应商有利害关系的，必须回避。供应商认为采购人员及相关人员与其他供应商有利害关系的，可以申请其回避。这里的相关人员，包括招标采购中评标委员会的组成人员，竞争性谈判采购中谈判小组的组成人员，询价采购中询价小组的组成人员等。

(4)采购人可以委托集中采购代理机构以外的采购代理机构，在委托的范围内办理政府采购事宜。采购人有权自行选择采购代理机构，任何单位和个人不得以任何方式为采购人指定采购代理机构。

3. 政府采购的方式

政府采购采用公开招标、邀请招标、竞争性谈判、单一来源、询价以及国务院政府采购监督管理部门认定的其他采购方式。其中，公开招标应作为政府采购的主要采购方式。

(1)公开招标，是指采购人或其委托的政府采购代理机构以招标公告的方式邀请不特定的供应商参加投标竞争，从中择优选择中标供应商的采购方式。采购人采购货物或者服务应当采用公开招标方式的，其具体数额标准，属于中央预算的政府采购项目，由国务院规定；属于地方预算的政府采购项目，由省、自治区、直辖市人民政府规定。

《政府采购货物和服务招标投标管理办法》(财政部令第 87 号)规定，公开招标公告应当包括以下主要内容：采购人及其委托的采购代理机构的名称、地址和联系方法；采购项目的名称、预算金额，设定最高限价的，还应当公开最高限价；采购人的采购需求；投标人的资格要求；获取招标文件的时间期限、地点、方式及招标文件售价；公告期限；投标截止时间、开标时间及地点；采购项目联系人姓名和电话。采购人根据价格测算情况，可以在采购预算额度内合理设定最高限价，但不得设定最低限价。

（2）邀请招标，是指采购人或其委托的政府采购代理机构以投标邀请书的方式邀请三家或三家以上特定的供应商参与投标的采购方式。符合下列情形之一的货物或者服务，可以采用邀请招标方式采购：①具有特殊性，只能从有限范围的供应商处采购的；②采用公开招标方式的费用占政府采购项目总价值的比例过大的。

（3）竞争性谈判，是指谈判小组与符合资格条件的供应商就采购货物、工程和服务事宜进行谈判，供应商按照谈判文件的要求提交相应文件和最后报价，采购人从谈判小组提出的成交候选人中确定成交供应商的采购方式。符合下列情形之一的货物或者服务，可以采用竞争性谈判方式采购：①招标后没有供应商投标或者没有合格标的或者重新招标未能成立的；②技术复杂或者性质特殊，不能确定详细规格或者具体要求的；③采用招标所需时间不能满足用户紧急需要的；④不能事先计算出价格总额的。

（4）单一来源，是指采购人从某一特定供应商处采购货物、工程和服务的采购方式。符合下列情形之一的货物或者服务，可以采用单一来源方式采购：①只能从唯一供应商处采购的；②发生了不可预测的紧急情况不能从其他供应商处采购的；③必须保证原有采购项目一致性或者服务配套的要求，需要继续从原供应商处添购，且添购资金总额不超过原合同采购金额10%的。

（5）询价，是指询价小组向符合资格条件的供应商发出采购货物询价通知书，要求供应商一次报出不得更改的价格，采购人从询价小组提出的成交候选人中确定成交供应商的采购方式。采购的货物规格、标准统一，现货货源充足且价格变化幅度小的政府采购项目，可以采用询价方式采购。

4. 政府采购程序与政府采购合同

（1）邀请招标。

对于邀请招标方式采购，采购人应当从符合相应资格条件的供应商中，通过随机方式选择3 家以上的供应商，向其发出投标邀请书。

实行招标方式采购的，自招标文件开始发出之日起至投标人提交投标文件截止之日止，不得少于20 日。

在招标采购中，出现下列情形之一的，应予废标：

a. 符合专业条件的供应商或者对招标文件作实质响应的供应商不足三家的；

b. 出现影响采购公正的违法、违规行为的；

c. 投标人的报价均超过了采购预算，采购人不能支付的；

d. 因重大变故，采购任务取消的。

废标后，除采购任务取消情形外，应当重新组织招标；需要采取其他方式采购的，应当在采购活动开始前获得设区的市、自治州以上人民政府采购监督管理部门或者政府有关部门批准。

《政府采购货物和服务招标投标管理办法》(财政部令第 87 号)规定，评标委员会负责具体评标事务，并独立履行下列职责：审查、评价投标文件是否符合招标文件的商务、技术等实质性要求；要求投标人对投标文件有关事项作出澄清或者说明；对投标文件进行比较和评价；确定中标候选人名单，以及根据采购人委托直接确定中标人；向采购人、采购代理机构或者有关部门报告评标中发现的违法行为。评标委员会由采购人代表和评审专家组成，成员人数应当为**5 人以上单数**，其中评审专家不得少于成员总数的**2/3**。采购项目符合下列情形之一的，评标委员会成员人数应当为**7 人以上单数**：采购预算金额在 1 000 万元以上；技术复杂；社会影响较大。

(2)竞争性谈判或询价采购。

a. 成立谈判小组或询价小组。谈判小组或询价小组由采购人代表和评审专家共**3 人以上的单数**组成，其中专家的人数不得少于成员总数的**2/3**。达到公开招标数额标准的货物或者服务采购项目，或者达到招标规模标准的政府采购工程，竞争性谈判小组或者询价小组应当由**5 人以上单数**组成。技术复杂、专业性强的竞争性谈判采购项目，评审专家中应当包含**1 名法律专家**。

b. 制定谈判文件或询价通知书。谈判文件或询价通知书应当明确谈判程序、谈判内容、合同草案的条款以及评定成交的标准等事项。

c. 确定邀请参加谈判或询价的供应商名单。谈判小组或询价小组从符合相应资格条件的供应商名单中确定**不少于 3 家**的供应商参加谈判或者询价采购活动，并向其提供谈判文件或询价通知书。

d. 评审及确定成交候选人。谈判小组、询价小组应当从质量和服务均能满足采购文件实质性响应要求的供应商中，按照最后报价(竞争性谈判方式)/报价(询价方式)由低到高的顺序提出**3 名以上**成交候选人，并编写评审报告。

e. 确定成交供应商。采购人应当在收到评审报告后 5 个工作日内，从评审报告提出的成交候选人中，根据质量和服务均能满足采购文件实质性响应要求且最后报价(竞争性谈判方式)/报价(询价方式)最低的原则确定成交供应商，也可以书面授权谈判小组、询价小组直接确定成交供应商。

f. 公告成交结果、签订政府采购合同。采购人或者采购代理机构应当在成交供应商确定后 2 个工作日内，在省级以上财政部门指定的媒体上公告成交结果，同时向成交供应商发出成交通知书，并将竞争性谈判文件、询价通知书随成交结果同时公告。采购人与成交供应商应当在成交通知书发出之日起 30 日内签订政府采购合同。

(3)单一来源。

采用单一来源采购方式采购的，采购人、采购代理机构应当组织具有相关经验的专业人员与供应商商定合理的成交价格并保证采购项目质量。

【应试技巧】 招标文件要求投标人提交投标保证金的，投标保证金不得超过采购项目预算金额的 2%。履约保证金的数额不得超过政府采购合同金额的 10%。

5. 加强政府采购需求管理

（1）政府采购需求管理概述。

政府采购需求管理，是指采购人组织确定采购需求和编制采购实施计划，并实施相关风险控制管理的活动。

采购需求管理应当遵循科学合理、厉行节约、规范高效、权责清晰的原则。

采购人对采购需求管理负有主体责任，按照相关规定开展采购需求管理各项工作，对采购需求和采购实施计划的合法性、合规性、合理性负责。主管预算单位负责指导本部门采购需求管理工作。

（2）采购需求。

采购需求，是指采购人为实现项目目标，拟采购的标的及其需要满足的技术、商务要求。

采购需求应当符合法律法规、政府采购政策和国家有关规定，符合国家强制性标准，遵循预算、资产和财务等相关管理制度规定，符合采购项目特点和实际需要。

采购需求应当依据部门预算（工程项目概预算）确定。

确定采购需求应当明确实现项目目标的所有技术、商务要求，功能和质量指标的设置要充分考虑可能影响供应商报价和项目实施风险的因素。

采购需求的技术要求和商务要求应当客观，量化指标应当明确相应等次，有连续区间的按照区间划分等次。需由供应商提供设计方案、解决方案或者组织方案的采购项目，应当说明采购标的的功能、应用场景、目标等基本要求，并尽可能明确其中的客观、量化指标。

采购需求可以直接引用相关国家标准、行业标准、地方标准等标准、规范，也可以根据项目目标提出更高的技术要求。

采购人可以在确定采购需求前，通过咨询、论证、问卷调查等方式开展需求调查，了解相关产业发展、市场供给、同类采购项目历史成交信息，可能涉及的运行维护、升级更新、备品备件、耗材等后续采购，以及其他相关情况。

面向市场主体开展需求调查时，选择的调查对象一般不少于 3 个，并应当具有代表性。

对于下列采购项目，应当开展需求调查：①1 000 万元以上的货物、服务采购项目，3 000 万元以上的工程采购项目；②涉及公共利益、社会关注度较高的采购项目，包括政府向社会公众提供的公共服务项目等；③技术复杂、专业性较强的项目，包括需定制开发的信息化建设项目、采购进口产品的项目等；④主管预算单位或者采购人认为需要开展需求调查的其他采购项目。

编制采购需求前一年内，采购人已就相关采购标的开展过需求调查的可以不再重复开展。

按照法律法规的规定，对采购项目开展可行性研究等前期工作，已包含规定的需求调查内容的，可以不再重复调查；对在可行性研究等前期工作中未涉及的部分，应当按规定开展需求调查。

(3)采购实施计划。

采购实施计划主要包括以下内容：①合同订立安排，包括采购项目预(概)算、最高限价，开展采购活动的时间安排，采购组织形式和委托代理安排，采购包划分与合同分包，供应商资格条件，采购方式、竞争范围和评审规则等。②合同管理安排，包括合同类型、定价方式、合同文本的主要条款、履约验收方案、风险管控措施等。

采购人应当通过确定供应商资格条件、设定评审规则等措施，落实支持创新、绿色发展、中小企业发展等政府采购政策功能。

采购人要根据采购项目实施的要求，充分考虑采购活动所需时间和可能影响采购活动进行的因素，合理安排采购活动实施时间。

采购人采购纳入政府集中采购目录的项目，必须委托集中采购机构采购。政府集中采购目录以外的项目可以自行采购，也可以自主选择委托集中采购机构，或者集中采购机构以外的采购代理机构采购。

采购人要按照有利于采购项目实施的原则，明确采购包或者合同分包要求。

采购项目划分采购包的，要分别确定每个采购包的采购方式、竞争范围、评审规则和合同类型、合同文本、定价方式等相关合同订立、管理安排。

根据采购需求特点提出的供应商资格条件，要与采购标的的功能、质量和供应商履约能力直接相关，且属于履行合同必需的条件，包括特定的专业资格或者技术资格、设备设施、业绩情况、专业人才及其管理能力等。

业绩情况作为资格条件时，要求供应商提供的同类业务合同一般不超过2个，并明确同类业务的具体范围。涉及政府采购政策支持的创新产品采购的，不得提出同类业务合同、生产台数、使用时长等业绩要求。

采购方式、评审方法和定价方式的选择应当符合法定适用情形和采购需求特点。

采购需求客观、明确且规格、标准统一的采购项目，如通用设备、物业管理等，一般采用招标或者询价方式采购，以价格作为授予合同的主要考虑因素，采用固定总价或者固定单价的定价方式。

采购需求客观、明确，且技术较复杂或者专业性较强的采购项目，如大型装备、咨询服务等，一般采用招标、谈判(磋商)方式采购，通过综合性评审选择性价比最优的产品，采用固定总价或者固定单价的定价方式。

采用综合性评审方法的，评审因素应当按照采购需求和与实现项目目标相关的其他因素确定。

采购需求客观、明确的采购项目，采购需求中客观但不可量化的指标应当作为实质性要求，不得作为评分项；参与评分的指标应当是采购需求中的量化指标，评分项应当按照量化指标的等次，设置对应的不同分值。不能完全确定客观指标而需由供应商提供设计方案、解决方案或者组织方案的采购项目，可以结合需求调查的情况，尽可能明确不同技术路线、组织形式及相关指标的重要性和优先级，设定客观、量化的评审因素、分值和权重。价格因素应当按照相关规定确定分值和权重。

(4)风险控制。

采购人应当将采购需求管理作为政府采购内控管理的重要内容，建立健全采购需求管理制度，加强对采购需求的形成和实现过程的内部控制和风险管理。

采购人可以自行组织确定采购需求和编制采购实施计划，也可以委托采购代理机构或者其他第三方机构开展。

采购人应当建立审查工作机制，在采购活动开始前，针对采购需求管理中的重点风险事项，对采购需求和采购实施计划进行审查，审查分为一般性审查和重点审查。

对于审查不通过的，应当修改采购需求和采购实施计划的内容并重新进行审查。

一般性审查主要审查是否按照本办法规定的程序和内容确定采购需求、编制采购实施计划。审查内容包括：采购需求是否符合预算、资产、财务等管理制度规定；对采购方式、评审规则、合同类型、定价方式的选择是否说明适用理由；属于按规定需要报相关监管部门批准、核准的事项，是否作出相关安排；采购实施计划是否完整。

重点审查是在一般性审查的基础上，进行以下审查：①非歧视性审查；②竞争性审查；③采购政策审查；④履约风险审查；⑤采购人或者主管预算单位认为应当审查的其他内容。

6. 加强政府采购执行管理

(1)优化采购活动办事程序。对于采购人、采购代理机构可以通过互联网或者相关信息系统查询的信息，不得要求供应商提供。除必要的原件核对外，对于供应商能够在线提供的材料，不得要求供应商同时提供纸质材料。

(2)细化采购活动执行要求。采购人允许采用分包方式履行合同的，应当在采购文件中明确可以分包履行的具体内容、金额或者比例。实现电子化采购的，采购人、采购代理机构应当向供应商免费提供电子采购文件；暂未实现电子化采购的，鼓励采购人、采购代理机构向供应商免费提供纸质采购文件。

（3）规范保证金收取和退还。采购人、采购代理机构应当允许供应商自主选择以支票、汇票、本票、保函等非现金形式缴纳或提交保证金。收取投标（响应）保证金的，采购人、采购代理机构约定的到账（保函提交）截止时间应当与投标（响应）截止时间一致，并按照规定及时退还供应商。收取履约保证金的，应当在采购合同中约定履约保证金退还的方式、时间、条件和不予退还的情形，明确逾期退还履约保证金的违约责任。采购人、采购代理机构不得收取没有法律法规依据的保证金。

（4）及时支付采购资金。对于满足合同约定支付条件的，采购人应当自收到发票后30日内将资金支付到合同约定的供应商账户，不得以机构变动、人员更替、政策调整等为由延迟付款，不得将采购文件和合同中未规定的义务作为向供应商付款的条件。

（5）完善对供应商的利益损害赔偿和补偿机制。对于因采购人原因导致变更、中止或者终止政府采购合同的，采购人应当依照合同约定对供应商受到的损失予以赔偿或者补偿。

7. 政府采购的特殊规定

（1）采购人在政府采购活动中，应当优先购买**自主创新**产品，按照《政府采购自主创新产品目录》中的货物和服务编制自主创新产品政府采购预算。采购人在预算执行过程中因购买自主创新产品确需超出采购预算的，应当按规定程序申请调整预算。

（2）采购人用财政性资金进行采购的，应当优先采购**节能**产品，逐步淘汰低能效产品。

（3）采购人用财政性资金进行采购的，应当优先采购**环境标志**产品，不得采购危害环境及人体健康的产品。

（4）采购人采购进口产品时，应当坚持有利于本国企业自主创新或消化吸收核心技术的原则，优先购买向我方转让技术、提供培训服务及其他补偿贸易措施的产品。

政府采购进口产品合同履行中，采购人确需追加与合同标的相同的产品，在不改变合同其他条款的前提下，且所有补充合同的采购金额不超过原合同采购金额的10%的，可以与供应商协商签订补充合同，不需要重新审核。

（5）政府采购法中几个**时间总结：**

a. 达到公开招标数额标准的货物、服务采购项目，拟采用单一来源方式采购的，采购人、采购代理机构报财政部门批准之前，还应当在省级以上财政部门指定媒体上公示（公示期不得少于5个工作日），并将公示情况一并报财政部门。

b. 货物和服务项目实行招标方式采购的，自招标文件开始发出之日起至投标人提交投标文件截止之日止，不得少于20日。

c. 竞争性谈判小组或询价小组确认或制定谈判、询价通知书。从谈判文件、询价通知书发出之日起至供应商提交首次响应文件截止之日止不得少于3个工作日。

d. 采用邀请招标方式采购的，招标采购单位应当在省级以上人民政府财政部门指定的政府采购信息媒体发布资格预审公告，公布投标人资格条件，资格预审公告的期限不得少于5个工作日。

e. 采购人与成交供应商应当在成交通知书发出之日起30日内签订政府采购合同。

f. 政府采购项目的采购合同自签订之日起7个工作日内，采购人应当将合同副本报同级政府采购监督管理部门和有关部门备案。

8. 政府购买服务与服务项目政府采购

（1）政府购买服务属于政府采购的范畴，应当遵循政府采购法律法规和有关制度的规定。服务包括政府自身需要的服务和政府向社会公众提供的公共服务。

不具备行政管理职能的事业单位服务项目采购，属于政府采购范围，但不属于政府购买服务范围。

（2）根据现行政府采购品目分类：按服务受益对象将服务项目分为三类：

第一类为保障政府部门自身正常运转需要向社会购买的服务。如公文印刷、物业管理、公车租赁等。

第二类为政府部门为履行宏观调控、市场监管等职能需要向社会购买的服务。如法规政策、发展规划、标准制定的前期研究和后期宣传、法律咨询等。

第三类为增加国民福利、受益对象特定，政府向社会公众提供的公共服务。包括：以物为对象的公共服务，如公共设施管理服务、环境服务、专业技术服务等；以人为对象的公共服务，如教育、医疗卫生等。

第一类中列入政府集中采购目录的服务项目，采购需求标准由集中采购机构提出。其他服务项目的采购需求标准由采购人（购买主体）提出。采购人、集中采购机构制定采购需求标准时，应当广泛征求相关供应商（承接主体）、专家意见。第三类服务项目，还应当征求社会公众的意见。各省级财政部门可以根据实际情况，分品目制定发布适用于本行政区域的服务项目采购需求标准。

【热题解析】

（选答题部分）甲单位为一家中央级事业单位，自2019年1月1日起执行政府会计准则制度，2019年7月25日，甲单位总会计师组织召开由财务处、采购中心、资产管理处等部门负责人参加的工作会议，与会人员就近期工作进行了交流。有关资料如下：

关于政府采购。甲单位对政府采购活动实施归口管理，由采购中心负责。因下半年采购项目多，工作量大，采购中心认真分析了各采购项目需求，力争缩短采购时间，提高采购工作效率。为此，采购中心建议：

（1）采购的货物或服务具有特殊性、只能从有限范围的供应商处采购的，可以采用邀请招标方式采购；

(2)必须保证原有采购项目一致性或服务配套要求，需要继续从原供应商处添购的，无论添购金额大小，均可以采用单一来源方式采购。

假定不考虑其他因素。

要求：根据国家部门预算管理、预算绩效管理、政府采购、国有资产管理、内部控制、政府会计准则制度等有关规定，回答下列问题：

分别判断采购中心的建议(1)和(2)是否存在不当之处；对存在不当之处的，分别说明理由。

【参考答案】

建议(1)不存在不当之处。

建议(2)存在不当之处。

理由：还须满足添购资金总额不超过原合同金额10%，才符合单一来源采购条件。

【解析】本题考核“政府采购方式”的知识点。符合下列情形之一的货物或者服务，可以采用邀请招标方式采购：①具有特殊性，只能从有限范围的供应商处采购的；②采用公开招标方式的费用占政府采购项目总价值的比例过大的。符合下列情形之一的采购项目，可以采用单一来源方式采购：①只能从唯一供应商处采购的；②发生了不可预见的紧急情况不能从其他供应商处采购的；③必须保证原有采购项目一致性或者服务配套的要求，需要继续从原供应商处添购，且添购资金总额不超过原合同采购金额10%的。

(必答题部分)甲单位为一家中央级事业单位，已实行国库集中收付制度。2018年7月5日，甲单位分管财务工作的领导主持召开了由财务处、资产管理处相关人员参加的工作会议，听取近期工作汇报。部分事项如下：

(1)2018年6月，甲单位采用公开招标方式采购一批仪器设备(未纳入集中采购目录范围，但达到政府采购限额标准和公开招标数额标准)。投标文件接收截止日后只有两家供应商投标，因而出现废标。如果继续采用公开招标方式采购，仍然可能出现废标。为此，资产管理处刘某建议，对该批仪器设备直接采用竞争性谈判或其他非招标采购方式进行采购。

(2)甲单位C信息化建设项目财政批复的预算为600万元，计划于2018年8月起执行，拟采用公开招标方式进行采购。考虑到项目预算额度比较充足，为防止供应商低价中标影响项目建设质量，资产管理处孙某建议，在公开招标公告中，应根据建设项目的价格测算情况，设定最高限价和最低限价。

假定不考虑其他因素。

要求：

根据政府采购的相关规定，分析判断：

(1)事项(1)资产管理处刘某的建议是否正确；如不正确，说明理由。

(2)事项(2)资产管理处孙某的建议是否正确；如不正确，说明理由。

【参考答案】

(1)事项(1)建议不正确。

理由：废标后，需要采用其他方式采购的，应当在采购活动开始前获得政府采购监督管理部门[或：政府有关部门]批准。

【解析】本题考核"废标的处理"的知识点。废标后，除采购任务取消情形外，应当重新组织招标；需要采取其他方式采购的，应当在采购活动开始前获得设区的市、自治州以上人民政府采购监督管理部门或者政府有关部门批准。

(2)事项(2)建议不正确。

理由：采购人根据价格测算情况，可以设定最高限价，但不得设定最低限价。

【解析】本题考核"《政府采购货物和服务招标投标管理办法》的规定"的知识点。《政府采购货物和服务招标投标管理办法》(财政部令第87号)规定，公开招标公告应当包括以下主要内容：采购人及其委托的采购代理机构的名称、地址和联系方法；采购项目的名称、预算金额，设定最高限价的，还应当公开最高限价……采购项目联系人姓名和电话。采购人根据价格测算情况，可以在采购预算额度内合理设定最高限价，但不得设定最低限价。

(选答题部分)甲单位为某省环境保护厅，执行《行政单位会计制度》。乙、丙单位为甲单位所属事业单位，执行《事业单位会计制度》并计提固定资产折旧。按照省财政厅要求，甲、乙、丙单位执行中央级行政事业单位部门预算管理、国有资产管理等有关规定。2018年7月，甲单位审计处对本级及所属单位2017年下半年以来预算执行、资产管理、内部控制、会计核算等情况进行了检查。8月初，审计处向甲单位主要负责人反馈检查情况。部分事项如下：

乙单位为进行环评系统升级改造，采用公开招标方式采购一套大型设备(未纳入集中采购目录范围，但达到政府采购限额标准和公开招标数额标准)，并于2018年6月与中标供应商签订了总金额为500万元的设备采购合同。为督促供应商认真履约，乙单位依据该项目采购文件，要求供应商以支票形式支付了60万元的履约保证金。

假定不考虑其他因素。

要求：

根据政府采购的相关规定，分析判断上述事项的做法或处理是否正确；如不正确，说明理由。

【参考答案】

处理不正确。

理由：履约保证金不得超过政府采购合同金额的10%。

【解析】本题考核"履约保证金"的知识点。采购文件要求中标或者成交供应商提交履约保证金的，供应商应当以支票、汇票、本票或者金融机构、担保机构出具的保函等非现金形式提交。履约保证金的数额不得超过政府采购合同金额的10%。

（必答题部分）甲单位为一家中央级事业单位，已实行国库集中收付制度，执行《事业单位会计制度》并对固定资产计提折旧。2017年3月，甲单位审计处对该单位2016年预算执行、资产管理等情况进行审计时，关注到如下事项：

2016年10月，甲单位按规定采用竞争性谈判方式采购一套大型专用设备，并成立了由1名本单位采购代表、6名资格符合要求的评审专家共7人组成的竞争性谈判小组。甲单位2016年11月10日发出谈判文件后5个工作日内，共有6家符合相应资格条件的供应商提交响应文件。2016年11月20日，考虑到6家供应商都属于按财政部要求确定的供应商库中的企业，甲单位从中随机抽取了2家供应商参与竞争性谈判，并随后按相关规定程序确定了成交供应商。

假定不考虑其他因素。

要求：

根据政府采购的有关规定，指出上述事项中甲单位处理存在的不当之处，并说明理由。

【参考答案】

该事项的不当之处：甲单位从6家供应商中随机抽取了2家参与竞争性谈判。

理由：采购人、采购代理机构应当通过发布公告、从省级以上财政部门建立的供应商库中随机抽取或者采购人和评审专家分别书面推荐的方式邀请不少于3家符合相应资格条件的供应商参与竞争性谈判或者询价采购活动。

【解析】本题考核"政府采购程序"的知识点。采用竞争性谈判方式或询价方式采购，在确定参加谈判或询价的供应商名单时，采购人、采购代理机构应当通过发布公告、从省级以上财政部门建立的供应商库中随机抽取或者采购人和评审专家分别书面推荐的方式邀请不少于3家符合相应资格条件的供应商参与竞争性谈判或者询价采购活动。

（选答题部分）甲单位为一家中央级行政单位，丙单位为甲单位下属单位，已实行国库集中收付制度。甲单位执行《行政单位会计制度》。丙单位执行《事业单位会计制度》，2017年7月，甲单位成立检查组织对甲单位本级及下属单位2017年上半年预算执行、资产管理、内部控制、会计核算等情况进行了检查。8月30日，检查组向甲单位财务负责人反馈检查情况，部分事项如下：

丙单位在履行了规定的政府采购程序后，向A公司购买了一台价值650万元的专用设备。2017年5月，丙单位需要为该专用设备添购专门配套设备，经批复的配套设备政府采购预算为100万元。2017年6月，考虑到A公司社会信用度高、产品质量和售后服务有保证，为提高采购工作效率，丙单位经领导班子集体研究决定，继续直接从A公司添购该配套设备。

假定不考虑其他因素。

要求：

根据政府采购的有关规定，判断上述事项的处理是否正确。如不正确，说明理由。

【参考答案】

该事项的处理不正确。

理由：单一来源采购中规定：添购资金总额不超过原合同采购金额的10%，题中添购金额100万元超过了原合同总金额650万元的10%，不符合规定。

【解析】本题考核"政府采购的方式"的知识点。符合下列情形之一的采购项目，可以采用单一来源方式采购：①只能从唯一供应商处采购的；②发生了不可预见的紧急情况不能从其他供应商处采购的；必须保证原有采购项目一致性或者服务配套的要求，需要继续从原供应商处添购，且添购资金总额不超过原合同采购金额10%的。

考点8 行政事业单位国有资产配置、使用及处置★★★

【考点讲解】

1. 行政单位国有资产配置、使用及处置

(1)资产配置。

行政单位购置有规定配备标准的资产，除国家另有规定外，应当按照规定的程序报同级财政部门审批，经同级财政部门审批同意后，各单位可以将资产购置项目列入单位年度部门预算。未经批准，不得列入部门预算，也不得列入单位经费支出；对没有规定配备标准的资产，应当从实际需要出发，从严控制，合理配备。财政部门对要求配置的资产，能通过调剂解决的，原则上不重新购置。不能调剂的，可以采用购置、建设、租用等方式。

行政单位购置纳入政府采购范围的资产，依法实施政府采购。

(2)资产使用。

行政单位不得以任何形式将国有资产用于对外投资或者设立营利性组织，也不得用国有资产对外担保，除非法律另有规定。行政单位国有资产应当用于本单位履行职能的需要。行政单位拟将占有、使用的国有资产对外出租、出借的，须事先上报同级财政部门审核批准。行政单位应严格控制出租出借国有资产行为，确需出租出借资产的，在按照规定程序履行报批手续后，原则上实行公开竞价招租，必要时可以采取评审或者资产评估等方式确定出租价格，确保出租出借过程的公正透明。

行政单位出租、出借的国有资产，其所有权性质不变，仍归国家所有；所形成的收

入，按照政府非税收入管理的规定，在扣除相关税费后及时、足额**上缴国库，**严禁隐瞒、截留、坐支和挪用。

(3)资产处置。

行政单位国有资产处置，是指行政单位国有资产产权的转移及核销，包括各类国有资产的无偿转让、出售、置换、报损、报废等。行政单位处置国有资产应当**严格履行审批手续**，未经批准不得处置。

行政单位需处置的国有资产包括：闲置资产；因技术原因并经过科学论证，确需报废、淘汰的资产；因单位分立、撤销、合并、改制、隶属关系改变等原因发生产权或者使用权转移的资产；盘亏、呆账及非正常损失的资产；已超过使用年限无法使用的资产；依照国家有关规定需要进行资产处置的其他资产。

行政单位国有资产处置应当按照公开、公正、公平的原则进行。资产的出售与置换应当采取拍卖、招投标、协议转让及国家法律、行政法规规定的其他方式进行，处置变价收入和残值收入，应当按照政府非税收入管理的规定，在扣除相关税费后及时、足额**上缴国库，**严禁隐瞒、截留、坐支和挪用。

2. 事业单位国有资产配置、使用及处置

(1)资产配置。

事业单位国有资产配置方式主要有调剂、购置、建设、租用等。

事业单位国有资产配置应符合的条件如下：①现有资产无法满足事业单位履行职能的需要；②难以与其他单位共享、共用相关资产；③难以通过市场购买或者租用的方式代替资产配置，或者采取市场购买或者租用方式的成本过高。

事业单位用**财政性资金**购置(包括用财政性资金举办大型会议、活动需要进行的购置)规定限额以上资产的，除国家另有规定外，应当按照规定的程序报经**主管部门审核，**主管部门审核后报**同级财政部门审批，**经同级财政部门批准的资产购置计划，事业单位应当列入年度部门预算，并在上报年度部门预算时附送批复文件等相关材料，作为财政部门批复部门预算的依据。

事业单位用**其他资金**购置规定限额以上资产的，须报**主管部门审批，**主管部门应当将审批结果定期报**同级财政部门备案。**

事业单位购置纳入政府采购范围的资产，应当按照国家有关政府采购的规定执行。

(2)资产使用。

事业单位国有资产的使用方式包括单位自用和对外投资、出租、出借、担保等。

事业单位以国有资产对外投资、出租、出借和担保等，应当进行必要的可行性论证，并经**主管部门审核同意**后，报**同级财政部门审批。**除国家另有规定外，事业单位应严格控制出租出借国有资产行为，确需出租出借资产的，在按照规定程序履行报批手续后，原则

上实行公开竞价招租，必要时可以采取评审或者资产评估等方式确定出租价格，确保出租出借过程的公正透明。

事业单位对外投资收益以及利用国有资产出租、出借和担保等取得的收入，应当**纳入单位预算，统一核算、统一管理。**

(3)资产处置。

事业单位国有资产的处置方式包括出售、出让、转让、对外捐赠、报废、报损以及货币性资产损失核销等。

事业单位处置国有资产，应当严格履行审批手续，未经批准不得自行处置，但国家设立的研究开发机构、高等院校对其持有的科技成果，可以自主处置。

事业单位占有、使用的房屋建筑物、土地和车辆的处置，货币性资产损失的核销，以及单位价值或者批量价值在**规定限额以上**的资产的处置，须经**主管部门审核**后报**同级财政部门审批**；**规定限额以下**的资产的处置，应当报**主管部门审批**，主管部门应将审批结果定期报**同级财政部门备案。**

事业单位国有资产处置应当遵循公开、公正、公平的原则。事业单位出售、出让、转让、变卖资产数量较多或者价值较高的，应当通过拍卖等市场竞价方式公开处置。

事业单位国有资产处置收入属于国家所有，应当按照政府非税收入管理的规定，实行“收支两条线”管理。

【应试技巧】国家设立的研究开发机构、高等院校对其持有的科技成果，可以**自主决定**转让、许可或者作价投资，不需报主管部门、财政部门审批或者备案，并通过协议定价、在技术交易市场挂牌交易、拍卖等方式确定价格。通过协议定价的，应当在本单位公示科技成果名称和拟交易价格。国家设立的研究开发机构、高等院校转化科技成果所获得的**收入全部留归本单位**。

3. 中央级行政事业单位国有资产管理的特殊规定

(1)中央级行政单位国有资产管理的特殊规定。

中央行政单位国有资产处置收入上缴中央国库，纳入预算；出租出借收入上缴中央财政专户，支出从中央财政专户中拨付。

中央行政单位处置和出租、出借国有资产应缴纳的税款和所发生的相关费用(资产评估费、技术鉴定费、交易手续费等)在收入中抵扣，抵扣后的余额按照政府非税收入收缴管理有关规定上缴中央财政。

国有资产收入有关收支，应统一纳入部门预算统筹安排。中央行政单位要如实反映和缴纳国有资产收入，不得隐瞒；不得截留、挤占、坐支和挪用国有资产收入；不得违反规定使用国有资产收入。

国有资产收入原来用于发放津贴补贴的部分，上缴中央财政后，由财政部统筹安排，作为规范后中央行政单位统一发放津贴补贴的资金来源。除此之外，国有资产收入不得再用于人员经费支出。其余国有资产收入原则上由财政部统筹安排用于中央行政单位固定资产更新改造和新增资产配置，可优先安排用于收入上缴单位。

(2)中央级事业单位国有资产管理的特殊规定。

a. 资产处置概述。

中央级事业单位国有资产处置的范围包括：闲置资产，报废、淘汰资产，产权或使用权转移的资产，盘亏、呆账及非正常损失的资产，以及依照国家有关规定需要处置的其他资产。

处置方式包括无偿调拨(划转)、对外捐赠、出售、出让、转让、置换、报废报损、货币性资产损失核销等。

b. 审批权限。

中央级事业单位一次性处置单位价值或批量价值(账面原值，下同)在800万元人民币(以下简称“规定限额”)以上(含800万元)的国有资产，经主管部门审核后报财政部审批。

中央级事业单位一次性处置单位价值或批量价值在规定限额以下的国有资产，由财政部授权主管部门进行审批。主管部门应当于批复之日起15个工作日内，将批复文件(一式三份)报财政部备案。

c. 处置方式。

中央级事业单位国有资产出售、出让、转让，应当通过产权交易机构、证券交易系统、协议方式以及国家法律、行政法规规定的其他方式进行。

中央级事业单位国有资产出售、出让、转让，以按规定权限由财政部、主管部门备案或核准的资产评估报告所确认的评估价值作为市场竞价的参考依据，意向交易价格低于评估结果90%的，应当按规定权限报财政部或主管部门重新确认后交易。

d. 资产处置收入。

中央级事业单位国有资产处置收入包括出售实物资产和无形资产的收入、置换差价收入、报废报损残值变价收入、保险理赔收入、转让土地使用权收益等。中央级事业单位国有资产处置收入，在扣除相关税金、评估费、拍卖佣金等费用后，按照政府非税收入管理和财政国库收缴管理的规定上缴中央国库，实行“收支两条线”管理。

e. 对外投资形成的股权(权益)的出售、出让、转让收入的处理。

利用现金对外投资形成的股权(权益)的出售、出让、转让，属于中央级事业单位收回对外投资，股权(权益)出售、出让、转让收入纳入单位预算，统一核算，统一管理。

利用实物资产、无形资产对外投资形成的股权(权益)的出售、出让、转让收入，按以下情形分别处理：收入形式为现金的，扣除投资收益，以及税金、评估费等相关费用后，上缴中央国库，实行“收支两条线”管理；投资收益纳入单位预算，统一核算，统一管理。

收入形式为资产和现金的，现金部分扣除投资收益，以及税金、评估费等相关费用后，上缴中央国库实行，“收支两条线”管理。

f. **国有资产出租、出借的有关规定。**

中央级事业单位国有资产出租，原则上应采取公开招租的形式确定出租的价格，必要时可采取评审或者资产评估的办法确定出租的价格。中央级事业单位利用国有资产出租、出借的，期限一般不得超过**五年**。中央级事业单位国有资产出租、出借取得的收入，应按《财政部关于将按预算外资金管理的收入纳入预算管理的通知》(财预〔2010〕88 号)规定纳入一般预算管理，全部**上缴中央国库**，支出通过一般预算安排，用于收入上缴部门的相关支出，专款专用。

中央级事业单位国有资产出租、出借，资产单项或批量价值在**800 万元人民币(含 800 万元)以上的**，经**主管部门审核后报财政部审批。**

资产单项或批量价值在**800 万元人民币以下**的，由**主管部门**按照有关规定进行**审批**，并于 15 个工作日内报财政部备案。

【热题解析】

(选答题部分)甲单位为某省环境保护厅，执行《行政单位会计制度》。乙、丙单位为甲单位所属事业单位，执行《事业单位会计制度》并计提固定资产折旧。按照省财政厅要求，甲、乙、丙单位执行中央级行政事业单位部门预算管理、国有资产管理等有关规定。2018 年 7 月，甲单位审计处对本级及所属单位 2017 年下半年以来预算执行、资产管理、内部控制、会计核算等情况进行了检查。8 月初，审计处向甲单位主要负责人反馈检查情况。部分事项如下：

乙单位经批准对外出租一栋门面房。按照同地段房屋平均市场租赁价格计算，出租价格应不低于每年 150 万元。2018 年 5 月，乙单位基本账户开户银行提出以每年 120 万元的租赁价格租用该栋门面房用于网点经营，租期 3 年。为方便单位和职工办理业务，经领导班子研究决定，乙单位以每年 120 万元的租赁价格将该栋门面房出租给银行，并与银行签订了租期为 3 年的租赁协议。

假定不考虑其他因素。

要求：

根据国有资产管理的相关规定，分析判断上述事项的做法或处理是否正确；如不正确，分别说明理由。

【参考答案】

处理不正确。

理由：在按照规定程序履行报批手续后，原则上应采取公开招租的形式确定出租的价格；必要时采用评审或者资产评估的办法确定出租的价格。

【解析】本题考核“中央级事业单位国有资产出租”的知识点。中央级事业单位国有资产出租，原则上应采取公开招租的形式确定出租的价格，必要时可采取评审或者资产评估的办法确定出租的价格。

（必答题部分）甲单位为一家中央级事业单位，已实行国库集中收付制度，执行《事业单位会计制度》并对固定资产计提折旧。2017 年 3 月，甲单位审计处对该单位 2016 年预算执行、资产管理等情况进行审计时，关注到如下事项：

（1）2016 年 8 月，按规定程序报经批准后，甲单位以公开招租形式对外出租闲置办公楼。经领导班子集体研究同意后，甲单位确定该闲置办公楼的年出租价格不低于 450 万元，出租期限不超过 5 年。通过公开招租，X 公司以年租金 500 万元的最高价格获得承租权。甲单位随后按程序与 X 公司签订了 5 年期的办公楼租赁协议。

（2）甲单位闲置的一套大型专用设备账面原值为 900 万元，已提取折旧 300 万元，账面价值为 600 万元。2016 年 9 月，经领导班子集体研究同意后，甲单位随即与具有战略合作关系的乙事业单位签订了捐赠协议，并将该套大型专用设备捐赠给乙事业单位。

假定不考虑其他因素。

要求：

根据国有资产管理的有关规定，逐项判断事项（1）、（2）中甲单位的处理是否正确，如不正确，说明理由。

【参考答案】

事项（1）的处理正确。

【解析】本题考核“中央级事业单位国有资产出租”的知识点。中央级事业单位国有资产出租、出借，资产单项或批量价值在 800 万元人民币以上（含 800 万元）的，经主管部门审核后报财政部审批；资产单项或批量价值在 800 万元以下的，由主管部门按照有关规定进行审批，并于 15 个工作日内将审批结果（一式三份）报财政部备案。中央级事业单位国有资产出租，原则上应采取公开招租的形式确定出租的价格，必要时可采取评审或者资产评估的办法确定出租的价格。中央级事业单位利用国有资产出租、出借的，期限一般不得超过五年。

事项（2）的处理不正确。

理由：对外捐赠属于国有资产处置方式，中央级事业单位一次性处置单位价值或批量价值（账面原值）在 800 万元人民币以上（含 800 万元）的国有资产，经主管部门审核后报财政部审批。

【解析】本题考核“中央级事业单位国有资产处置”的知识点。中央级事业单位国有资产处置按以下权限予以审批：

(1) 中央级事业单位一次性处置单位价值或批量价值(账面原值，下同)在800万元人民币(以下简称规定限额)以上(含800万元)的国有资产，经主管部门审核后报财政部审批；

(2) 中央级事业单位一次性处置单位价值或批量价值在规定限额以下的国有资产，由财政部授权主管部门进行审批。主管部门应当于批复之日起15个工作日内，将批复文件(一式三份)报财政部备案。

(选答题部分)甲单位为一家中央级行政单位，丁单位为甲单位下属单位，已实行国库集中收付制度。甲单位执行《行政单位会计制度》。丁单位执行《事业单位会计制度》，2017年7月，甲单位成立检查组织对甲单位本级及下属单位2017年上半年预算执行、资产管理、内部控制、会计核算等情况进行了检查。8月30日，检查组向甲单位财务负责人反馈检查情况，部分事项如下：

丁单位2017年计划开展国际合作项目因缺少活动场所，尚未启动实施。为支持下属单位拓展业务，提高资产利用效率，2017年6月，甲单位经领导班子集体研究决定，将本单位一栋闲置办公楼无偿出借给丁单位使用。

假定不考虑其他因素。

要求：

根据国有资产管理的有关规定，判断上述事项的处理是否正确。如不正确，说明理由。

【参考答案】

该事项的处理不正确。

理由：行政单位拟将占有、使用的国有资产对外出租、出借的，必须事先上报同级财政部门审核批准。

【解析】本题考核"行政单位国有资产的使用"的知识点。行政单位拟将占有、使用的国有资产对外出租、出借的，必须事先上报同级财政部门审核批准。

考点9 行政事业单位国有资产评估、清查及登记★★

【考点讲解】

1. 资产评估

行政单位有以下情形之一的，应当对相关国有资产进行评估：①行政单位取得的没有原始价格凭证的资产；②拍卖、有偿转让、置换国有资产；③依照国家有关规定需要进行资产评估的其他情形。

事业单位有下列情形之一的，应当对相关国有资产进行评估：①整体或者部分改制为企业；②以非货币性资产对外投资；③合并、分立、清算；④资产拍卖、转让、置换；⑤整体或者部分资产租赁给非国有单位；⑥确定涉讼资产价值；⑦法律、行政法规规定的其他需要进行评估的事项。

事业单位有下列情形之一的，**可以不进行**资产评估：①经批准事业单位整体或者部分资产无偿划转；②行政、事业单位下属的事业单位之间的合并、资产划转、置换和转让；③国家设立的研究开发机构、高等院校将其持有的科技成果转让、许可或者作价投资给国有全资企业的；④发生其他不影响国有资产权益的特殊产权变动行为，报经同级财政部门确认可以不进行资产评估的。

【应试技巧】 国家设立的研究开发机构、高等院校将其持有的科技成果转让、许可或者作价投资给非国有全资企业的，由单位**自主决定**是否进行资产评估。

2. 资产清查

行政事业单位有下列情形之一的，**应当**进行资产清查：①根据本级政府部署要求；②发生重大资产调拨、划转以及单位分立、合并、改制、撤销、隶属关系改变等情形；③因自然灾害等不可抗力造成资产毁损、灭失；④会计信息严重失真；⑤国家统一的会计制度发生重大变更，涉及资产核算方法发生重要变化；⑥财政部门认为应当进行资产清查的其他情形。

行政事业单位进行资产清查，应当向主管部门提出申请，按规定程序报同级财政部门批准立项后组织实施，但根据各级政府及其财政部门专项工作要求进行的资产清查除外。

行政事业单位的资产清查**工作内容**包括：单位基本情况清理、账务清理、财产清查、损益认定、资产核实和完善制度等。

行政事业单位**资产损益**经过规定程序和方法进行确认后，按照以下原则进行账务处理：①财政部门批复、备案前的资产盘盈（含账外资产）可以按照财务、会计制度的有关规定暂行入账。待财政部门批复、备案后，进行账务调整和处理。②财政部门批复、备案前的资产损失和资金挂账，单位不得自行进行账务处理。待财政部门批复、备案后，进行账务处理。③资产盘盈、资产损失和资金挂账按规定权限审批后，按国家统一的会计制度进行账务处理。

3. 资产登记

事业单位应当向同级财政部门或者经同级财政部门授权的主管部门申报、办理产权登记，产权登记包括占有产权登记、变更产权登记和注销产权登记。

行政事业单位应当建立资产登记档案，按照规定对其占有、使用国有资产的状况定期做出报告和分析说明。

4. 行政事业单位国有资产报告

行政事业单位国有资产报告，是指行政事业单位年度终了，根据资产管理、预算管理等工作需要，在日常管理基础上编制报送的反映行政事业单位年度资产占有、使用、变动等情况的文件，包括行政事业单位资产报表、填报说明和分析报告。

(1)国有资产报告内容。

国有资产报告由行政事业单位资产报表、填报说明和分析报告三部分构成。

行政事业单位资产报表分为单户报表和汇总报表两类。单户报表是指行政事业单位在会计核算、资产盘点基础上对账簿记录进行加工编制而成的资产报表。汇总报表是财政部门、主管部门按照财务隶属关系汇总本地区、本部门行政事业单位资产数据形成的资产报表。

行政事业单位资产报表填报说明是对资产报表编报相关情况的说明。

分析报告应当以资产和财务状况为主要依据，对资产占有、使用、变动情况，以及资产管理情况等进行分析说明。

(2)国有资产报告编报。

行政事业单位应当在做好财务管理、会计核算的基础上，全面盘点资产情况，完善资产卡片数据，编制资产报告，并按照财务隶属关系逐级上报。单位负责人对本单位编制的资产报告的真实性、准确性和完整性负责。

(3)国有资产报告审核。

各级财政部门、主管部门应当对本地区、本部门所属行政事业单位报送的资产报告进行审核。

【热题解析】

(选答题部分)甲单位为一家中央级事业单位，自2019年1月1日起执行政府会计准则制度，2019年7月25日，甲单位总会计师组织召开由财务处、采购中心、资产管理处等部门负责人参加的工作会议，与会人员就近期工作进行了交流。有关资料如下：

关于资产管理。2019年6月，甲单位在资产清查中对存量资产进行了盘点，并对所有资产使用情况进行了摸底调查，发现存在资产使用和保管责任不清、部分资产盘亏、大型仪器设备使用效率不高的问题。为此，资产管理处建议：

(1)应当明确资产使用和保管责任人，落实资产使用和保管责任人在资产管理中的责任；

(2)应当保证资产账实相符，对盘亏资产做销账处理，并由财务处立即确认资产盘亏损失；

(3)应当加强资产使用环节的动态管理，提高大型仪器设备使用效率。

假定不考虑其他因素。

要求：根据国家部门预算管理、预算绩效管理、政府采购、国有资产管理、内部控制、政府会计准则制度等有关规定，回答下列问题：

分别判断资产管理处的建议(1)至(3)是否存在不当之处；对存在不当之处的，分别说明理由。

【参考答案】

建议(1)不存在不当之处。

建议(2)存在不当之处。

理由：财政部门批复、备案前的资产损失，单位不得自行进行账务处理。

建议(3)不存在不当之处。

【解析】本题考核“实物资产和无形资产关键控制环节及控制措施”“资产损失的账务处理”的知识点。明确资产使用和保管责任人，落实资产使用人在资产管理中的责任。财政部门批复、备案前的资产损失和资金挂账，单位不得自行进行账务处理。待财政部门批复、备案后，进行账务处理。

考点10　预算绩效管理★★★

【考点讲解】

预算绩效管理是政府绩效管理的重要组成部分，是注重支出结果、讲求支出绩效的预算管理新要求。

2018年9月，中共中央、国务院下发了《关于全面实施预算绩效管理的意见》，明确指出，全面实施预算绩效管理是推进国家治理体系和治理能力现代化的内在要求，是深化财税体制改革、建立现代财政制度的重要内容，是优化财政资源配置、提升公共服务质量的关键举措，并在构建全方位预算绩效管理格局、建立全过程预算绩效管理链条、完善全覆盖预算绩效管理体系、健全预算绩效管理制度、硬化预算绩效管理约束等方面提出了具体要求，这表明预算绩效管理已从部门推动上升到国家层面。

(一)预算绩效管理的原则和组织实施

1. 预算绩效管理的原则

预算绩效管理的原则共4个，分别为：①目标管理原则；②绩效导向原则；③责任追究原则；④信息公开原则。

2. 预算绩效管理的组织实施

预算绩效管理的组织实施应按照“统一领导，分级管理”的基本原则进行。各级财政部门负责预算绩效管理工作的统一领导，组织对重点支出进行绩效评价和再评价；预算单位负责具体实施本单位的预算绩效管理工作。

(二)中央部门预算绩效管理的主要内容

中央部门预算绩效管理是指财政部和中央部门及其所属单位以绩效目标为对象，以绩效目标的设定、审核、批复以及绩效监控、绩效自评和绩效评价等为主要内容所开展的预算管理活动。财政部和中央部门及其所属单位是中央部门预算绩效管理的**主体**。中央部门预算绩效管理的**对象**是纳入中央部门预算管理的全部资金。

1. 绩效目标及其分类

绩效目标是指财政预算资金计划在一定期限内达到的**产出和效果**，绩效目标的分类如表 9-14 所示。

表 9-14 绩效目标的分类

分类标准	类 别	内 容
预算支出的范围和内容	基本支出绩效目标	中央部门预算中安排的基本支出在一定期限内对本部门(单位)正常运转的预期保障程度。一般不单独设定，而是纳入部门(单位)整体支出绩效目标统筹考虑
	项目支出绩效目标	中央部门依据部门职责和事业发展要求，设立并通过预算安排的项目支出在一定期限内预期达到的产出和效果
	部门(单位)整体支出绩效目标	中央部门及其所属单位按照确定的职责，利用全部部门预算资金在一定期限内预期达到的总体产出和效果
时效性	中长期绩效目标	中央部门预算资金在跨度多年的计划期内预期达到的产出和效果
	年度绩效目标	中央部门预算资金在一个预算年度内预期达到的产出和效果

2. 绩效目标与绩效指标的设定

(1)绩效目标设定概述。

绩效目标设定是指中央部门或其所属单位按照部门预算管理和绩效目标管理的要求，编制绩效目标并向财政部或中央部门报送绩效目标的过程。未按要求设定绩效目标的项目支出，**不得**纳入项目库管理，也**不得**申请部门预算资金。按照“谁申请资金，谁设定目标”的原则，绩效目标由中央部门及其所属单位设定。设定的绩效目标应当符合以下要求：

a. **指向明确。**绩效目标要符合国民经济和社会发展规划、部门职能及事业发展规划等要求，并与相应的预算支出内容、范围、方向、效果等紧密相关。

b. **细化量化。**绩效目标应当从数量、质量、成本、时效以及经济效益、社会效益、生态效益、可持续影响、满意度等方面进行细化，尽量进行定量表述。不能以量化形式表述的，可采用定性表述，但应具有可衡量性。

c. **合理可行。**设定绩效目标时要经过调查研究和科学论证，符合客观实际，能够在一定期限内如期实现。

d. **相应匹配。**绩效目标要与计划期内的任务数或计划数相对应，与预算确定的投资额或资金量相匹配。

(2)绩效目标设定的程序。

a. 基层单位设定绩效目标。申请预算资金的基层单位按照要求设定绩效目标，随同本单位预算提交上级单位；根据上级单位审核意见，对绩效目标进行修改完善，按程序逐级上报。

b. 中央部门设定绩效目标。中央部门按要求设定本级支出绩效目标，审核、汇总所属单位绩效目标，提交财政部；根据财政部审核意见对绩效目标进行修改完善，按程序提交财政部。

(3)绩效指标设定。

绩效指标是绩效目标的细化和量化描述，主要包括产出指标、效益指标和满意度指标等。

(4)绩效标准。

绩效标准是设定绩效指标时所依据或参考的标准，一般包括历史标准、行业标准、计划标准及财政部认可的其他标准。

(5)绩效目标的审核。

绩效目标审核是指财政部或中央部门对相关部门或单位报送的绩效目标进行审查核实，并将审核意见反馈相关单位，指导其修改完善绩效目标的过程。

绩效目标审核的主要内容包括完整性审核、相关性审核、适当性审核及可行性审核。

3. 绩效目标的批复与调整

按照“谁批复预算，谁批复目标”的原则，财政部和中央部门在批复年初部门预算或调整预算时，一并批复绩效目标。绩效目标确定后，一般不予调整。预算执行中因特殊原因确需调整的，应按照绩效目标管理要求和预算调整流程报批。

4. 绩效监控

绩效监控是指在预算执行过程中，财政部、中央部门及其所属单位依照职责，对预算执行情况和绩效目标实现程度开展的监督、控制和管理活动。

5. 绩效自评和绩效评价

(1)绩效自评。预算执行结束后，资金使用单位应对照确定的绩效目标开展绩效自评，形成相应的自评结果，作为部门(单位)预、决算的组成内容和以后年度预算申请、安排的重要基础。

(2)绩效评价。财政部或中央部门要有针对地选择部分重点项目或部门(单位)，在资金使用单位绩效自评的基础上，开展项目支出或部门(单位)整体支出绩效评价，并对部分重大专项资金或财政政策开展中期绩效评价试点，形成相应的评价结果。

【提示】全面实施预算绩效管理的思路：构建全方位预算绩效管理体系、绩效管理深度融入预算管理全过程、绩效管理覆盖各级政府和所有财政资金、加强预算绩效管理制度建设、硬化预算绩效责任约束。

【热题解析】

（选答题部分）甲单位为一家中央级事业单位，乙单位和丙单位为甲单位的下属事业单位。甲、乙、丙均自2019年1月1日起执行政府会计准则制度，按平均年限法计提固定资产折旧，且有企业所得税缴纳义务。2020年8月，甲单位总会计师李某召集由本单位有关部门负责人参加的工作会议，就近期甲单位预算管理、预算绩效管理、政府采购、内部控制、会计核算等相关工作进行沟通和讨论。与会人员的发言要点如下：

财务部门负责人：近年来，国家颁布了一系列关于全面实施预算绩效管理的文件。2020年7月，本单位被上级部门确定为整体支出绩效评价试点单位。为推动试点工作有序开展，甲单位目前需要制定整体支出绩效评价试点工作实施方案。为此，建议：①重点加强财政资金预算绩效管理工作，对已纳入部门预算的非财政资金，不纳入整体支出绩效评价范围。②提高部门预算执行进度，将本年度无法实施的项目预算，统筹调整用于新增项目并按规定履行报批手续。③未按要求设定绩效目标的新增项目支出，先纳入项目库管理。④构建全过程预算绩效管理闭环系统，加快推进预算绩效管理信息化建设，促进本单位业务、财务、资产等信息互联互通。

……

要求：

分别判断财务部门负责人的建议①～④是否存在不当之处；对存在不当之处的，分别说明理由。

【参考答案】

建议①存在不当之处。

理由：中央部门预算绩效目标管理的对象是纳入中央部门预算管理的全部资金。

建议②存在不当之处。

理由：项目应当按照批复的预算实施，专款专用。

建议③存在不当之处。

理由：未按要求设定绩效目标的项目支出，不得纳入项目库管理。

建议④不存在不当之处。

【解析】 本题考核“预算绩效管理”“预算执行及调整”的知识点。财政部和中央部门及其所属单位是绩效目标管理的主体，绩效目标管理的对象是纳入中央部门预算管理的全部资金。绩效目标设定是指中央部门或其所属单位按照部门预算管理和绩效目标管理的要求，编制绩效目标并向财政部或中央部门报送绩效目标的过程。未按要求设定绩效目标的项目支出，不得纳入项目库管理，也不得申请部门预算资金。预算执行过程中，如发生项目变更、终止的，必须按照规定的程序报经财政部批准，并进行预算调整。

（选答题部分）甲单位为一家中央级事业单位，自2019年1月1日起执行政府会计准则制度，2019年7月25日，甲单位总会计师组织召开由财务处、采购中心、资产管理处等部门负责人参加的工作会议，与会人员就近期工作进行了交流。有关资料如下：

关于预算管理。甲单位2019年经批复的财政项目均设定了项目绩效目标，其中"食品安全政策研究"项目的绩效目标主要是编写完成《食品安全政策研究报告》。该项目预算60万元（含数据采集费25万元、差旅费20万元、劳务费15万元），实施周期1年（2019年1月1日至12月31日）。截至本次会议召开之日，项目实施进展缓慢且预算仅支出劳务费5万元。为加快项目执行，项目负责人提出将项目剩余资金55万元全部用于购置食品安全数据分析监测设备。为此，财务处建议：

（1）项目预算执行中应对绩效目标实现程度和预算资金支付状况实行监控，发现问题及时纠正，力保绩效目标如期实现；

（2）同意将项目剩余资金55万元用于购置食品安全数据分析监测设备，会后立即开始采购。

假定不考虑其他因素。

要求：根据国家部门预算管理、预算绩效管理、政府采购、国有资产管理、内部控制、政府会计准则制度等有关规定，回答下列问题：

分别判断财务处的建议（1）和（2）是否存在不当之处；对存在不当之处的，分别说明理由。

【参考答案】

建议（1）不存在不当之处。

建议（2）存在不当之处。

理由：项目应当按照批复的预算实施，执行中不得自行调整。

或：项目应当按照批复的预算实施，专款专用。

【解析】本题考核"绩效监控""中央部门项目支出预算执行及调整"的知识点。预算执行中，中央部门及所属单位应对资金运行状况和绩效目标预期实现程度开展绩效监控，及时发现并纠正绩效运行中存在的问题，力保绩效目标如期实现。项目支出预算一经批复，中央部门应当按照批复的项目支出预算组织项目的实施，并责成项目单位严格执行项目计划和项目支出预算。中央部门和项目单位不得自行调整。预算执行过程中，如发生项目变更、终止的，必须按照规定的程序报经财政部批准，并进行预算调整。

（必答题部分）甲单位为一家中央级事业单位，已实行国库集中收付制度。2018年7月5日，甲单位分管财务工作的领导主持召开了由财务处、资产管理处相关人员参加的工作会议，听取近期工作汇报。部分事项如下：

甲单位2018年年初制定并实施的项目经费预算绩效管理办法规定，在预算编制环节，各二级预算单位申请项目经费必须如实编报支出绩效目标，且绩效目标设置应指向明确、细化量化、合理可行、相应匹配。为做好2019年“一上”预算编报工作，财务处张某建议，在编报2019年项目经费预算时，应加强对拟入库项目的绩效目标审核，审核符合要求后，方可进入项目库。

假定不考虑其他因素。

要求：

根据国家部门预算管理的相关规定，分析判断上述事项中财务处张某的建议是否正确；如不正确，说明理由。

【参考答案】

上述事项中财务处张某的建议正确。

【解析】本题考核“绩效目标的审核”的知识点。绩效目标审核是部门预算审核的有机组成部分。绩效目标不符合要求的，财政部或中央部门应要求报送单位及时修改、完善。审核符合要求后，方可进入项目库，并进入下一步预算编审流程。

考点11 内部控制★★★

【考点讲解】

（一）行政事业单位内部控制概述

1. 行政事业单位内部控制的内涵与对象范围

行政事业单位内部控制的内涵与对象范围，见表9-15。

表9-15 行政事业单位内部控制的内涵与对象范围

项目	内容	
内部控制的内涵	静态上	内部控制是单位为了防范和管控经济活动风险而建立的内部管理系统，该系统由内部控制环境、风险评估、控制活动、信息与沟通和内部监督等要素组成，具体体现为各项内部管理制度以及落实制度所需的控制程序和措施
	动态上	内部控制是单位通过制定制度、实施措施和执行程序，为实现控制目标而应对风险的自我约束和规范的过程
内部控制的客体	单位经济活动的风险	

2. 行政事业单位内部控制目标

总体上讲，内部控制目标和单位的总体目标相一致。行政事业单位内部控制目标包括五个方面：

（1）合理保证单位经济活动合法合规。

(2)合理保证单位资产安全和使用有效。

(3)合理保证单位财务信息真实完整。

(4)有效防范舞弊和预防腐败。

(5)提高公共服务的效率和效果。

3. 行政事业单位内部控制原则

内部控制原则是单位在建立和实施内部控制过程中所必须遵循的基本要求，如表9-16所示。

表9-16 行政事业单位内部控制原则

原则	内容
全面性原则	内部控制应当贯穿单位经济活动决策、执行和监督的全过程，覆盖经济活动所涉及的各种业务和事项，实现对经济活动的全面、全过程控制
重要性原则	在全面控制的基础上，内部控制应当关注单位重要经济活动和经济活动的重大风险，并采取更为严格的控制措施，确保不存在重大缺陷
制衡性原则	内部控制应当在单位内部的部门管理、职责分工、业务流程等方面形成相互制约和相互监督
适应性原则	内部控制应当符合国家有关规定和单位的实际情况，并随着外部环境的变化、单位经济活动的调整和管理要求的提高，不断修订和完善

4. 行政事业单位内部控制建设的组织与实施

(1)行政事业单位内部控制建设的组织。

单位负责人应当对本单位内部控制的建立健全和有效实施负责。

单位应当设置内控部门或者内部控制牵头部门。**牵头部门**一般应由各单位主管财务工作的部门担当。

【应试技巧】应多关注单位负责人、内控部门、财会部门在内部控制中的职责。

(2)行政事业单位内部控制建设的实施，见表9-17。

表9-17 行政事业单位内部控制建设的实施

步骤	具体要求
梳理单位的业务流程	根据单位“三定”规定，通过组织相关人员包括邀请外部专家对单位的预算业务、收支业务、政府采购业务、资产管理、建设项目管理、合同管理等各项业务进行调研和访谈，对各项业务特点进行归纳和总结，明确各项业务的目标、范围和内容
明确业务环节	按照业务实现的时间顺序和逻辑顺序，将各个业务中的决策机制、执行机制和监督机制融入业务流程中的每个业务环节，细化业务流程中各个环节的部门和岗位设置，明确其职责范围和分工
系统分析经济活动风险	在明确了单位的各个业务范围和业务的各个环节后，进一步对单位经济活动中面临的各种风险进行分析。风险分析需要从各个业务所面临的内外部环境入手，讨论环境对单位内部控制的负面作用，运用多种手段进行风险的定性和定量评估

续表

步骤	具体要求
确定风险点	将业务整体风险按照各个不同业务单元划分为具体的风险点。确定风险点要依据业务流程梳理，对机构设置和岗位设置进行具体分析，从业务环节角度评估特定风险，找出可能造成单位经济利益流出的风险点
选择风险应对策略	对已经识别的风险进行定性分析、定量分析和进行风险排序，制订相应的应对措施和整体策略。行政事业单位的风险主要是业务中的低效、浪费和舞弊，要将这些风险控制在可承受范围内
建立健全单位各项内部管理制度	在前面5个步骤的基础上，对风险识别结果进行反复验证，对风险评估结果进行反复测算，按照不同的风险应对策略，制定单位有针对性的各项内部控制管理制度
督促相关工作人员认真执行	单位应当明确各个部门、各个岗位和相关工作人员的分工和责任，设立相关部门和岗位对相关工作人员执行内部控制管理制度的结果进行监督和奖惩，形成完善的内控执行机制

（二）行政事业单位风险评估和控制方法

1. 风险评估工作机制

风险评估工作机制，见图9-2。

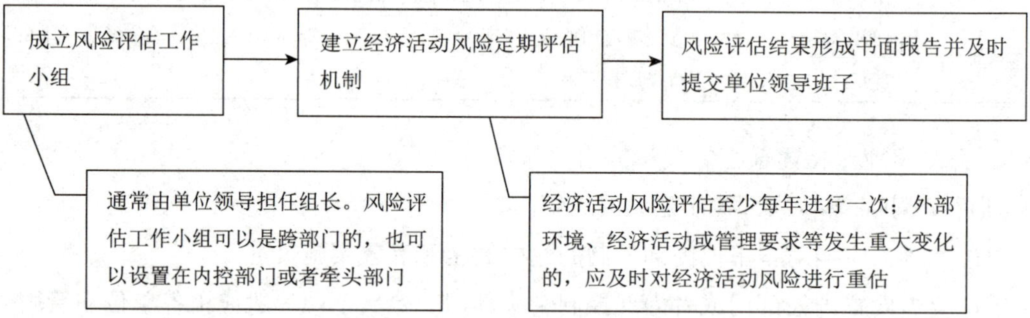

图9-2 风险评估工作机制

2. 风险评估程序

风险评估可分为目标设定、风险识别、风险分析和风险应对四个步骤，具体如表9-18所示。

表9-18 风险评估程序的步骤

步骤	具体要求
目标设定	每个控制对象的控制目标总体上是与内部控制的整体目标一致的，但是每个控制对象的控制目标又各有其侧重点
风险识别	单位层面的风险评估，应重点关注以下方面：①内部控制工作的组织情况；②内部控制机制的建设情况；③内部管理制度的完善情况；④内部控制关键岗位工作人员的管理情况；⑤财务信息的编报情况；⑥其他情况
	业务层面的风险评估，应重点关注以下方面：①预算管理情况；②收支管理情况；③政府采购管理情况；④资产管理情况；⑤建设项目管理情况；⑥合同管理情况；⑦其他情况

续表

步骤	具 体 要 求
风险分析	在风险识别的基础之上，运用定量和定性方法进一步分析风险发生的可能性和对单位目标实现的影响程度，并对风险的状况进行综合评价，以便为制定风险应对策略、选择应对措施提供依据
风险应对	风险应对的策略一般有风险规避、风险降低、风险分担和风险承受四种

3. 风险控制方法

在风险评估之后，单位应当采取相应的控制方法将风险控制在可承受程度之内。单位内部控制的控制方法一般包括：

(1) 不相容岗位相互分离。合理设置内部控制关键岗位，明确划分职责权限，实施相应的分离措施，形成相互制约、相互监督的工作机制。

(2) 内部授权审批控制。明确各岗位办理业务和事项的权限范围、审批程序和相关责任，建立重大事项集体决策和会签制度。相关工作人员应当在授权范围内行使职权、办理业务。

(3) 归口管理。根据本单位实际情况，按照权责对等的原则，采取成立联合工作小组并确定牵头部门或牵头人员等方式，对有关经济活动实行统一管理。

(4) 预算控制。强化对经济活动的预算约束，使预算管理贯穿于单位经济活动的全过程。

(5) 财产保护控制。建立资产日常管理制度和定期清查机制，采取资产记录、实物保管、定期盘点、账实核对等措施，确保资产安全完整。

(6) 会计控制。建立健全本单位财会管理制度，加强会计机构建设，提高会计人员业务水平，强化会计人员岗位责任制，规范会计基础工作，加强会计档案管理，明确会计凭证、会计账簿和财务会计报告处理程序。

(7) 单据控制。要求单位根据国家有关规定和单位的经济活动业务流程，在内部管理制度中明确界定各项经济活动所涉及的表单和票据，要求相关工作人员按照规定填制、审核、归档、保管单据。

(8) 信息内部公开。建立健全经济活动相关信息内部公开制度，根据国家有关规定和单位的实际情况，确定信息内部公开的内容、范围、方式和程序。

(三) 行政事业单位单位层面内部控制

单位层面的内部控制为业务层面内部控制提供环境基础。

单位层面内部控制涉及决策议事机制、岗位责任制、人力资源政策、单位文化、财务体系和信息技术运用等方面，具体内容如表 9-19 所示。

表 9-19 行政事业单位单位层面内部控制

<table>
<tr><th colspan="2">单位层面内部控制</th><th>说　明</th></tr>
<tr><td colspan="2">建立内部控制的组织架构</td><td>单位应当单独设置内部控制职能部门或者确定内部控制牵头部门，负责组织协调内部控制工作。同时应当发挥两个作用：①建立起财会、政府采购、基建、资产管理、合同管理等部门或者岗位之间的沟通协调机制，积极发挥相关部门或岗位在内部控制中的作用；②充分发挥单位内部审计、纪检部门在内部控制中的作用</td></tr>
<tr><td rowspan="3">建立内部控制的工作机制</td><td>建立单位经济活动的决策、执行和监督相互分离的机制</td><td>行政事业单位在根据决策、执行和监督相互分离的原理进行组织架构和岗位设置时，应当符合单位的实际情况。既要服从本单位“三定”规定的要求，在现有编制内按照内控的要求设计工作机制，又可以从经济活动的特点出发，建立联合工作机制</td></tr>
<tr><td>建立健全议事决策机制</td><td>单位建立议事决策机制应当符合以下要求：①建立健全议事决策制度；②集体研究与专家论证、技术咨询相结合；③做好决策纪要的记录、流转和保存工作；④加强对决策执行的追踪问效</td></tr>
<tr><td>建立健全内部控制关键岗位责任制</td><td>关键岗位责任制：内部控制关键岗位主要包括预算业务管理、收支业务管理、政府采购业务管理、资产管理、建设项目管理、合同管理以及内部监督等经济活动的关键岗位。
不相容岗位相互分离、相互制约和相互监督：单位经济活动的决策、执行、监督的相互分离相互制约，即申请与审核审批、审核审批与具体业务执行、业务执行与信息记录、业务审批、执行与内部监督的岗位分离</td></tr>
<tr><td colspan="2">对内部控制关键岗位工作人员的要求</td><td>对内部控制关键岗位工作人员的要求应当做到以下两点：①应当把好人员入口关，确保相关人员具备与其工作岗位相适应的资格和能力；②切实加强员工业务培训和职业道德教育，不断提升员工的素质</td></tr>
<tr><td colspan="2">编报财务信息的要求</td><td>单位在财会管理上通常应符合以下几方面的要求：①严格按照法律规定进行会计机构设置和人员配备；②落实岗位责任制，确保不相容岗位相互分离；③加强会计基础工作管理，完善财务管理制度；④按法定要求编制和提供财务信息；⑤建立财会部门与其他业务部门的沟通协调机制</td></tr>
<tr><td colspan="2">运用现代科技手段加强内部控制</td><td>单位应当积极推进信息化建设，对信息系统建设实施归口管理，在日常办公、财务管理、资产管理等领域，尽快实施信息化</td></tr>
</table>

（四）行政事业单位业务层面内部控制

行政事业单位业务层面内部控制主要包括预算业务控制、收支业务控制、政府采购业务控制、资产控制、建设项目控制和合同控制，这些业务涵盖了行政事业单位主要的经济活动内容。

1. 预算业务控制

（1）预算编制环节的关键控制措施。

单位的预算编制应当做到程序规范、方法科学、编制及时、内容完整、项目细化、数据准确，具体内容如表 9-20 所示。

表 9-20　预算编制环节的关键控制措施

关键控制措施	具 体 操 作
落实单位内部各部门的预算编制责任	在预算业务内部管理制度中明确规定各业务部门在预算编制中的职责并加以落实
采取有效措施确保预算编制的合规性	单位财会部门应当正确把握预算编制有关政策，做好基础数据的准备和相关人员的培训，统一部署预算编报工作，确保预算编制相关人员及时全面掌握相关规定
建立单位内部部门之间沟通协调机制	单位应当建立内部预算编制、预算执行、资产管理、基建管理、人事管理等部门或岗位的沟通协调机制，按照规定进行项目评审，确保预算编制部门及时取得和有效运用与预算编制相关的信息，提高预算编制的科学性
完善编制方法，细化预算编制	单位各部门(及下属单位)编制预算应在对当年预算执行情况进行评价的基础上，根据各部门(本单位)制订的下一预算年度工作计划，对各项收支的规模和结构进行预计和测算，工作计划应尽可能具体，以便细化预算编制；财会部门审核汇总各部门(及下属单位)预算时，应核对该部门当年预算执行情况以及项目细化程度是否符合有关预算管理政策
强化相关部门的审核责任	单位内部各业务部门提交的预算建议数及基础申报数据应当经过归口管理部门和财会部门的审核。归口管理部门主要对归口管理范围内的业务事项进行合理性审核，即根据业务部门的工作计划对其具体工作安排和资金额度的合理性进行审核。财会部门主要对预算建议数进行合规性审核，即审核业务部门对预算建议数的测算是否符合规定的标准，预算安排是否符合国家的政策要求等
重大预算项目采取立项评审方式	对于建设工程、大型修缮、信息化项目和大宗物资采购等重大事项，可以在预算编制环节采取立项评审的方式，对预算事项的目的、效果和金额等方面进行综合立项评审。除遵照财政等有关部门规定由指定专业机构评审以外，单位还可以成立评审小组自行组织评审，也可以委托外聘专家或中介机构等进行外部评审

(2)预算批复环节的关键控制措施，见表 9-21。

表 9-21　预算批复环节的关键控制措施

关键控制措施	具 体 操 作
明确预算批复的责任	明确财会部门负责对单位内部的预算批复工作进行统一管理；设置预算管理岗负责单位内部预算批复工作，对按法定程序批复的预算在单位内部进行指标分解和细化，对内部预算指标的名称、额度、开支范围和执行方式进行逐一界定；设立预算领导小组(或者通过单位领导班子会议)对预算指标的内部分配实施统一决策
合理进行内部预算指标分解	财会部门收到财政部门(或上级部门)的年度预算批复后，应当在本单位年度预算总额控制范围内，及时细化分解本年度内部预算指标。内部指标分解应按照各部门(及各下属单位)业务工作计划对预算资金进行分配，对各项业务工作计划的预算金额、标准和具体支出方向进行限定

续表

关键控制措施	具体操作
合理采用内部预算批复方法	内部预算指标的批复，可以采取的方式有总额控制、逐项批复、分期批复、上级单位统筹管理、归口部门统一管理等。进行预算批复时，应结合实际预留机动财力。对于在预算批复时尚无法确定事项具体内容的业务，可先批复该类事项的总额，在预算执行过程中履行执行申请与审批管理。由上级单位统筹管理的预算，可一次性或分次分批下达预算指标，以保留适当的灵活性，避免频繁的预算调整
严格控制内部预算追加调整	单位应当明确预算追加调整的相关制度和审批程序。无合理理由的追加调整，应予拒绝

(3)预算执行环节的关键控制措施。

单位应当根据批复的预算安排各项收支，确保预算严格有效执行，具体内容如表9-22所示。

表 9-22 预算执行环节的关键控制措施

关键控制措施	具体操作
预算执行申请控制	预算执行一般包括三种方式：直接执行、政府采购执行、依申请执行，其中除了政府采购外，支出金额较大、非经常性发生的业务应当先进行预算执行申请
预算执行审核和审批控制	预算执行申请提出后，应当由归口管理部门和财会部门进行审核，并按规定的权限进行审批。审批通过后，业务部门才能办理业务事项以及后续的报销等事宜
资金支付控制	在资金支付环节，业务部门借款申请或报销申请按规定的审批权限和程序审批完成后，由审核岗进行凭证、票据等方面审核后，由出纳岗依据支付审核阶段已明确的借款申请或报销申请的资金来源和账户类型，办理具体的资金支付业务
预算执行分析控制	单位应当建立预算执行分析机制，定期通报各部门预算执行情况。单位可以通过定期召开预算执行分析会议的形式，开展预算执行分析。预算执行分析会由财会部门通报上期的预算执行情况，传达近期国家及上级有关部门出台的财务制度及规定；各部门逐一介绍所负责预算的执行进度、下一步工作计划等情况，预算执行分析会应研究解决预算执行中存在的问题，提出改进措施，提高预算执行的有效性

(4)决算与评价环节的关键控制措施，见表9-23。

表 9-23 决算与评价环节的关键控制措施

关键控制措施	具体操作
决算控制	单位应当加强决算管理，确保决算真实、完整、准确、及时，加强决算分析工作，强化决算分析结果运用，建立健全单位预算与决算相互反映、相互促进的机制

续表

关键控制措施	具体操作
绩效评价控制	单位应当加强预算绩效管理，建立“预算编制有目标、预算执行有监控、预算完成有评价、评价结果有反馈、反馈结果有应用”的全过程预算绩效管理机制

2. 收支业务控制

单位应当加强收支业务管理，建立健全收支业务内部管理制度，合理设置岗位，明确相关岗位的职责权限，确保收款和会计核算、支出申请和内部审批、付款审批和付款执行、业务经办和会计核算等不相容岗位相互分离。

(1)收入业务的关键控制环节及控制措施，见表9-24。

表9-24　收入业务的关键控制环节及控制措施

关键控制环节	控制措施
对收入业务实施归口管理	明确由财会部门归口管理各项收入并进行会计核算，严禁设立账外账。财会部门应定期清理掌握本单位各部门的收费项目，做好收费许可证的年检，确保各项收费项目符合国家有关规定。业务部门应当在涉及收入的合同协议签订后及时将合同等有关材料提交财会部门作为账务处理依据，确保各项收入应收尽收，及时入账。财会部门应当定期检查收入金额是否与合同约定相符；对应收未收项目应当查明情况，明确责任主体，落实催收责任
严格执行“收支两条线”管理规定	有政府非税收入收缴职能的单位，应当按照规定项目和标准征收政府非税收入，按照规定开具财政票据，做到收缴分离、票款一致，并及时、足额上缴国库或财政专户，不得以任何形式截留、挪用或者私分
建立收入分析和对账制度	财会部门应当根据收入预算、所掌握的合同情况，对收入征收情况的合理性进行分析，判断有无异常情况；应定期与负有征收义务的部门进行对账，及时检查并作出必要的处理
建立健全票据和印章管理制度	财政票据、发票等各类票据的申领、启用、核销、销毁均应履行规定手续。单位应当按照规定设置票据专管员，建立票据台账，做好票据的保管和序时登记工作。票据应当按照顺序号使用，不得拆本使用，做好废旧票据管理。负责保管票据的人员要配置单独的保险柜等保管设备，并做到人走柜锁。单位不得违反规定转让、出借、代开、买卖财政票据、发票等票据，不得擅自扩大票据适用范围

(2)支出业务的关键控制环节及控制措施，见表9-25。

表9-25　支出业务的关键控制环节及控制措施

关键控制环节	控制措施
明确各支出事项的开支范围和开支标准	明确支出事项的开支范围，就是对该支出事项及其事项明细进行界定。支出事项的开支标准包括外部标准和内部标准
加强支出事前申请控制	单位在发生相关支出前应当履行支出事前申请程序，经审核通过后再开展相关业务

续表

关键控制环节	控 制 措 施
加强支出审批控制	审批控制要求各项支出都应经过规定的审批才能向财会部门申请资金支付或者办理报销手续。单位应当明确支出的内部审批权限、程序、责任和相关控制措施。审批人应当在授权范围内审批，不得越权审批
加强支出审核控制	财会部门在办理资金支付前应当全面审核各类单据，重点审核单据来源是否合法，内容是否真实、完整，使用是否准确，是否符合预算，审批手续是否齐全。支出凭证应当附反映支出明细内容的原始单据，并由经办人员签字或盖章。通常对原始单据也应作出明确要求。超出规定标准的支出事项应由经办人员说明原因并附审批依据，确保与经济业务事项相符
加强资金支付和会计核算控制	财会部门应当按照规定办理资金支付业务，签发的支付凭证应当进行登记。使用公务卡结算的，应当按照公务卡使用和管理有关规定办理业务。财会部门应当根据支出凭证及时准确登记账簿，涉及合同或者内部签报的，财会部门应当要求业务部门提供与支出业务相关的合同或内部签报作为账务处理的依据
加强支出业务分析控制	单位应定期编制支出业务预算执行情况分析报告，为单位领导管理决策提供信息支持。对于支出业务中发现的异常情况，应及时采取有效措施

（3）债务业务的关键控制环节及控制措施，见图 9-3。

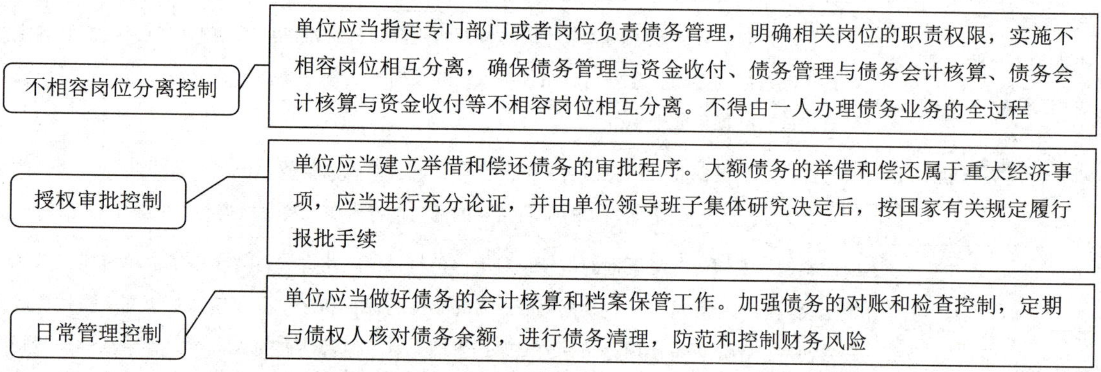

图 9-3　债务业务的关键控制环节及控制措施

3. 政府采购业务控制

单位应当加强政府采购管理，建立健全政府采购预算与计划管理、政府采购活动管理、验收管理等政府采购内部管理制度，明确相关岗位的职责权限，确保政府采购需求制定与内部审批、招标文件准备与复核、合同签订与验收、验收与保管等不相容岗位相互分离。

政府采购业务的关键控制环节及控制措施，如表 9-26 所示。

表 9-26　政府采购业务的关键控制环节及控制措施

关键控制环节	控　制　措　施
合理设置政府采购业务管理机构和岗位	单位一般情况下应当设置政府采购业务决策机构（如成立政府采购领导小组）、政府采购业务实施机构（包括政府采购归口部门、财会部门以及相关业务部门等），并在政府采购业务岗位设置上确保不相容岗位相互分离
采购预算与计划管理	按照“先预算、后计划、再采购”的工作原则，根据本单位的实际需求和相关标准编制政府采购预算，按照已批复的预算安排政府采购计划，实现预算控制计划、计划控制采购、采购控制支付
采购活动管理	对政府采购活动实施归口管理，在政府采购活动中建立政府采购、资产管理、财务、内部审计、纪检监察等部门或岗位相互协调、相互制约的机制。单位应当加强对政府采购申请的内部审核，按照规定选择政府采购方式、发布政府采购信息。对政府采购进口产品、变更政府采购方式等事项应当加强内部审核，严格履行审批手续
采购项目验收管理	根据规定的验收制度和政府采购文件，由指定部门或专人对所购物品的品种、规格、数量、质量和其他相关内容进行验收，并出具验收证明
质疑投诉答复管理	指定牵头部门负责、相关部门参加，按照国家有关规定做好政府采购业务质疑投诉答复工作
采购业务记录控制	妥善保管政府采购预算与计划、各类批复文件、招标文件、投标文件、评标文件、合同文本、验收证明等政府采购业务相关资料
涉密采购项目管理	规范涉密项目的认定标准和程序。对于涉密政府采购项目，单位应当与相关供应商或采购中介机构签订保密协议或者在合同中设定保密条款

4. 资产控制

（1）货币资金控制。

货币资金业务的关键控制环节及控制措施：

a. 不相容岗位分离控制。单位应当建立健全货币资金管理岗位责任制，合理设置岗位，不得由一人办理货币资金业务的全过程，确保不相容岗位相互分离。关键控制措施包括如下几个方面：

一是加强出纳人员管理。出纳不得兼管稽核、会计档案保管和收入、支出、债权、债务账目的登记工作。

二是加强印章管理。严禁一人保管收付款项所需的全部印章。财务专用章应当由专人保管，个人名章应当由本人或其授权人员保管。负责保管印章的人员要配置单独的保管设备，并做到人走柜锁。

三是加强签章管理。按照规定应当由有关负责人签字或盖章的，应当严格履行签字或盖章手续。

b. 授权审批控制。单位应当建立货币资金授权制度和审核批准制度，明确审批人对货币资金的授权批准方式、权限、程序、责任和相关控制措施，规定经办人办理货币资金业务的职责范围和工作要求。审批人应当根据货币资金授权批准制度的规定，在授权范围内进行审批，不得超越权限审批。大额资金支付审批应当实行集体决策。对于审批人超越授权范围审批的货币资金业务，经办人有权拒绝办理。

c. 银行账户控制。单位应当加强对银行账户的管理，严格按照规定的审批权限和程序开立、变更和撤销银行账户。禁止出租、出借银行账户。

d. 货币资金核查控制。单位应当指定不办理货币资金业务的会计人员定期和不定期抽查盘点库存现金，核对银行存款余额，抽查银行对账单、银行日记账及银行存款余额调节表，核对是否账实相符、账账相符。

(2)实物资产和无形资产控制。

单位应当加强对实物资产和无形资产的管理，明确相关部门和岗位的职责权限，强化对配置、使用和处置等关键环节的管控。

实物资产和无形资产关键控制环节及控制措施如下：

a. 明确各种资产的归口管理部门，如固定资产由资产管理部门负责，办公用品由办公室负责，工程物资由基建部门负责等。

b. 明确资产使用和保管责任人，落实资产使用人在资产管理中的责任。对于固定资产，应当建立卡片账(实行信息化管理的按信息系统要求处理)，在卡片账上明确资产的使用人、存放地、购买日期、使用寿命、资产价值等内容；对固定资产应当贴上标签，标签的内容与卡片账类似。贵重资产、危险资产、有保密等特殊要求的资产，应当指定专人保管、专人使用，并规定严格的接触限制条件和审批程序。

c. 按照国有资产管理相关规定，明确资产的调剂、租借、对外投资、处置的程序、审批权限和责任。行政事业单位应当执行国家和地方关于办公用房、办公家具、公务用车等资产的配备标准，严禁超标配置资产。

d. 建立资产台账，加强资产的实物管理。单位应当定期清查盘点资产，确保账实相符。财会、资产管理、资产使用等部门或岗位应当定期对账，发现不符的，应当及时查明原因，并按照相关规定处理。

e. 建立资产信息管理系统，做好资产的统计、报告、分析工作，实现对资产的动态管理。

(3)对外投资控制。

单位应当根据国家有关规定加强对对外投资的管理，建立健全对外投资内部管理制度，合理设置岗位，明确相关岗位的职责权限，确保对外投资的可行性研究与评估、对外投资决策与执行、对外投资处置的审批与执行等不相容岗位相互分离。

对外投资业务的关键控制环节及控制措施如下：

a. 投资立项控制。单位应当明确投资的管理部门，投资管理部门及其人员应当具备相关的经验和能力；审慎选择对外投资项目，保证对外投资项目符合国家产业政策、单位目标实现和社会需要；对项目可行性要进行严格周密论证，组织专家或者相关中介机构对拟立项的对外投资项目进行分析论证；财会部门要对投资项目所需资金、预期收益以及投资的安全性等进行测算和分析，确保投资有资金保障。

b. 投资决策控制。单位对外投资应当由**单位领导班子集体研究决定**后，按国家有关规定履行报批手续。对决策过程中的各种意见应当详细记录并妥善保存，以便明确决策责任。

c. 投资实施控制。投资立项通过以后，应当编制投资计划，严格按照计划确定的项目、进度、时间、金额和方式投出资产。提前或延迟投出资产、变更投资额、改变投资方式、中止投资等，应当经单位领导班子审批。

d. 追踪管理控制。对于股权投资，单位应当指定部门或岗位对投资项目进行跟踪管理，及时掌握被投资单位的财务状况和经营情况，对被投资单位的重要决策、重大经营事项、关键人事变动和收益分配，要及时向单位领导班子汇报。

e. 建立责任追究制度。对在对外投资中出现重大决策失误、未履行集体决策程序和不按规定执行对外投资业务的部门及人员，应当追究相应的责任。

5. 建设项目控制

单位应当加强建设项目管理，建立健全建设项目内部管理制度，合理设置岗位，明确内部相关部门和岗位的职责权限，确保项目建议和可行性研究与项目决策、概预算编制与审核、项目实施与价款支付、竣工决算与竣工审计等不相容岗位相互分离。

建设项目的关键控制环节及控制措施如下：

(1)立项、设计与概预算控制。

a. 单位应当建立与建设项目相关的议事决策机制，对项目建议和可行性研究报告的编制、项目决策程序等做出明确规定，确保项目决策科学、合理。建设项目应当经单位领导班子集体研究决定，严禁任何个人单独决策或者擅自改变集体决策意见。决策过程及各方面意见应当形成书面文件，与相关资料一同妥善归档保管。

b. 单位应当择优选取具有相应资质的设计单位，并签订合同，重大建设项目应采用招标方式选取设计单位。

c. 单位应当建立与建设项目相关的审核机制。项目建议书、可行性研究报告、设计方案、概预算等应当由单位内部的规划、技术、财会、法律等相关工作人员或者根据国家有关规定委托具有相应资质的中介机构进行审核，出具评审意见。

(2)招标控制。单位应当依据国家有关规定组织建设项目招标工作，并接受有关部门的监督。采取签订保密协议、限制接触等必要措施，确保标底编制、评标等工作在严格保密的情况下进行，保证招标活动的公平、公正和合法、合规。

(3)建设项目资金和工程价款支付控制。单位应当按照审批单位下达的投资计划和预算对建设项目资金实行专款专用，严禁截留、挪用和超批复内容使用资金。财会部门应当加强与建设项目承建单位的沟通，准确掌握建设进度，加强价款支付审核，按照规定办理价款结算。实行国库集中支付的建设项目，单位应当按照财政国库管理制度相关规定支付资金。

(4)工程变更控制。经批准的投资概算是工程投资的最高限额，未经批准，不得调整和突破。如需调整投资概算，应当按国家有关规定报经批准。

(5)项目记录控制。单位应当加强对建设项目档案的管理，做好相关文件、资料的收集、整理、归档和保管工作。

(6)竣工决算控制。建设项目竣工后，单位应当按照规定的时限及时办理竣工决算，组织竣工决算审计，并根据批复的竣工决算和有关规定办理建设项目档案和资产移交等工作。建设项目已实际投入使用但超时限未办理竣工决算的，单位应当根据对建设项目的实际投资暂估入账，转作相关资产管理。

6. 合同控制

单位应当加强合同管理，建立健全合同内部管理制度，合理设置岗位，明确合同授权审批制度，确保合同管理规范有序开展；确定合同归口管理部门，建立财务部门与合同归口管理部门的沟通协调机制，实现合同管理与预算管理、收支管理相结合。

合同管理关键控制环节及控制措施：

a. 合同订立控制。单位应当加强对合同订立的管理，明确合同订立的范围和条件。对于影响重大、涉及较高专业技术或法律关系复杂的合同，应当组织法律、技术、财会等工作人员参与谈判，必要时可聘请外部专家参与相关工作。谈判过程中的重要事项和参与谈判人员的主要意见，应当予以记录并妥善保管。单位应当妥善保管和使用合同专用章。严禁未经授权擅自以单位名义对外签订合同，严禁违规签订担保、投资和借贷合同。

b. 合同履行控制。单位应当对合同履行情况实施有效监控。合同履行过程中，因对方或单位自身原因导致可能无法按时履行的，应当及时采取应对措施。单位应当建立合同履行监督审查制度，对合同履行中签订补充合同，或变更、解除合同等应当按照国家有关规定进行审查。财会部门应当根据合同履行情况办理价款结算和进行账务处理。未按照合同条款履约的，财会部门应当在付款之前向单位有关负责人报告。

c. 合同登记控制。合同归口管理部门应当加强对合同登记的管理，定期对合同进行统计、分类和归档，详细登记合同的订立、履行和变更情况，实行对合同的全过程管理。与单位经济活动相关的合同应当同时提交财务部门作为账务处理的依据。单位应当加强合同信息安全保密工作，不得以任何形式泄露合同订立与履行过程中涉及的国家秘密、工作秘密或商业秘密。

d. 合同纠纷控制。单位应当加强对合同纠纷的管理。合同发生纠纷的，单位应当在规定时效内与对方协商谈判。合同纠纷协商一致的，双方应当签订书面协议；合同纠纷经协商无法解决的，经办人员应向单位有关负责人报告，并根据合同约定选择仲裁或诉讼方式解决。

（五）行政事业单位内部控制的评价与监督

内部控制的评价与监督是确保内部控制建设不断完善并有效实施的重要环节。行政事业单位内部控制评价与监督包括自我评价、内部监督和外部监督三个层次。

1. 内部控制的自我评价

单位负责人应当指定专门部门或专人负责对单位内部控制的有效性进行评价，并出具单位内部控制自我评价报告。

内部控制自我评价是对单位内部控制有效性发表意见，内部控制有效性包括内部控制设计的有效性和内部控制执行的有效性。

评价报告应当对单位内部控制的有效性发表意见，指出内部控制存在的缺陷，并提出整改建议。评价报告应当提交单位负责人，单位负责人应当对评价报告所列示的内部控制缺陷及其整改建议作出回应并监督落实。

（1）内部控制设计的有效性。

内部控制设计的有效性是指为实现控制目标所必需的内部控制程序都存在并且设计恰当，能够为控制目标的实现提供合理保证。评价行政事业单位内部控制设计的有效性，应当着重考虑以下 4 个方面：

a. 内部控制设计的合理性、合法性；

b. 内部控制设计的全面性；

c. 内部控制设计的重要性；

d. 内部控制设计的适应性。

（2）内部控制执行的有效性。

评价内部控制执行的有效性，应当着重考虑以下 4 个方面：

a. 相关控制在评价期内是如何运行的；

b. 相关控制是否得到了持续、一致的运行；

c. 相关内部控制机制、内部管理制度、岗位责任制、内部控制措施是否得到了有效执行；

d. 实施控制的人员是否具备必要的权限、资格和能力。

2. 内部控制的内部监督

行政事业单位内部控制的内部监督是单位对其自身内部控制的建立与实施情况进行监

督检查。单位应当建立健全内部监督制度，明确各相关部门或岗位在内部监督中的职责权限，规定内部监督的程序和要求，确保内部监督检查工作有效开展。内部控制的内部监督的具体内容如表 9-27 所示。

表 9-27 内部控制的内部监督

内部监督	说 明
内部监督的实施主体	为了保持相对独立，内部控制监督不能由具体组织实施和日常管理的工作部门承担。对于设立了独立内部审计部门或者专职内审岗位的单位，应当指定内审部门或者岗位作为内部监督的实施主体；对于没有内审部门或岗位，或者内审部门因人手不足，力量薄弱等原因无法有效履行内部控制监督检查职能的单位，可以成立内部监督联合工作小组履行相应的职能
内部监督的内容	负责内部监督的部门或岗位应当定期或不定期检查单位内部管理制度和机制的建立与执行情况，以及内部控制关键岗位及人员的设置情况等，及时发现内部控制存在的问题并提出改进建议
内部监督的要求	应当根据本单位实际情况确定内部监督检查的方法、范围和频率，通常不能少于一年一次

3. 内部控制的外部监督

内部控制的外部监督主要由财政部门和审计部门承担，同时应当充分发挥纪检、监察等部门的作用，构建严密的外部监督网络。

（六）行政事业单位内部控制报告

内部控制报告，是指行政事业单位在年度终了，依据《财政部关于全面推进行政事业单位内部控制建设的指导意见》《行政事业单位内部控制规范（试行）》《行政事业单位内部控制报告管理制度（试行）》的有关要求，结合本单位实际情况编制的，能够综合反映本单位内部控制建立与实施情况的总结性文件。**单位主要负责人**对本单位内部控制报告的真实性和完整性负责。

1. 内部控制报告编制原则

行政事业单位编制内部控制报告应当遵循下列原则：**全面性原则、重要性原则、客观性原则、规范性原则**。

2. 内部控制报告的编制与报送

（1）行政事业单位内部控制报告的编制与报送。年度终了，行政事业单位应当根据本单位当年内部控制建设工作的实际情况及取得的成效，以能够反映内部控制工作基本事实的相关材料为支撑，按照财政部发布的统一报告格式编制内部控制报告，经**本单位主要负责人**审批后对外报送。

（2）部门行政事业单位内部控制报告的编制与报送。各部门应当在所属行政事业单位上报的内部控制报告和部门本级内部控制报告的基础上，汇总形成本部门行政事业单位内部控制报告。

3. 内部控制报告的使用

行政事业单位应当加强对本单位内部控制报告的使用，通过对内部控制报告中反映的信息进行分析，及时发现内部控制建设工作中存在的问题，进一步健全制度，提高执行力，完善监督措施，确保内部控制有效实施。

4. 内部控制报告的监督检查

各地区、各部门汇总的内部控制报告报送后，各级财政部门、各部门应当组织开展对所报送的内部控制报告内容的**真实性、完整性和规范性**进行监督检查。

【热题解析】

（选答题部分）甲单位为一家中央级事业单位，乙单位和丙单位为甲单位的下属事业单位。甲、乙、丙均自2019年1月1日起执行政府会计准则制度，按平均年限法计提固定资产折旧，且有企业所得税缴纳义务。2020年8月，甲单位总会计师李某召集由本单位有关部门负责人参加的工作会议，就近期甲单位预算管理、预算绩效管理、政府采购、内部控制、会计核算等相关工作进行沟通和讨论。与会人员的发言要点如下：

内部控制部门负责人：2020年7月，甲单位成立工作组，对乙单位内部控制建设情况进行专项检查。检查发现：①2020年1月，乙单位制定了本单位货币资金授权审批控制措施，明确了各业务部门负责人须在授权范围内进行审批，并规定大额资金直接由分管财务工作的领导班子副职审批后即可办理支付。②2020年3～6月，乙单位财务部门根据本单位2019年内部控制建设工作实际情况及取得的成效，以能够反映内部控制工作基本事实的相关材料为支撑，按照统一报告格式编制完成内部控制报告，经乙单位分管财务工作的领导班子副职审批后直接上报甲单位。

要求：

根据乙单位发生的事项①和②，分别判断乙单位的规定或做法是否存在不当之处；对存在不当之处的，分别说明理由。

【参考答案】

事项①存在不当之处。

理由：行政事业单位应建立货币资金授权制度和审核批准制度，审批人在授权范围内进行审批，不得超越权限审批，大额资金支付审批应当实行集体决策。

【解析】 本题考核“货币资金业务的关键控制环节及控制措施”。授权审批控制是货币资金业务的关键控制环节及控制措施之一，授权审批控制要求单位建立货币资金授权制度和审核批准制度，明确审批人对货币资金的授权批准方式、权限、程序、责任和相关控制措施，规定经办人办理货币资金业务的职责范围和工作要求，其中，大额资金支付审批应当实行集体决策。

事项②存在不当之处。

理由：行政事业单位应当按照财政部发布的统一报告格式编制内部控制报告，经本单位主要负责人审批后对外报送。

【解析】本题考核“内部控制报告的编制与报送”。内部控制报告编报工作遵循“统一部署、分级负责、逐级汇总、单向报送”的方式，单位主要负责人对本单位内部控制报告的真实性和完整性负责，因此，单位按照财政部发布的统一报告格式编制内部控制报告需经本单位主要负责人审批后对外报送。

（选答题部分）甲单位为一家中央级事业单位，自2019年1月1日起执行政府会计准则制度，2019年7月25日，甲单位总会计师组织召开由财务处、采购中心、资产管理处等部门负责人参加的工作会议，与会人员就近期工作进行了交流。有关资料如下：

关于内部控制。2019年6月，上级部门对甲单位的内部控制情况进行了检查。检查发现，甲单位议事决策的执行存在缺陷。具体表现在：2018年11月，经领导班子集体研究，甲单位决定对单位食堂燃气安全控制系统进行更新改造，责成后勤部门提出更新改造方案并尽快实施，但后勤部门一直未开展相关工作，安全隐患依然存在。为此，财务处提出整改建议：加强对决策执行的追踪问效，注重决策落实，尽快实施单位食堂燃气安全控制系统更新改造相关工作，消除安全隐患。

假定不考虑其他因素。

要求：

根据国家部门预算管理、预算绩效管理、政府采购、国有资产管理、内部控制、政府会计准则制度等有关规定，判断财务处提出的整改建议是否正确；如不正确，说明理由。

【参考答案】

上述事项的处理正确。

【解析】本题考核“行政事业单位单位层面内部控制”的知识点。单位建立议事决策机制时，应加强对决策执行的追踪问效。行政事业单位应当注重决策的落实，对决策执行的效率和效果进行跟踪评价，避免决策走过场，失去权威性。

（选答题部分）甲单位为某省环境保护厅，执行《行政单位会计制度》。乙、丙单位为甲单位所属事业单位，执行《事业单位会计制度》并计提固定资产折旧。按照省财政厅要求，甲、乙、丙单位执行中央级行政事业单位部门预算管理、国有资产管理等有关规定。2018年7月，甲单位审计处对本级及所属单位2017年下半年以来预算执行、资产管理、内部控制、会计核算等情况进行了检查。8月初，审计处向甲单位主要负责人反馈检查情况。部分事项如下：

甲单位财务处作为内部控制工作牵头部门，按省财政厅要求布置所属单位2017年内部控制报告编报工作。乙、丙单位已按规定完成各自的内部控制报告并报至甲单位。2018

年3月，甲单位财务处在乙、丙单位内部控制报告和本级内部控制报告的基础上，汇总形成了本部门内部控制报告，经甲单位主要负责人审批后报送省财政厅。

假定不考虑其他因素。

要求：

根据行政事业单位内部控制规范的相关规定，分析判断上述事项做法或处理是否正确；如不正确，说明理由。

【参考答案】

上述事项的处理正确。

【解析】本题考核“内部控制报告的编制与报送”的知识点。地方各级财政部门应当在下级财政部门上报的内部控制报告和本地区部门内部控制报告的基础上，汇总形成本地区行政事业单位内部控制报告，经本单位主要负责人审批后对外报送。

（选答题部分）甲单位为一家中央级行政单位，乙、丁单位为甲单位下属单位，均已实行国库集中收付制度。甲单位执行《行政单位会计制度》。乙、丁单位执行《事业单位会计制度》，2017年7月，甲单位成立检查组织对甲单位本级及下属单位2017年上半年预算执行、资产管理、内部控制、会计核算等情况进行了检查。8月30日，检查组向甲单位财务负责人反馈检查情况，部分事项如下：

(1)2017年3月，甲单位结合工作实际，在财政部批复本年度部门预算之日起15日内，将本部门预算批复下达至下属单位；同时，要求下属单位在本单位年度预算总额控制范围内，按规定做好内部预算指标分解与批复，严格控制预算追加和调整。

(2)甲单位按年度培训工作任务在其2017年公用经费预算中安排了专项业务培训经费共计18万元。2017年4月，甲单位组织实施了首期专项业务培训，实际发生培训经费支出9万元。为避免经费不足影响后续培训工作任务的完成，甲单位提出首期专项业务培训费支出9万元由乙单位承担，并已在乙单位经费中列支。

(3)乙单位经批准举借的大额银行借款5 000万元(分期付息、到期一次还本)到期日为2018年11月30日。2017年5月，乙单位财务部门对提前偿还借款进行了充分论证，认为提前偿还借款可行。2017年6月，经领导班子集体研究决定并履行必要报批程序后，乙单位向银行提出提前全额偿还借款的申请。

(4)丁单位财务部门收入核算岗位涉及三人，其中：王某负责收款，李某负责开具票据和收入登记工作，张某负责票据和会计档案保管。2017年5月，张某因病经批准休假半年，财务部门负责人考虑到王某工作量不够饱满，责成王某负责张某休假期间的工作。

假定不考虑其他因素。

要求：

根据行政事业单位内部控制的有关规定，逐项判断事项(1)至(4)的处理是否正确。

如不正确，分别说明理由。

【参考答案】

事项(1)的处理正确。

【解析】本题考核“预算批复环节的关键控制措施”的知识点。预算批复环节的关键控制措施包括：明确预算批复环节的责任；合理进行内部预算指标分解；合理采用内部预算批复方法；严格控制内部预算追加调整。

事项(2)的处理不正确。

理由：甲单位发生的培训费不属于乙单位的预算支出范围，不应在乙单位经费中列支。

【解析】本题考核“支出业务的关键控制环节及控制措施”的知识点。明确各支出事项的开支范围和开支标准。明确支出事项的开支范围，就是对该支出事项及其事项明细进行界定。支出事项的开支标准包括外部标准和内部标准。外部标准是指国家或者地方性法规制度规定的标准，如人员工资标准、差旅费报销标准、公用事业收费标准等，都由国家相关部门规定，单位必须遵照执行。内部标准是指在国家有关法规允许的范围内，根据单位实际制定的标准，如接待费标准、食堂用餐标准等。

事项(3)的处理正确。

【解析】本题考核“债务业务的关键控制环节及控制措施”的知识点。单位应当建立举借和偿还债务的审批程序。大额债务的举借和偿还属于重大经济事项，应当进行充分论证，并由单位领导班子集体研究决定后，按国家有关规定履行报批手续。

事项(4)的处理不正确。

理由：王某属于出纳人员，出纳不得兼管稽核、会计档案保管和收入、支出、债权、债务账目的登记工作。题中责成王某负责张某的工作不符合不相容岗位分离设置原则。

【解析】本题考核“货币资金业务的关键控制环节及控制措施”的知识点。单位任用出纳人员之前应当对其职业道德、业务能力和背景等进行必要的调查，确保具备从事出纳工作的职业道德水平和业务能力。出纳不得兼管稽核、会计档案保管和收入、支出、债权和债务账目的登记工作。

本章经典案例

案例1·W单位预算管理案例

【案例背景与要求】

W单位为一家省级行政单位，按省财政厅要求执行中央级行政单位部门预算管理、政府采购等有关规定。2020年3月，W单位内部审计部门对该单位2019年度财政项目预算管理情况进行审计，重点关注了以下事项：

(1)“架空线路改造”项目经费预算160万元，项目资金于2019年3月全额下达至W单位零余额账户。该项目于2019年10月执行完毕通过验收，并按合同完成结算，形成财政项目支出结余资金3万元。2019年12月，W单位直接将项目结余资金全部用于单位另一项目管理人员培训支出。

(2)“业务楼配套设备购置”项目经费预算270万元，项目资金于2019年3月全额下达至W单位零余额账户。该项目计划采购2台大型设备(未纳入集中采购目录范围，但达到政府采购限额标准)。在项目执行过程中，因设备安装场所和用途发生调整，设备购置数量和技术参数出现了较大变更，由此节约设备购置资金15万元。2019年6月，W单位直接同中标供应商签订了255万元的设备购置合同，并完成了设备安装、验收与付款工作。

(3)“行政办公楼设备购置”项目经费预算530万元，按财政要求纳入预算绩效管理。该项目在2019年11月执行完毕并通过验收。2019年12月，依据项目支出预算绩效管理有关规定，W单位组织专家对该项目支出进行绩效评价，形成绩效评价报告。报告的内容包括：项目基本概况，绩效评价的组织实施情况；绩效评价指标体系、评价标准和评价方法；绩效目标的实现程度；存在问题及原因分析；评价结论及建议；其他需要说明的问题。W单位已将该项目支出绩效评价报告存档。

(4)“智能管理信息系统建设”项目经费预算180万元，项目资金于2019年5月全额下达至W单位零余额账户。经公开招标，W单位于2019年7月同中标的X公司签订软件开发合同。合同约定：合同签订日支付首笔款72万元，余款108万元待软件开发完成验收合格后支付。因X公司负责该软件开发的关键技术岗位人员变动，软件开发工作一直处于停滞状态。W单位为加快预算执行进度，于2019年12月23日将项目剩余资金108万元一次性支付给X公司。

假定不考虑其他因素。

要求：

根据国家部门预算管理、政府采购、财政支出绩效评价、内部控制等有关规定，逐项指出事项(1)至(4)是否存在不当之处；对存在不当之处的，分别说明理由。

【参考答案】

事项(1)存在不当之处。

理由：年度预算执行中，因项目目标完成、项目提前终止或实施计划调整，不需要继续支出的预算资金，应及时清理为结余资金并报财政部门，由财政部门收回。

事项(2)存在不当之处。

理由：单位应当按照财政批复的项目支出预算组织项目实施，项目预算执行中发生变更的，必须经上级主管单位审核同意后报同级财政部门批准。

事项(3)无不当之处。

事项(4)存在不当之处。

理由：项目资金应按合同规定的付款条件支付。

[或：项目剩余资金108万元应在软件开发完成验收合格后支付。]

案例2·甲单位会计处理案例

【案例背景与要求】

甲单位为一家省级事业单位，自2019年1月1日起执行政府会计准则制度，2020年4月，甲单位内部审计部门对本单位2019年政府会计准则制度执行情况开展专项检查，发现以下事项：

(1)2019年1月，甲单位按照规定程序报经批准后，用一项土地使用权与A公司共同出资，设立本省第一家室内空气质量检测服务中心。该土地使用权的账面原值为150万元，已计提摊销50万元，经评估确认的价值为110万元。财务处做增加100万元的长期股权投资，并减少无形资产150万元、无形资产累计摊销50万元会计处理。

(2)甲单位使用财政授权支付资金对一栋办公楼主体部分进行修缮(非基建项目)，修缮后该办公楼的使用效能将得到明显改善。2019年2月，经履行公开招标程序，甲单位与中标的B公司签订了合同，B公司随即开始进场施工。2019年3月，甲单位按照合同约定支付了工程款150万元。据此，甲单位在预算会计中确认当期预算支出150万元，在财务会计中确认当期费用150万元。

(3)因2018年12月所购部分事业活动用低值易耗品(已于购入当月被各部门领用并计入财政补助基本支出)质量未达到要求，甲单位按合同规定将其退回。2019年4月，甲单位收到供应商退款支票10万元，并按原付款渠道存入单位零余额账户。据此，甲单位在预算会计中未做会计处理，在财务会计中增加零余额账户用款额度10万元。

(4)甲单位经批准使用财政补助资金330万元购置一台事业活动用专业设备，设备已于2019年5月20日验收合格并投入使用。该设备预计使用年限为10年，按年限平均法计提折旧。对该设备按月计提的折旧，甲单位在预算会计中未做会计处理，在财务会计中确认当期费用22万元。

(5)2019年7月，甲单位采用财政直接支付资金240万元购买一项用于科研活动的专利权并投入使用。针对此业务，甲单位在预算会计和财务会计中均未做会计处理。

(6)2019年12月，甲单位收到同级财政部门以实拨资金形式预拨的下期预算款2 500万元。针对此业务，甲单位在2019年预算会计和财务会计中均未做会计处理。2020年1

月，在预算会计中确认财政拨款预算收入 2 500 万元，同时在财务会计中确认财政拨款收入 2 500 万元。

假定不考虑其他因素。

要求：

根据政府会计准则制度有关规定，回答下列问题：

(1)判断事项(1)中的财务处的处理是否正确；如不正确，指出正确的会计处理。

(2)分别判断事项(2)中预算会计、财务会计的处理是否正确；如不正确，指出正确的会计处理。

(3)分别判断事项(3)中预算会计、财务会计的处理是否正确；如不正确，指出正确的会计处理。

(4)分别判断事项(4)中预算会计、财务会计的处理是否正确；如不正确，指出正确的会计处理。

(5)分别判断事项(5)中预算会计、财务会计的处理是否正确；如不正确，指出正确的会计处理。

(6)分别判断事项(6)中预算会计、财务会计的处理是否正确；如不正确，指出正确的会计处理。

【参考答案】

(1)事项(1)的处理不正确。

正确的会计处理：增加长期股权投资 110 万元，减少无形资产累计摊销 50 万元，减少无形资产 150 万元，增加其他收入 10 万元。

(2)事项(2)中预算会计的处理正确，财务会计的处理不正确。

正确的会计处理：在财务会计中应确认在建工程 150 万元。

(3)事项(3)中预算会计的处理不正确，财务会计的处理正确。

正确的会计处理：在预算会计中应增加资金结存 10 万元。

(4)事项(4)中预算会计的处理正确，财务会计的处理正确。

(5)事项(5)中预算会计的处理不正确，财务会计的处理不正确。

正确的会计处理：在预算会计中应确认事业支出 240 万元，在财务会计中应确认无形资产 240 万元并按月对无形资产进行摊销。

(6)事项(6)中预算会计处理正确，财务会计处理不正确。

正确的会计处理：2019 年 12 月，在财务会计中按照收到的金额 2 500 万元确认其他应付款。

案例3·甲环保局与乙环保服务中心国有资产管理案例

【案例背景与要求】

甲环保局是某市的行政单位，乙环保服务中心是甲环保局的下属事业单位(以下简称乙单位)。张某是甲环保局新任命的总会计师，上任伊始，对甲环保局和所属乙单位2019年资产管理情况进行了全面检查，就下列事项的处理提出质疑：

(1)2019年1月，甲环保局通过局长办公室会形成决议，以本局接受无偿划拨的一栋房屋作为抵押物，为乙单位的银行借款提供担保。

(2)2019年3月，乙单位报经甲环保局批准，以账面价值200万元的办公楼与A公司共同出资，设立B公司。

(3)2019年4月，甲环保局根据财政部《行政事业单位国有资产年度报告管理办法》的文件精神，组织了一次学习讨论会。会议指出，资产报告编制完毕后，须经编制人员、资产管理部门负责人审查、签字并加盖单位公章后，于规定时间内上报。资产管理部门负责人对本单位编制的资产报告的真实性、准确性和完整性负责。

(4)2019年6月，甲环保局经规定程序批准对外出租一栋闲置办公楼，取得租金收入20万元，直接支付办公楼维修费用。

(5)2019年9月，乙单位履行审批手续后，以账面价值为15万元的一辆小轿车与C公司的商务车进行置换。乙单位聘请专业资产评估公司对其轿车价值进行重新估价，评估金额为10万元。

(6)2019年11月，乙单位报经甲环保局审批，并报市财政局备案，用自筹资金购置了900万元(规定限额以上)的大型办公自动化设备。

(7)2019年12月，乙单位将财产清查的结果向甲环保局与市财政局报告。截止到12月31日，甲环保局已审核同意但尚未收到市财政局批复。为保证2019年财务报表及时报出，乙单位暂时先对盘亏的车辆进行销账处理。

要求：

请根据行政事业单位国有资产管理的有关规定，分析、判断上述事项的处理是否正确；如不正确，分别说明理由。

【参考答案】

(1)事项(1)的处理不正确。

理由：除法律另有规定外，行政单位不得用国有资产对外担保。

(2)事项(2)的处理不正确。

理由：事业单位以国有资产对外投资，应当进行必要的可行性论证，并提出申请并经主管部门审核同意后，报同级财政部门审批。

(3) 事项(3)的处理不正确。

理由：资产报告编制完毕后，须经编制人员、资产管理部门负责人和单位负责人审查、签字并加盖单位公章后，于规定时间内上报。单位负责人对本单位编制的资产报告的真实性、准确性和完整性负责。

(4) 事项(4)的处理不正确。

理由：行政单位使用国有资产对外出租所取得的租金收入，应按照政府非税收入管理的规定，在扣除相关税费后及时、足额上缴国库，严禁隐瞒、截留、坐支和挪用。

(5) 事项(5)的处理正确。

(6) 事项(6)的处理正确。

(7) 事项(7)的处理不正确。

理由：在财政部门批复、备案前，行政事业单位对资产损失不得自行进行账务处理。

案例4·雅宁市重竞技体育训练中心资产管理及政府采购案例

【案例背景与要求】

雅宁市某竞技体育训练中心按照工作计划，拟集中在2019年6月办理几项资产采购业务(均达到政府采购限额标准以上，并列入当年批复的预算)。6月2日，该中心分管财务、资产管理的副主任召集相关处室负责人召开工作会议，就资产购置及发挥资产使用效益等事项进行了讨论。有关情况及形成的决议如下：

(1) 拟购买一批运动员专用检测设备(不属于集中采购目录范围)。该种设备本地供应商有1家，国内另外2家供应商在偏远省份。会议决定直接联系本地供应商采购该批设备。

(2) 拟购买一批人体成分分析仪器(不属于集中采购目录范围)，经批复的采购项目预算为800万元。由于该中心对拟购仪器的价格、供应商等市场情况不熟悉，会议决定委托与该中心有过业务合作关系、信誉良好、具有省级以上财政部门认定资格的政府采购代理机构X公司代理采购。

(3) 拟购置运动员多媒体电教设备一批(属于集中采购目录范围)。工作会议上，大家普遍认为，按照经批准的预算标准，同等价格档次的进口设备较国产设备在性能上更优，会议决定向接受委托的集中采购机构提出购买进口设备的要求。

(4) 会议研究决定：①上报本中心办公会同意后，将中心闲置的宿舍和餐厅对外出租；②每年收取50万元租金，并将2019年收取的租金拨付给下属A竞技队弥补其项目资金缺口。

(5) 下属B专项运动学校因申请银行借款请求该训练中心提供担保。会议经充分讨论，决定上报本中心办公会同意后，以本中心的一栋闲置旧办公楼为B专项运动学校提供借款担保。

要求：

根据政府采购、行政事业单位国有资产管理等相关规定，逐项判断雅宁市重竞技体育训练中心上述会议决议是否正确；如不正确，分别说明理由。

【参考答案】

(1)该训练中心直接联系本地供应商采购设备的决议不正确。

理由：该训练中心所采购设备存在多个供应商，不符合采用单一来源方式采购的条件。

(2)该训练中心委托X公司代理采购的决议正确。

(3)该训练中心要求集中采购机构购买进口多媒体电教设备的决议不正确。

理由：除需要采购的货物在中国境内无法获取或者无法以合理的商业条件获取等法定情况外，政府采购应当采购本国货物。

(4)①该训练中心上报中心办公会同意将闲置的宿舍和餐厅对外出租的决议不正确。

理由：事业单位将国有资产对外出租的，须经主管部门审核同意后，报同级财政部门审批。

②该训练中心将2019年收取的租金拨付给下属A竞技队的决议不正确。

理由：事业单位出租国有资产形成的收入应当纳入单位预算，统一核算、统一管理。

(5)该训练中心上报本中心办公会同意以旧办公楼对下属B专项运动学校提供借款担保的决议不正确。

理由：事业单位利用国有资产对外担保，应当进行必需的可行性论证，并提出申请，须经主管部门审核同意后，报同级财政部门审批。

案例5·甲科研所预算管理、资产管理及政府采购案例

【案例背景与要求】

甲科研所为中央级科研事业单位(国家设立的研发机构)，2020年7月2日，该单位总会计师组织财务处及资产管理处有关人员召开会议，就下列事项进行研究：

(1)为应对2021年科研压力增大的预计情况，财务处建议在日常公用经费的预算控制数内，适当减少办公费等。会议决定审核同意并报送财政部。

(2)甲科研所上半年经营收入超收较多。考虑到单位近期业务量多、职工工作强度大的实际情况，会议决定将非财政补助收入超收部分作为职工福利发放给职工。

(3)2020年甲科研所拟购买一批数字分析仪器(超出政府采购限额标准，但不属于集中采购目录范围)。该仪器规格、标准比较统一，市场上货源充足且价格变化幅度不大。会议决定采用邀请招标方式采购。

(4)经有关部门要求并经主管部门批准，甲科研所需将所属出版社(事业单位)剥离并转制为国资委直属企业。本次会议对出版社剥离转制相关的资产评估等事宜先行研究，资产管理处认为，该出版社的剥离转制属于无偿划转，不需要进行资产评估。

(5)2020年4月17日，甲科研所召开专题研讨会，就近期预算管理改革情况进行了专题研究。会议要点如下：①在中期规划和预算编制过程中，应遵循的原则包括合法性原则、真实性原则、完整性原则、科学性原则、稳妥性原则、重点性原则、透明性原则、绩效性原则，其中，重点性原则要求部门预算编制要合理安排各项资金，本着"统筹兼顾，留有余地"的方针，在兼顾一般的同时，优先保证重点支出。②当年安排预算的项目一经批准，对当年的年初预算数不得再做调整，涉及调剂当年预算数的，在执行中，按照规定程序办理。

(6)为规范科研所采购资金的支付流程，甲科研所规定，对于满足合同约定支付条件的供应商，采购人应当自收到发票后30日内将资金支付到合同约定的供应商账户，但是若遇到国家政策调整等特殊问题，可以延迟付款，但最长不得超过15日。

要求：

根据国家部门预算管理、国有资产管理、政府采购等相关规定，逐项判断甲科研所会议观点(1)～(6)是否正确。如不正确，分别说明理由。

【参考答案】

(1)甲科研所会议观点(1)正确。

(2)甲科研所会议观点(2)不正确。

理由：基本支出预算执行中发生的非财政补助收入超收部分，原则上不再安排当年的基本支出，可报财政部批准后，安排项目支出或结转下年使用。

(3)甲科研所会议观点(3)不正确。

理由：对于规格、标准比较统一，市场上货源充足且价格变化幅度不大的政府采购，适合采用询价采购方式。

(4)甲科研所会议观点(4)不正确。

理由：尽管出版社的剥离转制属于无偿划转给国资委，但其属于事业单位整体或者部分改制为企业，需要进行资产评估。

(5)甲科研所会议观点(5)正确。

(6)甲科研所会议观点(6)不正确。

理由：对于满足合同约定支付条件的，采购人应当自收到发票后30日内将资金支付到合同约定的供应商账户，不得以机构变动、人员更替、政策调整等为由延迟付款。

案例6·甲科研所部门预算管理与绩效管理案例

【案例背景与要求】

甲科研所属于中央级事业单位(以下简称“甲单位”)，已实行国库集中收付制度。除完成国家规定的科研任务外，甲单位还从事技术咨询、技术服务、培训等经营性业务。甲单位有关预算编制、财务会计处理(不考虑预算会计处理)、政府收支分类以及绩效管理情况如下：

(1)在预算编制过程中，通过“二下二上”程序确定的预算收入为5 000万元。

(2)本年度支付在职职工“五险”600万元，按照支出经济分类，列入了“工资福利支出”科目，按照支出功能分类，列入了“公共安全支出”科目。

(3)本年度通过财政部门安排项目支出500万元购置一台大型科研设备，按照支出经济分类，列入了“资本性支出(基本建设)”科目，按照支出功能分类，列入了“科学技术支出”科目。

(4)本年度为某著名公司的标志性建筑提供地质灾害防范咨询服务，收取技术咨询费100万元，甲单位将技术咨询收入计入了其他收入，并按规定缴纳了相关税金。

(5)年终，甲单位尚未使用的年终结余用款计划额度为30万元，其中财政直接支付额度结余16万元，财政授权支付额度结余14万元。该结余用款计划额度被予以注销，甲单位财务人员未对其进行会计处理。

(6)年终预算执行结束后，甲单位对照确定的绩效目标开展了绩效自评，形成了相应的自评结果，作为单位预、决算的组成内容和以后年度预算申请、安排的重要基础。

要求：

请分析、判断甲单位上述事项的处理是否正确；如不正确，请指出正确的处理。

【参考答案】

(1)预算编制过程中通过“二下二上”程序确定预算收入不正确。

正确的处理：中央部门预算编制程序遵循“二上二下”的基本流程。

(2)将“五险”支出按支出功能分类列入“公共安全支出”科目不正确。

正确的处理：“五险”中的养老保险、失业保险和工伤保险按支出功能分类应列入“社会保障和就业支出”科目；“医疗保险”按支出功能分类应列入“卫生健康支出”科目。

(3)将购置大型科研设备支出按支出经济分类列入“资本性支出(基本建设)”科目不正确。

正确的处理：财政部门安排的大型设备购置按支出经济分类应列入“资本性支出”科目。

(4)将技术咨询收入计入其他收入不正确。

正确的处理：应将技术咨询收入计入经营收入。

(5) 甲单位财务人员未做会计处理不正确。

正确的处理：甲单位财务会计中应当增加财政应返还额度 16 万元，增加财政拨款收入 16 万元；同时，增加财政应返还额度 14 万元，减少零余额账户用款额度 14 万元。在预算会计中，应增加资金结存 16 万元，增加财政拨款预算收入 16 万元。

(6) 甲单位处理正确。

案例 7 · 会计人员利用职位之便贪污、挪用公款案例

【案例背景与要求】

据某报 2018 年 1 月 16 日报道，年仅 23 岁、从事会计工作不到 3 年的曹某，在不到 3 年的时间里贪污、挪用公款近 100 万元，最后被法院以贪污、挪用公款罪判处有期徒刑 18 年，没收个人财产人民币 10 万元。

2015 年 5 月，曹某走上会计岗位，担任某高校项目部出纳兼会计工作。2016 年 3 月，曹某以业务招待费的名义，先后 10 次假冒领导签字，虚报了 2 万余元的费用，因既没有人审核也没有人发现而蒙混过关，顺利得手。正在此时，纪委要来进行财务检查，他十分害怕，提心吊胆，但检查的风声没多久就过去了。这回的侥幸过关，又使他壮了胆，私欲进一步膨胀。

2016 年 4 月，曹某利用支付正常施工费的机会，涂改了“工时付款会签单”，虚增了施工费 1.95 万元，在假冒了领导签字后，他将“工时付款会签单”分别送给其他部门负责人审批，这些部门负责人看到领导已“签名”，信以为真，也不加审核就签了名。整个审批过程如此顺畅、如此简单。凭着这张“手续齐备”的“工时付款会签单”，曹某顺利地从财务科开得了支票，并通过自己朋友开的一家装潢单位套取了该笔现金。他将这第一笔套取的现金拿去赌博，原想靠赌博发财的他，结果运气不佳输了个精光。已经陷入赌场的他一输再输而不能自拔，为了翻本又筹赌资，于是他按照第一次套取现金的方法，如法炮制，先后多次套取现金，而且套取现金的金额一次比一次大，最大的一次高达 40 万元，套取现金的总金额高达 80 余万元之多。光靠套取现金还不够，他还利用职务之便，挪用了由他保管的备用金 10 余万元。

有了筹集赌资的渠道，他的赌博也变本加厉，连续的、高额度的赌博，他竟将 90 余万元的公款输得一干二净。到案发，他共贪污、挪用公款近 100 万元，最后终于受到了法律的制裁。

要求：

请根据我国《行政事业单位内部控制规范(试行)》，分析、判断上述案例中内部控制的哪些方面存在问题，并简要说明理由。

【参考答案】

内部控制存在的问题有：

(1)不相容职务未分离。

理由：内部控制的缺失、财务监督的失灵是曹某走上犯罪道路的重要原因之一。曹某担任出纳兼会计，这就给了曹某犯罪的土壤。出纳和会计是两个不相容的职务，这两个职务由一人担任，缺乏了互相牵制、互相监督，客观上给舞弊行为的发生提供了条件。

(2)支付审批缺乏审批程序。

理由：支付审批环节缺乏正常的审批程序也是导致案件发生的重要原因之一。该单位先是领导审批，后由各部门负责人审批，而各部门负责人在审批过程中又是唯上级是从，使审批程序倒转。

(3)无定期和不定期的现金清查制度。

理由：实行定期和不定期的现金清查是防止现金被挪用的有效措施。曹某挪用了由他保管的备用金10余万元，一方面说明该单位现金管理不够严格，另一方面说明现金清查制度严重缺失，因为如此大金额的现金被挪用，应该不是一次两次、一朝一夕的事情。在这段时间里，若该单位进行了定期和不定期的现金清查，是不难发现现金被挪用的舞弊行为的。

案例8·甲单位预算管理、资产管理、政府采购与内部控制案例

【案例背景与要求】

甲单位系一家中央级事业单位，已执行国库集中收付制度。2020年1月，甲单位内部审计部门对甲单位2019年度的预算管理、资产管理、政府采购、内部控制等进行了全面检查，发现了如下事项：

(1)按照《行政事业单位内部控制规范(试行)》文件要求，甲单位制定了本单位内部控制制度并予以执行。为了检查内部控制是否有效，及时发现单位内部控制存在的缺陷，甲单位领导班子要求2019年下半年开展内部控制评价工作。考虑到本单位内部控制制度的建立与实施由财务处牵头负责，会议决定由审计处具体负责内部控制评价的组织实施工作。

(2)上级主管部门和财政部门对甲单位本级下达的项目支出限额为4 800万元，其中，T项目(为2019年新增项目)支出800万元。M项目在2019年10月底提前完成，形成项目支出结余资金200万元。财务处经进一步测算，下达的T项目预算控制限额800万元不足，预计完成T项目需要经费支出1 000万元，于是直接将M项目结余资金200万元安排追加到T项目，在预算草案中确定T项目支出预算1 000万元。

(3)甲单位经规定程序审批后拟于2019年8月以一项固定资产对外投资，并召开会议

针对是否需要进行资产评估进行了讨论。资产管理处张某建议不需要进行评估，因为此项固定资产取得时并非以名义金额入账，以投资时的账面价值为基础确认对外投资的入账价值即可。

(4)2019年7月，甲单位拟采购一项专用设备(属于集中采购目录范围)，由于该设备性质特殊，国内只有A、B、C三家供应商。经研究决定，甲单位采用邀请招标方式采购该设备。甲单位于7月15日在省级人民政府财政部门指定的政府采购信息媒体上发布资格预审公告，公布了投标人资格条件，公告截止日期为7月18日。

(5)甲单位2019年下达的基本支出预算控制限额为：基本支出8 000万元，其中，人员经费3 500万元、日常公用经费4 500万元；单位财务部门在编报2019年预算时，认为本单位经费标准偏低，所以在下达的基本支出预算控制限额内对人员经费和日常公用经费的构成比例进行了调整，经调整后：人员经费4 000万元、日常公用经费4 000万元。

假定不考虑其他因素。

要求：

请根据部门预算管理、资产管理、政府采购、内部控制等相关规定，对事项(1)至(5)，逐项判断是否存在不当之处；对存在不当之处的，分别说明理由。

【参考答案】

(1)事项(1)不存在不当之处。

(2)事项(2)存在不当之处。

理由：年度预算执行中，因项目目标完成、项目提前终止或实施计划调整，不需要继续支出的预算资金，中央部门应及时清理为结余资金并报财政部，由财政部收回。

(3)事项(3)存在不当之处。

理由：以非货币性资产对外投资是事业单位必须进行资产评估的情形，对外投资入账价值的确定应以投出资产的评估价值为基础。

(4)事项(4)存在不当之处。

理由：采用邀请招标方式采购的，招标采购单位应当在省级以上人民政府财政部门指定的政府采购信息媒体发布资格预审公告，公布投标人资格条件，资格预审公告的期限不得少于5个工作日。

(5)事项(5)存在不当之处。

理由：预算单位在编制基本支出预算时，人员经费和日常公用经费之间不允许自主调整。

案例9·甲单位预算管理、内部控制及会计处理案例

【案例背景与要求】

甲单位为一家中央级事业单位，执行中央级事业单位部门预算管理、国有资产管理及《政府会计准则》和《政府会计制度》等相关规定。2020年年末，甲单位新任总会计师张某召集由财务处、资产管理处负责人及相关人员参加工作会议，了解到以下情况：

(1)2020年2月底，甲单位的研究项目A提前完成，项目支出已全部支付，形成财政拨款项目支出剩余资金50万元。甲单位将项目A剩余的财政拨款资金自3月1日起直接追加用于存在资金缺口的研究项目B。

(2)2020年3月，甲单位组织代表团赴境外考察并参加专项业务工作会议，所发生出国费用超预算支出2万元。甲单位将发生的出国费超预算支出直接在X项目专项经费的差旅费项目下列支。

(3)2020年5月，甲单位拟申请财政专项资金，计划于2021年购置一台大型设备(有规定配备标准)，购置费预算1 100万元。财务处将该项支出列入2020年度预算，并向上级主管部门递交资产购置申请。

(4)2020年7月25日，甲单位根据上级主管部门要求，制订了本单位内部控制建设工作方案。该方案指出：各部门要继续认真学习《行政事业单位内部控制规范(试行)》文件精神，积极参与单位内部控制体系建设，以合理保证单位经济活动合法合规、资产安全和使用有效、财务信息真实完整、有效防范舞弊和预防腐败、提高公共服务的效率和效果，实现对单位经济活动风险的防范和管控。同时，该方案建议聘请管理咨询公司给单位做内控咨询，如有必要也可以委托他们帮助单位设计内部控制规范。

(5)2020年7月，甲单位因一辆公车发生交通事故报废，收到保险公司根据保险合同赔付的车损款20万元，财务处将这笔款项计入收入，纳入单位预算，并准备未来为本单位人员发放津贴。

(6)2020年8月，甲单位以授权支付方式支付当月水电费30万元，其中：业务活动开展过程中消耗的水电费20万元，管理部门消耗的水电费10万元。甲单位根据代理银行实际支付款项的回单，财务会计中增加业务活动费用20万元、单位管理费用10万元，减少零余额账户用款额度30万元。预算会计中未做处理。

(7)2020年9月，甲单位使用财政专项资金100万元进口一套设备，款项已经通过财政直接支付方式结算，设备在9月15日前安装、调试、验收合格并投入使用。甲单位9月份对该项设备进行了确认入账处理并自10月份起对该设备计提折旧。

(8)2020年10月，甲单位购买一项管理用的专利权并投入使用，财务处将该专利权确认为无形资产，但是款项50万元尚未支付。甲单位的账务处理为财务会计中增加无形

资产和应付账款各50万元。预算会计中未做处理。

(9)2020年11月1日，甲单位以银行存款购入3年期国债100万元，年利率为5%，按年分期付息，到期还本，付息日为每年10月31日，最后一年偿还本金并支付最后一次利息。2020年11月1日，甲单位的账务处理为财务会计中增加长期债券投资100万元、减少银行存款100万元。预算会计中未做处理。

(10)2020年11月，甲单位为开展内部控制建设，委托某软件公司对现有软件系统(账面原值150万元，累计摊销30万元)进行升级改造和功能扩展，合同约定的软件开发费总额为80万元。2020年12月底，甲单位根据项目进度，以财政直接支付方式支付40万元。甲单位的账务处理为财务会计中增加业务活动费用和财政拨款收入各40万元。预算会计中未做处理。

要求：

根据国家部门预算管理、国有资产管理、行政事业单位内部控制、政府会计准则、政府会计制度等相关规定，逐项判断甲单位对事项(1)～(10)的处理是否正确。对于事项(1)～(5)，如不正确，分别说明理由；对于事项(6)～(10)，如不正确，分别指出正确的会计处理。

【参考答案】

(1)事项(1)处理不正确。

理由：年度预算执行中，因项目目标完成，不需要继续支出的预算资金，中央部门应及时清理为结余资金并报财政部，由财政部收回。

(2)事项(2)处理不正确。

理由：各类项目支出，需按项目实施进度申报用款计划，实行专款专用，严禁用项目经费安排单位基本支出或其他项目支出，预算未安排的支出一律不得支付。

(3)事项(3)处理不正确。

理由：购置有规定配备标准资产的，应先报经财政部审批同意后，才能将资产购置项目列入年度部门预算，并在进行项目申报时一并报送资产购置批复文件。

(4)事项(4)处理正确。

(5)事项(5)处理不正确。

理由：保险理赔收入属于国有资产处置收入，应当实行“收支两条线”管理。

(6)事项(6)处理不正确。

正确处理：甲单位在进行财务会计处理的同时，在预算会计中应当增加事业支出30万元、减少资金结存30万元。

(7)事项(7)处理不正确。

正确处理：《政府会计准则》规定，当月增加的固定资产，当月开始计提折旧。甲单位应从9月份开始计提设备折旧。

(8)事项(8)处理正确。

(9)事项(9)处理不正确。

正确处理：甲单位在进行财务会计处理的同时，在预算会计中应当增加投资支出100万元、冲减资金结存100万元。

(10)事项(10)处理不正确。

正确处理：甲单位应在财务会计中增加在建工程、财政拨款收入各40万元，在预算会计中增加事业支出40万元、财政拨款预算收入40万元。

案例10·甲单位预算执行、资产管理、收支处理及报表编制案例

【案例背景与要求】

甲单位是一家事业单位。乙单位是甲单位下属事业单位，丙公司是甲单位2019年3月与其他单位共同出资设立的企业。甲单位、乙单位自2019年1月1日起执行《政府会计准则》和《政府会计制度》。2020年年初，为了做好2019年度决算编报工作，甲单位成立检查组对本单位2019年度的预算执行、资产管理、收支处理及财务报表和预算会计报表编制进行了全面检查，并对以下事项提出异议：

预算执行：

(1)甲单位将专项经费50万元作为开办费借给新设立的丙公司，截止到检查日，借款尚未收回。

(2)财政部门通过甲单位拨付乙单位一笔专项经费200万元，甲单位临时动用其中的80万元用于垫支本级办公经费，计划2020年度预算批复后补付乙单位。

(3)甲单位按规定程序报经批准后，出售旧办公楼收取价款1 300万元。甲单位将该笔款项直接划转基建账户，用于已批准立项的在建工程。

资产管理：

(1)甲单位经单位领导集体讨论决定，并报主管部门批准，以本单位一栋办公楼为乙单位的银行借款提供担保。目前尚无迹象表明，甲单位需要承担连带偿付责任。

(2)甲单位在资产盘点中，发现30台计算机已到规定报废期限，经本单位的计算机维护部门认定后，予以报废，并进行了核销处理。

收支处理：

(1)甲单位与乙单位约定，由乙单位每年向甲单位上缴款项100万元。2019年，甲单位采取在乙单位报销办公经费的方式，抵免部分乙单位缴款。

(2)甲单位受主管部门委托承办了一次国际性研讨会，将主管部门拨付的会议经费及会议的各项支出在往来账中进行了会计处理。

(3)甲单位举办了三期培训班，委托某培训机构代为收取培训费、支付相关培训费用。甲单位将培训净收入存放在该培训机构银行账户，计划2020年直接用于本单位的专项课题研究。

财务报表和预算会计报表编制：

(1)预算结转结余变动表中“非财政拨款结余”项目的年末余额比年初余额减少了60万元。经查，减少的60万元是由甲单位当年的经营结余-60万元结转形成的。

(2)收入费用表中“捐赠收入”项目列示的金额为30万元。经查，该金额系甲单位接受某企业捐赠的一套价值为30万元的办公设备所确认的收入。

要求：

假定你是甲单位检查组组长，请根据预算管理、资产管理和政府会计制度的相关规定，指出上述事项中的不当之处，并给出正确的做法。

【参考答案】

(1)预算执行：

①甲单位将专项经费出借给丙公司的做法不正确。[或：甲单位不应挪用专项经费。]

正确做法：甲单位应(尽快)收回借出资金。[或：专项经费应专款专用。]

②甲单位动用乙单位专项经费垫支办公经费的做法不正确。[或：甲单位不应截留乙单位专项经费。]

正确做法：甲单位应将专项经费全额(及时)拨付给乙单位。[或：专项经费应专款专用。]

③甲单位将出售旧办公楼收取的款项直接划转基建账户的做法不正确。

正确做法：出售旧办公楼收取的款项应上缴国库[或：应计入“应缴财政款”]。

(2)资产管理：

①甲单位以办公楼提供担保的程序不符合国有资产管理的相关规定。

正确做法：事业单位以国有资产提供担保，应当进行必要的可行性论证，并提出申请，经主管部门审核同意后，报同级财政部门审批。

②甲单位计算机报废的程序不符合国有资产管理的相关规定。

正确做法：事业单位处置规定限额以上的资产，须经主管部门审核后报同级财政部门审批；处置规定限额以下的资产，须报主管部门审批，主管部门将审批结果报同级财政部门备案。

(3)收支处理：

①甲单位通过在乙单位报销办公经费的方式抵减应收乙单位缴款的做法不正确。

正确做法：甲单位应全额收取应收乙单位缴款，在本单位列支办公经费。

②甲单位通过往来账核算会议经费收支的做法不正确。

正确做法：甲单位应将主管部门拨付的会议经费确认为收入，将会议的实际开支确认为支出。

③甲单位将培训净收入存放在培训机构银行账户中的做法不正确。

正确做法：甲单位应将培训净收入纳入本单位账内核算。[或：单位发生的经济业务事项应当在依法设置的会计账簿上统一登记、核算。]

(4)财务报表和预算会计报表编制：

①“非财政拨款结余”项目的列示不正确。

正确做法：甲单位出现经营亏损，经营结余-60万元不应结转。

②“捐赠收入”项目的列示正确。

第十章　金融工具会计

本章考点汇总

序号	考点内容	重要程度
1	金融工具的分类与重分类	★
2	金融工具的确认与计量	★
3	金融资产减值	★
4	金融负债与权益工具的区分	★★★
5	金融资产转移是否终止确认的判断及其会计处理	★★★
6	套期保值的原则与方式	★★
7	套期保值的操作	★★
8	套期的分类及会计处理	★★★
9	股权激励计划的拟订、审批和实施程序	★★
10	股份支付的会计处理	★★

高频考点讲解及应用分析

考点1　金融工具的分类与重分类★

【考点讲解】

金融工具是指形成一方的金融资产，并形成其他方的金融负债或权益工具的合同。金融工具包括金融资产、金融负债和权益工具。其中，金融资产通常指企业的下列资产：现金、银行存款、应收账款、应收票据、贷款、股权投资、债权投资等；金融负债通常指企业的下列负债：应付账款、应付票据、应付债券等；权益工具通常指企业发行的普通股、认股权等。

金融资产和金融负债的分类是确认和计量的基础。

(一)金融资产的分类与重分类

企业应当根据其管理金融资产的**业务模式**和金融资产的**合同现金流量特征**，将金融资产划分为以下三类：以摊余成本计量的金融资产、以公允价值计量且其变动计入其他综合收益的金融资产、以公允价值计量且其变动计入当期损益的金融资产。

金融资产可以在以摊余成本计量、以公允价值计量且其变动计入其他综合收益和以公允价值计量且其变动计入当期损益之间进行重分类。

(二)金融负债的分类与重分类

金融负债分为以摊余成本计量的金融负债和以公允价值计量且其变动计入当期损益的金融负债。

1. 直接指定

在初始确认时，为了提供更相关的会计信息，企业可以将金融负债指定为以公允价值计量且其变动计入当期损益的金融负债，但该指定应当满足下列条件之一：

(1)能够消除或显著减少会计错配。

(2)根据正式书面文件载明的企业风险管理或投资策略，以公允价值为基础对金融负债组合或金融资产和金融负债组合进行管理和业绩评价，并在企业内部以此为基础向关键管理人员报告。

该指定一经做出，不得撤销。

2. 直接指定之外

除下列各项外，企业应当将金融负债分类为以摊余成本计量的金融负债：

(1)以公允价值计量且其变动计入当期损益的金融负债，包括交易性金融负债(含属于金融负债的衍生工具)和指定为以公允价值计量且其变动计入当期损益的金融负债。

(2)金融资产转移不符合终止确认条件或继续涉入被转移金融资产所形成的金融负债。对此类金融负债，企业应当按照《企业会计准则第 23 号——金融资产转移》相关规定进行计量。

(3)不属于(1)或(2)情形的财务担保合同，以及不属于(1)情形的以低于市场利率贷款的贷款承诺。企业作为此类金融负债发行方的，应当在初始确认后按照依据金融工具会计准则确定的损失准备金额以及初始确认金额扣除依据《企业会计准则第 14 号——收入》相关规定所确定的累计摊销额后的余额孰高进行计量。

在初始确认后，金融负债不得进行重分类。

考点 2　金融工具的确认与计量★

【考点讲解】

1. 初始计量

企业初始确认金融资产或金融负债，应当按照公允价值计量。对于以公允价值计量且其变动计入当期损益的金融资产和金融负债，相关交易费用应当直接计入当期损益；对于其他类别的金融资产或金融负债，相关交易费用应当计入初始确认金额。

2. 后续计量

初始确认后，企业应当对不同类别的金融资产，分别以摊余成本、以公允价值计量且其变动计入其他综合收益或以公允价值计量且其变动计入当期损益进行后续计量。对于不同类别的金融负债，企业应分别以摊余成本、以公允价值计量且其变动计入当期损益等方法进行后续计量。金融资产或金融负债被指定为被套期项目的，企业应当根据《企业会计准则第 24 号——套期会计》规定进行后续计量。

【热题解析】

（必答题部分）甲公司是一家在深圳证券交易所上市的民营企业，主要从事药品研发和生产，执行财政部 2017 年修订发布的金融工具系列会计准则。甲公司 2019～2020 年发生的部分业务及相关会计处理资料如下：

(1)2019 年 1 月 14 日，甲公司从证券市场购入 A 公司发行的 5 年期公司债券，支付价款 420.25 万元，其中交易费用 0.25 万元。

甲公司管理该金融资产的业务模式既以收取合同现金流量为目标又以出售该金融资产为目标；同时，该金融资产能够通过“合同现金流量特征”测试。据此，甲公司将购入的 A 公司债券分类为以公允价值计量且其变动计入其他综合收益的金融资产，初始确认金额为 420 万元。

……

要求：

根据资料(1)，判断金融资产的初始计量是否正确；如不正确，指出正确的会计处理。

【参考答案】

该项金融资产的初始计量不正确。

正确的处理：甲公司该项金融资产的初始计量为 420.25 万元(交易费用 0.25 万元应计入初始确认金额)。

【解析】本题考核“以公允价值计量且其变动计入其他综合收益的金融资产的初始计量”的知识点。对于金融资产来说，其取得时所发生的交易费用，均应当计入初始确认金额，但以公允价值计量且其变动计入当期损益的金融资产除外。

考点3 金融资产减值★

【考点讲解】

(一)金融工具减值的范围

金融工具减值的范围包括:

(1)以摊余成本计量的金融资产。

(2)以公允价值计量且其变动计入其他综合收益的金融资产。但将其他企业的权益工具指定为以公允价值计量且其变动计入其他综合收益的金融资产的,**不能**计提减值准备。

(3)租赁应收款。

(4)合同资产。合同资产是指《企业会计准则第14号——收入》定义的合同资产。

(5)贷款承诺。但分类为以公允价值计量且其变动计入当期损益的金融负债除外。

(6)符合规定的财务担保合同。

(二)金融工具损失准备的计量

1. 损失准备的计量基础

企业应当以**预期信用损失**为基础对相关金融工具进行减值会计处理并确认损失准备。

(1)信用损失,是指企业按照原实际利率折现的、根据合同应收的所有合同现金流量与预期收取的所有现金流量之间的差额,即全部现金短缺的现值。其中,对于企业购买或源生的已发生信用减值的金融资产应按照该金融资产经信用调整的实际利率折现。

(2)预期信用损失,是指以发生违约的风险为权重的金融工具信用损失的加权平均值。

2. 信用损失的评估方法

一般情况下,企业应当在每个资产负债表日评估相关金融工具的信用风险自初始确认后是否已**显著增加**,并按照下列情形分别计量其损失准备、确认预期信用损失及其变动:

(1)如果该金融工具的信用风险自初始确认后已显著增加,企业应当按照相当于该金融工具整个存续期内预期信用损失的金额计量其损失准备。

无论企业评估信用损失的基础是单项金融工具还是金融工具组合,由此形成的损失准备的增加或转回金额,应当作为**减值损失或利得**计入当期损益。

(2)如果该金融工具的信用风险自初始确认后并未显著增加,企业应当按照相当于该金融工具未来12个月内预期信用损失的金额计量其损失准备。

未来12个月内预期信用损失,是指因资产负债表日后12个月内(若金融工具的预计存续期少于12个月,则为预计存续期)可能发生的金融工具违约事件而导致的预期信用损失,是整个存续期预期信用损失的一部分。

无论企业评估信用损失的基础是单项金融工具还是金融工具组合,由此形成的损失准备的增加或转回金额，应当作为**减值损失或利得**计入当期损益。

【提示】(1)对于购入或源生的已发生信用减值的金融资产，企业应当在资产负债表日仅将自初始确认后整个存续期内预期信用损失的累计变动确认为损失准备。在每个资产负债表日，企业应当将整个存续期内预期信用损失的变动金额作为减值损失或利得计入当期损益。

(2)企业对于《企业会计准则第14号——收入》所规定的、不含重大融资成分(包括根据该准则不考虑不超过一年的合同中融资成分的情况)的应收款项和合同资产，应当始终按照整个存续期内预期信用损失的金额计量其损失准备(企业对这种简化处理没有选择权)。

除此之外，金融工具相关准则允许企业做出会计政策选择，对包含重大融资成分的应收款项、合同资产和《企业会计准则第21号——租赁》规范的租赁应收款(可分别对应收款项、合同资产和应收租赁款做出不同的会计政策选择)，始终按照相当于整个存续期内预期信用损失的金额计量其损失准备。

(三)预期信用损失的计量

企业计量金融工具预期信用损失的方法应当反映下列各项要素：①通过评价一系列可能的结果而确定的无偏概率加权平均金额；②货币时间价值；③在资产负债表日无须付出不必要的额外成本或努力即可获得的有关过去事项、当前状况以及未来经济状况预测的合理且有依据的信息。

不同金融资产的信用损失确定方法如下：

(1)对于金融资产，信用损失应为企业应收取的合同现金流量与预期收取的现金流量之间差额的现值。

(2)对于租赁应收款项，信用损失应为企业应收取的合同现金流量与预期收取的现金流量之间差额的现值。

(3)对于未提用的贷款承诺，信用损失应为在贷款承诺持有人提用相应贷款的情况下，企业应收取的合同现金流量与预期收取的现金流量之间差额的现值。

(4)对于财务担保合同，信用损失应为企业就该合同持有人发生的信用损失向其做出赔付的预计付款额，减去企业预期向该合同持有人、债务人或任何其他方收取的金额之间差额的现值。

(5)对于资产负债表日已发生信用减值但并非购买或源生已发生信用减值的金融资产，信用损失应为该金融资产账面余额与按原实际利率折现的估计未来现金流量的现值之间的差额。

企业应当以**概率加权平均**为基础对预期信用损失进行计量。

企业对预期信用损失的计量应当反映发生信用损失的各种可能性，但不必识别所有可能的情形。

(四)金融工具减值的账务处理

(1)对于购买或源生的已发生信用减值的金融资产，企业应当在资产负债表日仅将自初始确认后整个存续期内预期信用损失的累计变动确认为**损失准备**。

在每个资产负债表日，企业应当将整个存续期内预期信用损失的变动金额作为减值损失或利得计入**当期损益**。

即使该资产负债表日确定的整个存续期内预期信用损失小于初始确认时估计现金流量所反映的预期信用损失的金额，企业也应当将预期信用损失的有利变动确认为减值利得。

(2)企业在前一会计期间已经按照相当于金融工具整个存续期内预期信用损失的金额计量了损失准备，但在当期资产负债表日，该金融工具已不再属于自初始确认后信用风险显著增加的情形的，企业应当在当期资产负债表日按照相当于未来12个月内预期信用损失的金额计量该金融工具的损失准备，由此形成的损失准备的转回金额应当作为减值利得计入当期损益。

(3)对于分类为以公允价值计量且其变动计入其他综合收益的金融资产(直接指定的除外)，企业应当在**其他综合收益**中确认其损失准备，并将减值损失或利得计入当期损益，且不应减少该金融资产在资产负债表中列示的账面价值。

【热题解析】

(选答题部分)甲公司是一家在境内外同时挂牌交易的上市公司。为提高资金使用效率，防控财务风险，促进战略实施，甲公司2019年开展了以下与金融工具有关的业务：

甲公司于2019年3月4日从其他投资者处以市价购入Y公司债券5万张，含交易费用共支付价款150万元，该价格相对于该债券未发生减值的摊余成本而言，发生了大幅折扣。该债券系Y公司于2017年3月1日发行的5年期一次还本、分期付息债券；2019年初因Y公司经营出现困难，该债券的交易价格出现显著下滑。甲公司判断，Y公司所属行业具有明显周期性特征，未来业绩大概率将会改善。甲公司管理该金融资产的业务模式以收取合同现金流量为目标，并持有该债券至到期。基于此，2019年3月4日，甲公司将该债券分类为以摊余成本计量的金融资产，并在持有期间按照经信用调整的实际利率计算确认相关利息收入。

假定不考虑增值税及其他因素。

要求：

判断对持有的Y公司债券的会计处理是否正确；如不正确，指出正确的处理。

【参考答案】

对持有的Y公司债券的会计处理正确。

注：甲公司购入债券时，购入价格相对于该债券未发生减值的摊余成本而言发生了大

幅度折扣，即发生了减值。对于购入的已发生信用减值的金融资产，企业应当自初始确认起，按照该金融资产的摊余成本和经信用调整的实际利率计算确定其利息收入。

【解析】本题考核“金融资产减值”的知识点。对于购买或源生的已发生信用减值的金融资产，企业应当在资产负债表日仅将自初始确认后整个存续期内预期信用损失的累计变动确认为损失准备，使用经信用调整之后的实际利率来进行计量。

（必答题部分）甲公司是一家在境内外同时上市的企业，自2018年1月1日起执行财政部于2017年发布的新修订的《企业会计准则第22号——金融工具确认和计量》等金融工具系列会计准则（简称“新准则”）。为确保新准则的有效执行，该公司于2017年11月组织会计人员进行了新准则集中培训。培训结束时，会计人员对自2018年开始可能发生的与金融工具业务相关的会计处理进行讨论交流。部分人员发言要点摘录如下：

会计人员C：对公司商品销售形成的不含重大融资成分的应收账款，分类为以摊余成本计量的金融资产的，应当始终按照相当于整个存续期预期信用损失的金额计量其损失准备。

会计人员D：公司将来购买的债券如果符合规定的条件，且在初始确认时分类为以公允价值计量且其变动计入其他综合收益的金融资产，则公司无需在资产负债表日对该债券投资进行减值测试。

假定不考虑其他因素。

要求：

（1）判断会计人员C的说法是否存在不当之处；如存在不当之处，指出不当之处并说明理由。

（2）判断会计人员D的说法是否存在不当之处；如存在不当之处，指出不当之处并说明理由。

【参考答案】

（1）不存在不当之处。

【解析】本题考核“金融工具的减值”的知识点。对于由《企业会计准则第14号——收入》规范的交易形成的应收款项或合同资产，且符合下列条件之一的项目，企业应当始终按照相当于整个存续期内预期信用损失的金额计量其损失准备：①该项目未包含《企业会计准则第14号——收入》所定义的重大融资成分，或企业根据《企业会计准则第14号——收入》规定不考虑不超过一年的合同中的融资成分；②该项目包含《企业会计准则第14号——收入》所定义的重大融资成分，同时企业做出会计政策选择，按照相当于整个存续期内预期信用损失的金额计量损失准备。

（2）存在不当之处。

“无需在资产负债表日对该债券投资进行减值测试”的说法不当。

理由：公司将来购买的债券如果符合规定的条件，且在初始确认时分类为以公允价值计量且其变动计入其他综合收益的金融资产，公司在资产负债表日对该类债券投资需要进行减值测试。

或：以摊余成本计量和以公允价值计量且其变动计入其他综合收益的金融资产(指定为以公允价值计量且其变动计入其他综合收益的非交易性权益工具投资除外)应进行减值会计处理并确认损失准备。

【解析】 本题考核“金融工具的减值”的知识点。企业应当按照准则规定，以预期信用损失为基础，对下列项目进行减值会计处理并确认损失准备：①分类为以摊余成本计量的金融资产和分类为以公允价值计量且其变动计入其他综合收益的金融资产；②租赁应收款；③合同资产；④企业发行的分类为以公允价值计量且其变动计入当期损益的金融负债以外的贷款承诺和符合规定的财务担保合同。

考点4　金融负债与权益工具的区分★★★

【考点讲解】

1. 金融负债与权益工具的定义

金融负债，是指企业符合下列条件之一的负债：

(1)向其他方交付现金或其他金融资产的合同义务。

(2)在潜在不利条件下，与其他方交换金融资产或金融负债的合同义务。

(3)将来须用或可用企业自身权益工具进行结算的非衍生工具合同，且企业根据该合同将交付可变数量的自身权益工具。

(4)将来须用或可用企业自身权益工具进行结算的衍生工具合同，但以固定数量的自身权益工具交换固定金额的现金或其他金融资产的衍生工具合同除外。

权益工具，是指能证明拥有某个企业在扣除所有负债后的资产中的剩余权益的合同。

在同时满足下列条件的情况下，企业应当将发行的金融工具分类为权益工具：

(1)该金融工具应当不包括交付现金或其他金融资产给其他方，或在潜在不利条件下与其他方交换金融资产或金融负债的合同义务。

(2)将来须用或可用企业自身权益工具结算该金融工具。如为非衍生工具，该金融工具应当不包括交付可变数量的自身权益工具进行结算的合同义务；如为衍生工具，企业只能通过以固定数量的自身权益工具交换固定金额的现金或其他金融资产结算该金融工具。其中，企业自身权益工具不包括应按照特殊金融工具分类为权益工具的金融工具，也不包括本身就要求在未来收取或交付企业自身权益工具的合同。

【提示】 金融工具被归类为权益工具的，其利息支出或股利分配应作为发行企业的利润分配，其回购、注销等应作为权益的变动处理。

金融工具归类为金融负债的，其利息支出或股利分配原则上应按借款费用处理，其回购或赎回所产生的利得或损失等应计入当期损益。

对于被分类为债务工具且以摊余成本计量金融工具，其在发行时所发生的交易费用，应计入所发行工具的初始计量金额；

对于被分类为权益工具的金融工具，其在发行时所发生的交易费用应当从权益中扣除。

2. 金融负债与权益工具区分的一般原则

(1) 如果企业**不能无条件地避免**以交付现金或其他金融资产来履行一项合同义务，则该合同义务符合金融负债的定义。

(2) 如果一项金融工具须用或可用企业自身权益工具进行结算，需要考虑用于结算该工具的企业自身权益工具，是作为现金或其他金融资产的**替代品**，还是为了使该工具持有方享有在发行方扣除所有负债后的资产中的**剩余权益**。如果是前者，该工具是发行方的金融负债；如果是后者，该工具是发行方的权益工具。在某些情况下，一项金融工具合同规定企业须用或可用自身权益工具结算该金融工具，其中合同权利或合同义务的金额等于可获取或需交付的自身权益工具的数量乘以其结算时的公允价值，则无论该合同权利或合同义务的金额是固定的，还是完全或部分地基于除企业自身权益工具的市场价格以外变量(例如利率、某种商品的价格或某项金融工具的价格)的变动而变动，该合同应当分类为金融负债。

3. 复合金融工具的分拆

复合金融工具是指企业发行的同时包含金融负债成分和权益工具成分的非衍生金融工具。企业发行的非衍生金融工具同时包含金融负债成分和权益工具成分的，应于初始计量时**先确定金融负债成分的公允价值**(包括其中可能包含的非权益性嵌入衍生工具的公允价值)，再从复合金融工具公允价值中扣除负债成分的公允价值，作为权益工具成分的价值。以可转换公司债券为例说明复合金融工具的分拆，见图 10-1。

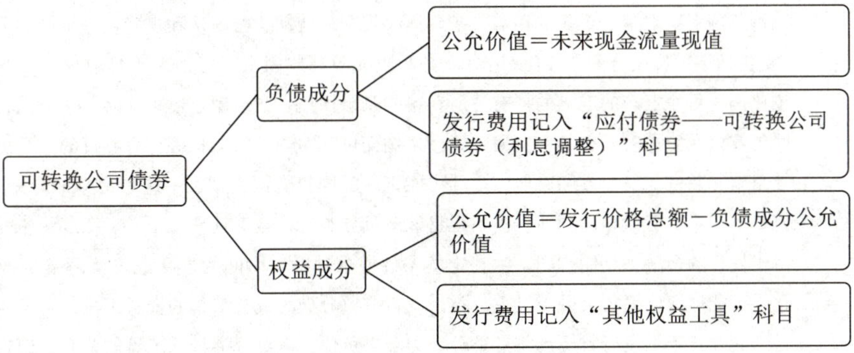

图 10-1 可转换债券的分拆

发行非衍生金融工具发生的交易费用，应在负债成分和权益成分之间按照各自的相对公允价值进行分摊。

4. 其他情况的金融负债与权益工具的区分

金融负债与权益工具区分的其他情况，见表10-1。

表10-1 金融负债与权益工具区分的其他情况

其他具体情形	分类情况
或有结算条款和结算选择权	除下列情况外，对于附加或有结算条款的金融工具，发行方应将其归类为金融负债：①要求以现金、其他金融资产或以其他导致该工具成为金融负债的方式进行结算的或有结算条款几乎不具有可能性，即相关情形极端罕见、显著异常或几乎不可能发生。②只有在发行方清算时，才需以现金、其他金融资产或以其他导致该工具成为金融负债的方式进行结算。③按照本规定分类为权益工具的可回售工具
	对于存在结算选择权的衍生工具(例如，合同规定发行方或持有方能选择以现金净额或以发行股份交换现金等方式进行结算的衍生工具)，发行方应当将其确认为金融资产或金融负债。如果合同条款中所有可能的结算方式均表明该衍生工具应当确认为权益工具的，则应当确认为权益工具
可回售工具或仅在清算时才有义务按比例交付净资产的工具	符合金融负债定义但同时具有下列特征的可回售金融工具，应当分类为权益工具：①赋予持有方在企业清算时按比例份额获得该企业净资产的权利。②该工具所属的类别次于其他所有工具类别。③该类别的所有工具具有相同的特征(例如它们必须都具有可回售特征，并且用于计算回购或赎回价格的公式或其他方法都相同)。④除了发行方应当以现金或其他金融资产回购或赎回该工具的合同义务外，该工具不满足金融负债定义中的任何其他特征。⑤该工具在存续期内的预计现金流量总额，应当实质上基于该工具存续期内企业的损益、已确认净资产的变动、已确认和未确认净资产的公允价值变动(不包括该工具的任何影响)
	对于发行方仅在清算时才有义务向另一方按比例交付其净资产的金融工具，符合金融负债定义但同时具有下列特征的，应当分类为权益工具：①赋予持有方在企业清算时按比例份额获得该企业净资产的权利。②该工具所属的类别次于其他所有工具类别。该工具在归属于该类别前无须转换为另一种工具，且在清算时对企业资产没有优先于其他工具的要求权。③在次于其他所有类别的工具类别中，发行方对该类别中所有工具都应当在清算时承担按比例份额交付其净资产的同等合同义务
	分类为权益的可回售工具，或发行方仅在清算时才有义务向另一方按比例交付其净资产的金融工具，除应具备上述特征外，其发行方应当没有同时具备下列特征的其他金融工具或合同：①现金流量总额实质上基于企业的损益、已确认净资产的变动、已确认和未确认净资产的公允价值变动(不包括该工具或合同的任何影响)。②实质上限制或固定了可回售工具或仅在清算时才有义务按比例交付净资产的工具的持有方所获得的剩余回报。在运用上述条件时，对于发行方与上述可回售或仅在清算时才有义务向另一方按比例交付其净资产的工具持有方签订的非金融合同，如果其条款和条件与发行方和其他方之间可能订立的同等合同类似，不应考虑该非金融合同的影响。但是，如果不能做出此判断，则不得将该工具分类为权益工具
重分类	由于发行的金融工具原合同条款约定的条件或事项随着时间的推移或经济环境的改变而发生变化，可能导致已发行金融工具重分类。发行方原分类为权益工具的金融工具，自不再被分类为权益工具之日起，发行方应当将其重分类为金融负债，以重分类日该工具的公允价值计量，**重分类日权益工具的账面价值和金融负债的公允价值之间的差额确认为权益。**发行方原分类为金融负债的金融工具，自不再被分类为金融负债之日起，发行方应当将其重分类为权益工具，以重分类日金融负债的账面价值计量

续表

其他具体情形	分　类　情　况
永续债	永续债发行方在确定永续债会计分类时，应当以**合同到期日**等条款内含的经济实质为基础，谨慎判断是否能无条件地避免交付现金或其他金融资产的合同义务。当永续债合同其他条款未导致发行方承担交付现金或其他金融资产的合同义务时，发行方应当区分下列情况处理： (1)永续债合同明确规定无固定到期日且持有方在任何情况下均无权要求发行方赎回该永续债或清算的，通常表明发行方没有交付现金或其他金融资产的合同义务。 (2)永续债合同未规定固定到期日且同时规定了未来赎回时间(即"初始期限")的： a. 当该初始期限仅约定为发行方清算日时，通常表明发行方没有交付现金或其他金融资产的合同义务。但清算确定将会发生且不受发行方控制，或者清算发生与否取决于该永续债持有方的，发行方仍具有交付现金或其他金融资产的合同义务。 b. 当该初始期限不是发行方清算日且发行方能自主决定是否赎回永续债时，发行方应当谨慎分析自身是否能无条件地自主决定不行使赎回权。如不能，通常表明发行方有交付现金或其他金融资产的合同义务
永续债	永续债发行方在确定永续债会计分类时，应当考虑合同中关于**清偿顺序**的条款。当永续债合同其他条款未导致发行方承担交付现金或其他金融资产的合同义务时，发行方应当区分下列情况处理： (1)合同规定发行方清算时永续债劣后于发行方发行的普通债券和其他债务的，通常表明发行方没有交付现金或其他金融资产的合同义务。 (2)合同规定发行方清算时永续债与发行方发行的普通债券和其他债务处于相同清偿顺序的，应当审慎考虑此清偿顺序是否会导致持有方对发行方承担交付现金或其他金融资产合同义务的预期，并据此确定其会计分类
	永续债发行方在确定永续债会计分类时，应当考虑**利率跳升和间接义务**

【热题解析】

(选答题部分)甲公司是一家在境内外同时挂牌交易的上市公司。为提高资金使用效率，防控财务风险，促进战略实施，甲公司2019年开展了以下与金融工具有关的业务：

甲公司于2019年6月19日成功按面值非公开发行5 000万股境内优先股，每股面值100元。发行条款规定，任何时候经股东大会决议通过，公司可以取消全部或部分优先股股息，且不承担违约的责任；三年后强制转为普通股，转股价格为19元/股。基于上述情况，甲公司将此次发行的优先股确认为金融负债。

假定不考虑增值税及其他因素。

要求：

判断对优先股的会计处理是否正确；如不正确，指出正确的处理。

【参考答案】

对优先股的会计处理不正确。

正确的处理：此次发行的优先股应该确认为权益工具。

或：企业无需通过交付现金、其他金融资产或交换金融资产或金融负债进行结算，同时也没有以可变数量自身权益工具进行结算的合同义务。

【解析】本题考核“金融负债与权益工具的区分”的知识点。同时满足下列条件的，发行方应当将发行的金融工具分类为权益工具：①该金融工具不包括交付现金或其他金融资产给其他方，或在潜在不利条件下与其他方交换金融资产或金融负债的合同义务；②将来须用或可用企业自身权益工具结算该金融工具的，如该金融工具为非衍生工具，不包括交付可变数量的自身权益工具进行结算的合同义务；如为衍生工具，企业只能通过以固定数量的自身权益工具交换固定金额的现金或其他金融资产结算该金融工具。

（选答题部分）甲公司为一家在上海证券交易所上市的企业，主要从事电网调度、变电站、工业控制等自动化产品的研究、生产与销售。2016 年，甲公司发生的部分业务相关资料如下：

2016 年 10 月 10 日，甲公司经批准发行优先股，约定每年按 6% 的股息率支付股息（股息施行蓄积制，且须支付），该优先股 15 年后将被强制赎回。

据此，甲公司将该优先股作为权益工具进行会计处理。

假定不考虑其他因素。

要求：

判断上述资料中甲公司所作的会计处理是否正确；如不正确，指出正确的会计处理。

【参考答案】

该事项甲公司的会计处理不正确。

正确的会计处理：甲公司应将该优先股作为金融负债进行会计处理。

【解析】本题考核“金融负债与权益工具的区分”的知识点。如果企业不能无条件地避免以交付现金或其他金融资产来履行一项合同义务，则该合同义务符合金融负债的定义。

考点 5 金融资产转移是否终止确认的判断及其会计处理★★★

【考点讲解】

（一）金融资产转移的处理原则

对于金融资产转移，企业应根据其所保留的金融资产所有权上的风险和报酬的程度，分别按照终止确认、继续确认或继续涉入进行处理，如表 10-2 所示。

表 10-2 金融资产转移的处理原则

处理原则	内容
终止确认	企业转移了金融资产所有权上几乎所有风险和报酬的，应当终止确认该金融资产，并将转移中产生或保留的权利和义务单独确认为资产或负债。 举例： (1)企业无条件出售金融资产； (2)企业出售金融资产，同时约定按回购日该金融资产的公允价值回购； (3)企业出售金融资产，同时与转入方签订看跌期权合同或看涨期权合同，且根据合同条款判断，该看跌期权或看涨期权为一项重大价外期权
继续确认	企业保留了金融资产所有权上几乎所有风险和报酬的，应当继续确认该金融资产。 举例： (1)企业出售金融资产并与转入方签订回购协议，协议规定企业将回购原被转移金融资产，或者将拟回购的金融资产与售出的金融资产相同或实质上相同，回购价格固定或等于原售价加上合理的资金成本； (2)企业融出证券或进行证券出借； (3)企业出售金融资产并附有将市场风险敞口转回给企业的总回报互换； (4)企业出售短期应收款项或信贷资产，并且全额补偿转入方可能因被转移金融资产发生的信用损失； (5)企业出售金融资产，同时与转入方签订看跌期权合同或看涨期权合同，且根据合同条款判断，该看跌期权或看涨期权为一项深度价内期权。 企业以附有追索权的方式出售金融资产
继续涉入	企业既没有转移也没有保留金融资产所有权上几乎所有风险和报酬的，应当根据其是否保留了对金融资产的控制，分别下列情形处理： 如果企业未保留对该金融资产控制的，应当终止确认该金融资产，并将转移中产生或保留的权利和义务单独确认为资产或负债。 如果企业保留了对该金融资产控制的，应当按照其继续涉入被转移金融资产的程度继续确认有关金融资产，并相应确认相关负债。 继续涉入被转移金融资产的程度，是指企业承担的被转移金融资产价值变动风险或报酬的程度。 举例： (1)企业转移金融资产，并采用保留次级权益或提供信用担保等方式进行信用增级，企业只转移了被转移金融资产所有权上的部分(非几乎所有)风险和报酬，且保留了对被转移金融资产的控制； (2)企业转移金融资产，并附有既非深度价内也非重大价外的看涨期权或看跌期权，导致企业既没有转移也没有保留所有权上几乎所有风险和报酬，且保留了对被转移金融资产的控制

【应试技巧】 所谓“价外期权”，是指该期权极小可能会被行权；“价内期权”，是指该期权很可能会被行权。

(二)满足终止确认条件的金融资产转移的会计处理

1. 金融资产整体满足终止确认条件

对于整体满足终止确认条件的金融资产，应按照如下公式计算金融资产整体转移损益：

金融资产整体转移损益=因转移收到的对价+/-原直接计入其他综合收益的公允价值变动累计利得或损失（非交易性权益工具所确认的除外，下同）-所转移金融资产的账面价值

企业因金融资产转移导致整体终止确认金融资产，同时获得了新金融资产或承担了新金融负债或服务负债的，应当在转移日确认该金融资产、金融负债（包括看涨期权、看跌期权、担保负债、远期合同、互换等）或服务负债，并以公允价值进行初始计量。该金融资产扣除金融负债和服务负债后的净额应当作为上述对价的组成部分。

企业与金融资产转入方签订服务合同提供相关服务的（包括收取该金融资产的现金流量，并将所收取的现金流量划转给指定的资金保管机构等），应当就该服务合同确认一项服务资产或服务负债。如果企业将收取的费用预计超过对服务的充分补偿的，应当将该服务权利作为继续确认部分确认为一项服务资产。如果将收取的费用预计不能充分补偿企业所提供服务的，则应当将由此形成的服务义务确认一项服务负债，并以公允价值进行初始计量。

2. 部分转移金融资产且被转移部分满足终止确认条件

企业转移了金融资产的一部分，且该被转移部分整体满足终止确认条件的，一般应当将"终止确认部分的账面价值"与"终止确认部分收到的对价+终止确认部分所对应的其他综合收益"的差额计入当期损益。

其中，终止确认部分的账面价值=转移前金融资产整体的账面价值×[终止确认部分的公允价值/（终止确认部分的公允价值+继续确认部分的公允价值+所保留的服务资产的公允价值）]

终止确认部分所对应的其他综合收益=转移前金融资产总的其他综合收益×[终止确认部分的公允价值/（终止确认部分的公允价值+继续确认部分的公允价值+所保留的服务资产的公允价值）]

（三）继续确认被转移金融资产的会计处理

企业保留了被转移金融资产所有权上几乎所有风险和报酬而不满足终止确认条件的，应当继续确认被转移金融资产整体，并将收到的对价确认为一项金融负债。

在继续确认被转移金融资产的情形下，金融资产转移所涉及的金融资产与所确认的相关金融负债不得相互抵销。在后续会计期间，企业应当继续确认该金融资产产生的收入（或利得）和该金融负债产生的费用（或损失），不得相互抵销。

（四）继续涉入被转移金融资产的会计处理

1. 既没有转移也没有保留金融资产所有权上几乎所有风险和报酬，且保留了对该金融资产控制的情形

企业既没有转移也没有保留金融资产所有权上几乎所有风险和报酬，且保留了对该金

融资产控制的，应当按照其继续涉入被转移金融资产的程度继续确认该被转移金融资产，并相应确认相关负债。企业应当按照下列规定对相关负债进行计量：

(1) 被转移金融资产以摊余成本计量的，相关负债的账面价值等于继续涉入被转移金融资产的账面价值减去企业保留的权利(如果企业因金融资产转移保留了相关权利)的摊余成本并加上企业承担的义务(如果企业因金融资产转移承担了相关义务)的摊余成本；相关负债不得指定为以公允价值计量且其变动计入当期损益的金融负债。

(2) 被转移金融资产以公允价值计量的，相关负债的账面价值等于继续涉入被转移金融资产的账面价值减去企业保留的权利(如果企业因金融资产转移保留了相关权利)的公允价值并加上企业承担的义务(如果企业因金融资产转移承担了相关义务)的公允价值，该权利和义务的公允价值应为按独立基础计量时的公允价值。

2. 通过对被转移金融资产提供担保方式继续涉入的情形

企业通过对被转移金融资产提供担保方式继续涉入的，应当在转移日按照金融资产的账面价值和担保金额两者的较低者，继续确认被转移金融资产，同时按照担保金额和担保合同的公允价值(通常是提供担保收到的对价)之和确认相关负债。担保金额，是指企业所收到的对价中，可被要求偿还的最高金额。

在后续会计期间，担保合同的初始确认金额应当随担保义务的履行进行摊销，计入当期损益。被转移金融资产发生减值的，计提的损失准备应从被转移金融资产的账面价值中抵减。

3. 因持有看涨期权或签出看跌期权而继续涉入的情形

企业因持有看涨期权或签出看跌期权而继续涉入的，应区分该金融资产是以摊余成本计量还是以公允价值计量，分别进行会计处理：

(1) 如果该金融资产以摊余成本计量的，应当按照其可能回购的被转移金融资产的金额继续确认被转移金融资产，在转移日按照收到的对价确认相关负债。

被转移金融资产在期权到期日的摊余成本和相关负债初始确认金额之间的差额，应当采用实际利率法摊销，计入当期损益，同时调整相关负债的账面价值。相关期权行权的，应当在行权时，将相关负债的账面价值与行权价格之间的差额计入当期损益。

(2) 如果是以公允价值计量该金融资产的，应当分别以下情形进行处理：

a. 企业因持有看涨期权而继续涉入被转移金融资产的，应当继续按照公允价值计量被转移金融资产，同时按照下列规定计量相关负债，如表 10-3 所示。

表 10-3　看涨期权下继续涉入的负债计量要求

期权特征	计 量 要 求
该期权是价内或平价期权	应当按照期权的行权价格扣除期权的时间价值后的金额，计量相关负债

续表

期权特征	计 量 要 求
该期权是价外期权	应当按照被转移金融资产的公允价值扣除期权的时间价值后的金额，计量相关负债

b. 企业因签出看跌期权形成的义务而继续涉入被转移金融资产的，应当按照该金融资产的公允价值和该期权行权价格两者的较低者，计量继续涉入形成的资产；同时，按照该期权的行权价格与时间价值之和，计量相关负债。

(3)企业因持有看涨期权和签出看跌期权(即上下限期权)而继续涉入被转移金融资产的，应当继续按照公允价值计量被转移金融资产，同时按照下列规定计量相关负债：

a. 该看涨期权是价内或平价期权的，应当按照看涨期权的行权价格和看跌期权的公允价值之和，扣除看涨期权的时间价值后的金额，计量相关负债。

b. 该看涨期权是价外期权的，应当按照被转移金融资产的公允价值和看跌期权的公允价值之和，扣除看涨期权的时间价值后的金额，计量相关负债。

企业按继续涉入程度继续确认的被转移金融资产以及确认的相关负债不应当相互抵销。企业应当对继续确认的被转移金融资产确认所产生的收入(或利得)，对相关负债确认所产生的费用(或损失)，两者不得相互抵销。继续确认的被转移金融资产以公允价值计量的，其在后续计量过程中确认的公允价值变动与相关负债的公允价值变动不得相互抵销。

考点6 套期保值的原则与方式★★

【考点讲解】

套期保值，是指企业为管理外汇风险、利率风险、商品价格风险、股票价格风险、信用风险等引起的风险敞口，指定一项或一项以上套期工具，使套期工具的公允价值或现金流量变动，预期抵销被套期项目全部或部分公允价值或现金流量变动。

套期保值的作用包括：有效规避风险；参与资源配置；实现成本战略；提升核心竞争力。

(一)套期保值的原则

1. 种类相同或相关原则

在做套期保值交易时，所选择的期货品种通常要和套期保值者将在现货市场中买进或卖出的现货商品或资产在种类上相同或有较强的相关性。

比如：油脂加工厂未来要购入大豆作为原材料，所以应以大豆期货进行套期保值，不能是铜期货，此即种类相同。

假定期货市场没有大豆期货，只有豆粕期货，因大豆和豆粕之间联系密切，价格波动基本一致，此时可购买豆粕期货进行套期保值，此即种类相关。

2. 数量相等或相当原则

在做套期保值交易时，买卖期货合约的规模通常要与套期保值者在现货市场上买卖的商品或资产的规模相等或相当。

3. 交易方向相反原则(核心原则)

在做套期保值交易时，套期保值者通常要在同时或相近时间内在现货市场上和期货市场上采取相反的买卖行动，即进行反向操作。

比如：油脂加工企业准备半年后在现货市场购入100吨大豆，则套期保值时应购入10手半年期大豆期货。(10吨/手)

半年后，现货市场买入100吨大豆，期货市场卖出10手期货合约进行平仓：

现货市场——买入100吨大豆

期货市场——出售(对冲)10手大豆期货

此即交易方向相反。

4. 月份相同或相近原则

在做套期保值交易时，所选用的期货合约的交割月份最好与交易者将来在现货市场上实际买进或卖出现货商品的时间相同或相近。

上述四项原则是建立在完美假设基础上的风险对冲原则，为适应复杂多变的市场变化，除了“交易方向相反原则”外，其他三项原则应根据实际进行适当调整，使套期保值操作更好地发挥防范企业经营风险的作用。此外具体实务中还应考虑风险可控和可对冲原则。风险可控，是指企业的套期保值方案设计及操作管理，都应使保值行动处于明确的风险可承受度以内，甚至要做到风险可测，并采取相应的防范措施。

(二)套期保值的方式

1. 买入套期保值(即多头套期保值或买期保值)

套期保值者为了规避价格上涨的风险，先在期货市场上买入与其将在现货市场上买入的现货商品或资产数量相等，交割日期相同或相近的以该商品或资产为标的期货合约，当该套期保值者在现货市场上买入现货商品或资产的同时，将原买进的期货合约对冲平仓，从而为其在现货市场上买进现货商品或资产的交易进行保值。

买入套期保值具体适用于：

(1)加工制造企业为了防止日后购进原材料时价格上涨的情况；

(2)供货方已经与需求方签订好现货供货合同，约定未来时间交货，但供货方此时尚未购进货源，防止日后购进货源价格上涨的情况；

(3)需求方由于资金不足、缺少外汇、仓库已满等情况不能立即买进现货，防止日后购入现货价格上涨的情形。

2. 卖出套期保值（即空头套期保值或卖期保值）

套期保值者为了规避价格下跌的风险，先在期货市场上卖出与其将在现货市场上卖出的现货商品或资产数量相等，交割日期相同或相近的以该商品或资产为标的期货合约，当该套期保值者在现货市场上卖出现货商品或资产的同时，将原卖出的期货合约对冲平仓，从而为其在现货市场上卖出现货商品或资产的交易进行保值。

卖出套期保值具体适用于：

（1）直接生产商品的厂家有库存商品尚未销售，防止日后出售时价格下跌的情况；

（2）储运商、贸易商有库存现货尚未出售或已签订将来以特定价格买进某一种商品但尚未转售，防止日后出售时价格下跌的情况；

（3）加工制造企业防止库存原材料价格下跌的情况。

考点 7　套期保值的操作★★

【考点讲解】

套期保值操作的基本流程如图 10-2 所示。

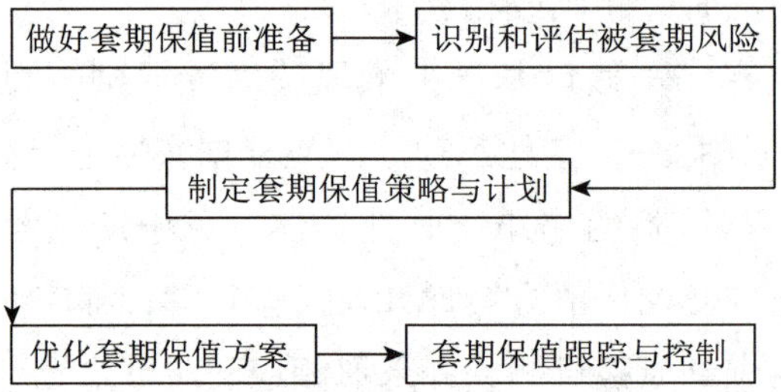

图 10-2　套期保值操作的基本流程

（1）企业应当了解期货市场的基本运行特点；重视相关交易制度及规则；健全风险管理制度，健全套期保值管理制度，健全交割制度，实现规避风险的目标。

（2）价格波动风险是由企业的商品市场价格波动引起；汇率风险是指预期以外的汇率变动引起，由交易风险、外币折算风险和经济风险而产生；利率风险是利率变动所产生的风险。

（3）根据风险预警线确定是否进行套期保值，确定合理的套期保值目标，确定套期保值方向，确定套期保值比例，选择套期保值工具，计算最优套期保值比率，选择套期保值期限，确定目标价位。

（4）科学选择建仓时机，制定和完善操作策略，做好必要的配套工作：配备专业人才队伍、制定正确的风险管理理念及合理的决策体制；对所需财务支持做好计划和准备；复杂的，可寻求专业第三方支持。

(5)应正确评价保值效果：从现货和期货两个市场盈亏相抵后的净值评价；从较长时间段评价。应当建立应急处理机制，及时有效地应对不利变化，包括确立判断危机的标准、组建专业团队、建立备选应急预案等。

考点8 套期的分类及会计处理★★★

【考点讲解】

(一)套期的分类

套期包括公允价值套期、现金流量套期和境外经营净投资套期。

1. 公允价值套期

公允价值套期是指对已确认资产或负债、**尚未确认的确定承诺**，或上述项目组成部分的公允价值变动风险敞口进行的套期。该公允价值变动源于特定风险，且将影响企业的**损益或其他综合收益**。其中，影响其他综合收益的情形，仅限于企业对指定为以公允价值计量且其变动计入其他综合收益的非交易性权益工具投资的公允价值变动风险敞口进行的套期。

2. 现金流量套期

现金流量套期是指对现金流量变动风险敞口进行的套期。该现金流量变动源于与已确认资产或负债、**极可能发生的预期交易**，或与上述项目组成部分有关的特定风险，且将影响企业的损益。

3. 境外经营净投资套期

境外经营净投资套期是指对境外经营净投资外汇风险敞口进行的套期。

【应试技巧】对确定承诺的外汇风险进行的套期，企业可以将其作为公允价值套期或现金流量套期处理。

(二)套期工具和被套期项目

1. 套期工具

套期工具，是指企业为进行套期而指定的、其公允价值或现金流量变动预期可抵销被套期项目的公允价值或现金流量变动的金融工具，包括：

(1)以公允价值计量且其变动计入当期损益的**衍生工具**，但签出期权除外。

企业只有在对购入期权(包括嵌入在混合合同中的购入期权)进行套期时，签出期权才可以作为套期工具。嵌入在混合合同中但未分拆的衍生工具不能作为单独的套期工具。

(2)以公允价值计量且其变动计入当期损益的**非衍生金融资产或非衍生金融负债**，但指定为以公允价值计量且其变动计入当期损益、且其自身信用风险变动引起的公允价值变动计入其他综合收益的金融负债除外。

【应试技巧】对于外汇风险套期，企业可以将非衍生金融资产（选择以公允价值计量且其变动计入其他综合收益的非交易性权益工具投资除外）或非衍生金融负债的外汇风险成分指定为套期工具。

在确立套期关系时，企业应当将符合条件的金融工具整体指定为套期工具，但下列情形除外：

（1）对于期权，企业可以将期权的内在价值和时间价值分开，只将期权的内在价值变动指定为套期工具。

（2）对于远期合同，企业可以将远期合同的远期要素和即期要素分开，只将即期要素的价值变动指定为套期工具。

（3）对于金融工具，企业可以将金融工具的外汇基差单独分拆，只将排除外汇基差后的金融工具指定为套期工具。

（4）企业可以将套期工具的一定比例指定为套期工具，但不可以将套期工具剩余期限内某一时段的公允价值变动部分指定为套期工具。

2. 被套期项目

被套期项目，是指使企业面临公允价值或现金流量变动风险，且被指定为被套期对象的、能够可靠计量的项目。企业可以将下列单个项目、项目组合或其组成部分指定为被套期项目：

（1）已确认资产或负债。

（2）尚未确认的确定承诺。

（3）极可能发生的预期交易。

（4）境外经营净投资。

3. 企业集团层面套期关系的指定

在合并财务报表层面，只有与**企业集团之外**的对手方之间交易形成的资产、负债、尚未确认的确定承诺或极可能发生的预期交易才能被指定为被套期项目；在合并财务报表层面，只有与**企业集团之外**的对手方签订的合同才能被指定为套期工具。

【应试技巧】对于同一企业集团内的主体之间的交易，在企业个别财务报表层面可以运用套期会计，在企业集团合并财务报表层面不得运用套期会计，但下列情形除外：

（1）在合并财务报表层面，符合规定的投资性主体与其以公允价值计量且其变动计入当期损益的子公司之间的交易，可以运用套期会计。

（2）企业集团内部交易形成的货币性项目的汇兑收益或损失，不能在合并财务报表中全额抵销的，企业可以在合并财务报表层面将该货币性项目的外汇风险指定为被套期项目。

（3）企业集团内部极可能发生的预期交易，按照进行此项交易的主体的记账本位币以外的货币标价，且相关的外汇风险将影响合并损益的，企业可以在合并财务报表层面将该外汇风险指定为被套期项目。

（三）套期关系评估

1. 运用套期会计方法进行处理需满足的条件

运用套期会计方法对公允价值套期、现金流量套期或境外经营净投资套期进行会计处理需满足如下条件：

（1）套期关系仅由符合条件的套期工具和被套期项目组成。

（2）在套期开始时，企业正式指定了套期工具和被套期项目，并准备了关于套期关系和企业从事套期的风险管理策略和风险管理目标的书面文件。该文件至少载明了套期工具、被套期项目、被套期风险的性质以及套期有效性评估方法（包括套期无效部分产生的原因分析以及套期比率确定方法）等内容。

（3）套期关系符合**套期有效性**要求。

2. 套期有效性的认定

套期有效性，是指套期工具的公允价值或现金流量变动能够抵销被套期风险引起的被套期项目公允价值或现金流量变动的程度。套期工具的公允价值或现金流量变动大于或小于被套期项目的公允价值或现金流量变动的部分为套期无效部分。

套期同时满足下列条件的，企业应当认定套期关系符合**套期有效性**要求：

（1）被套期项目和套期工具之间存在经济关系。该经济关系使得套期工具和被套期项目的价值因面临相同的被套期风险而发生方向相反的变动。

（2）被套期项目和套期工具经济关系产生的价值变动中，信用风险的影响不占主导地位。

（3）套期关系的套期比率，应当等于企业实际套期的被套期项目数量与对其进行套期的套期工具实际数量之比，但不应当反映被套期项目和套期工具相对权重的失衡，这种失衡会导致套期无效，并可能产生与套期会计目标不一致的会计结果。

3. 套期关系评估

企业应当在套期开始日及以后期间持续地对套期关系是否符合套期有效性要求进行评估，尤其应当分析在套期剩余期限内预期将影响套期关系的套期无效部分产生的原因。企业至少应当在**资产负债表日**及**相关情形发生重大变化**将影响套期有效性要求时对套期关系进行评估。

4. 套期关系再平衡

企业在套期关系再平衡时，应当首先确认套期关系调整前的套期无效部分，并更新在套期剩余期限内预期将影响套期关系的套期无效部分产生原因的分析，同时相应更新套期关系的书面文件。

5. 套期会计的终止

企业发生下列情形之一的，应当终止运用套期会计：

(1)因风险管理目标发生变化，导致套期关系不再满足风险管理目标。

(2)套期工具已到期、被出售、合同终止或已行使。

(3)被套期项目与套期工具之间不再存在经济关系，或者被套期项目和套期工具经济关系产生的价值变动中，信用风险的影响开始占主导地位。

(4)套期关系不再满足运用套期会计方法的其他条件。在适用套期关系再平衡的情况下，企业应当首先考虑套期关系再平衡，然后评估套期关系是否满足运用套期会计方法的条件。

终止套期会计可能会影响套期关系的整体或其中一部分，在仅影响其中一部分时，剩余未受影响的部分仍适用套期会计。

(四)套期的确认和计量

1. 公允价值套期的确认和计量

对于满足运用套期会计方法条件的公允价值套期，企业应按照下列规定处理：

(1)套期工具产生的利得或损失一般应当计入**当期损益**。

【应试技巧】 如果套期工具是对选择以公允价值计量且其变动计入其他综合收益的非交易性权益工具投资(或其组成部分)进行套期的，套期工具产生的利得或损失应当计入其他综合收益。

(2)被套期项目因被套期风险敞口形成的利得或损失应当计入**当期损益**，同时调整未以公允价值计量的**已确认被套期项目的账面价值**。

如果被套期项目为以公允价值计量且其变动计入其他综合收益的金融资产(或其组成部分)的，其账面价值已经按公允价值计量，不需要调整。

被套期项目为尚未确认的确定承诺(或其组成部分)的，其在套期关系指定后因被套期风险引起的公允价值累计变动额应当确认为一项资产或负债，相关的利得或损失应当计入各相关期间损益。当履行确定承诺而取得资产或承担负债时，应当调整该资产或负债的初始确认金额，以包括已确认的被套期项目的公允价值累计变动额。

公允价值套期中，被套期项目为以摊余成本计量的金融工具(或其组成部分)的，企业对被套期项目账面价值所做的调整应当按照开始摊销日重新计算的实际利率进行摊销，并计入当期损益。该摊销可以自调整日开始，但不应当晚于对被套期项目终止进行套期利得和损失调整的时点。被套期项目为以公允价值计量且其变动计入其他综合收益的金融资产(或其组成部分)(非交易性权益工具投资除外)的，企业应当按照相同的方式对累计已确认的套期利得或损失进行摊销，并计入当期损益，但不调整金融资产(或其组成部分)的账面价值。

2. 现金流量套期的确认和计量

(1)套期工具所产生的利得或损失的处理。

对于满足运用套期会计方法条件的现金流量套期，企业应当区分套期工具所产生的利得或损失中属于套期有效的部分和属于套期无效的部分。

对于套期工具产生的利得或损失中属于套期有效的部分，企业应当将其作为现金流量套期储备，应当计入其他综合收益。

现金流量套期储备的金额，等于下列两项的绝对额中的较低者：

a. 套期工具自套期开始的累计利得或损失；

b. 被套期项目自套期开始的预计未来现金流量现值的累计变动额。

每期计入其他综合收益的现金流量套期储备的金额应当为当期现金流量套期储备的变动额。

对于套期工具产生的利得或损失中属于套期无效的部分，应当计入当期损益。

属于套期无效的部分=套期工具产生的利得或损失-计入其他综合收益的金额

(2)现金流量套期储备的处理。

对于现金流量套期储备的金额，企业应当按照下列规定处理：

a. 被套期项目为预期交易，且该预期交易使企业随后确认一项非金融资产或非金融负债的，或者非金融资产或非金融负债的预期交易形成一项适用于公允价值套期会计的确定承诺时，企业应当将原在其他综合收益中确认的现金流量套期储备金额转出，计入该资产或负债的初始确认金额。

b. 对于不属于 a. 中所涉及的现金流量套期，企业应当在被套期的预期现金流量影响损益的相同期间，将原在其他综合收益中确认的现金流量套期储备金额转出，计入当期损益。

c. 如果在其他综合收益中确认的现金流量套期储备金额是一项损失，且该损失全部或部分预计在未来会计期间不能弥补的，企业应当在预计不能弥补时，将预计不能弥补的部分从其他综合收益中转出，计入当期损益。

3. 境外经营净投资套期的确认和计量

对境外经营净投资的套期，包括对作为净投资的一部分进行会计处理的货币性项目的套期，应当按照类似于现金流量套期会计的规定处理：

(1)套期工具形成的利得或损失中属于套期有效的部分，应当计入其他综合收益。

全部或部分处置境外经营时，上述计入其他综合收益的套期工具利得或损失应当相应转出，计入当期损益。

(2)套期工具形成的利得或损失中属于套期无效的部分，应当计入当期损益。

4. 套期关系再平衡的会计处理

企业对套期关系做出再平衡的，应当在调整套期关系之前确定套期关系的套期无效部分，并将相关利得或损失计入当期损益。

套期关系再平衡可能会导致企业增加或减少指定套期关系中被套期项目或套期工具的数量。企业增加了指定的被套期项目或套期工具的，增加部分自指定增加之日起作为套期关系的一部分进行处理；企业减少了指定的被套期项目或套期工具的，减少部分自指定减少之日起不再作为套期关系的一部分，作为套期关系终止处理。

热题解析

（选答题部分）甲公司是一家在境内外同时挂牌交易的上市公司。为提高资金使用效率，防控财务风险，促进战略实施，甲公司2019年开展了以下与金融工具有关的业务：

2019年7月1日，甲公司与乙金融机构签订螺纹钢期货合约，以规避螺纹钢存货公允价值变动风险，并将该期货合约指定为对其后6个月内螺纹钢存货商品变动引起的公允价值变动风险的套期工具。螺纹钢期货合约的标的资产与被套期项目螺纹钢存货在数量、质地和产地等方面相同。甲公司分析发现，螺纹钢存货与该螺纹钢期货合约存在经济关系，且该期货合约与被套期的螺纹钢存货的价值因面临相同的被套期风险而发生方向相反的变动；经济关系产生的价值变动中，信用风险的影响不占主导地位；套期比率不存在被套期项目和套期工具相对权重失衡的问题。据此，甲公司于2019年7月1日做出如下判断及相关处理：

(1)该套期关系符合套期有效性要求；

(2)按套期关系，将该套期划分为公允价值套期，并对其采用相应的公允价值套期会计方法进行处理。

假定不考虑增值税及其他因素。

要求：

分别判断(1)中的说法和(2)中的会计处理是否正确；如不正确，说明理由。

【参考答案】

(1)中的说法正确。

(2)中的会计处理正确。

【解析】本题考核“套期有效性的认定及套期的分类”的知识点。

(1)套期同时满足下列条件的，企业应当认定套期关系符合套期有效性要求：

①被套期项目和套期工具之间存在经济关系。该经济关系使得套期工具和被套期项目的价值因面临相同的被套期风险而发生方向相反的变动。

②被套期项目和套期工具经济关系产生的价值变动中，信用风险的影响不占主导

地位。

③套期关系的套期比率，应当等于企业实际套期的被套期项目数量与对其进行套期的套期工具实际数量之比，但不应当反映被套期项目和套期工具相对权重的失衡，这种失衡会导致套期无效，并可能产生与套期会计目标不一致的会计结果。

(2)公允价值套期是指对已确认资产或负债、尚未确认的确定承诺，或该资产或负债、尚未确认的确定承诺中可辨认部分的公允价值变动风险敞口进行的套期。

(必答题部分)甲公司是一家在境内外同时上市的企业，自2018年1月1日起执行财政部于2017年发布的新修订的《企业会计准则第22号——金融工具确认和计量》等金融工具系列会计准则(简称“新准则”)。为确保新准则的有效执行，该公司于2017年11月组织会计人员进行了新准则集中培训。培训结束时，会计人员对自2018年开始可能发生的与金融工具业务相关的会计处理进行讨论交流。部分人员发言要点摘录如下：

会计人员E：套期工具通常应是衍生金融工具，但公司对外汇风险进行套期时，可以将非衍生金融资产(选择以公允价值计量且其变动计入其他综合收益的非交易性权益工具投资除外)或非衍生金融负债的外汇风险成分指定为套期工具。

假定不考虑其他因素。

要求：

判断会计人员E的说法是否存在不当之处；如存在不当之处，指出不当之处并说明理由。

【参考答案】

不存在不当之处。

【解析】本题考核“套期工具的指定”的知识点。套期工具，是指企业为进行套期而指定的、其公允价值或现金流量变动预期可抵销被套期项目的公允价值或现金流量变动的金融工具。对于外汇风险套期，企业可以将非衍生金融资产(选择以公允价值计量且其变动计入其他综合收益的非交易性权益工具投资除外)或非衍生金融负债的外汇风险成分指定为套期工具。

(选答题部分)甲公司为一家在上海证券交易所上市的企业，主要从事电网调度、变电站、工业控制等自动化产品的研究、生产与销售。2016年，甲公司发生的部分业务相关资料如下：

2016年10月20日，甲公司综合考虑相关因素后，判断其生产产品所需的某原材料的市场价格将在较长时期内持续上涨，甲公司决定对预定3个月后需购入的该原材料采用买入套期保值方式进行套期保值，并与有关方签订了相关协议。甲公司开展的该套期保值业务符合《企业会计准则第24号——套期保值》有关套期保值会计方法的运用条件。

据此，甲公司将该套期保值业务划分为现金流量套期进行会计处理。

假定不考虑其他因素。

要求：

判断上述资料中甲公司所作的会计处理是否正确；如不正确，指出正确的会计处理。

【参考答案】

该事项甲公司的会计处理正确。

【解析】本题考核“套期的分类”的知识点。现金流量套期是指对现金流量变动风险敞口进行的套期。该现金流量变动源于与已确认资产或负债、极可能发生的预期交易，或与上述项目组成部分有关的特定风险，且将影响企业的损益。

考点9 股权激励计划的拟订、审批和实施程序★★

【考点讲解】

股权激励主要是指上市公司以本公司股票为标的，对激励对象进行的长期性激励。

激励对象可以包括上市公司的董事、高级管理人员、核心技术人员或者核心业务人员，以及公司认为应当激励的对公司经营业绩和未来发展有直接影响的其他员工，不应当包括独立董事和监事。外籍员工任职上市公司董事、高级管理人员、核心技术人员或者核心业务人员的，可以成为激励对象。单独或合计持有上市公司5%以上股份的股东或实际控制人及其配偶、父母、子女，不得成为激励对象；但是，单独或合计持有科创板上市公司5%以上股份的股东或实际控制人及其配偶、父母、子女，作为董事、高级管理人员、核心技术人员或者核心业务人员的，可以成为激励对象。

股权激励包括股票期权、限制性股票、股票增值权、虚拟股票、业绩股票等方式。

(一)实施股权激励的条件

(1)上市公司，存在下列情形之一的，不得实行股权激励计划：

a. 最近一个会计年度的财务会计报告被注册会计师出具否定意见或者无法表示意见的审计报告；

b. 最近一个会计年度的财务报告内部控制被注册会计师出具否定意见或无法表示意见的审计报告；

c. 上市后最近36个月内出现过未按法律法规、公司章程、公开承诺进行利润分配的情形；

d. 法律法规规定不得实行股权激励的；

e. 中国证监会认定的其他情形。

(2)对于国有控股境内上市公司，要实施股权激励除上述规定外，还应具备下列条件：

a. 公司治理结构规范，股东会、董事会、经理层组织健全，职责明确，外部董事(含独立董事)占董事会成员半数以上；

b. 薪酬委员会由外部董事构成，且薪酬委员会制度健全，议事规则完善，运行规范；

c. 内部控制制度和绩效考核体系健全，基础管理制度规范，建立了符合市场经济和现代企业制度要求的劳动用工、薪酬福利制度及绩效考核体系；

d. 发展战略明确，资产质量和财务状况良好，经营业绩稳健，近三年无财务违法违规行为和不良记录。

(3)对于国有控股境外上市公司，要实施股权激励应当具备下列条件：

a. 公司治理结构规范，股东会、董事会、监事会、经理层各负其责，协调运转，有效制衡，董事会中有三名以上独立董事并能有效履行职责；

b. 公司发展战略目标和实施计划明确，持续发展能力良好；

c. 公司业绩考核体系健全、基础管理制度规范，进行了劳动、用工、薪酬制度改革。

(二)标的股票的来源和数量

上市公司主要采用两种方式解决股权激励标的股票的来源，即向激励对象发行股份和回购公司自己的股份。

对于国有控股上市公司，实施股权激励计划所需标的股票来源，可以根据本公司实际情况，通过向激励对象发行股份、回购本公司股份及法律、行政法规允许的其他方式确定，不得由单一国有股股东支付或擅自无偿量化国有股权。

上市公司可以回购不超过公司已发行股份总额的**5%**用于奖励公司员工。

股权激励标的股票的数量是股权激励计划中特别需要均衡考虑的因素。

对于上市公司，全部在有效期内的股权激励计划所涉及的标的股票总数累计不得超过股本总额的**10%**，非经股东大会特别决议批准，任何一名激励对象通过全部在有效期内的股权激励计划获授的本公司股票，累计不得超过公司股本总额的1%。

科创板上市公司全部在有效期内的股权激励计划所涉及的标的股票总数，累计不得超过公司股本总额的20%。

【应试技巧】这里的股本总额是指股东大会批准最近一次股权激励计划时公司已经发行的股本总额。

对于国有控股上市公司在股权激励计划有效期内授予的股权总量，除应遵循上市公司规定外，还应注意首次股权授予数量等方面的限制。国有控股上市公司首次股权授予数量应控制在上市公司股本总额的**1%**以内。国有控股境内上市公司任何一名激励对象通过全部有效的股权奖励计划获授的本公司股权，累计不得超过公司股本总额的**1%**，经股东大会特别决议批准的除外。国有控股境外上市公司在股权激励计划有效期内任何**12个月**期间授予任一人员的股权(包括已行使和未行使的股权)超过上市公司发行总股本**1%**的，上市公司不再授予其股权。中小市值中央企业(指国资委履行出资人职责的中央企业)控股上市公司及科技创新型中央企业控股上市公司，首次实施股权激励计划授予的权益数量占公司股本总额比重，最高可以由1%上浮至3%。中央企业控股上市公司两个完整年度内累计授予的权益数量一般在公司总股本的3%以内，公司重大战略转型等特殊需要的可以适当放宽至总股本的5%以内。

对于国有控股境内上市公司的高管人员，股权授予的具体数量应从严把握。在股权激励计划有效期内，实施股权激励的高管人员个人股权激励预期收益水平应控制在薪酬总水平的30%以内；授予董事、核心技术人员和管理骨干的股权数量比照高级管理人员的办法确定。对于国有控股境外上市公司这个限制比例为40%。但是，对于中央企业控股上市公司，董事、高级管理人员的权益授予价值，境内外上市公司统一按照不高于授予时薪酬总水平(含权益授予价值)的40%确定，管理、技术和业务骨干等其他激励对象的权益授予价值，由上市公司董事会合理确定。

(三)激励计划的时间要素

1. 股权激励计划的有效期

上市公司的股权激励计划的有效期从首次授予日起不得超过10年。

上市公司在推出股权激励计划时，可以设置预留权益，预留比例不得超过本次股权激励计划拟授予权益数量的20%。上市公司应当在股权激励计划经股东大会审议通过后12个月内明确预留权益的授予对象；超过12个月未明确激励对象的，预留权益失效。

2. 股票期权行权时间限制

采用股票期权激励方式的，应当设置行权限制期和行权有效期，并按设定的时间表分批行权。

(1)行权限制期为自股权授予日(授权日)起至可行权日止的期限。行权限制期原则上不得少于两年，在限制期内不可以行权。(在会计核算中，这段时间相当于等待期，等待期内由于不满足行权条件不能行权，但会计处理要履行)

(2)行权有效期为自股权生效日起至股权失效日止的期限。行权有效期由上市公司根据实际确定，但不得少于三年。在行权有效期内原则上采取匀速分批行权办法。超过行权有效期的，其权利自动失效，并不可追溯行使。

(3)授权日是指上市公司向激励对象授予股票期权、限制性股票的日期，且须为交易日。

(4)可行权日是指激励对象可以开始行权的日期。其中，行权是指激励对象根据股票期权激励计划，在规定的期间内以预先确定的价格和条件购买上市公司股份的行为。可行权日必须为交易日。

3. 其他时间要求

限制性股票授予日与首次解除限售日之间的间隔不得少于12个月。

在限制性股票有效期内，上市公司应当规定分期解除限售，每期时限不得少于12个月，各期解除限售的比例不得超过激励对象获授限制性股票总额的50%。

对于科创板中央企业控股上市公司，以限制性股票方式实施股权激励的，若授予价格低于公平市场价格的50%，公司应当适当延长限制性股票的禁售期及解锁期，并设置不低于公司近三年平均业绩水平或同行业75分位值水平的解锁业绩目标条件。

(四)股权授予价格的确定

上市公司在授予激励对象限制性股票时，应当确定授予价格或授予价格的确定方法。授予价格不得低于股票票面金额，且原则上不得低于下列价格较高者：

(1)股权激励计划草案公布前1个交易日的公司股票交易均价的50%；

(2)股权激励计划草案公布前20个交易日、60个交易日或者120个交易日的公司股票交易均价之一的50%。

对于科创板上市公司，其授予激励对象限制性股票的价格，低于股权激励计划草案公布前1个交易日、20个交易日、60个交易日或者120个交易日公司股票交易均价的50%的，应当说明定价依据及定价方式。对于尚未盈利的科创板中央企业控股上市公司实施股权激励的，限制性股票授予价格按照不低于公平市场价格的60%确定。

上市公司在授予激励对象股票期权时，应当确定行权价格或者行权价格的确定方法。行权价格不得低于股票票面金额，且原则上不得低于下列价格较高者：

(1)股权激励计划草案公布前1个交易日的公司股票交易均价；

(2)股权激励计划草案公布前20个交易日、60个交易日或者120个交易日的公司股票交易均价之一。

【热题解析】

(必答题部分)甲公司是一家在深圳证券交易所上市的民营企业，主要从事药品研发和生产，执行财政部2017年修订发布的金融工具系列会计准则。甲公司2019～2020年发生的部分业务及相关会计处理资料如下：

……

(3)为促进公司持续健康发展，充分调动有关人员的积极性，缓解优秀人才流失对公司的不利影响，甲公司在2020年首次推出股票期权激励计划。该计划草案的主要内容如下：①股票期权的激励对象：19名中高级管理人员和20名核心技术人员，共计39人，所有激励对象均为中国国籍。本计划实施前，除1名高级管理人员直接持有本公司6%股份外，其余激励对象及其配偶、父母、子女均未持有本公司的股票。②股票期权行权价格的确定方法：行权价格不高于股票期权激励计划草案公布前1个交易日、20个交易日、60个交易日和120个交易日的本公司股票交易均价的最小值。

要求：

(1)根据资料(3)中事项①，判断股票期权的激励对象是否存在不当之处；对存在不当之处的，说明理由。

(2)根据资料(3)中事项②，判断股票期权行权价格的确定方法是否存在不当之处；对存在不当之处的，说明理由。

【参考答案】

(1)存在不当之处。

理由：单独或合计持有上市公司5%以上股份的股东或实际控制人及其配偶、父母、子女，不得成为激励对象。

【解析】本题考核“股权激励计划中的激励对象”的知识点。股权激励计划的激励对象可以包括上市公司的董事、高级管理人员、核心技术人员或者核心业务人员，以及公司认为应当激励的对公司经营业绩和未来发展有直接影响的其他员工，不应当包括独立董事和监事。外籍员工任职上市公司董事、高级管理人员、核心技术人员或者核心业务人员的，可以成为激励对象。单独或合计持有上市公司5%以上股份的股东或实际控制人及其配偶、父母、子女，不得成为激励对象；但是，单独或合计持有科创板上市公司5%以上股份的股东或实际控制人及其配偶、父母、子女，作为董事、高级管理人员、核心技术人员或者核心业务人员的，可以成为激励对象。

(2)存在不当之处。

理由：授予激励对象股票期权时，行权价格不得低于股票票面金额，且原则上不得低于下列价格中的较高者：①股权激励计划草案公布前1个交易日的公司股票交易均价；②股权激励计划草案公布前20个交易日、60个交易日或者120个交易日的公司股票交易均价之一。

【解析】本题考核“股权授予价格的确定”。股票期权行权价格的确定采用孰高原则。

考点10 股份支付的会计处理★★

【考点讲解】

(一)权益结算的股份支付

以权益结算的股份支付，是指企业为获取服务以股份或其他权益工具作为对价进行结算的交易。

1. 换取职工服务的权益结算的股份支付

企业应在等待期内的每个资产负债表日，以对可行权权益工具数量的最佳估计为基础，按照权益工具在**授予日的公允价值**，将当期取得的服务计入相关资产成本或当期费用，同时计入资本公积中的其他资本公积。

借：管理费用等

　　贷：资本公积——其他资本公积

对于授予后立即可行权地换取职工提供服务的权益结算的股份支付(例如授予限制性股票的股份支付)，应在授予日按照权益工具的公允价值，将取得的服务计入相关资产成本或当期费用，同时计入资本公积。

借：管理费用等[按授予日权益工具的公允价值计量]

　　贷：资本公积——股本溢价

2. 换取其他方服务的权益结算的股份支付

(1)其他方服务公允价值能够可靠计量。

一般而言，职工以外的其他方提供的服务能够可靠计量的，应当优先采用其他方所提供服务在取得日的公允价值。

(2)其他方服务公允价值不能可靠计量。

如果其他方服务的公允价值不能可靠计量，但权益工具的公允价值能够可靠计量的，应当按照权益工具在服务取得日的公允价值计量。

企业应当根据所确定的公允价值计入相关资产成本或费用。

3. 权益工具公允价值无法可靠确定时的处理

在极少数情况下，授予权益工具的公允价值无法可靠计量。在这种情况下，企业应当在获取对方提供服务的时点、后续的每个报告日以及结算日，以内在价值计量该权益工具，内在价值变动计入当期损益。同时，企业应当以最终可行权或实际行权的权益工具数量为基础，确认取得服务的金额。内在价值是指交易对方有权认购或取得的股份的公允价值，与其按照股份支付协议应当支付的价格间的差额。

(二)现金结算的股份支付

企业应当在等待期内的每个资产负债表日，以对可行权情况的最佳估计为基础，按照企业承担负债的公允价值，将当期取得的服务计入相关资产成本或当期费用，同时计入负债，并在结算前的**每个资产负债表日和结算日对负债的公允价值重新计量**，将其变动计入损益。

等待期内每个资产负债表日：

借：管理费用等

　　贷：应付职工薪酬

可行权日之后结算日之前每个资产负债表日：

借：公允价值变动损益

　　贷：应付职工薪酬

对于授予后立即可行权的现金结算的股份支付(例如授予虚拟股票或业绩股票的股

份支付），企业应当在授予日按照企业承担负债的公允价值计入相关资产成本或费用，同时计入负债，并在结算前的每个资产负债表日和结算日对负债的公允价值重新计量，将其变动计入损益。

借：管理费用等［按授予日企业承担负债的公允价值］

　　贷：应付职工薪酬

（三）回购股份进行职工期权激励

企业以回购股份形式奖励本企业职工的，属于权益结算的股份支付，应当进行以下处理：

1. 回购股份

企业回购股份时，应当将回购股份的全部支出作为库存股处理，同时进行备查登记。

借：库存股

　　贷：银行存款

2. 确认成本费用

按照《企业会计准则第 11 号——股份支付》对职工权益结算的股份支付的规定，企业应当在等待期内每个资产负债表日按照权益工具在授予日的公允价值，将取得的职工服务计入成本费用，同时增加资本公积（其他资本公积）。

借：管理费用等

　　贷：资本公积——其他资本公积

3. 职工行权

企业应于职工行权购买本企业股份收到价款时，转销交付职工的库存股成本和等待期内资本公积（其他资本公积）累计金额，同时，按照其差额调整资本公积（股本溢价）。

借：银行存款

　　资本公积——其他资本公积［等待期内资本公积中累计确认的金额］

　　贷：库存股［交付职工的库存股成本］

　　　　资本公积——股本溢价［差额］

（四）条款和条件的修改

通常情况下，股份支付协议生效后，不应对其条款和条件随意修改。某些情况下，也允许修改。会计核算上，无论如何修改，企业都应至少确认按照所授予的权益工具在授予日的公允价值来计量获取的相应服务，除非因不能满足可行权条件（除市场条件外）而无法行权（参照图 10-3 理解）。

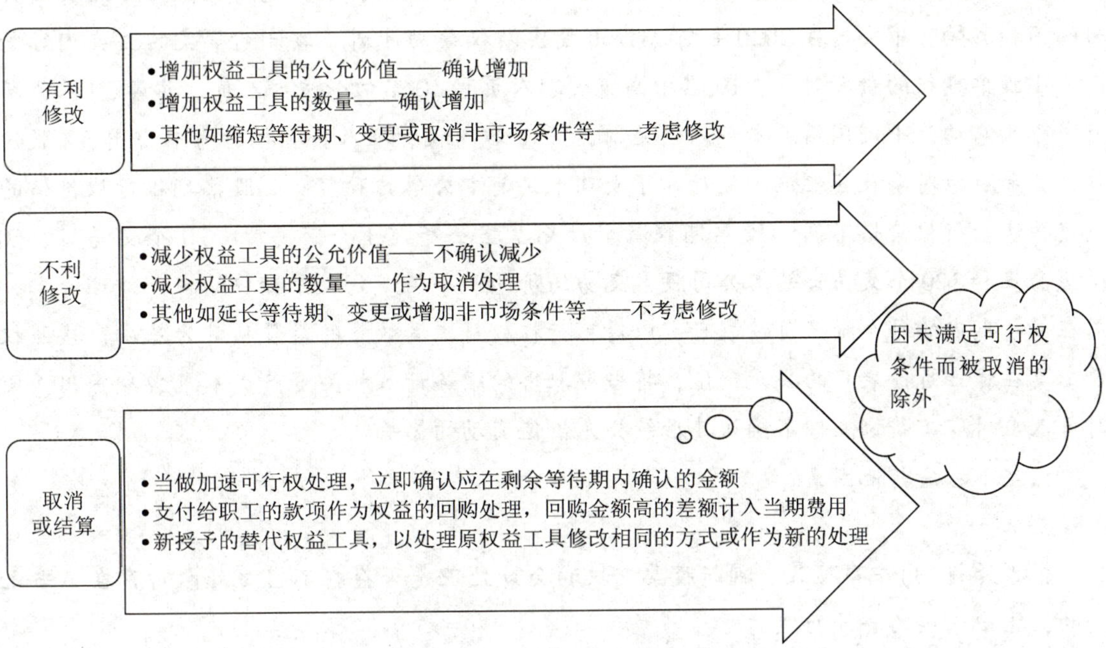

图 10-3　股份支付条款的修改

（五）集团内股份支付的会计处理

企业集团（由母公司和其全部子公司构成）内发生的股份支付交易，应当按照以下规定进行会计处理：

（1）结算企业以其本身权益工具结算的，应当将该股份支付交易作为权益结算的股份支付处理；除此之外，应当作为现金结算的股份支付处理。

结算企业是接受服务企业的投资者的，应当按照授予日权益工具的公允价值或应承担负债的公允价值确认为对接受服务企业的长期股权投资，同时确认资本公积（其他资本公积）或负债。

（2）接受服务企业没有结算义务或授予本企业职工的是其本身权益工具的，应当将该股份支付交易作为权益结算的股份支付处理；接受服务企业具有结算义务且授予本企业职工的是企业集团内其他企业权益工具的，应当将该股份支付交易作为现金结算的股份支付处理。

热题解析

（必答题部分）甲公司是一家在深圳证券交易所上市的民营企业，主要从事药品研发和生产，执行财政部 2017 年修订发布的金融工具系列会计准则。甲公司 2019～2020 年发生的部分业务及相关会计处理资料如下：

……

（3）为促进公司持续健康发展，充分调动有关人员的积极性，缓解优秀人才流失对公司的不利影响，甲公司在2020年首次推出股票期权激励计划。该计划草案的主要内容如下：①股票期权的激励对象：19名中高级管理人员和20名核心技术人员，共计39人，所有激励对象均为中国国籍。本计划实施前，除1名高级管理人员直接持有本公司6%股份外，其余激励对象及其配偶、父母、子女均未持有本公司的股票。②股票期权行权价格的确定方法：行权价格不高于股票期权激励计划草案公布前1个交易日、20个交易日、60个交易日和120个交易日的本公司股票交易均价的最小值。③股票期权的会计处理：本公司在等待期内的每个资产负债表日，以对可行权权益工具数量的最佳估计为基础，按照权益工具在资产负债表日的公允价值，将当期取得的服务计入相关资产成本或当期费用，同时计入应付职工薪酬。但不确认其后续公允价值变动的影响。

假定不考虑其他因素。

要求：

根据资料（3）中事项③，判断股票期权的会计处理是否存在不当之处；对存在不当之处的，指出正确的会计处理。

【参考答案】

存在不当之处。

正确的处理：股票期权属于权益结算的股份支付。权益结算的股份支付，企业应在等待期内的每个资产负债表日，以对可行权权益工具数量的最佳估计为基础，按照权益工具在授予日的公允价值，将当期取得的服务计入相关资产成本或当期费用，同时计入资本公积中的其他资本公积。

【解析】本题考核"权益结算的股份支付"的知识点。一般来讲，如果职工行权时，企业交付给职工的是自身股票，则属于权益结算的股份支付，反之则属于现金结算的股份支付。对于权益结算的股份支付，企业应在等待期内的每个资产负债表日，按照权益工具在授予日的公允价值，将当期取得的服务计入相关资产成本或当期费用；对于现金结算的股份支付，企业应在等待期内的每个资产负债表日，按照权益工具在资产负债表日的公允价值，将当期取得的服务计入相关资产成本或当期费用。

本章经典案例

案例1·甲公司金融工具相关处理及股权激励分析案例

【案例背景与要求】

甲公司为一家非金融类上市（非科创板上市）公司。甲公司在编制2019年年度财务报告时，内审部门就2019年以下业务提出异议：

(1)2019年4月10日，甲公司销售一批商品给乙公司，商品总价(含增值税)为565万元，已开具增值税专用发票，款项尚未收到。双方约定，乙公司应于2019年11月10日付款。2019年9月20日，甲公司与丙信托公司协商后约定，将应收乙公司的货款转让给丙信托公司，价款为512万元，在乙公司不能按期偿还货款时，丙信托公司不能向甲公司追偿。甲公司根据以往经验，预计该商品将发生的销售退回金额为9.04万元，实际发生的销售退回由甲公司承担。对于该应收账款的转让业务，甲公司将收到的转让款项与所转让应收账款账面价值之间的差额53万元计入当期损益。

(2)甲公司于2019年9月1日发行了由其自行决定是否派发股利的含5%非累积股利的优先股。如果适用的税务或会计处理要求被修订，该优先股将被赎回。甲公司鉴于适用的税务或会计处理要求是否被修订属于无法控制的或有事项是现实的，且可能会导致甲公司在除其清算之外的时间必须交付现金或其他金融资产，所以将该优先股划分为金融负债管理。

(3)2019年8月1日，甲公司接受一笔委托贷款1 000万元，主要合同条款如下：

①贷款期限：无固定期限，自2019年8月1日(“起息日”)至贷款方宣布到期日止。

②贷款利率：第一年至第二年为10%，第三年至第五年为15%，五年以后为20%。

③利息支付：付息日为委托贷款存续期内每年的12月31日。

甲公司将该委托贷款分类为权益工具。

(4)2019年9月1日，甲公司与某投资机构签订合同，按照合同，投资机构向甲公司提供100盎司黄金。6个月后，甲公司应当向投资机构支付与110盎司黄金等值的本公司股票以结算该合同。其中，黄金价值按6个月后的市场公允价值确定，股票数量以到期日前30个交易日甲公司股票的平均收盘价为基础进行计算。甲公司将该合同分类为权益工具。

(5)为了促进公司持续健康发展，充分调动公司中高层管理人员的积极性，甲公司决定对公司的所有董事、高级管理人员以及单独持有公司5%以上股份的股东实施股权激励。

(6)2019年1月1日，甲公司以非公开发行的方式向20名管理人员每人授予10万股自身股票，授予价格为4元/股。当日，20名管理人员全部认购，认购款项为800万元，甲公司履行了相关增资手续。甲公司估计该限制性股票股权激励在授予日的公允价值为5元/股，在2019年12月31日的公允价值为6元/股。

该计划规定，授予对象从2019年1月1日起在本公司连续服务满4年的，则所授予股票将于2023年1月1日全部解锁；期间离职的，甲公司将按照原授予价格4元/股回购。至2023年1月1日，所授予股票不得流通或转让。2019年度，甲公司有1名管理人员离职，甲公司估计4年中离职的管理人员总数为5名。

2019 年 1 月 1 日，甲公司的部分会计处理如下：

①根据收到职工缴纳的认股款确认股本 200 万元、资本公积(股本溢价)600 万元；

②就回购义务确认负债，冲减股本 800 万元，增加其他应付款(限制性股票回购义务)800 万元。

2019 年 12 月 31 日，甲公司的部分会计处理如下：

③确认与限制性股票相关的成本费用，增加管理费用、资本公积(其他资本公积)各 225 万元；

④对因管理人员离职而需回购的股票，按照应支付的金额，减少其他应付款(限制性股票回购义务)、银行存款各 40 万元；同时，按照注销的限制性股票数量相对应的股本金额，冲减股本 10 万元、资本公积(股本溢价)30 万元、库存股 40 万元。假定不考虑其他因素。

假定不考虑其他因素。

要求：

根据上述资料，逐项分析、判断甲公司相关处理是否正确，并简要说明理由。

【参考答案】

(1)事项(1)处理不正确。

理由：根据转让协议，当乙公司不能偿还货款时，丙信托公司不能向甲公司追索，说明甲公司已将该应收账款所有权上几乎所有的风险和报酬转移了，应终止确认。即将按照协议约定预计将承担的销售退回 9.04 万元确认为其他应收款，同时将转让款项、确认的预计销售退回金额与所转让应收账款账面价值的差额 43.96 万元(565−512−9.04)确认为当期损益。

(2)事项(2)处理不正确。

理由：鉴于甲公司和持有人均无法控制的或有事项是现实的，且可能导致甲公司在除其清算之外的时间必须交付现金或其他金融资产，该优先股应分类为一项金融负债。但是由于 5%的股利可由甲公司自行决定，所以该优先股又是企业的权益工具。因此，该优先股同时包含负债和权益工具的特征，是一项复合金融工具。

(3)甲公司将该委托贷款分类为权益工具不正确。

理由：根据合同规定，贷款方具有要求甲公司偿还贷款本金的合同权利，即甲公司不能无条件地避免以交付现金来履行偿还本金的合同义务；同时甲公司承担以现金支付贷款利息的合同义务，因此该委托贷款符合金融负债的定义。甲公司应将其分类为金融负债。

(4)甲公司将该合同分类为权益工具不正确。

理由：该合同属于将来须用或可用企业自身权益工具进行结算的非衍生工具合同，且企业根据该合同将交付可变数量的自身权益工具，应划分为金融负债。

(5)甲公司的决定不正确。

理由：根据规定，股权激励计划的激励对象不应该包括独立董事。单独或合计持有上市公司5%以上股份的股东或实际控制人及其配偶、父母、子女，不得成为激励对象。

(6)①正确。

②不正确。

理由：就回购义务确认负债时应当作收购库存股处理，甲公司应确认库存股800万元。

③不正确。

理由：限制性股票作为权益结算的股份支付，等待期内应以授予日的公允价值为基础确认成本费用，甲公司应增加管理费用、资本公积(其他资本公积)各187.5万元【(20−5)×10×5×1/4】。

④正确。

案例2·亚细亚公司金融资产转移案例

【案例背景与要求】

亚细亚公司为深圳证券交易所A股上市公司，2018年发生了如下有关金融资产转移的交易或事项：

(1)2018年1月26日，亚细亚公司在证券市场上出售其持有并分类为以公允价值计量且其变动计入其他综合收益的丁公司债券，所得价款为6 000万元。出售时该债券的账面价值为5 900万元，其中公允价值变动收益为200万元。

亚细亚公司在进行会计处理时，终止确认了该金融资产，同时确认了投资收益300万元。

(2)为了处置账龄在5年以上、账面余额为5 000万元、账面价值为3 000万元的应收账款，亚细亚公司管理层2018年3月31日制订了以下两个可供选择的方案，供董事会决策。

方案1：将上述应收账款按照公允价值3 100万元出售给亚细亚公司母公司的另一子公司(丙公司)，不附追索权。

方案2：将上述应收账款委托某信托公司设立信托，由信托公司以该应收账款的未来现金流量为基础向社会公众发行年利率为3%、3年期的资产支持证券2 800万元，亚细亚公司享有或承担该应收账款的收益或风险。

(3)亚细亚公司鉴于资金比较紧张，于7月1日将应收票据4 000万元贴现给工商银行，取得贴现净额3 960万元。该应收票据为5月1日收到的、期限为6个月的不带息商业承兑汇票。亚细亚公司贴现时与工商银行约定，该贴现为不附追索权的贴现。亚细亚公司判断，出具票据的企业财务和信用状况良好，预计不会出现到期不能兑付的情况，因此与该应收票据有关的风险和报酬已经全部转移。

(4)亚细亚公司于6月30日将其持有的甲上市公司股票出售给建设银行，取得价款8 000万元。同时约定，亚细亚公司将于本年12月31日以当日市价回购甲公司股票。亚细亚公司将甲公司股票分类为交易性金融资产，出售时的账面价值为7 900万元，其中“成本”明细科目的账面余额为7 000万元，“公允价值变动”明细科目的借方余额为900万元。亚细亚公司在进行会计处理时，未终止确认该金融资产，将收到的价款计入负债。

(5)6月30日，亚细亚公司将持有的乙上市公司股票出售给中国银行，取得价款6 000万元(该股票指定为以公允价值计量且其变动计入其他综合收益的金融资产，账面价值为5 800万元，出售前公允价值变动明细科目借方余额50万元)。同时亚细亚公司与中国银行签订一份期权合约，中国银行支付5万元期权费给亚细亚公司，中国银行有权在2018年12月31日以5 950万元价格返售该股票。亚细亚公司判断，到期时中国银行极小可能会行权。

假定不考虑其他因素。

要求：

(1)根据资料(1)，分析、判断亚细亚公司上述金融资产转移的会计处理是否正确，并说明理由；如果不正确，请指出正确会计处理办法。

(2)根据资料(2)，指出亚细亚公司对处置应收账款的方案1和方案2应如何进行会计处理。

(3)根据资料(3)，指出亚细亚公司对应收票据贴现应如何进行会计处理。

(4)根据资料(4)，分析、判断亚细亚公司出售甲公司股票的会计处理是否正确，并说明理由；如果不正确，请指出正确会计处理办法。

(5)根据资料(5)，指出亚细亚公司对出售乙公司股票应如何进行会计处理。

【参考答案】

(1)亚细亚公司出售其他债权投资的会计处理正确。

理由：亚细亚公司在证券市场上出售丁公司债券，与债券有关的风险报酬已经转移，应终止确认该金融资产，同时确认投资收益300万元。

转让金融资产损益=实际收到的金额6 000-金融资产账面价值5 900+其他综合收益转入200=300(万元)

(2)方案1：亚细亚公司将应收账款出售给丙公司，因为不附追索权，与应收账款有关的风险报酬已经转移给丙公司，亚细亚公司应终止确认该应收账款，并将取得的价款3 100万元与应收账款账面价值3 000万元的差额100万元，计入当期损益。

方案2：亚细亚公司将应收账款账面余额5 000万元委托信托公司设立信托，由信托公司以该应收账款的未来现金流量为基础向社会公众发行资产支持证券，亚细亚公司享有或承担该应收账款的收益或风险，与应收账款有关的风险报酬并没有转移，亚细亚公司不应终止确认应收账款。亚细亚公司应将收到的债券款确认为负债，按期确认利息费用。

(3) 亚细亚公司在应收票据贴现中未保留该应收票据有关的风险和报酬，应终止确认该应收票据，应收票据账面价值4 000万元与收到的票据款3 960万元之间的差额40万元，应确认为金融资产转移损益。

(4) 亚细亚公司出售甲公司股票的会计处理不正确。

理由：该业务属于金融资产售后回购，而且按照当日市价回购，这表明与该金融资产有关的风险和报酬已经转移，应终止确认该金融资产，同时确认金融资产转移利得或损失。

正确的会计处理：亚细亚公司终止确认持有的甲上市公司股票，并确认投资收益100万元(取得价款8 000万元−金融资产账面价值7 900万元)。

(5) 亚细亚公司出售乙公司股票，同时中国银行有权利在半年后以固定价格返售该股票给亚细亚公司，因亚细亚公司判断返售的可能性极小，应当认定与该股票有关的风险和报酬已经转移，故应终止确认该金融资产，将收到的价款6 000万元与金融资产账面价值5 800万元之间的差额200万元计入留存收益，并将原计入其他综合收益的金额50万元转入留存收益。同时亚细亚公司应将发行看跌期权收到的价款确认为衍生金融负债，期末按公允价值计量，并把公允价值变动计入当期损益。

【提示】 金融资产终止确认原则的具体应用如下表所示：

金融资产终止确认原则的具体应用

<table>
<tr><th>情　形</th><th colspan="2">具体情形和分析</th><th>是否终止确认</th></tr>
<tr><td rowspan="2">回购协议</td><td colspan="2">回购价格：固定价格或原售价加合理资金成本的</td><td>不终止确认</td></tr>
<tr><td colspan="2">回购价格：按公允价值回购的</td><td>终止确认</td></tr>
<tr><td>以公允价值优先回购权</td><td colspan="2">因为以公允价值回购，转移了所有权上几乎所有的风险和报酬</td><td>终止确认</td></tr>
<tr><td rowspan="3">应收账款保理/应收票据贴现</td><td colspan="2">不附追索权的应收账款保理/应收票据贴现</td><td>终止确认</td></tr>
<tr><td rowspan="2">附追索权的应收账款保理/应收票据贴现</td><td>与该应收票据/账款所有权有关的风险和报酬已经发生转移</td><td>终止确认</td></tr>
<tr><td>与该应收票据/账款所有权有关的风险和报酬没有发生转移</td><td>不终止确认</td></tr>
<tr><td rowspan="2">应收票据背书转让</td><td colspan="2">与该应收票据所有权有关的风险和报酬已经发生转移</td><td>终止确认</td></tr>
<tr><td colspan="2">背书人因背书转让应收票据而承担连带还款责任</td><td>不终止确认</td></tr>
<tr><td rowspan="2">与买入方签订看跌期权合约</td><td colspan="2">所签订期权合约为重大价外期权合约</td><td>终止确认</td></tr>
<tr><td colspan="2">所签订期权合约为深度价内期权合约</td><td>不终止确认</td></tr>
<tr><td rowspan="2">与买入方签订看涨期权合约</td><td colspan="2">所签订期权合约为重大价外期权合约</td><td>终止确认</td></tr>
<tr><td colspan="2">所签订期权合约为深度价内期权合约</td><td>不终止确认</td></tr>
</table>

续表

情　形	具体情形和分析	是否终止确认
继续涉入	既没有转移也没有保留金融资产所有权上几乎所有的风险和报酬，放弃对金融资产控制	终止确认
	既没有转移也没有保留金融资产所有权上几乎所有的风险和报酬，但未放弃对金融资产控制	不终止确认

案例3·宏达公司金融资产转移案例

【案例背景与要求】

宏达股份有限公司(以下简称宏达公司)为深圳证券交易所A股上市公司，2019年度发生的部分交易和事项及会计处理如下。

资料一：5月20日，宏达公司向丙公司定向发行一批公司债券，期限是三年，面值总额6 000万元，发行价款已存入开户银行。宏达公司和丙公司约定，该批公司债券的年收益等于宏达公司持有的B公司20%普通股股票的现金股利，丙公司仅对宏达公司持有B公司20%普通股股票享有收益权，对宏达公司本身没有追索权，宏达公司有义务将收取B公司20%普通股股票的现金股利转付给丙公司，如果未获丙公司同意，宏达公司不能对外出售所持有的20%普通股股票。

资料二：6月1日，宏达公司和中国银行约定，宏达公司将持有的一批权益工具投资和债务工具投资组合产生现金流量的25%，作为自中国银行取得的长期借款利息和本金转付给中国银行；中国银行对宏达公司贷款，不能向宏达公司进行追偿，只能够由该批权益工具投资和债务工具投资组合所产生的现金流量予以偿付；宏达公司收到该批权益工具投资和债务工具投资产生的现金流量时应当立即按照25%的份额转付给中国银行。当日，宏达公司自中国银行取得一笔2 400万元的长期借款，款项已存入开户银行。

资料三：5月6日，宏达公司将应收乙公司货款540万元出售给中国工商银行，出售的价款521万元存入银行，宏达公司和中国工商银行约定，在应收乙公司货款540万元到期无法收回时，中国工商银行不能向宏达公司追偿。宏达公司会计处理如下：

5月6日，终止确认应收账款540万元，出售价款521万元和应收账款540万元的差额19万元计入当期损益。

资料四：8月12日，宏达公司将其持有的账面价值为630万元的以公允价值计量且其变动计入当期损益的金融资产(初始入账价值600万元，已确认公允价值变动收益30万元)出售给丁公司，款项650万元已于当日收存银行。同时，宏达公司与丁公司签署协议约定于11月13日按照该以公允价值计量且其变动计入当期损益的金融资产当日的市场价格来回购。宏达公司会计处理如下：

(1)8 月 12 日，未终止确认以公允价值计量且其变动计入当期损益的金融资产 630 万元，而是将实际收到的出售价款 650 万元确认为一项金融负债；

(2)8 月 12 日，此前确认的以公允价值计量且其变动计入当期损益的金融资产公允价值变动损益 30 万元，未自公允价值变动损益转出计入当期投资收益；

(3)11 月 13 日，按照协议，以市场价格回购以公允价值计量且其变动计入当期损益的金融资产时冲减一项金融负债 650 万元，市场价格与 650 万元之间的差额计入当期损益。

假定不考虑其他因素。

要求：

(1)根据资料一，分析、判断宏达公司持有 B 公司 20%普通股股票是否应当终止确认，并简要说明理由。

(2)根据资料二，分析、判断宏达公司持有的权益工具和债务工具投资组合是否应当终止确认，并简要说明理由。

(3)分析、判断宏达公司对资料三和资料四这两项交易的会计处理是否正确，并简要说明理由；如不正确，请指出正确的会计处理。

【参考答案】

(1)宏达公司持有 B 公司 20%普通股股票应终止确认。

理由：宏达公司已转移了与 B 公司 20%普通股股票所有权相关的风险和报酬，同时放弃了对该股权的控制。

(2)宏达公司持有的权益工具和债务工具投资组合的现金流量的 25%应终止确认。

理由：权益工具和债务工具投资组合的现金流量的 25%，其风险和报酬已转移给中国银行。

(3)资料三：宏达公司的会计处理正确。

理由：不附追索权的应收账款出售，与应收债权所有权相关的风险和报酬已转移，可以终止确认应收账款。

资料四：宏达公司的会计处理不正确。

理由：因回购价为回购日的市场价格，故与金融资产所有权相关的风险和报酬已经转移，宏达公司已放弃了对金融资产的控制，应终止确认。

正确的会计处理：金融资产出售时终止确认，回购时按回购日的市场价格重新确认一项以公允价值计量且其变动计入当期损益的金融资产。

案例4·甲公司套期保值业务案例

【案例背景与要求】

甲公司为一家从事矿产品的生产和销售的大型国有控股矿业公司。近年来，国内外市场上矿产品价格上涨迅速同时人民币稳步升值，甲公司为规避矿产品远期销售合同相关的价格风险和外汇风险，准备开展套期保值业务，并由公司治理层高管负责组织人员起草套期保值业务相关的内部控制制度，下面为公司套期保值业务内部控制制度草案中摘录的一部分内容：

第×1条 公司进行期货套期保值业务的品种，仅限于生产经营以及现货贸易相关的产品，主要目的是用来规避大宗商品现货交易中价格波动所带来的风险。公司不得从事投机交易、套利交易。

第×2条 公司进行套期保值的数量原则上不得超过实际现货交易的数量，期货持仓量应不超过套期保值的现货量。

第×3条 期货持仓时间应与现货保值所需的计价日期相匹配，签订现货合同后，相应的套期保值头寸持有时间原则上不得超出现货合同规定的时间或该合同实际执行的时间。

第×4条 公司的期货套期保值业务，只限于在国家开办的期货交易所进行场内市场交易。

第×5条 公司董事会授权集团总会计师全权负责套期保值业务。

第×6条 公司应建立严格有效的风险管理制度，利用事前、事中及事后的风险控制措施，预防、发现和化解风险。

第×7条 公司在开展境内期货套期保值业务前须做到：

(1)慎重选择期货经纪公司。

(2)合理设置期货业务组织机构和选择安排相应岗位业务人员：

①有期货专业知识及管理经验、有良好的职业道德；

②有较高的业务技能，熟悉期货交易相关的法律、法规，遵守法律、法规及交易的各项规章制度，规范自身行为，杜绝违法、违规行为。

甲集团总会计师与集团财务负责人组织人员进行讨论、学习套期保值业务相关知识，下面为摘录的部分发言记录：

财务经理张某：公司签订远期销售合同(确定承诺)，如果担心未来产品价格上涨导致合同发生损失，那么应该在期货市场上做卖出套期保值。

会计师刘某：对于公司签订的远期销售合同(确定承诺)，公司应考虑采用现金流量套期会计进行处理，这样不会对净利润产生影响。

会计师郑某：对于境外销售业务所产生的应收款项相关的外汇风险，可以考虑与银行等金融机构签订远期外汇合同来进行规避。

会计师关某：公司持有的库存矿产品如果担心价格下降，可以在期货市场上做卖出套期保值来进行风险规避。

假定不考虑其他因素。

要求：

根据上述资料，逐项判断甲公司所列示的内部控制制度草案中的条款及发言记录是否有不当之处，如果存在不当之处，指出该不当之处，并简要说明理由。

【参考答案】

(1) 第×1 条，无不当之处。

(2) 第×2 条，无不当之处。

(3) 第×3 条，无不当之处。

(4) 第×4 条，无不当之处。

(5) 第×5 条，存在不当之处。

不当之处：公司董事会授权集团总会计师全权负责套期保值业务。

理由：套期保值业务中重大决策应实行集体决策或联签制度，不能由一人全权负责。

(6) 第×6 条，无不当之处。

(7) 第×7 条，无不当之处。

(8) 财务经理张某发言存在不当之处。

不当之处：应该在期货市场上做卖出套期保值。

理由：期货市场上卖出期货合约，期货价格上涨后买入平仓将会发生损失，同时现货市场上以合同价格履行合同也会发生损失，不能实现风险抵销。[或：应该在期货市场上做买入套期保值。]

(9) 会计师刘某发言存在不当之处。

不当之处一：对于公司签订的远期销售合同(确定承诺)，公司应考虑采用现金流量套期会计进行处理。

理由：对于尚未履行的合同(尚未确认的确定承诺)，相关的价格风险应按照公允价值套期进行处理。

不当之处二：现金流量套期不会对净利润产生影响。

理由：现金流量套期中有效套期部分直接计入其他综合收益，无效套期部分计入当期损益，可能对净利润产生影响。

(10) 会计师郑某发言无不当之处。

(11) 会计师关某发言无不当之处。

案例5·四方公司套期的分类及套期工具、被套期项目的认定案例

【案例背景与要求】

四方公司是一家从事电子产品生产加工和销售的综合性集团公司。近年来，四方公司的生产经营业务快速发展，不断地拓展国内外市场，为进一步规避相关的风险，2018年发生如下套期业务：

(1)2018年1月1日，为了规避所持50吨甲原材料的公允价值变动风险，四方公司在期货市场卖出6个月到期的甲原材料期货50吨，并将其指定为所持甲原材料公允价值变动风险的套期。

(2)2018年7月1日，四方公司与某境外公司签订了一项设备购买合同(确定承诺)，设备价格为100万美元，付款日期为2018年10月1日。为规避汇率风险，2018年7月1日，四方公司与某金融机构签订一项100万美元的三个月到期的远期外汇合同，并将其指定为该外汇风险的套期。

(3)2018年8月1日，四方公司预期将在2019年1月1日购进乙原材料500吨。为了规避原材料价格上涨的风险，四方公司于2018年8月1日在期货市场上买入500吨该原材料期货并将其指定为该价格风险的套期。

(4)2018年9月1日，四方公司与境内某公司签订一项购买丙原材料的采购合同，合同约定四方公司将在2018年12月1日以每吨10万元的价格购进丙原材料100吨。为规避该合同因原材料价格波动所导致的风险，四方公司在期货市场上卖出100吨该原材料期货，并将其指定为对该合同风险的套期。

(5)2018年10月1日，四方公司在其境外子公司有一项长期应收款5 000万美元，该款项从目前情况看，没有明确的清偿计划(并非产生于商品购销等日常活动)。为规避该长期应收款外汇风险，四方公司与某境外金融机构签订了一项远期外汇合同，并将其指定为该外汇风险的套期。

假定不考虑其他因素。

要求：

(1)根据套期保值准则的规定，逐项分析四方公司各项套期保值业务的套期工具、被套期项目以及适用哪种套期保值会计方法。

(2)判断资料(1)是买入套期保值还是卖出套期保值，并说明理由。

【参考答案】

(1)资料(1)套期工具为期货合约，被套期项目为甲原材料(已确认资产)。对已确认资产的公允价值变动风险进行套期，四方公司应将其划分为公允价值套期。

资料(2)套期工具为远期外汇合同，被套期项目为设备购买合同(尚未确认的确定承

诺)。对确定承诺的外汇风险进行套期,四方公司可以作为现金流量套期或公允价值套期。

资料(3)套期工具为期货合约,被套期项目为乙原材料(预期交易)。对预期交易进行套期,四方公司应将其划分为现金流量套期。

资料(4)套期工具为期货合约,被套期项目为购买原材料的合同(尚未确认的确定承诺)。对尚未确认的确定承诺的公允价值变动风险进行套期,四方公司应将其划分为公允价值套期。

资料(5)套期工具为远期外汇合同,被套期项目为长期应收款(境外经营净投资)。对境外经营净投资的外汇风险进行套期,四方公司应将其划分为境外经营净投资套期。

(2)资料(1)是卖出套期保值。理由:因为四方公司为了回避价格下跌的风险,先在期货市场上卖出与其将在现货市场上卖出的现货商品或资产数量相等、交割日期相同或相近以该商品或资产为标的的期货合约,当该套期保值者在现货市场上卖出现货商品或资产的同时,将原卖出的期货合约对冲平仓,从而为其在现货市场上卖出现货商品或资产的交易进行保值。

案例6·恒远公司套期保值业务案例

【案例背景与要求】

恒远公司是境内一家生产型上市公司,主要生产的产品是巧克力,其产品所需的原材料可可豆主要依赖进口。近期以来,由于国际市场上原材料价格波动较大,且总体上涨趋势比较明显,恒远公司决定尝试利用境外衍生品市场开展套期保值业务。套期保值属于该公司的新业务,且需向有关部门申请境外交易相关资格。

资料一:

由于该公司初次接触此类业务,没有经验,现公司管理层决定召集各部门讨论对此业务的看法,并要求参与的人员提出自己的建议。各相关人员的主要观点如下:

(1)公司会计师赵某认为:公司是一家大型的公司,所需原材料可可豆比较多,如果任由原材料可可豆价格波动,由于上涨趋势比较明显,那么很可能加大公司的成本,因此要充分利用衍生品市场降低成本。在此前提下,尽量利用衍生品市场获利,争取形成公司一个新的业务增长点。

(2)公司财务总监钱某认为:针对原材料可可豆价格上涨的风险,可以采用买入套期保值的方式进行套期保值。

(3)公司审计部员工孙某认为:套期保值业务相关风险较大,应当建立健全涉及前台、中台、后台等管理制度,如果套期保值业务出现紧急情况可以由财务总监全权处理,以有效应对市场价格出现对套期保值头寸的不利变化。

资料二：

恒远公司根据董事会的最终会议作出对原材料进行套期保值的方案。该公司进行了如下套期保值业务：

恒远公司预期在2018年3月31日将要采购可可豆100吨。在2017年12月1日进行套期保值时，可可豆现货市场价格为3 000美元/吨，当天期货市场价格为30 000美元/手（1手=10吨）。恒远公司担心可可豆价格上涨，经董事会批准，在期货市场买入了2018年3月底交割的10手可可豆期货，并将其指定为生产咖啡所需的原材料的套期。可可豆期货合约与恒远公司生产咖啡所需的原材料在数量、品种和产地方面相同。2018年3月31日，可可豆现货市场价格上涨到3 700美元/吨，期货合约的交割价格为37 500美元/手。当日恒远公司购入了100吨可可豆，同时将期货合约对冲平仓。

假定不考虑其他因素。

要求：

（1）根据资料一，逐项判断恒远公司相关人员的观点是否存在不当之处；对存在不当之处的，分别指出不当之处，并逐项说明理由。

（2）根据资料二，假定该套期保值业务符合运用套期保值会计的条件，说明相关的会计处理原则。

【参考答案】

（1）①中赵某的观点存在不当之处。

不当之处：尽量利用衍生品市场获利，争取形成公司一个新的业务增长点。

理由：套期保值的目的是有效规避风险，而恒远公司要尽量利用衍生品市场获利，属于投机行为，不应作为套期保值的目的。

②中钱某的观点不存在不当之处。

③中孙某的观点存在不当之处。

不当之处：出现紧急情况可以由财务总监全权处理，以有效应对市场价格出现对套期保值头寸的不利变化。

理由：应制定涉及止损警示及处理等应急预案，以有效应对市场价格出现对套期保值头寸的不利变化。

（2）由于该套期是对预期交易进行的套期，所以是现金流量套期。按照套期保值准则规定，在现金流量套期保值下，套期工具利得或损失中属于有效套期的部分70 000美元，应当作为现金流量套期储备，计入其他综合收益；属于无效套期的部分5 000美元（75 000−70 000），应当计入当期损益。

案例7·甲公司股权激励业务案例

【案例背景与要求】

甲公司为一家大型非国有控股上市公司，主要从事大型机械设备的生产制造。2019年7月，甲公司经股东大会批准，采用股票期权方式进行股权激励。与股权激励计划有关的资料如下：

(1)甲公司股权激励计划草案由董事会拟定，之后提交股东大会审议批准。

(2)甲公司在等待期内取消了部分所授予的权益工具，在做会计处理时，甲公司少确认了取消部分应确认的服务费用，减少了应计入资本公积的金额。

(3)甲公司修改行权条件，增加授予日权益工具的公允价值，该公司财务会计认为授予日的公允价值不影响企业确认相关的服务费用，因此虽然对权益工具的公允价值进行了修改但是对账务处理并无影响。

假定不考虑其他因素。

要求：

逐项判断资料(1)至(3)项是否存在不当之处。对于存在不当之处的，分别指出不当之处，并逐项说明理由。

【参考答案】

(1)资料(1)存在不当之处。

不当之处：甲公司股权激励计划草案由董事会拟定，之后提交股东大会审议批准。

理由：股权激励计划草案应该由董事会下设的薪酬和考核委员会拟定，之后报董事会和股东大会审议批准。

(2)资料(2)存在不当之处。

不当之处：甲公司少确认了取消部分应确认的服务费用，减少了应计入资本公积的金额。

理由：取消了部分所授予的权益工具，应作为加速可行权处理，立即确认原本应该在剩余等待期内确认的金额。

(3)资料(3)存在不当之处。

不当之处：该公司财务会计认为授予日的公允价值不影响企业确认相关的服务费用，因此虽然对权益工具的公允价值进行了修改但是对账务处理并无影响。

理由：当增加授予的权益工具的公允价值时，应按权益工具公允价值的增加相应地确认取得服务费用的增加。

【提示】资料(2)、(3)中取消或结算、有利修改的会计处理可参考如下总结：

取消或结算所授予权益工具的会计处理

情形	会计处理
取消或结算了所授予的权益工具(因未满足可行权条件而被取消的除外)	应作为加速可行权处理，立即确认原本应在剩余等待期内确认的金额
在取消或结算时支付给职工款项	均应作为权益的回购处理，回购金额高于该权益工具在回购日公允价值的部分计入当期费用
授予新的权益工具	用于替代原权益工具的，以与原权益工具条款和条件修改相同的方式处理；未认定为替代权益工具的，作为新授予的股份支付处理

条款和条件有利修改的会计处理

情形	会计处理
增加授予权益工具的公允价值	应按权益工具公允价值的增加相应地确认取得服务的增加
增加授予权益工具的数量	应将增加的权益工具的公允价值相应地确认取得服务的增加
修改可行权条件，如缩短等待期等	在处理可行权条件时应考虑修改后的可行权条件

案例8·甲公司集团股份支付会计处理案例

【案例背景与要求】

甲公司是上市公司，为乙公司的母公司，有关附服务年限条件的权益结算股份支付的资料如下：

(1)经股东会批准，甲公司2014年1月1日实施股权激励计划，其主要内容为：甲公司向其子公司乙公司100名管理人员每人授予10万份股份期权，这些人员从2014年1月1日起必须在该公司连续服务3年，服务期满时才能以每股4.5元购买10万股甲公司股票。该期权在授予日的公允价值为每股27元。

(2)2014年有10名管理人员离开乙公司，甲公司估计乙公司未来有5名管理人员离开。

(3)2015年又有5名管理人员离开乙公司，甲公司估计乙公司未来有3名管理人员离开。

(4)2016年12月31日又有5名管理人员离开乙公司。

(5)2017年1月6日，甲公司增发800万股股票用于股权激励，80名管理人员全部行权，股票面值为每股1元，管理人员以每股4.5元购买。

假定不考虑其他因素。

要求：

分别对甲公司、乙公司的个别报表和合并报表进行账务处理。

【参考答案】

授予日不编制会计分录。

<table>
<tr><th>2014 年甲公司</th><th>2014 年乙公司</th></tr>
<tr><td>借：长期股权投资 7 650
　贷：资本公积——其他资本公积
　　[(100−10−5)×10×27×1/3]7 650</td><td>借：管理费用 7 650
　贷：资本公积——其他资本公积 7 650</td></tr>
<tr><td colspan="2">合并报表抵销分录：
借：资本公积 7 650
　贷：长期股权投资 7 650</td></tr>
<tr><th>2015 年甲公司</th><th>2015 年乙公司</th></tr>
<tr><td>借：长期股权投资 7 110
　贷：资本公积
　　[(100−10−5−3)×10×27×2/3−7 650]7 110</td><td>借：管理费用 7 110
　贷：资本公积——其他资本公积 7 110</td></tr>
<tr><td colspan="2">合并报表抵销分录：
借：资本公积 (7 650+7 110)14 760
　贷：长期股权投资 14 760</td></tr>
<tr><th>2016 年甲公司</th><th>2016 年乙公司</th></tr>
<tr><td>借：长期股权投资 6 840
　贷：资本公积——其他资本公积
　　[(100−10−5−5)×10×27×3/3−14 760]6 840</td><td>借：管理费用 6 840
　贷：资本公积——其他资本公积 6 840</td></tr>
<tr><td colspan="2">合并报表抵销分录：
借：资本公积 (7 650+7 110+6 840)21 600
　贷：长期股权投资 21 600</td></tr>
<tr><th>2017 年甲公司</th><th>2017 年乙公司</th></tr>
<tr><td>借：银行存款 (80×10×4.5)3 600
　资本公积——其他资本公积 21 600
　贷：股本 (80×10×1)800
　　资本公积——股本溢价 24 400</td><td>—</td></tr>
<tr><td colspan="2">合并报表抵销分录：
借：资本公积 (7 650+7 110+6 840)21 600
　贷：长期股权投资 21 600</td></tr>
</table>

案例 9 · H 集团公司股权激励案例

【案例背景与要求】

H 公司是一家国有控股集团公司，其旗下除了母公司具有较大的经营业务以外，还包括有甲、乙两家上市公司，均在深交所上市；一家科创板上市公司丙公司。为了较好地贯彻集团的发展战略，甲、乙两家公司的总经理均由H公司的一名副总兼任。为了稳定队伍，实现集团企业的可持续发展，集团决定对下属的三家上市公司同时实施股权激励制度，激励对象包括公司全体董事、监事、高级管理人员和核心技术(业务)人员。集团公司向管理层支付的股票来源为H集团持有的国有股权。

甲公司创建于2010年，公司股本总额9 000万元，由于重视技术研发和市场开拓，近几年实现了销售收入30%的高速增长，预计这种势头还会继续保持下去。公司董事会决定实施股票期权激励计划，在讨论股权激励方案的具体条款时，相关人员畅所欲言，最终形成如下主要结论：

(1)由于公司发展迅速，为更大程度地激励员工，决定加大激励力度，本次全部有效的股权激励计划所涉及的标的股权数量累计为1 020万元。

(2)本公司投资部业务骨干李某虽然进入公司不满1年，但业绩突出，也应获授股票期权。李某原在另一家上市公司工作，因出现重大违法违规行为被证监会予以行政处罚，随后向公司提出辞职。考虑到此人业务水平非常高，是一个难得的人才，本公司在其辞职后立即以优惠条件引进。

(3)考虑到目前股市低迷，股价未能真实反映公司价值，应当全部以回购股份作为股权激励的股票来源。

乙公司创建于2014年，公司股本总额4 000万元，近几年公司取得了业务上的快速发展，但由于公司正处于成长期，公司并没有充裕的现金激励高管团队。为了更好地激励高管团队，公司拟采用限制性股票的方式激励高管。但以下事宜在董事会内部出现了分歧：

(1)乙公司最近一个会计年度财务会计报告被注册会计师出具了保留意见的审计报告；

(2)公司拟设立的限制性股票授予日与首次解除限售日之间的间隔为10个月。

丙公司创建于2017年，公司股本总额5 000万元，近几年正在快速发展，但是对资金投入要求不高。为了更好地激励高管团队，丙公司拟采用限制性股票的方式激励高管，在讨论股权激励方案的具体条款后，形成如下主要结论：

(1)丙公司董事张某单独持有丙公司6%的股份，不应该将其纳入激励对象范围。

(2)为了将高管团队与公司利益结合得更为紧密，减少高管团队人员流失，提高公司治理结构的稳定性，本次全部有效的股权激励计划所涉及的标的股权数量累计为750万元。

(3)限制性股票的授予价格不得低于股票票面金额，且不得低于股权激励计划草案公布前1个交易日、20个交易日、60个交易日或者120个交易日公司股票交易均价的50%。

假定不考虑其他因素。

要求：

(1)试从H集团的角度分析股权激励方案的不合理之处。

(2)判断甲、乙公司采用股票期权激励方式是否恰当并简要说明理由。

(3)从甲公司角度分析股权激励计划所涉及的不合法之处，并简要说明理由。

(4)判断乙公司董事会对股权激励方案的分歧是否合理，请说明理由。

(5)从丙公司角度分析股权激励计划所涉及的不合法之处，并简要说明理由。

【参考答案】

(1)①H集团公司副总同时兼任两家上市公司总经理，不应该同时参与两家公司的股权激励方案，最多只能参与一家公司的股权激励计划。根据规定，国有控股上市公司的负责人在上市公司担任职务的，可参加股权激励计划，但只能参与一家上市公司的股权激励计划。

②H集团作为国有控股股东，不能作为单一股东向子公司无偿量化国有股权。

③激励对象包括全体董事和监事不合理，独立董事不能作为激励对象，监事也不能作为激励对象。

(2)甲公司采用股票期权激励方式恰当。

理由：股票期权适合处于初创期和成长期的公司。甲公司正处于快速成长期，资金需求量大，采取股票期权方式一方面不会增加企业的资金压力；另一方面激励对象行权时还需支付现金。这种激励方式与公司目前的发展现状是相适应的。

乙公司采用限制性股票激励方式不恰当。

理由：限制性股票适用于成熟型企业或者对资金投入要求不是非常高的企业。乙公司正处于成长期且没有充裕的现金，因此不适合采用限制性股票的激励方式。

(3)甲公司涉及的不合法之处有：

①股权激励计划所涉及的标的股权数量不合法。

理由：根据规定，全部有效的股权激励计划所涉及的标的股权总量累计不得超过股本总额的10%。甲公司总量累计为1 020万元，超过了9 000万元的10%。

②业务骨干李某不得纳入股权激励计划。

理由：根据规定，最近12个月内因重大违法违规行为被中国证监会及其派出机构行政处罚或者采取市场禁入措施的人员不得成为激励对象。

③全部以回购股份作为股权激励的股票来源不合法。

理由：根据公司法规定，公司不得收购本公司股票，但将股份奖励给本公司员工的，可以回购股份，但不得超过本公司已发行股份总额的5%。甲公司股权激励计划所涉及的股权数量已超过5%，不得全部以回购股票作为股权激励股票来源。

(4)①乙公司最近一个会计年度财务会计报告被注册会计师出具了保留意见的审计报告，不影响公司实施股权激励方案。

理由：最近一个会计年度财务报告被注册会计师出具否定或无法表示意见的公司才不能实施股权激励方案，因此乙公司仍然是符合规定的。

②限制性股票授予日与首次解除限售日之间的间隔不合理。

理由：限制性股票授予日与首次解除限售日之间的间隔不得少于12个月。

(5)丙公司涉及的不合法之处有：

①不将董事张某纳入激励对象范围不合法。

理由：根据规定，单独或合计持有科创板上市公司5%以上股份的股东或实际控制人及其配偶、父母、子女，作为董事、高级管理人员、核心技术人员或者核心业务人员的，可以成为激励对象。

②限制性股票的授予价格的确定不合法。

理由：根据规定，对于科创板上市公司，其授予激励对象限制性股票的价格可以低于股权激励计划草案公布前1个交易日、20个交易日、60个交易日或者120个交易日公司股票交易均价的50%，但是应当说明定价依据及定价方式。

【提示】不同股权激励方式的适用范围如下表所示：

不同激励方式的适用范围

股权激励方式	适用范围
股票期权	成长初期或扩张期的企业，如网络、高科技等风险较高的公司
限制性股票	成熟型企业或者对资金投入要求不是非常高的企业
股票增值权	现金流充裕且发展稳定的公司(我国境外上市公司多使用这种方式)
虚拟股票	适用范围广，非上市公司也可以选择使用
业绩股票	业绩稳定并持续增长、现金流充裕的企业。 在股票期权的应用受到较大限制的情况下，也可适用于高科技公司，但激励效果可能会受影响，或者在激励效果不受影响的情况下，公司的激励成本会相对较大